U0812143

中国审计学会2013年度合作课题研究报告选编

◆中国审计学会／编

中国时代经济出版社
China Modern Economic Publishing House

前　言

为进一步整合资源，充分发挥地方审计学会等单位会员的作用，促进地方审计学会和审计署特派办理论研究会提高实际研究能力，更有效地开展审计理论研究工作，2013年度中国审计学会与黑龙江、浙江、安徽、河南、湖北、湖南、广东、海南、甘肃、青海等10省审计学会合作进行了省直管县财政体制条件下审计组织方式课题研究；与内蒙古、上海、江苏、江西、山东、宁波、青岛等7省区市审计学会和审计署太原、沈阳、哈尔滨、济南、郑州、长沙、深圳、昆明、兰州、长春等10个特派办理论研究会合作进行了财政专项资金绩效审计课题研究。

上述合作研究课题完成后，中国审计学会组织了课题研究成果的交流。为了推动课题研究成果在更大范围的宣传和推广，我们从中选出16份课题研究报告汇编成本选编，其中包括：属于省直管县财政体制条件下审计组织方式课题的研究报告5份，属于财政专项资金绩效审计课题的研究报告11份。

在汇编过程中，我们对原课题研究报告中的一些格式和个别语句做了修改。不妥之处，请批评指正。

中国审计学会秘书处

2014年5月4日

目　录

基于省直管县财政体制下的审计组织方式研究

黑龙江省审计学会课题组

省直管县财政体制条件下改进审计组织方式的思考

安徽省审计学会课题组

省直管县财政体制条件下审计组织方式研究

湖北省审计学会课题组

省直管县财政体制条件下审计组织方式研究

——基于湖南省财政省直管县运行情况的审计实践

湖南省审计学会课题组

省直管县财政体制条件下审计组织方式研究

甘肃省审计学会课题组

财政涉农专项资金绩效审计研究

内蒙古自治区审计学会课题组

财政专项资金绩效审计研究

上海市审计学会课题组

财政专项资金绩效审计研究

江苏省审计学会课题组

财政专项资金绩效审计研究

江西省审计学会课题组

政府投资建设项目绩效审计研究

山东省审计学会课题组

财政专项资金绩效审计研究

宁波市审计学会课题组

财政专项资金绩效审计研究

青岛市审计学会课题组

财政专项资金绩效审计研究

审计署太原特派办理论研究会课题组

财政专项资金绩效审计研究

审计署长沙特派办理论研究会课题组

财政专项资金绩效审计研究

审计署昆明特派办理论研究会课题组

财政专项资金绩效审计研究

审计署长春特派办理论研究会课题组

基于省直管县财政体制下的审计组织方式研究

黑龙江省审计学会课题组

课题负责人：史青衿

课题组成员：伞宏晶　滕跃臣　徐立君　曲道君　孙晓睿
刘　博　黄　洋　陈丽莉

【摘要】　本文在阐述省直管县财政体制改革背景及重要意义的基础上，着重研究黑龙江省直管县体制改革试点情况及对审计工作的影响。黑龙江省绥芬河市和抚远县为省直管县试点，两县（市）均为对俄重要贸易口岸，改革后各级审计机关审计工作都将受到一定的影响。省级审计机关的业务范围将大大扩展，工作量将明显加大；市级审计机关工作量减少，审计人员将相对闲置；县级审计机关审计项目增多，审计人员数量相对不足、审计知识更新缓慢。基于以上变化，本文积极探索适合黑龙江省省情的审计组织方式，提出“由省级审计机关负责财政审计，试行联网审计；由省厅统筹组织财政审计，采用‘大兵团作战’方式；由省审计厅授权县级审计机关审计，实行交叉审计”的审计组织方式。

【关键词】　省直管县　财政体制　组织方式

目　录

一、省直管县财政体制改革背景及重要意义

1982年，在中央51号文件指导下，我国开始推行地级中心城市管理下属县市的市管县行政体制，与之相应，财政体制也为市管县体制。随着我国经济、社会等各方面的发展，市管县财政体制的弊端逐渐暴露出来，市管县财政体制不仅增加了行政成本和社会成本，还抑制了县级的自主性和积极性。为了克服市管县财政体制的弊端，更好地促进县域经济发展，以浙江省为代表的部分省份，陆续展开了省直管县财政体制的改革实践，中央也发布了系列政策文件推进各省进行省直管县财政体制改革，目前，从全国范围来看，省直管县财政体制改革已成为一种政策要求。

（一）省直管县财政体制改革的背景

根据财政部发布的改革意见，推进省直管县财政体制改革，重在理顺省以下政府间财政分配关系，推动市、县政府加快职能转变，更好地提供公共服务，促进经济社会全面协调发展。省直管县财政体制改革，实质上是政府之间资源重新配置、权力和利益的调整与再分配的过程，重点在于扩大公共财政的覆盖面和实现均等化。基本做法是减少管理层次、提高工作效率，改革的预见性、稳定性和科学性源于改革本身所依据的理论基础。省直管县财政改革是省直管县行政体制改革的重要内容，目前，大多数省份以财政体制改革作为突破口。1992年，浙江省率先对13个经济发展较快的市县进行扩权，2002年，在浙江省委省政府的强力推动下，浙江省持续10多年的省直管县地方财政体制改革取得了实质性成果，带动了其他地区改革的开展。目前，众多省份都实行了强县扩权，即将部分归属于地级市的经济管理权直接下放给经济强县。

2005年，温家宝总理在全国农村税费改革试点工作会议上指出：要改革县乡财政管理方式，有条件的地方可以推进省直管县改革试点。在《国民经济和社会发展第十一个五年规划纲要》中明确提出：理顺省级以下财

政管理体制，具备条件的地方可实行省级直接对县的管理体制。2007 年，国家发改委提出新一轮财政体制改革，要求健全各级政府事权及支出责任与财力相匹配、与财力相适应的新财政体制，并以预算体制改革为重点，全面推动财政体制健全与完善。2008 年中共中央通过的《中共中央关于推进农村改革发展若干重大问题的决定》指出：有条件的地方可依法探索省直管县（市）的体制，优先将农业大县纳入改革范围，推进省直管县（市）财政体制的改革。2009 年中央通过了《中共中央国务院关于 2009 年促进农业稳定发展农民持续增收的若干意见》，并强调鼓励有条件的省份率先减少行政层次，依法探索省直接管理县（市）的体制，稳步推进扩权强县改革试点，进一步推进省直接管理县（市）财政体制改革。2009 年，财政部提出在 2012 年底前，力争全国除民族自治地区外全面推进省直接管理县财政改革。因此，在中央的指导和基层的要求，推进我国省直管县财政体制改革已成为各省一个迫切而重要任务。

（二）省直管县财政体制改革的重要意义

省直管县财政体制改革的全面推进对于提高政府运行效率、减少政府行政层级以及减轻政府财政负担具有重要意义。

1. 省直管县财政体制改革，有利于县级财政资金的及时足额供给，增强县级财政的保障能力，激发县域经济发展的内在活力和动力

省直管县财政体制下，省对县的补助、资金、专款、财政收入绕开了市级财政，避免了被市级截留情况的发生，有利于保证各项资金及时到位。改革也使市级财政轻装上阵，腾出更多精力和财力来发展经济，壮大财政，更好发挥区域中心城市的辐射作用，带动周边市县加快发展。此外，还可提高县级的政治地位和财政权力，增强了县政府对经济社会事务的宏观调控能力。

2. 省直管县财政体制改革，有利于解决基层财政困难

市管县体制下，收入规模较小的县由于财力不足存在资金调解问题。市本级可调的资金量较小，市预算资金的调度回旋余地也有限。省直管县财政体制改革后，省财政在对县财政预算资金调解上有更大的回旋余地，有利于县干部以及职工的工资及时发放和社会保障等重点支出资金及时拨付到位。

同时，县级征收的各项税收收入、行政性收费、专项收入和其他收入等非税收入及各项政府性基金收入市级财政不再有权力参与分成，原市级参与分成部分直接留归县级，县级收入明显提高，县级组织税收收入的积极性增强，财政收入增长加快，县里能够集中更多的财力来发展县域经济。

3. 省直管县财政体制改革，有利于提高行政管理效率

在政策落实方面，省直管县财政体制实现资金、信息和管理直接到县，财政体制改革创新的积极效应得到了充分表现。在层级方面，减少了市一级的中间环节，简化了工作程序，减低了行政管理成本，提高了办事效率和资金使用效率；在资金方面，省财政更加关注对县补助资金的使用效果，在实现公共支出均等化的前提下，倾向于将补助资金投向效率高的县，在更高层面规划全省发展格局、避免重复建设和无序竞争等方面可以更好的实现有效配置。

二、黑龙江省直管县体制改革试点情况及对审计工作的影响

2011 年，黑龙江省确定绥芬河市、抚远县为省直管县体制改革试点。省政府选定这两个县（市）作为省直管县体制改革试点具有战略意义，标志着两县（市）成为黑龙江省“八大经济区”特别是东北亚经济贸易开发区建设的新起点。黑龙江省共有 64 个县，绥芬河市曾隶属于牡丹江市，抚远县曾隶属于佳木斯市，两县（市）均为对俄重要贸易口岸。确定绥芬河市、抚远县为省直管县体制改革试点后，两个试点县（市）目前正依托绥芬河综合保税区和抚远县黑瞎子岛，努力开拓国内、国际市场，加快出口抓加工、进口抓落地步伐，积极打造境内外专业化产业合作加工园区。

（一）黑龙江省直管县体制改革试点情况

抚远县 2004—2010 年实行的是“核算到县、结算到地市”的财政体制管理模式，从 2011 年开始实行正式的“省直管县”财政体制管理模式，

即从财力的结算到资金的核算都由省直接对县。绥芬河市自 1985 年开始实行省财政计划单列，因此，原来就已实现省财政直接对县拨款。通过对绥芬河市、抚远县调研了解到，一是实行省直管县财政体制提高了财政资金使用效果。在项目申报上，省对县实行项目直通、资金直达，大部分项目由县级财政直接向省上报，减少了原先先报市、再由市平衡后报省的环节，简化了项目资金申报程序，有利于县级向省争取项目和资金。省有关财政方面的文件可以及时下达到县，县财政有关报表和报告也直接上报给省，传递速度明显加快。由于信息、项目、资金实现从省级到县级的直通，不仅能降低财政管理运行成本，而且避免了资金下拨过程中的截留、沉淀现象，缩短了周转时间，有利于县级及时安排使用和落实项目，提高了资金使用效率。二是实行省直管县财政体制有利于促进县域经济的发展。建立省直管县财政管理体制，实行体制基数直接固定到位，收入计划直接下达到县，基金收入分成直接到县，减少市级政府对新增税源的分成，能够保证“留利于县”。实行省直管县财政管理体制后，转移支付或专项资金补助直接下达到县，财政决算直接办理到县，资金调动直接拨付到县，省对县的财政拨款、补助和各种专款直接拨到县，不再经过市级财政，能够保证各项资金及时到位。省直管县财政体制改革对壮大县级财力、优化县级财政支出，缓解县级财政困难，特别像抚远县这样的国家级贫困县的财政困难将起到十分重要的作用。抚远县 2011 年一般预算收入为 16800 万元，增长 15.9%，财政体制改革对该县财政收入产生了一定的效果。2012 年一般预算收入为 18900 万元，由于营业税短收等原因，增长 12.5%，虽然短期涨幅不大，但随着该县的发展，这项政策会对该县经济发展起到非常积极的推动作用。

（二）黑龙江省直管县财政体制改革对审计工作的影响

审计是国家的一项政治制度，审计工作是维护国家经济秩序，提高财政资金使用效益，保障国民经济和社会健康发展的需要。《中华人民共和国审计法》第十六条明确规定：“审计机关对本级各部门（含直属单位）和下级政府预算的执行情况和决算，以及预算外资金的管理和使用情况，进行审计监督。”根据《黑龙江省人民政府办公厅关于开展全部政府性资金审计工作的意见》（黑政办发〔2013〕39号）文件要求，黑龙江省政府决定将全部政府性资金纳入审计监督范围，进一步明确省管县财政审计监督管理体制，对县（市）政府预算的执行情况和决算以及其他财政收支情况的审计由省审计机关负责组织实施。该意见出台后，对各级审计机关的主要影响是：

1. 对省级审计工作的影响

从调研情况看，省直管县财政管理体制，收入计划、转移支付、税收返还、预算资金、债务管理、财政结算等，不再通过市级财政这一环节，因此，省级审计机关的业务范围将大大扩展，工作量将明显加大。鉴于省审计厅人力的不足，全面开展省管县财政审计监督管理体制，势必对审计质量、审计效果提出更高的要求。

2. 对市地级审计工作的影响

从调研情况看，目前，省政府已分两批下放了161项经济社会管理权限。两县（市）虽与市在隶属关系上发生了变化，但是在整个区域经济板块上有着密切的联系，需要加强沟通、相互支持。省级财政对县级财政直接下达收入计划、下拨财政资金、办理财政结算，省财政直接与县级财政挂钩，市本级财政与县级财政之间没有了资金拨付和财政结算关系，市审计局主要对市本级以及市财政对市辖区的项目资金安排和资金调度进行审计，不再对县级财政资金进行审计，市级审计机关工作量减少，审计人员将相对闲置。

3. 对县级审计工作的影响

从调研情况看，按“省直管县”的要求，省直有关厅局直接与县发生经济联系，将各项工作直接布置落实到县（市），可以说财政省直管县带来的是经济省直管县，带动的是县域经济，全面实行省管县是今后的改革方向。省直管县财政体制改革对于县级审计机关的工作既是机遇也是挑战。改革后，资金渠道增加，审计项目增多，随之而来的是审计人员数量相对不足、审计知识更新缓慢的问题。基层审计人员大部分缺乏从事财政业务的经历和专项资金审计的经验，接受系统的审计业务培训机会较少，知识结构单一，知识更新缓慢，审计能力提高不快。县审计局急需充实基层审计干部队伍，配足、配强审计一线力量，推动审计工作的顺利开展。

三、适合省直管县财政体制改革的审计组织方式

黑龙江省审计机关自成立以来，始终把促进深化财政体制改革作为一项重要任务，紧紧围绕黑龙江省不同时期经济工作中心开展审计监督，在促进各项改革的深化和宏观调控措施的有效落实方面发挥了积极作用。目前，省直管县财政体制改革是我国财政体制改革的重要领域，改革的实施效果，在一定程度上决定了我国深化财政体制改革的深度和广度。为顺应省直管县的财政体制改革及全省政府性资金审计全覆盖的发展趋势，各级审计机关要调整工作思路，转变工作方法。首先要强化省审计厅的主体地位，加强对县级审计机关工作的指导，加大对县级审计人员的培训力度，以保证财政审计质量。其次要整合审计资源，实行省直管县财政体制后，审计厅的业务范围将扩大，仅依靠省厅的审计力量远远不够，要调动全省审计干部共同参与，以适应新体制发展的要求。

（一）由省级审计机关负责财政审计，试行联网审计

2011 年，黑龙江省绥芬河市、抚远县被列为省直管县后，省厅财政审计处对绥芬河市、抚远县人民政府 2011 年度预算执行情况和财政决算进行了审计，财政审计处 10 人共用时 26 天完成了该项工作。按照省政府将全部政府性资金纳入审计监督范围的总体要求，确定主要目标是到 2018 年对全省所有管理和使用政府性资金的单位轮审一遍，对重点单位和重点资金原则上常年审计，逐步实现全部政府性资金审计全覆盖，并逐步推行政府性资产审计全覆盖，构建以全部政府性资金、资产审计为核心内容的财政审计大格局体系。以省厅目前的人力，更须提高效率，采取联网审计等方法，以满足省政府对审计工作的要求。目前，海南全省、山东省青岛市、浙江省杭州市等多个城市已实现与财政部门系统联网，成功开展了财政联网审计，取得了良好成效。黑龙江省社会保障（养老保险）基金已经实现

了联网审计，有效地配置和利用审计资源，实现以最少的审计资源，取得最大的审计成果。要想实现政府性资金审计全覆盖，只靠传统的审计组织方式无法完成省政府对审计部门的工作部署，开展财政联网审计可将政府性资金审计全覆盖成为现实。

1. 财政联网有利于实现政府性资金全覆盖

开展财政联网可以采集从财政获取的预算编制、预算执行、国库集中支付、非税收入、财务核算、财务决算等六大业务和财务系统数据，在数据采集时，覆盖一级、二级预算单位，还可以根据工作需要随时采集更新数据，从而实现对政府性资金全覆盖。

2. 财政联网审计有利于实现对财政收入、支出动态监控

开展财政联网审计，既可以对国库收入情况及对各类税收收入进行查询、分析，又可以对财政非税收入的入库情况、各单位的行政性收费等非税收入的实现情况进行掌握，还可以对纳入国库集中支付的各类资金支出全程跟踪，实时反映每一笔支出资金情况，实现对财政收入、支出的动态监控，全方位、多角度地开展审计工作，增强审计监督的主动性和有效性。

3. 财政联网审计有利于确定审计项目及重点

在开展财政联网审计，实现对财政收入、支出情况进行动态监控的基础上，对采集数据采取分析性复核的方法对经济结构、总量规模相近的同级单位进行横向对比，确定审计项目。在开展审计项目时，通过财政联网审计得到的预算数据、国库支付数据、财务数据等数据进行纵向对比，确定审计重点。财政联网审计创新了审计组织方式，减少了审计工作时间，提高了审计工作效率，将“全面审计、突出重点”的审计工作方针落到了实处。

4. 财政联网审计有利于提高审计质量

通过对采集数据进行整理、分类、分析和存储，从而实现对政府性资金全程跟踪，可以使审计工作从静态审计向动态审计转变，从事后审计转变为事后审计与事中审计相结合，在动态的监控中关注资金的走向，及时发现和纠正违纪违规问题，提高审计质量，发挥审计监督的作用。

（二）由省厅统筹组织财政审计，采用“大兵团作战”方式

2013 年初，省厅党组书记、厅长史青衿同志在全省工作会议上提出在审计组织管理方面继续探索实施“审计资源双分类、优组合”管理模式，确立全局工作“一盘棋”理念，对现有的审计项目和审计人力资源实施分类管理。这项管理模式在省厅近两年组织开展的地债审计和社保审计等项目中进行过初步尝试和探索，在今后的财政审计工作中引入这种模式，加大探索实践力度，力求取得新突破。一方面整合全省审计机关资源，围绕提高财政审计的整体性和宏观性，把财政管理审计、部门预算执行与重点专项资金审计、经济责任审计等有机结合，统一部署。将某县、市各专项资金审计如涉农资金、民生资金、环境保护资金等多个专项资金审计项目集中为一个政府性资金审计项目，合理优化配置审计力量，由主管厅领导担任组长，由资金量占比大的专业处室处长担任主审，对应的各专业处室派人，发挥审计个人所长混合编组，打破处室界限组成审计组，适当减少审计项目数量，坚持数量服从质量，避免审计交叉重复，切实提高审计质量。另一方面整合全省审计人力资源，省厅负责从市、县审计机关抽调审计人员，省厅工作人员担任组长、主审，与市、县审计人员成立项目组，由省厅编制统一的审计方案，统一组织业务培训，确定统一进点时间，规定统一时限，集中审计，避免市级审计人力资源闲置浪费，解决省厅目前面临的任务重、人力不足的现状。在审计项目实施过程中，按区域划分若干巡回督导组，由省厅、处级领导带队检查各地审计工作，对个性或重大问题提出深化审计的具体要求，对共性问题统一取证口径，确保审计质量。

（三）由省审计厅授权县级审计机关审计，实行交叉审计

《中华人民共和国审计法》第十七条明确规定：“地方各级审计机关分别在省长、自治区主席、市长、州长、县长、区长和上一级审计机关的领导下，对本级预算执行情况和其他财政收支情况进行审计监督。”审计管辖范围是根据财政财务隶属关系确定的，实行省直管县财政体制，省级审计机关授权县级审计机关审计省级授权项目也是合理、合法的。县级审计

机关要大力加强审计队伍建设，适应授权审计项目要求，保证授权审计项目质量，做好授权审计项目。同时建议县级审计机关实行交叉审计、向省厅报告工作的方式，避免县级审计机关受当地利益制约，影响审计机关对财政部门的监督力度，推动各县市提高审计质量。省厅要加强对授权项目的管理，加大对授权项目的质量监督力度，对项目完成质量差的可以取消审计决定，省厅重新作出决定，取消授权县资格。

全面推进的省直管县财政体制改革，给省以下各级地方审计机关提出新的挑战，地方审计机关需要科学确立目标任务、依法统筹系统资源、切实把握重点要点、探索创新组织方式方法，作为审计人员必须明确改革的重要意义，正确认识和分析把握省直管县财政体制改革给审计工作带来的影响，及时调整工作思路，积极转变工作方法，以保障地方审计机关顺应改革的深化发展。

参考文献

[1] 张占斌，唐铁汉．省直管县体制改革的实践创新［M］．北京：国家行政学院出版社，2009.

[2] 王平波．省直管县财政体制下深化发展地方审计的思考［J］．中国财经信息资料，2010（32）．

[3] 陈建国，谭艳清，蒋新田．浅谈县级审计机关应对省直管县财政体制改革的基本思路［EB/OL］．http：//www. audit. gov. cn/n1992130/n1992150/n1992576 /2561030. html. 2010 －9 －25.

[4] 邱奇彦．对审计力促“省直管县”改革目标实现的思考［J］．审计月刊，2011（2）．

[5] 刘永北．山东青岛联网审计系统助财政审计突破三大难点[EB/OL]. http：//www. audit. gov. cn/n1992130/n1992150/n1992379/2868485. html. 2011 －11 －23.

[6] 毛捷，赵静．“省直管县”财政改革促进县域经济发展的实证分析［J］．财政研究，2012（1）．

省直管县财政体制条件下改进审计组织方式的思考

安徽省审计学会课题组

课题负责人：王　羚

课题组成员：程　敏　邵期静　李仁标

【摘要】　随着我国社会主义市场经济体制的建立和财政体制改革的深入推进，尤其是省直管县财政体制的逐步建立，给深化财政审计提出了新的更高的要求。审计机关深化财政审计的过程，既是依法履行审计监督职责、进一步发挥职能作用的过程，也是改进审计组织方式、提高审计绩效的过程。

本文通过对省直管县财政体制改革提出背景和省直管县财政体制改革在安徽实践的回顾，在深入分析省直管县财政体制改革给财政审计带来影响的基础上，系统总结了省直管县财政体制条件下改进审计组织方式的初步实践，提出了调整省县两级预算执行审计体系、优化省县两级财政决算审计功能、构建省直管县财政体制的完善机制，以及强化省对县级审计业务指导、推进审计组织方式转型变革、创新审计项目组织方式、健全完善审计工作机制、整合审计信息打造数据平台等改进审计组织方式的思路，以求为深化财政审计实践提供一些指导。

【关键词】　省直管县　财政体制　财政审计　组织方式

目　录

郡县治，天下安。县域经济处于宏观经济与微观经济的结合部，是城市经济与农村经济的连接点。加快县域经济的发展步伐，对于推进城乡统筹发展，实现“中国梦”战略构想，加强国家治理能力建设具有极其重要的意义。调整财政管理关系，消除制约县域经济社会发展的体制性障碍，是激发县域经济发展活力的关键之举。作为国家治理重要组成部分的审计机关，应深入研究省直管县财政体制改革给审计工作带来的问题和挑战，进一步改进审计组织方式，提升财政审计监督水平，以更好履行推进完善国家治理的基本职责。

一、省直管县财政体制改革的提出

省直管县财政体制，是指为了缓解县级财政困难，解决政府预算级次过多等问题，在现行行政体制与法律框架内，省级财政直接管理县（市）财政的一种财政管理方式。与“市管县”财政管理体制相比，省直管县财政管理体制就是省级直接管理地市和县（市）财政，地方政府间在事权和支出责任、收入的划分，以及省对下转移支付补助、专项拨款补助、各项结算补助、预算资金调度等都是省直接对县（市），地市没有管理县（市）财政的职能，不直接与县（市）发生财政关系。

（一）省直管县财政体制改革提出的背景

我国过去普遍实行的“市管县”体制，是自改革开放之初逐渐形成的。1982 年，为了密切城乡关系，巩固工农联盟，促进城乡一体化发展，中共中央发出了《关于改革地区体制，实行市管县的通知》，旨在发挥中心城市对农村的经济辐射带动作用。但在执行过程中，有很多市并不符合当时中央所指的“中心城市”条件，许多市仍是农业占主导地位，第二、三产业比重偏低。在这种情况下，市对县在行使职能时，更多的是行政辐射，而非真正意义上的经济辐射。于是“市管县”体制有了明显的倾向性，许多市视县为附属行政单位，并要求县的经济发展从属于市区经济发展的需要，导致两个利益主体的冲突。随着区域经济和城市化的发展，市县经济差距的缩小，市县矛盾日益加剧，加之市管县体制缺乏系统配套的城市发展机制和人口政策平台，该体制下的市县矛盾已成为我国行政区划管理中最突出的矛盾。

1994年实行的分税制改革，虽然在一定程度上调动了各级地方政府发展经济、组织收入的积极性，但随着社会主义市场经济体制的建立和政府职能的转换，经济社会得以全面发展，特别是在上世纪90年代中后期城市化进程加快和国有企业脱困情况下，市级政府的市本位主义思想倾向日益增强，县级财政供养人员过多、债务沉重、财权与事权不对称、资金调度困难等矛盾日渐突出。一是县域经济缺乏活力，发展缓慢，县级财政普遍困难，且县财政的困难基本上要依靠省财政帮助解决，省财政实际承担着县财政保工资、保运转的责任。二是绝大部分市级财政自身困难，市带县的作用难以发挥，而且市财政还不同程度地存在着集中县级财力的问题。三是中央和省财政为缓解县乡财政困难而采取的一些支持政策、补助资金等措施因体制不顺往往很难及时贯彻落实到位。四是中央和省财政难以掌握县级财政的真实状况，信息缺失，不利于加强对县财政的管理和监督。

2002年，国务院批转了财政部《关于完善省以下财政管理体制有关问题意见的通知》，对完善省以下预算管理体制做出原则性规定，省直管县财政体制改革开始试点。

2005年，全国财政工作会议要求完善省以下财政管理体制，试行省级直接对县的管理。温家宝总理在2005年全国农村税费改革工作会议和2006年全国农村综合改革工作会议上两次提出，要推进省直管县财政管理体制改革。党的十六届五中全会在《关于制定国民经济和社会发展第十一个五年规划的建议》中指出，要理顺省以下财政管理体制，有条件的地方可实行省级直接对县的管理体制。2008年10月召开的十七届三中全会强调，要推进省直接管理县（市）财政体制改革，有条件的地方可依法探索省直接管理县（市）的体制。2009年2月，中共中央、国务院发布《关于2009年促进农业稳定发展农民持续增收的若干意见》，明确提出要推进省直接管理县（市）财政体制改革，稳步推进扩权强县改革试点，鼓励有条件的省份率先减少行政层次，依法探索省直接管理县（市）的体制。2009

年7月9日，财政部公布《关于推进省直接管理县财政改革的意见》，明确提出了省直管县财政改革2012年底前在中国大部分地区推行的实施目标。

（二）省直管县财政体制改革在安徽的实践

行政区划作为国家治理结构的重要组成部分，与事权和财权划分有着十分密切的关系。与世界上相对较少的政府层级相比，我国目前设置了中央、省（直辖市）、市（地区）、县（市辖区、县级市）、乡（镇）五级政府框架，在这种多层级政府结构的背景中，如何明确地方政府间职责分工、理顺政府间财政分配关系成为了一个特殊难题。一般来说，地方政府的规模、层次设置及财政关系等牵涉到多个因素，而公共需求的多样性、公共产品的层次性和受益性、公共产品提供的规模经济效应、政府的决策成本和管理成本是显示政府体制结构优化的主要因素。从这个意义上来说，我国目前的省直管县财政体制改革，在理论上意味着扩大政府的辖区范围，可获得公共产品提供的规模经济效应和外部性问题解决、交易费用降低的创新效率。同时，这种财政层级扁平化改革，以实现完善的分税制为出发点，有利于地方政府财力分配均衡化和公共服务均等化，也将提高省以下财政体制的统筹水平和整体运行效率。

安徽全省现有107个县级行政单位，包括56个县、6个县级市、45个市辖区，相互间经济社会发展差异较大，现行各市的管理方式也不尽相同。近年来，省委、省政府高度重视县域经济发展，渐进式地推动“省直管县”改革。

2004年，安徽省政府印发了《关于实行省直管县财政体制改革的通知》（皖政〔2004〕8号），对56个县实行省直管县财政体制，按照维持现行利益分配格局、共同支持县域经济发展、权责统一、积极稳妥、循序渐进的原则，改革内容包括财政收支划分、收入目标下达和考核、税收返还、转移支付、债务偿还等十一个方面。

2006年，安徽省政府印发了《关于在宁国等12个县（市）开展扩大经济社会管理权限试点工作的通知》（皖政〔2006〕126号），选择宁国、广德等12个县（市）按照“责权统一、重心下移、能放都放、依法合规”

的原则，赋予这些县部分省辖市经济社会管理权限，开展扩权试点。随后，32 个省直部门从计划下达、资金拨付、项目办理等方面提出管理权限下放意见，省政府办公厅印发了《关于扩大宁国等 12 个试点县（市）经济社会管理权限的实施意见》（皖政办〔2007〕28 号）。2008 年，省政府印发了《关于将蒙城等 18 个县（市）列为第二批扩大经济社会管理权限试点县的通知》（皖政〔2008〕39 号），又重点选择了 18 个区位条件较好、资源丰富、发展潜力较大的县作为第二批扩权试点对象。2009 年，省政府印发了《关于全面推开扩大县级经济社会管理权限工作的通知》（皖政〔2009〕73 号），在总结县域经济扩权试点经验基础上，决定在 61 个县（市）全面推开扩大县级经济社会管理权限。政策提出：除国家法律、法规有明确规定的以外，原由市审批或管理的经济社会管理事项，均由县（市）自行审批、管理；需经市审核、报省审批的，均由县（市）直接报省审批、管理；对国务院及国家有关部门规定需经市审核、审批的事项，采取委托或授权等方式予以下放。

2011 年，安徽省委、省政府积极呼应中央的部署，印发了《关于推进省直接管理县体制试点工作的意见》（皖发〔2011〕10 号），确定广德、宿松作为全省省直管县体制改革试点县，随后省委、省政府办公厅印发了《关于省直管县体制改革试点工作的实施意见》（皖办发〔2011〕42 号）。新的“省直管县”体制改革，相对于前期实施的“县财省管”财政管理体制改革和“扩权强县”试点改革而言，更具全面性。其总体目标是，通过试点县先行先试的改革实践，进一步激发县域经济社会发展的内生动力，积极探索建立与社会主义市场经济体制相适应的科学发展模式，率先建立权责一致、分工合理、决策科学、执行顺畅、监督有力的县级行政管理体制，争创科学发展的示范县、体制改革的试验县、自主创新的领先县、统筹城乡发展的先行县，努力为全省深化行政管理体制改革、建设服务型政府探索经验和提供示范。改革的主要任务是，调整管理体制，加快转变政府职能，科学界定政府职责重点，扩大经济社会管理权限，理顺条块关系、健全政府功能，加强领导班子和干部队伍建设等六个方面。

实行省直管县财政体制，省级政府能够更加有效地统筹地区之间的发展，更好地发挥协调能力；能够通过减少行政层级降低行政成本，提高财政资金运转效率和财政管理工作效率；能够增加财政管理透明度，调动县级财政发展经济的积极性。我国社会主义市场经济体制建立并逐步完善、政府改革力度的加强，为省直管县财政体制改革提供了制度保障；现代科技手段普及应用，为省直管县财政体制改革提供了技术支持；基础设施的改善，为省直管县财政体制改革提供了物质条件。

以安徽省宿松县为例，管理体制的调整，使县级获取政策信息的渠道更加畅通，县级决策部署的重心和方向与上级更加同步，针对性和科学性更强；管理权限的扩大，使县级发展自主权进一步增强，发展的要素更加充足，发展的环境更加优化；条块关系的理顺，将地税、工商、质检等省以下垂直管理机构改由县级直接管理，使县级政府社会管理和公共服务功能更加健全。值得一提的是，宿松县为适应省直管县体制的需要，着力理顺县乡关系，选择复兴镇、佐坝乡、洲头乡 3 个基础相对较好、条件成熟的乡镇作为试点，明确除法律法规有明确规定的以外，把县级能够下放的审批权限以授权、委托等方式尽量下放到试点乡镇，并从机构设置、人事配备、财力支持和项目指标安排上予以适度倾斜，进一步激活了乡镇经济发展动力。通过省直管县财政体制改革，省加大了转移支付和财政补助力度，进一步增强了试点县的财政实力，有力地促进了各项基础设施建设和民生社会事业发展；部分行政审批权限下放后，扩大了县级审批自主权，减少了行政审批时限和环节，行政审批效率大大提高，发展的要素制约有效缓解。

二、省直管县财政体制改革给财政审计带来的挑战

（一）省直管县财政体制改革对财政审计的影响

综观全国省直管县财政体制的改革，其主要内容，是在政府间收支划分、转移支付、资金往来、预决算、年终结算等方面实现省财政与市、县

财政直接联系，按照分税制原则实行省市、省县、市县收入分享，市县由省直接核定与下达收入计划并办理资金调度、收入划解、债务还贷等业务。由此，省县两级财政在预算安排、组织执行、资金收支、财政监督、同级财政与部门决算环节产生了内容、流程、责任主体等方面的重大变化，省县预算构成的关联度与兼容度明显提高，面向同级政府预算管理活动的财政审计也必将受到多方面影响。

1. 对省级财政审计的影响

新体制对审计的影响主要集中于省级财政审计，原因是省级预算执行和决算管理两个方面的内容都包含了县级财政的有关经济活动，这些内容直接导致省级财政审计的对象、范围、目标、重点发生了变化。

（1）省级预算构成的部分收支活动体现在县级财政

省财政预算执行审计，应该建立在省本级完整的财政预算体系基础之上。从省级财政预算体系的完整性角度看，预算构成中因新体制而反映在县级财政的收支内容主要有五项。其中，收入方面两项，即省县或省市县共享税和应上解省级财政的税费；支出方面三项，即央省转移支付到县级财政的资金、省级下拨的赠助资金、县级主权债务资金。

收入方面的现行状况，一是县域增值税，分成比例央地 75∶25；二是县域所得税，分成比例央地 6∶4；三是县域探矿权采矿权价款收入，分成比例央地 2∶8；四是县域文化事业建设费，按年度指标征收并全额上解省级财政；五是县域水利建设基金，按年度指标上解省级财政。该五项内容，为本级税收收入和下级上解收入，属省本级组织预算执行审计范围。其在县域层面的征管绩效和省级层面的分成比例执行及两者的合法性、合规性事项，省级财政审计应依法纳入计划和目标，否则将导致审计履职的缺位。

支出方面的现行状况，一是省本级转移支付到县级财政的支出，因分税制体制并随着经济总量的发展而越来越大；二是省直部门下拨到县级对应部门的捐赠、救助资金，随着慈善社会的发展而越来越多；三是省县协议偿还的国际金融组织或外国政府贷款、国债转贷资金、央省财政有偿资金等，虽属县级主权债务资金，监管主体却为省级财政并纳入省县结算体系。该三项内容，前两项在省级预算构成中皆为“返还或者补助下级的支出”，后一项应纳入省级债务预算中。其在县级管理使用的合法性、合规性、效益性，省级财政审计也应依法纳入计划和目标，否则也将导致审计履职的缺位。

（2）省级财政管理的部分收支活动体现在县级财政

省财政预算执行审计，对财政管理绩效的审计不可或缺。省级财政管理所涉的内容，因新体制而反映在县级财政活动的主要有五项，包括：县级预算收入编制是否完整、上解收入是否及时、资金调度是否合规、专项资金与债务资金管理使用的合规性效益性等。

具体情况，一是县级政府性收入存在完整性问题，原因为省转移支付的专项资金未纳入县级预算管理而直接拨付到县域财政的业务股室列暂存款、市本级拨付县级财政的专项补助收入因无资金拨付的对应关系也列暂存款而未纳入预算管理，该两项皆应依法纳入预算管理的上级支出和县级收入，省财政应监管，省财政审计亦应监督；二是县级收入报解存在效率性问题，如矿权价款、水利建设基金等上解迟缓或部分截留；三是县级资金调度存在合规性问题，如调剂资金、预备金、偿债准备金等的提留、管理、使用不符合规定，专项资金被长期挤占、借用或改变用途；四是专款存在拨付的及时性和使用的效果性问题，捐赠、救助或项目资金被截留、滞留、回流，通过项目申报以作假手段骗取、套取资金等；五是县级债务监管存在科学性问题，地方政府迫于发展压力和政绩需要，出现过度举债、变相集资、融资担保和小额担保违规等行为，潜伏着财政风险，隐藏着权力寻租。

（3）省直部门预算执行的部分活动发生在县级财政

省直部门的专项性转移支付预算中，用于县级的专项资金、补助与捐赠资金等，皆单独编列预算并细化到项目；预算执行中，由省财政厅直接或会同项目主管部门分配、下达。省级财政的返还性支付、一般性转移支付预算和执行中，依据核定的应上解基数、年度实际上解税收的分成额度和财供人口、国土资源等参数，由省财政厅编列预算并下达到县级财政。分配到县的这部分资金，包含经济建设支出、事业发展支出、各项补贴支出、其他专项支出和财力性、补助性支出等，其管理使用的绩效情况仍然关系到省级预算执行的效率效果，因而也应纳入到省级财政审计的计划并组织实施。

其次，省直部门预算执行中，有少量与县级政府合作建设的项目，资金由省直部门与县级政府按比例拼盘，其审计管辖权不明确，容易产生审计盲点。有的项目，也仅通过省直部门的内审程序来委托社会机构进行审计，如工程造价、项目决算，也规避了依法属于财政审计范围的关于政府投资项目预算执行和决算的监督。

（4）专项资金分配使用活动省与县紧密关联

省级财政专项转移支付的预算管理中，专项资金项目的计划、可行性研究、申报主要由县级财政或项目主管部门承担，项目的审查、批准和分配、下达由省财政或项目主管部门承担，资金的管理、拨付、监管由省县共同承担。预算执行活动的链条长，责任主体随着管理链的运行而变化，实现预算执行的科学性难度大。省、县层面，任何一个环节的疏漏、作假或权力寻租，都将影响专项资金在预算执行过程中的合法性、合规性、效益性。所以，省级专项资金预算执行的审计，理应覆盖到县级的相关活动。

（5）央省政策执行效果的直观载体主要在县级

中央和省（区、市）的政策，主要在县（市、区）落地。政策的效果如何，要在县级开展调查才能获得直观与客观数据。如经济发展、文化发展、环境保护、城镇化建设、民生工程等，政策的正能量和负影响、科学性和局限性、百姓接受度和抵触度、是否可行或须修正废除，无一不反映在县级层面的执行过程与结果效应中。再如省直管县体制实施后，对县级财力的影响、县级预算管理存在的问题与省财政的关系、省对县级财政履行绩效考核监督职责的效率效果与改进办法，也反映在县级财政管理的过程与效果中。所以，省级财政审计中的财政管理绩效审计项目、政策评估调查项目，应将县级层面的执行效果作为重点。

（6）县级预算执行与决算审计的管辖权从市上移到省

我国《中华人民共和国审计法》第十六条、《中华人民共和国审计法实施条例》第十五条，分别规定了上级审计机关对下级政府预算执行和决算情况审计的管辖权。原财政体制环境中，相对于县级政府的上级审计机关就是市级审计机构。新财政体制下，省、县财政成为直接管理关系，这种关系与省、市间的财政关系是平行的，管辖县级政府预算执行情况和决算的上级审计机关即转变为省级审计机构了。由于审计管辖权从市上移到省，县级政府的预算执行情况与决算审计无疑应纳入省级财政审计的计划。

2. 对县级财政审计的影响

新体制对审计的影响也反映在县级财政审计中，原因是省、县财政管理活动具有关联部分，主要表现为省县财政关联中的宏观管理和省县财政关联中有关问题的微观处理两方面内容。由于这些内容与省级财政活动是相关的，县级财政审计中难免产生审计管辖权、评价权、处理权的尴尬，同时省级审计受覆盖面限制而对县级的审计结果产生了共享的需求。

（1）对省县财政关联的宏观管理角度产生的影响

县级财政活动中，存在省县关联的部分宏观管理内容。这些内容，直接反映了省级财政预算执行的部分情况，如县级财政管理绩效反映出省级财政监管的部分活动、县级财政资金使用反映出省级下拨资金预算执行绩效、县级应上解税费征管情况反映出省级税费征管绩效等。对这些内容的审查监督，一方面需要省财政审计作出计划安排，一方面也需要纳入县财政审计的重点以弥补省财政审计难以覆盖的局限。可见，传统的以总会计、总预算复核和少数单位预算执行情况涉审为主的县级财政审计方式，已不能适应新体制下省、县财政运行的宏微观管理活动需求。

所以，县级财政审计中应对关涉省级财政管理绩效的宏观内容进行全面疏理，完整纳入计划和重点。同时，审计方案应把审查揭示有关活动的绩效作为重要目标，并以审计结果报告或有关事项专报、有关数据报备的形式与省级财政审计共享，以作为其绩效评价的依据。鉴于此，县级财政审计同样需要建立在完整的预算体系或完整的财政框架基础之上，审计范围需要覆盖全部政府性资金（包括专项资金、社保资金、医保资金、捐赠资金、债务资金、国有资产经营收益等等），审计内容需要覆盖全部预算单位的预算执行情况，审计重点需要紧扣财政管理绩效、税收征管绩效、转移支付资金使用管理绩效、政策执行绩效等省县关联的内容，审计方法需要引入绩效审计、管理审计、数字化审计等先进理念与技术，审计目标需要兼顾查错纠弊与政策评估、绩效评估并从体制机制制度上研究改进建议。

（2）对省县财政关联的微观处理角度产生的影响

县级财政活动中，存在省县关联的部分微观管理内容。这些内容由新体制直接衍生而来，主要表现为省级调控财力增加后其直接安排到县的项目与资金不断增多。由此，引发了管理使用中的问题，如受省级行政权力迫使的发生在县级的挪用行为（用作会议经费、接待经费或其他建设等）不好处理、省级主导的专项资金或专款在县级的建设内容与费用结构不好评价、省下拨到县的补充或调剂性质的专项资金挪用问题（用作单位办公经费、购物经费等）不好披露、省级部门主导的倾斜项目与资金其不合理或违规问题不好纠正、省级部门与县级财政合作投资的项目规避或干预县级审计的问题不好协调等。

问题的产生来自新体制，问题的根源却不在新体制。因为承担这些问题对应责任的主体，是以省级为主、县级为辅的“联合体”，且主体责任在省、县两级之间模糊转移。即使明确了责任主体属于省级某个部门，依据审计法在县级财政审计层面也是没有处置权的。可见，问题根源在于省财政审计职责的履行，滞后于新体制的实施。依法属于省财政审计处置范围内的问题，往往显示在资金使用的末端而其无法触及，但这个末端在县财政审计时却能较为完整地开展审查，滞后的是省、县审计处置权的衔接尚未建立证据转移交接的机制与通道。于是，省级审计对这些问题望尘莫及，县级审计对这些问题无可奈何。

（3）县级审计体制依附性的弊端更为凸显

上述关于新体制对省县财政关联问题的微观处理产生的影响，还有一个重要根源是审计体制的依附性。只是这种依附性的弊端，在新体制下变得更为凸显。就是在审计干部交流提拔受同级党委政府掌控、审计权力行使受同级政府领导、审计经费保障受同级政府安排、审计处理处罚却要指向同级政府的时候，审计职权是完全虚设的。最突出的反映，一是在本级财政审计中对领导层权力作假或领导层决策挪用资金的问题无法行使处置权；二是因专项转移支付项目的资金量增大而导致虚报或虚拟、借壳的项目增多，也导致县级项目资金的虚假配套，侵占了民生利益，削弱了政策效果，尽管审计实施中掌握这些问题的证据凿凿却也无法行使审计处置权。甚而，在上级审计机关调查、检查或者部署交叉审计、联动审计时，县域的审计机构无一例外都要被迫扮演审计代言、审计协调甚至审计作假、审计舞弊的角色，以维护地方政府的利益。

（二）改进审计组织方式的初步实践

省直管县财政体制改革实施后，各地审计机关积极应对，主动顺应体制改革带来的影响，对省直管县财政体制下审计组织方式进行了调整。

1. 试点县的决算审计

为全面摸清省直管县财政体制运行情况，评价省直管县财政体制改革效果，揭示省直管县存在的问题，2011 年，安徽省审计厅组织对广德县、宿松县实施了 2010 至 2011 年度财政决算审计与专项资金（含转移支付资金）审计，目的是揭示财政省直管县体制运行的总体情况和存在的普遍性问题，从总体上反映和评价全省省直管县财政体制改革的效果，为进一步深化省直管县财政体制改革和政府决策提供参考依据。审计重点关注省直管县财政运行效果、财政预决算编报的完整性、财政决算的真实性和合法性、民生支出保障情况、2010 至 2011 年度上级转移支付情况、财政资金的安全情况、招商引资政策的制定和执行情况，以及收入计划管理情况与税务征收成本情况等。

2. "五统一"的联动审计

省级统一组织、上下联动，积极构建财政审计大格局。"五统一"审计组织管理模式，即统一审计计划，统一审计方案、统一审计实施、统一审计报告、统一审计处理，并对审计操作规范、质量控制、责任追究及考核、经费保障等作出具体规定，着力提升预算执行审计监督的层次和水平。各省（区、市）在实践中，主要措施可归纳为下述三个方面：一是总体把握审计思路，从全口径预、决算管理的角度全面评价省级部门单位的预算执行情况，重点审查预算编制、执行的规范性，预算的完整性和预算执行的结果，分析预算与执行存在的差异，重点审查财政拨款各项资金的管理分配使用情况，围绕促进财政资金管理的科学性、有效性、合法性，大力推进财政资金使用的绩效审计；二是统一审计重点和内容，审计工作总体方案统一确定了重点审查部门预算执行总体情况、预算收支情况、财政专项资金管理使用情况、资产管理情况等方面的审计内容；三是统筹协调，确保审计质量。

3. “上审下”的内容转型

地级市审计机关对县级财政实施的“上审下”，组织方式上，探索了全市审计资源的整合，实行统一配置，形成审计合力。审计目标，转向了财政资金的管理使用绩效。审计内容，转型为“三个关注”：一是关注体制机制，注重抓住具有普遍性、倾向性、苗头性的问题，提出深化财政体制改革的建议，为党委政府决策服务；二是关注专项资金绩效，对地方财政预算中专项补助资金存在着金额较大、项目过多过散、配套要求高、管理失控、使用不当、效益不高等问题，提出意见建议，提高专项拨款的科学性、公正性和效益性；三是关注问题处理，对财政“上审下”审计发现的普遍性问题，如罚没收入、国有资产收益未纳入一般预算问题，今后均应按照制度规定比例上缴上级财政，防止地方财政钻空子，增强审计处理的严肃性。

4. 多类型的审计整合

坚持多种审计方式相结合，注重审计资源、审计内容和审计方式的整合。根据项目特点，科学选择审计、审计调查和跟踪审计等方式，积极探索多专业融合、多视角分析、多方式结合的审计组织方式。探索将资源环境审计、绩效审计同专项审计、预算执行审计和经济责任审计结合起来。深化计算机技术在审计工作中的运用，大力推进计算机技术在审计实施中的应用，配备专业人员参与审计项目。

三、改进审计组织方式的思考

（一）完善财政审计机制

省直管县财政体制条件下，省县两级财政审计在法定对象上仍为同级财政部门组织预算执行情况、征收部门征收预算收入情况、预算单位预算执行情况和决算，因为对象未发生变化，审计组织管理中就容易滋生出沿袭财政审计的老套路、老方法问题。殊不知虽然审计对象未变，但审计对象的网系幅度、审计服务的需求层次、审计内容的复杂庞巨则是有深刻变化的，这种变化对财政审计的影响也必将是深刻和改革性的。财政审计如何在适应中调整完善，关系到审计履职、审计作为、审计服务的高低优劣。所以，审计层面需要在决策上积极应对、理论上深入思考、实践上改进组织方式。

1. 调整省县两级预算执行审计体系

（1）审计框架的重构

应对新体制对财政审计所产生的影响，逻辑起点是财政审计需要适应财政构成框架和财政管理活动发生的新变化，通过重构审计框架以形成能够服务于新体制的职能运作机制。重构的内容，主要包括审计范围、审计目标、审计重点、审计方法四个方面。

一是审计范围调整。应以完整的预算体系和财政框架为基础，将全部政府性资金和运行轨迹纳入审计范围，将财政管理绩效的审计作为核心内容，将预算执行绩效的审计作为必备科目。实践中，覆盖幅度横向到边，全面关注财政运行的所有活动；审查深度纵向到底，全面关注资金运行过程、末端或源头的效果。以此形成完整的财政审计架构，避免审计履职的缺位，强化审计权能与作为。

二是审计目标调整。应把查错纠弊与绩效评估相结合，将满足各层次的服务性需求、发挥审计的建设性作用作为宏观目标。实践中，将审计实施目标的“三性”（真实、合法、效益）和计划目标的需求性、成果目标的服务性有机融合，贯穿在审计管理的全过程，成为审计质量控制、审计价值追求的取向和标准，以顺应省直管县财政体制对资金监督、绩效改进、体制优化的强烈需要。

三是审计重点调整。应注重省县预算执行审计的完整性，构建省县审计成果的共享互补机制，将省县关联的财政活动纳入审计重点。该类内容主要有两个方面，即构成省级组织预算执行和部门预算执行内容中的县级部分，如省级税收收入和省级专项支出在县级部分的执行效果等。确立省县财政审计共同的重点，可以为省级联动审计或延伸调查县级的内容建立控制规范，为省级共享县级的审计成果疏通基础渠道。

四是审计方法转型。新体制对审计的需求不仅表现在监督层面，也表现在完善体制运行的效率效果层面。服务于这种需求，应将传统的报表复核、凭证审查、实物盘点、账资比对为主的稽核方法作为真实性、合法性审计的基础，同时重视应用财政管理审计、政策执行审计和审计调查作为绩效审计的手段。实践中，应将审查方法转型为以解剖管理、分析决策、评价绩效、评估政策为主的审计方法上来，真正发挥出揭示体制性障碍、机制性漏洞、管理性缺陷的作用。

（2）评价方式转型

新体制对财政审计的影响，主要产生于省县财政活动的关联性，表现为省级决策为主、县级执行为主。因此，财政审计中需要关注决策的科学性、效果性和执行的科学性、效益性，可见绩效审计方式在财政审计的应对中成为别无选择的途径。财政绩效审计的关键，在于建立科学的绩效评价指标体系。实际应用中，需要整合省（区、市）审计资源，同步构建省域性财政绩效审计评价指标（如实际财力、人均预算、刚性指出、行政成本、三公经费）数据库，以推进财政绩效评价的顺利实施。

困难的是，构成财政绩效审计项目的内容庞杂、情况各异，如果以单个项目为单元研究开发“条块型”的绩效评价指标体系，即使研发数十个甚至上百个项目指标也难以覆盖财政审计的全部内容和项目，而且劳资巨大、重复消耗、难以信息化。所以，绩效评价指标的构建，宜以“‘结构型’、应用中可以灵活拆卸组装的指标系统”为选择方向，具体应为“政策管理绩效指标、财政管理绩效指标、资金（含专项资金）管理绩效指标、部门管理绩效指标、企业管理绩效指标、信息系统管理绩效指标‘六大结构’，并以审计风险和绩效评价的可衡量性为导向确立二级指标和指标要素，构成完整的财政绩效审计评价指标体系”。运用中，则可“依据项目情况和风险分析对‘六大结构’的绩效指标进行组合、整合或二次开发，如财政专项资金绩效审计项目、政府投资绩效审计项目的实施可以组合和整合‘资金（含专项资金）管理绩效指标、政策管理绩效指标、部门管理绩效指标’，政府性资金（基金）管理绩效审计项目的实施可以组合和整合‘信息系统管理绩效指标、政策管理绩效指标、部门管理绩效指标、资金（含专项资金）管理绩效指标’”①，如此类推。

① 邵期静. 财政绩效审计结构型评价体系研究[J]. 中国内部审计，2013(9)：85.

(3）技术重心迁移

面临大数据时代，尤其是新体制下财政绩效审计的覆盖面广、工作量大，审计机关又存在严峻的“人少事多”，主客体环境倒逼着数据式审计技术的应用。通过数据式审计，将传统的经验式抽样、测试改变为对所有被审计数据进行采集、清理、转换，并建立审计中间表或审计分析模型，对数据进行全面分析。技术层面，包括数据采集技术、清理和转换技术、中间表建立技术、审计分析模型开发技术等，还包括该类应用的集成技术，如数字化审计分析平台、数据存储与挖掘应用管理平台等。这样的审计，不仅扭转了传统审计仅凭经验生成判断的风险，而且形成了传统审计难以企及的审计覆盖面，解放出大量的审计时间、审计人力用于延伸审计与调查，为将审计风险控制到最低限度奠定了基础。

技术重心迁移到数据式审计之后，其在形成高效、优质工作成果的同时，也产生了新的审计风险。新的风险，既来源于数据本身的真实性，也来源于数据采集的程序性、业务操作的技术性、数据管理的安全性。因此，审计数据真实性、安全性的管理和数据操作规范、审计业务标准的研制推行就成为新的任务。实践中，在同步落实计算机审计数据采集规范的基础上，需同步建立信息系统数据真实性与安全性测试制度、审计数据采集应用管理的业务标准等，以控制数据式审计的固有风险。

(4）成果运用调整

新体制下省县财政运行的关联性，产生了省县财政审计内容与审计成果的关联性。这种关联性，为省级财政审计共享县级财政审计的成果提供了条件，可以为省级层面的审计节约资源、提高效率。实践中，应推行省县资料互补、经验技术共享、县级报告三级等办法。

一是省县资料互补。省县两级皆应立足于审计成果共享目标，安排审计计划、确定审计重点、制定审计目标、控制审计质量，并建立省、县审计资料（报表、证据等）传递机制与程序规范，保障相互间审计成果的及时、有效利用。

二是经验技术共享。鉴于省县之间、县域之间审计发展的不平衡，客观上具有审计理念、技术装备、经验方法上的差异性。由此，创造了“先进”带动“后进”的环境与条件。而新体制下的财政审计是一个自我变革的过程，更需要先进理念与技术方法的交流与引导，以催生审计体内发展创新的活力。所以，省级层面应构建面向全省（区、市）域的技术经验交流与共享机制，促进财政审计的转型提升。

三是县级报告三级。我国《中华人民共和国审计法》第九条规定，地方各级审计机关对本级人民政府和上一级审计机关负责并报告工作，审计业务以上级审计机关领导为主。审计体系的行政层级上，县的“上一级”是市级审计机关。然而，新财政体制的全部意义是“省直管县”，意味着在财政审计范畴内省市与省县之间的管辖关系是平行的，那么新体制语境下县的“上一级”即应转变为省级审计机关了。如此，就形成了县级财政审计的结果应该报告三级的过渡期，该三级即本级人民政府、市级审计局、省级审计厅，以顺应新体制管理运行的需求。

2. 优化省县两级财政决算审计功能

依据法规授权和新体制运行管理需要，省级审计机关管辖本级部门的决算和下级市、县政府的决算，县级审计机关管辖本级部门的决算和下级乡镇政府的决算。关于决算的审计，审计署 2003 年开始实施，由审计长签署《中央部门决算草案审签意见》。地方审计机关则由于决算审计功能不强、人力不济诸因素，只开展了为数极少的工作。省直管县财政体制，为决算审计的省、县对接创造了环境，决算审计作用于预算管理的功能变得更为现实，开展决算审计也就有了新的意义。

实践中，部门财政决算审签或部门财政决算草案编制情况审计，应以经济建设支出、事业发展支出、专项补贴支出、其他支出等财政活动中的省、县关联单位为主要对象；县、乡（镇）级政府财政决算审计，也应依据省对县、县对乡（镇）级财政的补助支出额度、区域财政的运行状况来选择，做到项目计划上下呼应，以利省、县、乡（镇）对口部门或对应补助资金间决算审计结果的相互印证。为实现决算审计功能的优化，应建立决算审签前置制度，即把审签纳入预算管理的必要环节，财政财务决算报告只有“经过审签才能报送、发布、批复，并作为下年预算安排的依据和条件，以实现决算审计与预算管理的对接”①；实施中，应注重评价决算草

① 邵期静. 财政审计大格局的构建框架和内容[N]. 中国审计报，2012(451)：6.

案的真实性、合规性，研究提出改进预算管理的建议，以发挥决算审签在预算管理中的监督作用。

3. 构建省直管县财政体制的完善机制

省直管县财政体制是一项改革措施，必然要经历一个发展完善的过程。这个过程的推进力，既源于财政体内部自身完善的需求，更源于外部审计体促进其完善的权能作用。这种审计权能的发挥，责无旁贷地落在了财政审计上。财政审计发挥作用的立足点，主要应建立省直管县财政体制实施绩效与政策功能评估的审计调查制度。该项审计调查，应与省、县财政审计一体化，同计划、同部署、同实施、同报告，促成完善管理、提升水平，推动宏观决策、深化改革，达到为新体制的完善构建机制活力的目的。

（1）省级财政调控绩效评价

省直管县财政体制改革的目标，主要是增强省级财政的宏观调控能力，兼利保障县级财力、促进区域协调发展。实施中的效果和经验，客观地需要财政审计的外部评价，因此应建立省级财政调控绩效评价制度，且应作为专项审计调查项目，在省县两级财政审计中协同实施。调控绩效的评价，应注重分析运行过程中表现出来的体制优势和体制弊病，研究增强调控效果、完善体制机制、提升改革水平的措施策略。

（2）省级财政监管绩效评价

县级财政直接对省级财政负责，是省直管县财政体制改革的重点之一。于是，省级财政成为了承担考核县级财政管理绩效的职责主体。然而，因为监管的面与量很大、环节较多、考核标准操作性不够，省对县财政的监管考核容易流于表面化、形式化，甚而仅以年终考核替代过程监管。为防患对县级财政监管职能的这种虚置问题，不断提升省对县财政监管能力，持续改进财政运行质量，省级财政审计中应建立财政监管绩效评价制度，并注重从考核成本、考核效果、考核功能、考核要素、考核奖励等方面揭示问题、提出建议意见。

如省对县级财政监管情况审计，可作为独立项目，或作为财政管理绩效审计项目的评价内容，在省县两级财政审计中协同实施。财政监管绩效的评价，应注重分析监管程序的合理性、监管内容的科学性、指标数值的可比性、数字水分的风险性、考核结果的真实性、考核奖励的合法性与效率性等，通过揭示问题、整改完善来提升监管水平。

再如省县财政三项经费管理使用绩效情况审计，可为独立项目，亦可为项目构成内容。审计实施中，应注重检查评价省县财政预算中三项经费（教育、科技、农业）的比重、增长率与GDP增长相适应规定的可行性、科学性，注重分析控制GDP总量与三项经费项目支出虚增的动因与风险，注重评估验证省对县目标管理和财政质量考核指标要素设定的科学性、效果性，以事实为依据提出权衡考核利弊、改进政府治理方式的建议。

（3）县级财政配套项目绩效评价

强化县级财力保障水平、均衡地区间财力差距，是新体制的出发点之一。于是，建设项目安排中，会有中央、省、市、县按比例配套财政资金的设计，以平衡各级的事权与财权。然而，实际运行中会产生事与愿违的问题，如市级降低配套比例而增加县级财政负担的项目，市级履行事权、让县级承受财权的项目，县级财政配套比例高难以承受的项目，县级财力可配套但配套不落实或配套弄虚作假的项目等。这些问题，都将影响政策执行效果，甚至影响百姓利益、公共利益。因此，财政审计应建立县级财政配套项目绩效评价制度，通过该类项目的绩效审计调查，揭示问题、整改完善，巩固县级财力保障水平，维护民生利益。

（4）省县财政税收征管绩效评价

新体制下，县级各年度的预算收入，国税、地税由省局分解下达，其他由省财政厅分解下达，共享税按比例分成，上解税直达省库。税收征管的绩效，按下达任务数由省财政厅直接考核。这种考核，以绝对值、增减率为主要依据论成效，再以区域类别排名，关于税收政策的执行效果、税收征管的效率效能等事项，考核中几乎无暇顾及。财政审计的职能，则可以弥补这一缺陷和不足。通过建立省县财政税收征管绩效评价制度，对央地分享税和县级应上解税费的征管情况开展审计调查，分析评价税源管理、税收定额、委托代征、税务稽查、征税成本等方面的成效和问题，揭示违法违规调整税收政策让利于企业的方法和动因，揭示虚增财政收入的渠道和动因，评估虚增财政收入对央、省高层决策和省直管县财政政策实施的影响，以统一税制税负、规范经济秩序、控制财税流失、治理权力寻租，同时摸清家底、理性决策、科学发展。

（二）改进审计组织方式

省直管县财政体制改革加剧了审计资源的供需矛盾。省直管县体制改革后，省级的财政预算一方面预算范围的广度扩大了，另一方面预算执行的深度也扩大了，于是导致省本级的审计需求加大。从而产生省级审计资源有效供给相对不足，这种相对不足和市、县级审计资源供给的不平衡过剩或不足并存，供需矛盾必然需要对审计组织方式进行变革。

1. 强化省级对县级审计业务指导

为了适应省直管县的财政体制，省级审计机关应加强对县级审计工作的领导。财政审计方面，县级审计机关应直接向省级审计机关报告工作，并接受其业务指导，直接向其报送审计工作报告、审计结果报告、审计项目计划、审计信息简报、审计统计数据等；县级审计机关要严格按照法定权限和程序履行审计监督职责，积极主动与省级审计机关汇报沟通，重大情况要及时向其报告。省级审计机关举办的有关财政审计方面的会议和活动，应直接安排县级审计机关参加，有关文件直接发至县级审计机关。

2. 推进审计组织方式转型变革

一是构建互动共享组织方式。加强审计系统内部上下级间的协作，强化审计信息纵向交流，充分发挥纵向审计资源的“层级合力”效应。如省级审计机关下达指令性或指导性的审计计划、审计实施方案，实行上下级审计机关有关数据信息交换，有效实现数据资源共享。二是构建统一评价组织方式。这种评价组织方式应具有规范性和强制性的特征。如构建全省财政支出绩效数据库、全省预算定额定员指标数据库、全省“三公经费”预算执行绩效数据库、全省财政绩效评价规范和操作指南、专项审计评价规范和操作指南等。三是构建联动交叉组织方式。上下联动，交叉整合，通过采用大集中、大培训、大交叉、大协调等方式方法，实行统一计划、统一组织、统一方案、统一处理，实现“全省审计一盘棋”工作格局，把市、县两级审计机关纳入通盘指挥和全面统筹，采用“大兵团”的作战方式开展审计，达到优势互补、技术协作的效果，实现人员集中、时间集中、资源集中，为顺利完成工作任务打下基础。四是构建授权管理组织方式。如省级投资项目预算执行和决算审计的授权、省对县财政决算审计的授权、省垂直管理体制的驻县机构预算执行审计的授权等。省级审计机关应该打破常规，积极应对财政省直管县体制改革，减少中间环节，直接授权县级审计机关开展本行政区域内的省级审计项目。县级审计机关应该整合人力资源，切实提高审计质量，认真做好授权审计项目，发挥省县两级审计机关的监督合力。

3. 创新审计项目组织方式

省直管县财政体制实施后，省对县财政支持力度加大，资金渠道增加，财政专项资金增大、项目增多，固定资产投资数量也随之加大，因此有必要根据审计项目的不同探索开展跟踪审计、联动审计和委托审计等组织方式。

（1）灵活运用跟踪审计

重大政策措施和投资项目的实施，战略性资源的开发利用，环境保护的全面升级，突发性公共事件的处置等，表现出周期长、敏感性强、涉及面广、社会关注度高的特点，在省直管县财政体制下，采取传统的、按部就班的审计方式方法难以达到预期目的，必须做到区分不同情况，实行跟踪审计。

——政府投资项目跟踪审计。政府投资项目类别、性质、金额不同，社会的关注度就不同，在政府投资项目跟踪审计模式选择上也应划分项目、有所区别。政府投资项目跟踪审计的组织实施可以采用三种方式：一是全过程跟踪审计。对投资额巨大、社会关注度高的政府投资项目和地方党委政府交办的重点项目，应纳入项目计划，成立审计组，采取驻点制、跟班制，实施全过程跟踪审计，这是一种全方位、全覆盖、全过程审计监督。二是分段、分项目跟踪审计。跟踪审计就是将集中的工作分散进行。对于其他一些重点项目，可以根据审计机关人力资源情况和工程进度及完工情况，将整个项目划分为若干个阶段，采取灵活方式实施分段、分项审计，分阶段、分项目出具审计结论性文书，以此来提高审计监督的时效性。三是重点环节跟踪审计。一般性项目，审计机关可以采取对施工合同、设计变更、隐蔽工程验收签证等与项目建设有关的资料实行备案管理的方式进行，在第一时间收集资料和证据，对于有疑问的地方及时组织力量进行跟进。同时，也可以采取对影响工程质量、工程造价、工程结算的关键环节，如材料供货、设备采购、设计变更、隐蔽工程验收等进行即时跟进审计和取证。

——财政专项资金运用跟踪审计。对重点财政专项资金的跟踪审计可采用两种方式：一是依据资金性质、类别，每年确定几类资金纳入审计项目计划范围，纳入预算执行审计范畴，开展定期审计，一审多年或一审多次，滚动审计，连续审计；二是依据项目资金量的大小，每年选取一项或几项重点项目纳入审计项目计划范围，沿着资金流向，追踪资金运行轨迹，以及项目实施进程，有计划有步骤分阶段地开展跟踪审计，根据各个阶段审计结果，作出阶段性跟踪审计报告。

——公共突发事件跟踪审计。加强危机管理，提高危机管理能力，成为当前我国各级政府面临的一项紧迫任务。由于公共突发事件具有不可预见性，一般采用应急预案式跟踪审计方式。在审计“免疫系统”理论指导下，重大突发性公共事件全过程跟踪审计运行机制必须与以下思想进行高度结合。一是及时向外公布审计信息。就是要在审计过程中及时、规范地公布审计信息，形成恰当的审计契约，保证审计工作的独立性。二是必须建立完善的组织架构和有效的运转机制。根据重大突发性事件突发性、紧迫性的特点和审计工作需要，在法律法规允许的范围内，适当减化工作程序。建立审计机关内部各部门之间的协调工作机制，按照特事特办的要求，分解工作任务，在领导、组织协调、审计、评价、公告、监督、宣传、保障、奖惩等方面做到责任到人，进一步严格应急审计工作纪律，防止不同审计机关、审计机关不同部门之间推诿扯皮。这是预案实施的保证。必须明确应急审计工作方式和风险控制体系。三是根据重大突发性公共事件审计事项的特点，必须因时而宜，建立有效的审计“绿色通道”。研究开通“绿色通道”的程序和方法，确定突破常规审计机关规定的程序、方法和内容。成立审计标准认定机构，评价审计依据的合法性、合理性和科学性，既可应对审计过程中出现的各种复杂问题，同时也可以保证审计质量，防止审计职业风险。这是预案实施的关键。

——重大政策执行跟踪审计。重大政策执行跟踪审计的意义在于：一方面对政策贯彻落实的过程进行动态监控，确保按照政策设计的路径执行；另一方面从审计独立评价的角度，对政策出台后的效果或效应进行评估，为进一步改进和完善政策提出建议。组织实施政策执行情况跟踪审计，要体现政策执行情况跟踪审计特点，围绕政策执行的过程和环节，灵活运用各具特色的审计方法。一要围绕政策执行过程和环节开展跟踪审计。即沿着政策执行方案的制定、政策资金资源的分配、政策项目的实施这条主线展开跟踪审计。二要灵活运用富有成效的审计方式方法。根据政策执行涉及面广、线长、点多和对原有利益进行调整再分配的特点，灵活运用各种审计方式方法，合理借助外部力量开展审计检查工作。

（2）适度开展联动审计

联动审计的目标是，整合内外部资源，扩充审计力量，扩大审计覆盖面，确保审计监督职责履行到位。同时，通过联动审计，进一步理顺审计监督与其他相关监督主体的关系，建立健全相应的协同机制。一是审计对象联动。按照审计计划，在具体部署实施各个审计项目前，认真梳理各个项目的审计对象，做到周密计划，统筹安排，特别是不同审计项目都涉及同一审计对象，尽量集中人员和统一时间进行一次性审计，减少审计次数，提高工作效率。二是审计项目联动。在全面实施审计项目时，有意识地将涉及同一个被审计单位的项目尽量安排在同一时间，实施审计时统一协调，使不同项目的审计成果互为利用，实现审计资源共享。三是审计资源联动。对以前审计过的单位开展审计时可从建立的审计资料信息资源库中调阅该单位的相关资料，认真借鉴以前的审计成果，结合以往审计情况，更加科学、合理地确定审计范围和审计重点，避免审计资源不必要的浪费。四是审计手段联动。为确保审计质量，规避审计风险，将手工审计与计算机审计有机结合，实现传统审计方式与现代审计手段互补，提高审计效率。五是部门协调联动。在实施政府交办的基建工程、专项资金等重大审计项目时，通过政府协调和支持，审计与财政、监察等相关部门联合对各类项目完成情况和资金的使用管理情况进行检查和监督，检查结果互为利用。

——实行审计机关内部不同业务部门对同类审计项目的联动审计。主要有两种形式：一是对同一被审计单位涉及不同的审计内容，审计机关从相关业务部门抽调专业人员组成一个审计组实施审计，既减少交叉审计、重复审计，又便于在同一时间点上完整地揭示被审计单位在不同领域存在的问题；二是在同一年度对不同的被审计单位进行审计时，对各单位都涉及的事项，审计机关要求各个业务部门都予以审查，充分反映不同单位在同一领域存在的问题，更好地增强审计工作的整体性、宏观性。

——实行审计机关省市县之间的联动审计。对具有系统性特征的审计项目，省级审计机关可以组织市县审计机关共同参与审计。其有益之处在于：一是能够充实对某一重要审计项目的审计力量，拓展审计监督的广度和深度；二是有利于从整体上系统地反映审计事项，增强审计工作的整体性、宏观性和建设性。

——实行审计机关与有关部门的联动审计。具体形式有：一是对部分重要性程度较低的审计项目，按照一定的审批程序，委托给内部审计制度健全的部门和单位组织实施审计，审计机关对其进行监督和指导；二是联合有关职能部门对某一单位同时开展审计监督和有关专门监督；三是审计机关选择内部审计制度健全、内部审计质量较好的内部审计机构共同参与审计。

（3）积极探索政府委托审计

在当前构建财政审计大格局、实行审计转型的背景下，财政性资金流向哪里，审计就要跟踪到哪里，更广的领域、更多的内容被纳入审计视野，在自身力量有限的情况下，审计机关应将政府委托审计工作摆到重要位置。政府委托审计的范围，可根据工作需要，探索将以下事项委托社会中介机构实施审计或聘请外部专业人员参与审计：国家建设项目审计，企业和金融机构资产、负债、损益审计及其领导人员任期经济责任审计，事业单位、社会团体和其他社会组织财务收支及其领导干部任期经济责任审计。

4. 健全完善审计工作机制

一是审计机关与其他相关部门的协调配合机制，对审计机关与其他部门共同开展委托审计、组织实施联动审计，或将审计机关管辖范围内的相关审计项目委托其他部门组织实施等方面，都要明确相关部门的责任、义务，以及审计机关对审计工作予以指导监督的机制。二是上下级审计机关审计工作的统筹机制。省级审计机关要加强对市县审计机关编制年度审计项目计划的指导，提出市县审计机关年度重点审计领域和审计项目安排的指导意见，做到联动审计的项目与市县审计机关年度审计项目计划统筹、协调。

5. 整合审计信息打造数据平台

构建数字化工作模式，进一步完善和推进审计组织方式的改革创新。一是依托信息化精心打造大综合、大服务的政务管理体系。二是建立审计项目管理平台和机关管理平台，充分发挥两个平台在组织、控制、管理审计项目实施和加强机关科学管理的作用。三是建立审计数据集中分析平台，建立专用数据分析环境。完善审计数据库的建设，建立以审计项目为主题的资料收集与分类信息系统，利用计算机技术，实现对非结构化数据的检索与分析，围绕审计业务开展跨行业数据关联分析，提高电子数据资源利用率和审计效率，解决以往工作中存在的电子数据分散、缺乏有效的存储和处理环境、数据无法得到充分共享和综合利用、数据分析的深度和广度不够等种种问题，实现信息技术环境下审计方式的转变。四是建立信息共享机制，实现部门之间信息互通。打破“信息孤岛”，建立与财政、税务、海关、工商、公安等政府部门的信息互享机制，及时获得审计任务中需要的数据进行分析判断，发现审计线索，提高审计效率。

参考文献

［1］安徽省财政厅．安徽省关于省直管县财政体制改革的具体实施意见［EB/OL］．2004－03.

［2］安徽省审计科学研究所课题组．省直管县财政体制改革对预算执行审计的影响．//中国审计学会．审计署立项课题研究报告（2007—2008）［M］．北京：中国时代经济出版社，2009.

［3］陈建国，谭艳清，蒋新田．浅谈县级审计机关应对省直管县财政体制改革的基本思路［EB/OL］．http：//www. chinaacc. com/new/635—653—201009/26su485410912. shtml.

［4］骆祖春．省直管县财政体制改革的成效、问题和对策研究［J］．经济体制改革，2010（3）．

［5］潘福能．“省直管县”与地级市发展的对策［J］．行政与法，2010（2）．

［6］宋依佳．审计计划管理与组织实施方式方法创新研究［J］．审计研究，2011（5）．

［7］白日玲．审计机关强化跟踪审计的若干思考［J］．审计研究，2009（6）．

［8］蔡春，刘更新，谢赞春．跟踪审计相关问题的探讨［J］．中国审计，2010（13）．

［9］邱奇彦．对审计力促“省直管县”改革目标实现的思考［J］．审计月刊，2011（2）．

省直管县财政体制条件下审计组织方式研究

湖北省审计学会课题组

课题负责人：焦跃华

课题组成员：别必爱　李凌云　张文慧　肖正兰　徐　俊

【摘要】　省直管县的财政体制改革创新，有利于增强县（市、区）对经济社会事务的自我发展能力，从而有力促进县域经济社会协调发展。与此同时，省直管县财政体制改革给审计组织方式带来了新的挑战和影响。对省直管县财政体制条件下审计组织方式进行研究，有利于更好地构建财政审计大格局，对推动和完善国家治理、保障国家经济安全具有重要意义。本文从湖北审计实际情况出发，从工作研究的视角分析了省直管县财政体制存在的主要问题及其对地方审计组织方式的影响，总结归纳了近年来审计组织方式的探索情况，提出进一步创新审计组织方式的思路，并对如何正确处理创新审计组织方式中的几个重要关系进行了论述。

【关键词】　省直管县　财政体制　审计组织方式

目　录

引　言

20世纪80年代，我国实行的是省管县“分灶吃饭”的财政体制。20世纪90年代，财政实行分税制改革，虽然对处于基础地位的县、乡财政有一定促进作用，但是县、乡财政支出矛盾加剧，基本保障能力脆弱。进入新世纪后，为了立足促进县域经济社会协调发展，财政体制进行新一轮改革创新，实行省管县（市、区）的财政体制，有利于进一步理顺和规范省以下财政分配关系，有利于掌握县（市、区）财政运行的实际状况和基本保障能力，有利于增强县（市、区）对经济社会事务的自我发展能力。但是，财政体制改革也给地方审计组织方式带来了新的影响。面对挑战和影响，国家审计必须创新审计组织方式，才能更好地服务于国家治理。本课题从省直管县财政体制存在的主要问题及其对地方审计组织方式的影响、省直管县财政审计组织方式的探索、进一步创新省直管县财政体制条件下审计组织方式及正确处理创新审计组织方式中的几个重要关系等四个方面，从工作研究的角度予以论述。

一、省直管县财政体制存在的主要问题及其对地方审计组织方式的影响

从宏观层面看，在我国现行的中央——省（直辖市）——市（州、盟）——县（市、区）——乡（镇）五级行政管理体制下，如何降低行政运行成本，提高办事效率，实行省直管县财政体制是一个好的切入点。从微观层面看，随着近年来省、市、县（市、区）财力结构的不断变化，尤其是深化农村税费改革、支持县域经济发展、推进乡镇综合配套改革等重大措施的出台，迫切需要对现行的财政管理体制进行改革。目前，我国

共有22个省（含直辖市）实行了省管县财政体制改革。实行省直管县财政体制改革的成果集中体现在：一是缓解了县级财政普遍困难的局面，县级财政步入快速增长的轨道，促进提高了县级财政提供均等化、公共服务的能力和水平；二是从财政管理上看，进一步理顺了省、市、县各级财政之间的分配关系，财政资金运行效率提高，基本构建了扁平化财政管理模式；三是增强了县级财政的可用财力，给县域经济发展注入了活力，带来了县域经济的快速发展；四是从宏观上提高了省级财政的调控能力，不断增强公共财政服务水平，对县级财政的对比度、公开度、协调度、倾斜度更加明朗化、科学化。但是，从审计监督的角度出发，省直管县财政体制存在一些问题且给地方审计组织方式带来了影响。

（一）省直管县财政体制存在的主要问题

财政体制是各级政府间财政关系的制度安排，既反映、规定、制约着省、市、县（市、区）以及部门之间的基本经济关系，也反映、规定、制约着各级政府依法行政的职能范围、管理重点和行为方式。因此，省直管县财政体制改革所触及的领域很广，不仅仅只是财政和经济领域，还涉及政府职能和行政管理等内容。实行省直管县财政体制改革以后，虽然相对以前的财政管理体制有了较大进步，但在机制体制上还存在以下问题：

1. 地级市和县（市、区）级之间的利益分配有矛盾

目前，我国22个省份推行的省直管县财政体制改革，省政府仅把一部分的经济和社会管理权限下放给县（市、区），距离行政体制上省直管县仍有较大距离。这种行政管理权和财政管理权的不一致，加剧了地级市与县级之间在利益分配上的矛盾。一方面，省财政直接与县级财政挂钩、市级财政被架空，直接造成市级财力弱化，使得市级政府在提供属于全市范围内公共产品和服务方面的能力骤减。这样一来，虽然市级政府依然具备全市范围内的宏观管理职能，但迫于支出压力，将大量缩减用于全市范围内的公共服务支出，而将市级财政支出集中用于中心城市的建设，即将主要财力放在如何增强中心城市实力、拓展中心城市功能、增加中心城市影响力上。另一方面，县级财政与市级财政在改革之后处于一个平等的财政主体地位，加剧了市级和县级之间的财政博弈。在收入分成、资金调度、争取上级转移支付等方面，市级和县级财政之间处于平等的竞争关系，是利益分配的直接挑战方。这种财政博弈，在一定程度上，将内耗政府公共资源，不利于提供跨区域公共产品和服务。

2. 市本级下拨的专项补助资金无法纳入县级财政预算管理

在传统的“省——市——县”三级财政管理体制下，市本级下拨给县（市、区）的专项补助资金在市本级财政列“补助下级支出”科目，在县级财政列“上级补助收入”科目。而省直管县财政体制改革后，省级财政对县级财政直接下达收入计划、下拨财政资金、办理财政结算，而市本级财政与县级财政之间没有了资金拨付关系，致使市本级下拨的专项补助资金（在市本级财政列“一般预算支出”科目）无法列入县级财政“上级补助收入”科目，未能纳入县级财政预算管理。据审计调查，2010 年和 2011 年，60% 的县（市、区）财政局分别将市级财政下拨的专项补助资金通过“暂存款”科目核算，所发生的收支均未纳入县（市、区）财政预算管理，影响了县级政府性收入的完整性，且资金脱离地方人大监督。

3. 县（市、区）税收征管体制未相应改革，增加了税收征管难度

省直管县财政体制改革后，一些省份调整和下放了部分省级税收，基本上实现了税收属地入库。但由于省以下税收征管体制未相应改革，省地税直属局（主要征管省下放的金融保险营业税和原部分省属企业的所得税）、市级国税直属分局和市级地税涉外分局（主要征管涉外企业税收）的征管权限没有相应下放，导致各县（市、区）税收征收机关不减反增，在一定程度上增加了税收征管难度。如某市辖区的税收征管机关由原来的三家增加到六家。在新下划企业基数核实、税收任务下达、税收及时入库和税收征管情况掌握等方面增加了区县级政府组织税收收入工作的协调难度。

4. 市级政府出台各类财政配套政策，增加了县级财政负担

省直管县财政体制改革后，省集中的财力越来越多，但行政事务权、行政审批权、人事权等没有实施同步改革，市本级各部门的宏观职能依旧覆盖全市，市级政府在有限的财权范围内，仍然承担着诸多事权。因此市级政府出台各类财政配套政策，增加了县级财政负担。如 2010 年以来，某市级政府相继出台了多项要求县级财政配套或安排资金的相关政策，包括城乡居民低保提标、重度残疾人特殊生活补助、县乡公路建设等等，出现了市级出台配套政策、省直管县财政全额买单的现象。与此同时，部分原有的配套政策市级财政降低了配套比例，如安居工程建设项目市本级财政配套比例由80%降为60%，增加了县级财政支出负担。

（二）省直管县财政体制对地方审计组织方式的影响

从审计工作的实践来看，省直管县财政体制改革给地方审计机关工作提出了新的挑战和新的要求，特别是给财政审计组织方式带来了影响。主要表现在以下几个方面：

1. 对省级审计组织方式的影响

实行省直管县财政体制就是由省对县（市、区）财政进行直接管理，即在预算管理体制、各项转移支付及专项资金补助、财政结算、收入报解及资金调度、债务举借和偿还等方面，省财政不通过地级市财政这一环节，而是对县（市、区）财政“一竿子插到底”。这种财政体制，在现阶段行政上没有全面实行省直管县（市、区）的情况下，实行省直管县（市、区）财政体制，从积极意义上讲，减少了行政管理层级。但是，现实中地级市在行政上管辖所属县（市、区），所属县（市、区）的财政却又实行省直管。地级市的行政管理不可避免地涉及到各县（市、区）的财政税收、债务、转移支付、专项资金、政府投融资等情况。这一系列的因素，应该说对省级审计机关的影响最大。

一是省级审计机关在开展省级财政预算执行审计时，审计范围和工作量大幅度增加。省级审计机关除了要关注省直部门财政预算执行审计情况外，还必须对省级下拨县（市、区）财政资金、县财政收入计划、预算资金安排、调度、债务管理、财政结算等进行有效监督。因此，省级审计机关在审计计划制订、审计力量统筹、审计审理、审计成本控制等方面，都有相当大的难度。

二是省级审计机关开展专项审计工作量加大。因为省对县（市、区）财政资金大多数以转移支付形式实现，转移支付资金中大多数是专项转移支付，即便是将部分专项审计任务授权到市、县（市、区）级审计机关，也要进行必要的指导、沟通和协调等工作。

三是增加了审计工作难度。造成审计工作难度加大的原因除了审计面扩大导致人力、物力、财力资源调配困难以外，还在于监督资金量大，资金流向复杂多样，按照“财政资金流到哪里，审计跟踪到哪里”的要求，省级审计机关跟踪审计任务艰巨，多类别资金和多类别审计项目交织在一起，省级审计机关既要考虑如何保障审计面，又要保障审计项目质量，无疑增加了审计工作难度，对审计工作提出了更加严苛的要求。

四是对审计机关的执行力和公信力提出了新的考验。审计执行力是指审计机关依照法律、法规通过被审计单位执行财经法规情况实施审计后就处理处罚所显示出来的强弱程度。审计公信力是指审计机关及其工作人员在履行自身职能时得到社会的支持和信任。审计执行力的高低是衡量审计机关自身建设好坏的主要指标，审计公信力的高低决定了审计机关的社会形象和地位。毋庸置疑，开展对省直管县财政审计，对审计计划的编制、审计项目授权和委托、审计审理、审计处理及处罚，省级审计机关需要统筹兼顾，客观公正。但是，县级审计机关面临经费困难、复杂的人际关系等因素，不可避免地存在事前跑要项目，受托后审计走过场，事后处理处罚不到位甚至出面说情等现象。

2. 对地级市审计组织方式的影响

主要表现在市级审计机关工作量减小、监督面缩小方面。省直管县财政体制改变了地级市对县的财政隶属关系，按照审计管辖原则，《中华人民共和国审计法》第十六条赋予地市级审计机关监督下级政府预算执行情况和决算及其他财政收支情况的审计职能，随之转移到了省级审计机关。地市级审计机关监督的重点和范围在市本级，使市级审计机关的工作量和面变小变窄。但行政管理体制没有变化，因此，地级市审计机关仍然有监督县级财政的职责和义务，但由于财政资金管理渠道变化，管理、监督两项职能在地级市分离，使得监督管理的任务大部分被省级审计机关所承担，地市级审计机关更加偏重于县级财政的业务监督指导职能，审计的重点在市本级以及市财政对市辖区预算执行审计及财务收支审计上。因此，导致市级审计机关对所属县（市、区）的财政监督出现漏洞，甚至出现审计监督的盲点。

3. 对县级审计组织方式的影响

省直管县财政体制下必然会有大量财政资金直接拨付到县（市、区），减少了中间环节，提高了资金拨付效率，对县域经济的发展是不言而喻的。正因为如此，也给县级审计机关的工作带来了机遇和挑战。主要表现在：

一是审计工作量加大。省对县财政支持力度加大，资金渠道增加，由此带来的各类专项资金审计、政府投资项目审计都会大量增多。如湖北省实行省直管县的地方多达69个，省级审计机关要做到轮审和全覆盖，单靠自身力量显然无法实现，因此，直接授权审计到县的项目必然会有所增加，这就大大增加了县级审计机关的工作量。

二是审计风险增大。省直管县财政体制的实施，主要目的是增强县域经济发展动力和发展速度，这意味着县级审计机关在县域经济的健康发展中将有着举足轻重的作用，县级审计机关要做到守土有责，必须紧紧围绕中心，充分发挥审计监督服务职能，全方位、多角度参与经济社会建设，全力服务县域经济的发展。因此，无论是审计质量、效率和效果，还是审计技术和方法，都对县级审计机关是考验，审计风险增大。

三是财政管理体制改革后，县级审计机关虽然能获得省、市两级审计机关更大力度的业务指导和培养，在实战中更加有效地学习运用先进的审计管理模式和审计经验方法开展审计工作，有效促进审计机关审计质量、审计效能、队伍素质、技术手段等各方面全方位的提升，但是，目前县级审计机关的人员编制、人员素质与审计工作的实际需要还有很大差距，成为制约县级审计机关工作发展的最大瓶颈。

二、省直管县财政体制条件下审计组织方式的探索

实行省直管县财政体制改革后，全国各地都在审计中积累了宝贵经验。以湖北省为例，2004年4月，湖北省委、省政府决定在全省实行省管县（市、区）的财政体制。根据民族自治的有关法律，除恩施自治州所属的8个县（市）继续由恩施自治州管理外，全省共有69个县（市、区）

全面实行了省直接管理的财政体制。特别是近五年来，全省呈现财政收入稳步增长、收入质量不断提高、支出规模持续扩大、支出结构不断优化、基层实力逐步增强的趋势。2005 年至 2012 年，省政府坚持财力下移、照顾基层，省对下转移支付总量超过 7000 亿元；调整和完善财政体制，建立健全激励约束机制，支持县（市、区）加快发展，省直管县（市、区）地方预算收入由 2007 年的 145 亿元增加至 2012 年的 662 亿元；地方公共预算支出由 2007 年的 540 亿元增加至 2012 年的 2010 亿元，年均增长 30% 。

财政审计是国家审计的重要组成部分，是法律赋予审计的一项重要职能。在《中华人民共和国审计法》修订后的十多年里，财政审计在促进公共财政管理体制改革、规范和加强财政收支管理、提高财政资金使用效益等方面发挥了重要作用。但随着我国经济社会快速发展，社会主义市场经济体制下公共财政管理框架逐步建立，以“四项制度改革”为核心的财政预算和收支管理进一步规范，常规的财政违纪违规问题明显减少，这为新时期新阶段财政审计如何更好地发挥监督职能提出了更高的要求。特别是实行省直管县财政体制改革后，湖北省审计厅认真分析新形势下主客观环境变化产生的困难和问题，认真落实审计署提出的“整合审计资源，构建财政审计大格局”的要求，及时更新审计理念和思路，创新审计方法，立足把握财政资金运行的总体状况和特点，不断拓展审计范围、提升审计层次，全面关注财政资金安全和绩效，在发挥审计免疫系统功能、扩大审计影响的同时，探索了省直管县财政体制条件下审计组织方式。

（一）在组织理念上，坚持审计资源整合，打“总体战”，实现由“各自为战”向“多位一体、协同作战、发挥整体效能”转变

近年来，湖北省财政管理审计已成为常态。为了适应财政体制改革的需要，随着审计工作的不断深化，审计任务越来越重、要求越来越高，单纯依靠省厅或地方都无力独立完成，审计工作任务重与力量不足、审计资源分散与整合利用不够、审计重复交叉与部分单位监督缺位、审计要求高与审计人员素质参差不齐、基层工作发展不平衡与实际困难较大等问题更加突出，影响和制约了审计整体功能作用的发挥和审计事业科学发展。为

此，在总结审计工作实践的基础上，创造性地提出了全面统筹全省审计工作发展的工作思路，明确要求全省各级审计机关严格按照统筹发展的要求，积极探索构建财政审计大格局新模式，不断创新审计组织理念，坚决破除财政审计仅仅是财政处（科）的事情、审计职责按过去单一的条条框框划分、各自为战、互不往来的传统观念和作法，树立财政审计人人有责任、个个有功练的思想，彻底改变了组织多渠道、工作多环节的审计方式，把财政审计提升到整个审计的战略高度来布局、安排、操作、组织和实施，坚持统筹工作部署、统筹人力资源、统筹技术运用、统筹成果共享，做到审计内容相互融合、专业审计相互结合、审计部门相互配合、审计资源相互整合，着力构建统一高效、整体联动、相互促进、共同发展的财政审计工作体系，全面发挥审计整体效能，更好地促进财政体制改革和经济社会发展。

（二）在组织方法上，坚持实行“五个统一”，全省上下“一盘棋”

树立“大财政审计”的观念，改变过去各项审计各自为政的状况，树立全省“一盘棋”的思想，坚持做到“五个统一”，全面整合审计力量。即：统一调度审计力量，由省厅直接统一调配力量，组成审计组，按照统一组织、统一要求、统一处理的方式，对纳入年初计划的所有省直管县财政决算进行审计；统一审计方案，按照以计划为载体确定审计目标、以方案为载体统一审计内容、以报告为载体整合审计成果的思路，组织各地审计机关按照省厅的要求，统一对省直管县财政决算情况或预算管理、转移支付、资金效益等情况进行审计或专项审计调查；统一审计实施，全省各审计小组按照省厅统一安排，同时进点，同步实施审计，针对审计存在的困难和问题统一协商讨论、统一处理口径，统一解决方案；统一审计复核，省审计厅集中人员和时间，分片对审计结果进行复核，并对检查验收结果进行通报和奖惩；统一出具报告，各级审计机关根据省厅验收复核结果，修改完善并出具审计报告代拟稿，并逐级汇总，最后由省厅出具统一的汇总报告。

（三）在组织方式上，坚持完善“同级审”与“上审下”相结合的办法，实现省直管县财政审计工作质量和水平同步提升

实行纵向协作，大力推行“上审下”“交叉审”与“同级审”相结合方式，集中优势兵力实施“上下联动”的“大兵团式”作战，通过运用“上审下”“交叉审”和“联合审”方式，实行地域回避，审计执法力度明显加大，审计质量明显提高。近 3 年来，共组织对 1.78 万个单位、91 个省直部门、23 项专项资金和 122 个重点建设项目、32 个县（市、区）财政决算进行了审计，查处预算编制不完整、不规范，隐瞒转移财政收入，财政资金损失浪费等各类违法违纪问题 552 亿元；移送经济案件线索 368 件，移送处理 1100 人。在加大违纪违规问题和经济犯罪案件查处的同时，进一步强化审计整改，处理上缴和减少财政拨款 89.05 亿元，追回被挤占挪用的资金 111.78 亿元，省本级预算执行审计发现问题整改率达到 80% 以上，财政审计在加强和规范预算管理、坚持依法行政和依法理财、提高资金使用效益等方面取得了明显成效。

（四）在组织结构上，坚持实行“一拖 N”

将多种审计有效结合，将省直管县财政审计与经济责任、行政事业、农业、投资等专业审计内容融为一体，对同一被审计单位的多个项目，由相关处（科）室组成审计组，采取“一拖 N”捆绑方式进行审计，统一领导、统一方案、统一进点，集中取证、分类报告、分别处理，实现“一审多果，一果多用”。近 3 年，省厅采用“一拖 N”组织方式开展的省直管的县级财政审计项目共有 20 多个，有效破解了审计力量不足的难题。在 2012 年开展的县乡财政管理审计中，省厅将其与经济责任审计、专项资金审计、政府投资审计等 6 个项目捆绑实施，一次审计，出具 6 份审计报告，节约时间 60%，极大地提高了审计工作效率。

（五）在组织创新上，坚持以“数字化”审计为切入点，提高省直管县财政审计工作效率

应对省直管县管理信息化和网络化的形势，我省探索推广了信息化条

件下大型项目审计组织管理方式，探索总结了以“在线审计”为特征的夷陵区预算执行联网审计，组织研发了“湖北省动态审计监测系统”，建立了全省财政资金审计分析一体化平台，推进财政审计工作信息化、数字化水平不断提高。其中，宜昌市夷陵区审计局积极探索开展的财政联网审计，已成为全省财政审计工作一道亮丽的风景。3 年来，他们对全区所有 226 个预算单位、12 个乡镇和街道办事处全部实施了“无缝隙”连接、“全覆盖”监控的财政联网审计，全年经常性监督的资金总量达 17 亿元，从预算分配、拨付到执行等审计局都可以全程动态监控。目前，省、市、州所有财政审计项目，县（市）80% 以上项目都应用了计算机技术，计算机应用水平比前些年有了很大提升，步伐在逐步加大。同时，还依托省厅内外网站，在审计机关内部处室、系统上下、系统内外建立了审计成果和信息共享平台，许多大型项目在审计实施中都享用这些平台，及时指导工作，交流经验，随时解答政策和疑问，形成了“由点到面”的全省审计成果共享局面。近两年来，省厅统一组织的财政资金审计项目均进入信息交互系统，通过网络平台，共发布信息 2000 余条，5 万多人次浏览下载有关信息。

三、进一步创新省直管县财政体制下审计组织方式

党的十八届三中全会指出，财政是国家治理的基础和重要支柱，科学的财税体制是优化资源配置、维护市场统一、促进社会公平、实现国家长治久安的制度保障。国家审计是国家治理的重要组成部分，财政审计是国家审计永恒的主题，省直管县财政审计是构建财政审计大格局的客观需要，是维护国家治理的基础和重要支柱不可缺失的环节。在财政收入稳步增长、收入质量不断提高、支出规模持续扩大、支出结构不断优化、基层实力不断增强、地方债务不断加重的新形势下，进一步创新省直管县财政体制下审计组织方式势在必行。

进一步创新省直管县财政体制下审计组织方式，科学整合审计资源是主要途径。科学整合就是充分挖掘审计系统有限资源，最大限度发挥资源的效用，大力减少资源的浪费现象，提高资源利用整体效率，把资源优势转化审计工作优势。整合审计资源包括资源集合和科学配置两个方面。所谓资源集合，即根据统筹审计发展的需要，通过一定形式把分散的审计资源集合起来，调动一切可以调动的积极因素。所谓资源配置，指在资源集合的基础上，通过优化资源配置结构、配置方式和时间、空间和功能配置，使各种资源因素相互补充，相互促进，发挥最大功能。通过科学整合系统资源，推进省直管县财政体制下审计组织方式的创新发展。科学整合主要包括以下六个方面：

（一）整合系统人力资源，集成整体审计优势

审计人力资源是最具有活力的资源。随着我国经济社会快速发展，当前审计工作任务越来越繁重，对审计人力资源的需求也越来越大。孤立分散地去看各级审计机关，人力资源普遍相对紧缺，而从整体上看，全系统审计队伍则具有相对优势。开展省直管县财政审计或大型行业性、专题性审计调查，虽然任何一级审计机关都无力独立承担，却可以通过审计人力资源整合推进审计工作。在整合审计人力资源时，应把握以下三点：

一是打破机关内部职能界限。省直管县财政审计涉及审计专业类型多样，既包括财政财务收支类审计，又包括专项资金、工程项目审计等，因此很难根据现有的处室职能划分安排审计任务，必须打破审计机关业务部门和处室的界限，围绕审计目标在整个审计机关内合理调配审计资源，做到步调一致。

二是打破行业界限。聘请吸纳在工程造价、市政园林、财政财务等领域有丰富经验的内部审计和社会审计人员编入审计组，由审计机关的审计人员任组长和主审，为审计组提供专业意见，帮助破解审计疑难问题，解决审计组知识结构不优和人力不足问题。

三是注重审计组内部的优化。依据审计干部的专业特长等合理分工，优势互补，形成强大的合力效应。省直管县财政审计往往涉及资金量大、覆盖面广，为保障项目的质量和时间要求，必须充分整合运用审计系统上

下人力资源，省级审计机关要成立项目领导小组，统一调配全省审计系统上下人力资源，整合市、县两级优秀审计人员共同参与审计，发挥整体合力优势。

（二）整合系统组织资源，集成审计管理优势

系统管理是审计发展中一个比较薄弱的环节，其中有管理体制机制不完善不匹配的问题，也有系统组织管理资源整合利用不够的问题。就组织管理资源来说，省级审计系统包括省、市、县三级审计机关，三级行政主体在统筹发展中具有重要地位和作用，是全系统最重要最基本的组织管理资源。把审计系统组织资源优势集成转化为管理优势，应加快构建统一规范、分级负责、权责明确、管理高效的统筹审计管理体制，强化基层审计机关的管理职能和管理责任，在统一规范的前提下加强系统层级管理，特别是加强各级审计机关对参与省直管辖财政审计或大型审计项目实施过程的管控。同时，还应重视创新系统组织资源整合的新形式新机制，如强化“支部＋审计组”的组织资源配置新形式，落实在审计组设置兼职廉政监督员制度，以提升省直管县财政审计工作管理的整体水平。具体要做好以下三个方面：

一是统筹项目计划管理。省级审计机关成立省直管县财政审计项目领导小组，将审计项目纳入全省统一组织项目计划，由省级审计机关根据地域划分逐一分解到市级审计机关，实行方案统一、指挥统一，市县基层审计机关对财政审计项目不再另做计划，并将所有涉及审计项目的下级审计机关相关负责人纳入领导小组，负责各个审计小组的组织安排，保证整个审计组能够统一思想，步调一致。

二是统筹项目实施管理。制订目标清晰、分工明确、重点突出、操作性强的实施方案，各个审计小组都必须紧紧围绕实施方案开展审计工作，确保省直管县财政审计工作不偏离主线。

三是统筹项目指导管理。省级审计机关加强对市县财政审计工作的跟踪监督指导，通过工作动态、经验交流等形式，及时解答各地在审计过程中遇到的困难、问题，及时宣传、交流各地的先进经验和工作方法，提高针对性，使大家能够取长补短，互通有无，提高工作效率。各审计组应定

期召集各审计小组组长和主审共同研究讨论发现的新情况、新问题，协商工作进展，应开展多层次、多渠道的信息沟通和交流，共同奋战，整个审计组一盘棋，一条心，才能使项目顺利实施。

（三）优化资源组织方式，集成独立审计优势

省直管县财政审计相较一般财政财务类审计而言，审计内容更为复杂，参与审计人员多，涉及地域广。如何保障审计质量和效能，需要更为科学严谨的组织管理方式。因此，在立项之初就应当根据实际情况，统筹考虑不同地域不同审计内容条件下所适宜的组织管理方式。具体来讲，根据审计涉及的范围大小不同，可推行以下几种审计组织方式：

1. 同级审

即由各级审计机关对本级财政预算执行情况进行审计。同级审适用于省本级财政审计，只是在发现重大审计案件线索时，才对下级财政进行必要的延伸。市、县级审计机关只有在上级审计机关授权时才开展财政审计。这种审计组织方式相对比较简单，就省级审计机关现有的人力资源，难以达到省直管县财政审计的全覆盖。授权市、县级审计机关审计的项目越多，审计风险越大。

2. 上审下

即由上级审计机关直接对市、县财政进行审计。适用于审计涉及的县级财政单位数量较少或一般，在省级或省、市两级审计机关简单的人力调配下就可以轻松满足审计任务需要的情形。

3. 交叉审

即由各地审计机关按省级审计机关统一部署，派出审计人员异地审计。适用于全省范围内大规模的审计，由于涉及面广，为保证审计质量和审计力量充足，需要在全省实行交叉审计，既可以保证各审计小组更加独立的开展审计，有助于审深审透，提高审计现场实施效果，减轻省厅复核负担，又能通过更大范围的人力资源优化组合，缓解项目规模过大导致人手不足的问题。实行审计人员异地交叉配置的审计组织方式与传统方式相比，产生了多方面的积极效果：它不仅使审计独立性明显增强、审计行为受干扰因素减少、审计人员视野更开阔，而且使审计所受到的社会关注度

大为提高，政府及被审计单位对审计结果更加关心，对审计反映问题的整改力度也明显加大。但是，大范围“交叉审”也带来一些问题，如审计综合成本明显增加、审计管理难度和审计风险加大。因而，在优化审计组织方式上，必须注重把增强审计独立性与防范审计风险紧密结合起来。

4. 联合审

即由上下级审计机关共同负责进行省直管县财政审计。这种审计组织方式改变了原来互相独立封闭的审计项目与人力配置状况，把审计项目和人力配置按照有利于加强审计监督的要求统筹部署，有效增强了审计工作的独立性和权威性。

5. 同步审

即根据审计内容和对象的复杂程度，可将不同类型的审计项目捆绑，实行“一拖N”审计，做到财务审计、专项资金审计、绩效审计、投资审计与经济责任审计同步进点、同步部署、同步实施，“一审多果”“一果多用”，提高审计工作效率。

6. 跟踪审

即紧紧围绕党委、政府经济工作中心和社会关注的民生民计以及热点、难点问题，紧跟财政改革进程和步伐开展审计，突出重点，充分发挥财政审计监督作用。一是抓住组织执行预算的财政部门，以及参与预算执行的税务、国库等部门的审计，从总体上掌握和反映预算收支、预算执行的整体情况；二是抓住使用财政资金数额大、有预算资金分配权的重点部门单位进行重点审计，强化预算支出监督，强化预算执行和约束，促进规范预算管理；三是抓住农业、扶贫、科技、教育、卫生、社会保障及重大投资建设项目等重点财政资金跟踪审计，查处挤占挪用、损失浪费等问题，促进加强管理，提高资金使用效益；四是围绕部门预算、收支两条线、国库集中支付和政府采购等财政四项改革开展审计，发现和揭露财政改革中存在的共性和个性问题，提出对策建议，促进深化财政改革和规范财政行为；五是围绕党委、政府的工作中心开展审计，及时反馈审计情况，为领导宏观决策服务。

7. 数字化审计

即利用现代审计手段，大力推行计算机“数字化”审计，是创新省直管县财政审计组织方式的有效举措。一是强力推进审计数据中心建设，实现财政审计数据的科学规划和集中管理。省本级国库集中收付、总预算会计、非税收入数据，全省税收征管数据，省直部门财务核算和业务数据率先进入省厅数据中心。同时，积极搭建财政审计资料信息传递和交互平台，为建立模型、集中关联分析打下了良好基础。二是推行“集中分析、重点核查”数字化审计模式，全面提升财政审计质量和效率。以AO和OA为基础和依托，充分利用动态审计监测系统模块分析、审计预警、信息交互服务等功能，集中对省及省直管县地税征管数据和省直部门预算执行指标和支付数据开展集中分析，探索出一条“集中采集分析数据，重点、疑点分散核查”的数字化审计模式。三是积极推行联网审计，扩大审计覆盖面，提高实时监控能力，为全面掌握财政资金运行情况、前置审计关口、增强财政审计的时效性提供重要的技术支撑。

8. “同级审”与“上审下”相结合

即审计机关上下联动，整合资源，相互沟通，优势互补，信息共享。一方面坚持省级财政审计与对下财政审计相结合，将审计省级财政性资金的分配情况与市县财政资金实际管理、使用状况和效果联系起来，看资金分配是否科学、合规，资金管理制度是否完善，管理措施是否落实，资金实际使用效果是否与政府宏观调控和决策要求一致，从而实现资金分配、管理、使用和效益的全过程监督；另一方面坚持省厅“上审下”与市县“同级审”相结合，审计中，省厅在组织开展财政审计“上审下”时，主动与下级审计机关联系，充分利用市县“同级审”资料，确定目标，把握重点，提高工作效率。同时，对市县开展“同级审”中遇到的困难和问题，积极帮助解决，诸如属于同级预算执行审计所需数据资料、相关审计信息等，而同级审计机关又无法取得的，及时提供给下级审计机关，并指导好市县“同级审”各项工作，通过切实做到相互协调，相互支持，资源和成果共享，工作各有侧重，充分发挥上下审计机关的整体效能作用。

（四）优化资源配置结构，集成综合功能优势

一个审计团队，不同的成员配置结构，会形成不同的团队功能，产生不同的审计效果。其实道理很简单，就一个审计团队来说，如果把不同专

长的人合理搭配，有利于实现功能互补，增强团队的整体功能。比如经济责任审计几乎涉及各方面审计业务，选择多专业人员组成审计组，应当说更有利于开展审计工作。再如在执行重大审计任务中，在审计团队里配备高级分析人员，对一些问题的分析可能更有深度，审计成果价值也可能有更大提升。审计组织及职能配置也有优化结构的问题，比如采取“支部+审计组”这种配置结构，在审计组中配备党支部和政工人员，对振奋精神、凝聚合力、加强管理、防范风险、完成任务都会起到积极作用。又如宜昌市审计局扩大审计审理机构的职责和权限，强化对审计过程和自由裁量权的制衡，实际上是通过优化审计审理机构职能配置，达到提升审计质量和防范审计风险的效果。在统筹审计工作发展中，应认真研究各种审计资源的互补关系，改善和优化资源配置结构，形成有利于审计的综合功能优势。在保障审计经费的基础上，重点要做好人力资源的优化配置，如何发挥好现有省、市、县人力资源的整体合力，共同推进审计工作高效运转，应当把握好如下三点：

一是优化分工组合。审计人力资源分配应打破传统专业分类，在科学分工、发挥专长、优势互补等方面下功夫，构建多元化的审计人才梯队。还可以进一步挖掘审计机关内部人力资源潜力，抽调部分有审计经验的综合部门人员支援审计一线。审计组各成员虽然分工不同，但互有紧密联系，必须加强沟通配合，分工不分家，充分发挥各自的优势。

二是畅通激励机制。按照公平公正公开的原则，不断健全完善审计工作量化考核办法，根据审计工作量和贡献的大小，努力在牵头部门和参与部门之间合理分配审计成果，使各部门既能增强参与审计项目的积极性和主动性，又能以审计工作大局为重，加强相互配合协作。

三是引入竞争机制。探索在审计项目人力资源配置中引入竞争机制，对于规模较大的省直管县财政审计，审计组及各审计小组组长（或副组长、主审）都担当重要角色，在审计现场管理中起到舵手作用，因此人选必须慎之又慎。如何百里挑一，选拔最佳人选，可通过公开竞争、公开招标等方式组成审计组，通过公开竞争方式既可以倒逼审计人员收集掌握更多有用的审计资料，锻炼审计人员能力，又有利于审计力量的优化配置，进一步提升审计质量。

（五）优化资源时空配置，集成均衡发展优势

审计资源在时间和空间上也有科学配置的问题。优化审计资源的时空配置，关键在于科学制订全省审计系统的审计项目计划，对省、市、县三级审计项目计划安排实行统筹兼顾，力求达到在实施项目时间排列上总体有序，在项目空间布局上保持总体均衡。为使审计资源时空配置达到总体有序均衡的要求，审计项目计划应采取自上至下有序安排的方式，省厅在广泛征求意见的基础上先下达全省统筹审计项目计划，各地在服从全省计划的前提下制订本级项目计划，使省、市、县三级审计项目计划从时空到内容完全衔接起来。同时，为提升审计项目计划的科学性，应尽快建立和完善全省审计系统项目库，对全省审计项目实行分类管理。在年度审计项目计划安排上，坚持实行突出重点与循环安排相结合，基础性项目与专题性项目相结合、全省性项目与区域性项目相结合。基础性审计项目可在全省范围列入计划和组织实施，专题性项目或具有地区特色项目可选择典型地区组织实施。通过完善审计项目计划管理和实施方式，促进统筹全省审计工作均衡发展。在项目管理中，应根据时间和地域的不断变化，适时做出相应的动态调整，以充分发挥审计资源的最大优势。

在不同时间段的资源优化方面，由于部分审计项目实施时间较长，审计的各个时期对人力资源的需求也是不断变化的，审计领导小组应主动与审计组及相关部门加强联系，及时掌握各审计项目人员需求变化情况，并做出相应调整，保证各审计组人员数量始终处于均衡合理的范围。

在不同地域间的资源优化方面，各个地方的情况不同，审计所面临的问题和困难都会有所不同，审计领导小组要建立资源调度平台，及时掌握了解各地审计小组在资源配置方面的困难问题，并根据现有资源条件，在地方之间合理动态调整和搭配，保证各地资源均衡利用。如A地审计组审计业务骨干较多，没有精通计算机审计的专业人员，而B地审计组人员结构与A地相反，在这种情况下，审计领导小组就可通过调度平台，及时调整，互补其长短，实现资源动态均衡。

（六）整合系统信息资源，集成服务发展优势

信息资源是审计系统最重要的资源，整合和集成审计系统信息资源优

势，对服务地方经济社会发展具有重要意义。从一定意义上讲，审计系统是反映国民经济运行状况的信息系统，通过分析各种审计资料可以明确其存在问题、解决路径以及决策依据。在统筹全省审计工作发展当中，通过有计划有重点地开展审计和审计调查，所获取的大量情况和数据资料越具系统性或普遍性，其审计信息的开发价值和使用价值就越大。对一些具有典型性的审计情况，因为揭示可能带有倾向性的新问题，而极具分析和利用的社会价值。为了实现统筹更好地服务经济社会发展的目标，在注重科学安排审计项目获取有价值审计资料的基础上，必须加紧建立各类审计资料库、数据库，集合全省审计系统信息资源，坚持实行系统信息资源共享，强化对信息资源的深度开发，实现审计信息资源转化利用最大化。

一是整合现有计算机审计等信息技术资源。凡是具备条件的审计项目，都开展计算机审计，在手工审计与计算机审计的整合中求效率。

二是构建全省统一的审计信息平台。充分利用信息技术，建成集领导决策支持、审计业务支撑、审计办公管理、审计信息共享为一体的基础数据库平台，以实现审计机关之间、审计现场与机关之间、审计机关和其他部门之间的数据交换和资源共享。通过交互，可以直接了解一线工作进展，给予相应指导，实现无隔阻的双向交流，实现为审计人员提供实时在线的审计信息支撑，以提高审计工作效率与效果。

三是建立信息共享机制。实现部门之间信息互通，打通“信息孤岛”，如建立与财政、税务、工商、公安等政府部门的信息互享机制，互通有无，以及时获得审计任务中需要的信息并进行分析判断，发现审计线索，提高审计效率。

四是搭建审计数据集中分析平台。建立专用数据分析环境，完善审计数据库的建设，建立以审计项目为主题的资料收集与分类，利用计算机技术，实现对非结构化数据的检索与分析，围绕审计业务开展跨行业数据关联分析，提高电子数据资源利用率和审计效率，解决以往工作中存在的电子数据分散、缺乏有效的存储和处理环境、数据无法得到充分共享和综合利用、数据分析的深度和广度不够等种种问题，实现信息技术环境下审计方式的转变。

四、正确处理创新审计组织方式中的几个关系

创新省直管县财政体制下的审计组织方式，是贯彻落实党的十八届三中全会精神的体现，是审计职责所在，是服务经济社会发展的需要。但是，要在具体工作中处理好以下几个关系。

（一）正确处理服务大局与服务地方的关系

围绕中心、服务大局，是审计工作的根本指导思想。在构建财政审计大格局的框架下，开展省直管县财政审计，既要服务中央及省委省政府重大决策部署的大局，又要服务各地党委政府和地方经济社会发展。如前所述，省直管县财政体制改革所触及的领域很广，不仅仅只是财政和经济领域，还涉及政府职能和行政管理等内容。如何把服务大局与服务地方有机地统一起来，是开展省直管县财政审计的首要问题。从根本上讲，审计服务大局与服务地方是辩证统一的关系，两个服务都围绕着经济工作中心，服务全省大局也就服务了地方，服务地方有利于服务大局。但是，由于各地具体情况和工作重点不同，服务大局又不能代替服务地方，服务地方更不能代替服务大局。实际上，处理审计服务大局与服务地方的关系，就是处理宏观性与具体性的关系，处理全局性与局域性的关系，处理整体性与差别性的关系。第一，必须把贯彻落实中央和省委省政府的工作部署放在第一位，关注经济社会发展的重点难点问题，突出审计监督服务的宏观性、全局性和整体性，把服务地方融入服务大局的审计工作之中。第二，应坚持把宏观性与具体性紧密结合起来，通过结合各地经济社会发展实际情况，创造性地开展省直管县财政审计监督工作，通过服务好地方更好地服务大局。第三，在加大审计监督和执法力度中，应坚持辩证思维、辩证执审的原则，实事求是分析和处理经济社会发展中的具体问题，不断提高审计执法的政策水平。

（二）正确处理上下级审计机关之间的关系

省直管县财政审计使全省审计系统构成一个整体，上下审计机关之间的联系更加紧密，需要沟通协调的方面很多。推进财政审计工作整体发展，省与市、县审计机关必须密切配合齐心协力，在思想、部署和行动上保持步调一致。三大层级主体之间的关系协调不好，或者在一些重大问题上缺乏沟通协调，势必影响统筹审计发展的积极性与持续性。正确处理上下级审计机关之间的关系，关键在于抓好以下协调。一是协调部署全省财政审计工作和制订审计项目计划，让地方审计机关充分参与发表意见，集思广益，形成共识。二是协调好全省财政审计工作与各地审计工作的关系，通过组织行业性、专题性、区域性项目审计和审计调查，把更多的地方审计项目纳入统筹之中，促使审计工作的宏观性与具体性更好地融合。三是协调大型审计项目中的资源配置和统一组织工作，增强系统资源整合的科学性、审计程序的规范性和审计操作标准的统一性，提高省直管县财政审计项目的组织管理水平。四是协调好各级审计机关在统筹中的管理关系，明确相对应的管理职权和责任约束，增强主体责任意识。应当认识到统筹绝不是统管，而是通过建立统筹工作机制，实现上下联动、各负其责，整体推进、共同发展。五是协调好信息共享与审计成果利用，通过建立多种信息沟通与成果共享平台，让各级可以充分运用统筹成果服务地方发展。六是加强与地方党委政府之间的沟通，协调管理好基层机关领导班子和干部队伍建设，积极帮助化解基层机关面临的困难和问题。七是注重建立健全有效的统筹沟通协调机制，及时协调化解财政审计工作中的隔阂和矛盾，提高各种协调的效率和效果。

（三）正确处理审计组织方式与审计整体效能的关系

所谓审计组织方式即审计项目组织实施的形式，审计组织方式是为提高审计监督的效能和效果服务的。在统筹中应重视研究不同审计方式的特点，特别应从效能上比较不同的审计方式。什么审计项目应当采取什么审计方式，应以有利于提高审计监督效能为管理原则。一个项目采用何种审计方式，不能单纯从形式上看，而应结合审计项目的基本要求，从综合效能上去进行比较与衡量。结合我省实际采用的各种审计方式看，“上审下、交叉审”有利于增强审计的独立性，提高审计执行力，但审计管理成本较大。“同级审”的管理成本相对较低，在获取基础数据上可以取得较好效果，但审计独立性不强。集中式数字化审计对提高审计整体效能、实现精确审计和问题定位、降低审计成本和风险都具有明显优势，但受审计对象信息化应用水平限制。因不同的审计方式具有不同的特点，在统筹实施行业性、专题性审计项目中，应坚持从项目实际和提高审计效能出发，根据平时监测到的相关信息，采取相适应的审计方式。对需要加大审计监督力度的，应采取“上审下、交叉审”方式；对以收集基础资料为主的项目，应在统一要求下采取“同级审”方式；对具备信息化条件的部门和单位审计，应采用集中数字化审计方式。

（四）正确处理审计项目数量与审计质量的关系

审计数量与审计质量是开展省直管县财政审计面对的重要关系之一，充分保证全省性审计项目数量尤其具有重要性。第一，保证项目数量是增强审计工作宏观性、全局性和建设性的需要。没有足量的覆盖省直管县的审计项目计划，就没有审计工作的系统性和整体性，宏观性、全局性和建设性也会大打折扣。第二，项目数量是克服审计系统封闭性、增强整体性的重要因素。改变审计系统过去高度离散的工作状态，必须使审计项目数量达到一定的阈值。当审计项目数量达不到一定阈值时，系统自然会陷入分散的工作状态。因而，确保审计项目达到一定阈值，是实现系统由无序到有序发展的关键点，是应当把握的一条重要规律。第三，审计项目数量是提升审计质量的前提和基础。审计质量始终是第一位的，但没有项目数量就没有质量，没有一定的数量就没有较高价值的质量。只有建立在有数量保证基础上的质量，才具有可充分挖掘的价值。当然，省直管县审计项目数量并非越多越好，因项目过多引起审计人力资源紧张，可能会导致出现严重的审计质量风险。在以审计项目数量和人力资源为纵横轴的坐标上，全省审计项目、地方审计项目两条曲线的交汇点，应是审计数量与质量的最佳结合点，应找准这个结合点。

（五）正确处理审计监督与审计服务的关系

如何把握和处理审计监督与审计服务的关系，是开展省直管县财政审计工作必须思考的重大问题。一般来讲，审计监督与审计服务是法律赋予审计机关职能的两个重要方面，两者构成一个相辅相成、不可分割的有机统一体。审计监督是审计服务的基础和前提，没有审计监督就没有审计服务，缺乏强有力的审计监督，服务就缺乏权威性和说服力，也不会收到应有的效果。审计服务是审计监督的宗旨和目标，离开审计服务单纯强调审计监督，审计执法就会缺少辩证思维，审计成果也不能发挥其应有的作用。在审计监督与审计服务上往往存在两种错误倾向：一种是重审计监督轻审计服务，把审计监督看作是分内事，把审计服务当作分外事；再一种是把审计服务庸俗化，该审计的地方不审，该深查的问题不查，该上报的情况不报。正确处理审计监督与审计服务的关系，一要明确把审计服务作为审计监督的出发点和落脚点，突出省直管县财政审计工作的宏观性、针对性和建设性；二要坚持把审计服务贯穿于审计监督的全过程，把审计监督过程转变为服务过程，通过揭示问题、分析原因、提出建议、督促整改，加强审计跟踪服务；三要坚持辩证思维和辩证执法，实事求是分析和判断各种新情况，不断提高审计监督和审计服务的政策水平；四要积极创新与完善审计监督服务的新方式，更好地为全省经济社会发展提供审计服务。

参考文献

[1] 申博文．省直管县财政体制改革的审计视角分析［EB/OL］．审计署网站，2012－12－26.

[2] 贾康．地方财政问题研究［M］．北京：经济科学出版社，2004.

[3] 徐瑞娥．“省直管县”财政管理体制改革研究综述［J］．经济研究参考，2008（60）．

[4] 罗湘衡．对“市管县”和“省直管县”体制的若干思考［J］．地方财政研究，2009（4）．

[5] 潘福能．“省直管县”与地级市发展的对策［J］．行政与法，2010（2）．

[6] 董延安，林珊珊，郭芳芳．“省管县”财政体制下的政府审计工作：现状、挑战与对策［J］．审计月刊，2013（9）．

[7] 李金霞，何军．关于省直管县财政体制的五点思考［J］．经济与管理，2009（1）．

[8] 张占斌．加强省直管县改革的顶层设计和规划［J］．行政管理改革，2011（6）．

[9] 吴帅．“省直县”改革的维度与进度：基于政策文本的分析［J］．北京行政学院学报，2010（6）．

省直管县财政体制条件下审计组织方式研究

——基于湖南省财政省直管县运行情况的审计实践

湖南省审计学会课题组

课题组组长：唐会忠

课题组成员：胡吉祥　周　伟　吴佳茂　尹秀兰　吴季游
龚彦宾　黄　衡　汤　晶　李爱娟

【摘要】　省直管县财政体制改革是我国财政体制改革的重大举措，对发展中心城市、壮大县域经济、缓解县乡财政困难、促进基本公共服务均等化、推动经济又好又快发展具有十分重要的意义。与此同时，财政省直管县改革对审计产生了重大的影响，尤其是对财政审计对象、审计组织方式、审计内容以及审计重点等方面提出了新的挑战。近几年全国绝大部分省市完成了新一轮的财政体制调整，湖南省顺势而为，从 2010 年 1 月 1 日开始，在全省除城市区和实行民族区域自治的湘西自治州所辖县市以及长沙县、望城县以外的 79 个县市全面推行省直管县财政体制改革。为掌握全省财政“省直管县”后财政体制运行情况，进一步推动财政体制改革，完善相关机制，湖南省审计厅采取上下联动的矩阵型审计组织方式对宁乡、衡山等 32 个省直管县 2010 至 2011 年度财政运行情况开展了审计。本课题积极探索省直管县财政体制改革下审计组织方式的实践经验，并针对实践运行中存在的不足，提出了进一步完善财政决算审计组织方式的建议和对策。

【关键词】　审计　矩阵型　组织方式

目　录

引　言

2002 年，国务院颁发了《关于完善省以下财政管理体制有关问题的意见》。党的十七大明确强调，要完善省以下财政体制，增强基层政府提供公共服务的能力。2005 年，时任总理温家宝在全国农村税费改革工作会议上指出："具备条件的地方，可以推进'省直管县'的试点"。2009 年，中共中央 1 号文件明确提出要推进财政"省直管县"改革。同年 6 月，财政部下发《财政部关于推进"省管县"财政改革的意见》，明确规定"在 2012 年底前，全国除民族自治区以外的其他地区需全面推行省直接管理县财政改革"，这标志着"省直管县"从试点改革走向了全面实施阶段。

"省直管县"是一项新的财政改革措施，因其具有目前财政体制无法比拟的优势，并且经过试点积累了大量的成功经验，越来越受到社会的广泛关注和认可。从全国来看，近几年绝大部分省市完成了新一轮的财政体制调整，概括起来主要有四种类型：以海南、重庆为代表的行政管理型，以浙江、湖北为代表的全面管理型，以河南、山西为代表的补助资金管理型，以广西、广东为代表的省市共享型。在全国省直管县改革的大环境下，湖南省顺势而为，从 2010 年 1 月 1 日开始，在全省 79 个县市全面推行省直管县财政改革。在 2010 年底通过的湖南省"十二五"规划中，明确强调"要进一步推进省直管县财政体制改革，理顺省以下政府间财政分配关系"。自此，湖南省正式拉开了省直管县财政体制改革的序幕。湖南省省直管县改革的核心内容主要是两方面：一是按照分税制体制的原则实行收入分享改革，进一步规范政府间收入分配关系；二是推行省直管县财政管理方式，简化管理层级，提高运行效率。改革后，县市财政体制直接与省财政联系，市与县市在财政管理体制上相互独立，由省财政直接核定收入计划，下达财政资金，进行资金调度，办理财政结算，县市的收入划解和债务还贷也直接和省财政办理。

为掌握全省省直管县财政体制运行情况，进一步推动财政体制改革，完善相关机制，更好地促进县域经济的快速健康发展，2012 年 6 月至9 月，湖南省审计厅根据省直管县地域分布、人口和经济发展水平，对宁乡、衡山等 32 个省直管县（占全省 79 个省直管县的 40%）2010 和 2011 年度财政运行情况开展了审计，这为湖南省省直管县财政体制改革下审计组织方式的研究提供了较好的实践基础。

一、财政省直管县为审计带来的新变化和新挑战

（一）财政省直管县的含义与变革

省直管县体制是指省、市、县行政管理关系由“省——市——县”三级管理转变为“省——市、省——县”二级管理，对县的管理由现在的“省管市——市领导县”模式变为由省替代市，实行省直管县。实行省直管县财政体制改革是进一步明确中央和省级政府职责、发挥省级政府的区域财力宏观调控作用、缓解县乡财政困难、促进县域经济发展、进而实现城乡协调发展的重要举措。省直管县财政体制改革的核心目的，就是要减少财政管理层次，省财政在体制补助（上解）、税收返还、转移支付、财政结算、项目申请、专项补助、资金调度、工作部署及联系等方面直接到县，建立省以下直接高效的财政运行机制。

省以下财政体制是国家财政体制的重要组成部分，是中央对地方财政体制的贯彻和延伸。我国从 1994 年开始实行分税制财政管理体制以来，各地比照中央对地方的分税制模式，陆续调整了省以下财政管理体制，并配套建立了转移支付制度。国务院及有关部门一直非常重视省以下财政关系，分税制财政管理体制改革以来，先后多次下发文件，对调整和完善省以下财政关系提出指导性意见。1996 年 3 月，财政部下发了《关于完善省以下分税制财政管理体制意见的通知》；2000 年 8 月，根据我国农村税费

改革后出现的新情况、新问题，财政部下发了《改革和完善农村税费改革试点县、乡财政管理体制的指导性意见》；2002 年 12 月，国务院批转了财政部《关于完善省以下财政管理体制有关问题的意见》，针对所得税收入分享改革后的新形势，对省以下政府间财政关系改革提出了指导性意见；2005 年 5 月，针对近年来县乡财政困难的实际情况，财政部下发了《关于切实缓解县乡财政困难的意见》；2006 年 10 月，国务院在《关于做好农村综合改革工作有关问题的通知》中明确指出，按照社会主义市场经济条件下公共财政的原则要求，建立健全与事权相匹配的省以下财政管理体制，明确界定县乡政府支出责任，合理调整政府间收入划分，加大对县乡政府的转移支付力度，进一步完善财政奖补政策，切实提高基层政府经费保障能力。

在实际操作中，各省按照国务院有关规定，针对省以下体制运行中存在的突出矛盾和问题，相应调整完善了省以下财政管理体制。在管理体制上，既有省管县体制，也有市管县体制，同时部分地区积极推行“乡财县管”。

（二）财政省直管县体制为审计带来的新变化和新挑战

为进一步完善分税制财政管理体制，规范政府间财政关系，促进县域经济快速发展，推进基本公共服务均等化，统筹城乡区域协调发展，根据中央有关精神，结合湖南省实际，省委省政府下发《关于完善财政体制推行“省直管县”改革的通知》（湘发〔2010〕3 号），决定从 2010 年 1 月 1 日起，调整省以下财政体制，在全省 79 个县市推行财政省直管县改革。湖南省共有 123 个县市区，其中县、市 89 个，城市区 34 个。根据改革规定，除城市区和实行民族区域自治的湘西自治州所辖县市以及长沙县、望城县不纳入省直管县范围外，其余 79 个县市全部实行省直管县。改革的核心内容主要是两项：一是按照分税制体制的原则实行收入分享改革，改变过去按企业行政隶属关系划分收入的办法，主要税种实行省与市州、县市按统一比例分别分享；二是推行“省直管县”财政管理方式，改变过去省管市州、市州管县市的财政管理体制，实行省管市州、省管县市的新财政管理体制。改革后，县市财政直接与省财政联系，市与县市在财政管理体制上相互独立，省财政对县市直接核定收入计划，下达财政资金，进行资金调度，办理财政结算。县市的收入划解和债务还贷也直接和省财政办理。推行“省直管县”，是湖南省积极适应经济社会发展变化的一项重大财政体制改革。

湖南省实行财政省直管县以后，财政审计对象、审计内容以及审计重点都发生了较大的变化，省级审计机关面对的管理对象较改革之前显著增多，使得审计力量不足与审计任务繁重的矛盾更加突出，审计资源供给在一段时间内难以满足全面审计的需求，导致省直管县级财政决算审计的主体地位淡化。与此同时，市级审计机关失去了对县级财政决算直接审计的权力，审计资源在一定程度上存在闲置，导致市级审计机关计划安排和工作连续性受到了影响。财政省直管县对审计带来的影响主要有：

1. 省级审计机关的审计对象增多

《中华人民共和国审计法》第十六条规定“审计机关对本级各部门（含直属单位）和下级政府预算的执行情况和决算，以及预算外资金的管理和使用情况，进行审计监督”，从而构建了财政审计监督“同级审”和“上审下”相结合的审计监督制度，形成了一个从不同层次、不同角度对政府财政收支进行审计监督的方式。湖南省实行省直管县前，省级审计机关只需对市级政府决算进行审计。省直管县财政体制改革后，财政管理关系发生了重大改变，省审计厅财政决算审计“上审下”对象在以前 14 个市州政府的基础上，又增加了 79 个省直管县政府，总数达到 93 个，审计对象明显增多。省直管县后专项资金也是由省财政直接拨付到县市财政，所以其专项资金在县市延伸审计也由省审计厅直接实施。这必然会牵涉到审计资源的重新分配、审计组织方式的重新确定等问题。

2. 审计管理权限发生变化，审计资源分配不均衡

实行财政省直管县后，除了市级政府决算外，省管县政府的决算审计也由原先市级审计机关的任务变为省级审计机关的审计范围，这样省一级审计机关工作量急剧增加，市级审计机关的审计范围被大幅度削减，造成了审计资源利用的不充分。与此同时，由于省级审计机关点多面广，对全省所有省管县财政决算都能监督到有些鞭长莫及，而市级审计机关又失去了对县级财政决算直接监督和审计的权力，造成了一种县级财政决算审计

“省管不到，市又没权力管”的局面，带来了一定的监督空白区。这样一方面不利于对县级财政的有效监督，另一方面不利于市级审计机关对省管县财政审计计划的安排，工作连续性受到一定的影响，最终导致省直管县财政决算审计预期的效果大打折扣。

3. 县级财政决算审计的地位淡化，由主动到被动

湖南省人民政府令第57号发布的《湖南省预算执行情况审计监督实施办法》规定，省审计机关对州、市人民政府和地区行政公署的财政决算两年全面审计一次，地、州、市审计机关对县（市、区）和县（市、区）审计机关对乡（镇）人民政府财政决算两至三年全面审计一次。但实行省直管县后，市审计局失去了直接对县市级政府财政决算实施审计的职能，市级审计局只有在安排了县市级领导干部的经济责任审计项目时，才会附带进行相应县市政府决算审计，将决算审计仅仅作为了经济责任审计项目的一个部分。县市政府的财政决算审计由两年一次的主动审计变成了经济责任审计的附带项目，决算审计的主体地位被淡化。

4. 财权事权不匹配给审计带来了一定的影响

湖南省实行财政省直管县后，县市财政直接与省财政联系，省财政对县市直接核定收入计划，下达财政资金，进行资金调度，办理财政结算，而在行政上依然保持原有体制，导致行政管理权与财政管辖权的不匹配，使市局对县级财政运行情况的监督、了解不能正常开展，专项资金的审计也只能做延伸审计调查，难以达到审计目标，也不能直接处理处罚，市级审计机关的权威性受到削弱，同时市级审计机关对县级审计机关的业务领导也有一定的影响。

审计署“十二五”审计工作发展规划明确提出，审计工作将紧紧以科学发展主题和加快转变经济发展为主线，把推进法治、维护民生、推动改革、促进发展作为审计工作的出发点和落脚点，充分发挥审计在保障国家经济社会健康运行的“免疫系统”功能。在这一转型过程中，需要对审计项目组织模式进行调整，使之与财政管理模式相适应、相配套。

二、适合省直管县财政体制的审计组织方式

（一）审计组织方式的类型划分

1. 审计项目及组织方式

美国管理项目协会（Project Management Institute，PMI）认为项目是一种被承办的旨在创造某种独特产品或服务的临时性努力。一般来说，项目具有明确的目标和独特的性质：每一个项目都是唯一的、不可重复的，具有不可确定性、资源成本的约束性等特点。百度百科中对项目的定义是指在一定的约束条件下（主要是限定时间、限定资源），具有明确目标的一次性任务。按照此定义，审计项目就是为了预定的目标，在限定的资源、时间和预算内完成的一次性活动。从此定义出发，审计项目的组织方式就是如何将限定的资源、时间和预算进行安排的方式方法。

2. 审计项目组织方式

管理学中将项目组织结构分为三种类型，即职能型、项目型和矩阵型。审计项目有一般项目共性的特征，因此审计项目组织方式可参照一般项目的组织结构形式，分为职能型组织方式、项目型组织方式和矩阵型组织方式。

（1）职能型组织方式

职能型组织方式是按照职能来组织部门分工，即从高层到基层，均把承担相同职能的管理人员和业务人员组合在一起，设置相应的管理部门和管理职位。职能型组织方式主要适用于中小型、产品品种单一、外部环境比较稳定的组织，因此此种方式在审计机关发展初期有其利用的必然性和合理性，应用这种方式不必打破原有的部门设置，不用过多注重部门间的协调与合作，可以强化审计机关内部分工，增加对专一领域知识的积累，培养某一领域或方面的专业性人才。但随着审计机关规模的扩大，审计项

目不断增多，审计范围不断扩大，审计外部环境不断变化，此种方式不可避免地出现了一些问题：不利于复合型人才的培养、难以适应审计事业发展和审计对象业务复杂化的要求；不利于跨部门之间的协调和配合，难以适应目前财政大格局形势的需要；处室为单位的职能部门之间信息彼此独立，不能共享，从而影响审计效率。

（2）项目型组织方式

项目型组织方式是指创建独立项目团队，这些团队的经营与母体组织的其他单位分离，有自己的技术人员和管理人员，组织分配给项目团队一定的资源，授予项目经理执行项目的最大自由。项目型组织方式是指打破现有的处、室限制，打破原有的职位导向，实现审计项目化管理，由独立的项目团队完成特定的项目任务。这种方式在信息技术快速发展的时期体现出来的优势非常明显。一是灵活性高，适应性强。项目团队随特定的需要设立，随特定任务的完成撤销，除此之外，审计机关可根据项目随时调配审计资源，以保证同时开展的各个项目都能满足其进度、费用和质量要求，提高审计工作的效率和质量。二是实现了扁平化管理。随着审计机关信息化建设的不断发展，审计组织内部工作可通过网络信息技术快速、及时、准确地交流和反馈，使原来需要很多层级才能完成的任务现在只需较少的层级就能完成，从而减少了层级。同时，基于先进的信息技术和信息共享，沟通跨度的扩大也成为了可能。这些都为审计组织方式的扁平化提供了客观条件，项目型组织方式以此为契机，将整个团队分成了总部审计组和各个业务审计组两个管理层级，减少了管理层级，有利于信息的快速输送，实现组织内部上下左右的有效沟通。三是可实现资源共享。扁平化管理和资源共享是相互促进的，扁平化管理利于促进资源共享，进而避免重复劳动，降低审计成本，提高审计效率。

（3）矩阵型组织方式

矩阵型组织方式是企业中十分常见的组织结构，一般适用于协作性和复杂性强的大型组织。它是在直线职能式垂直形态组织系统的基础上，再增加一种横向的领导系统，是由职能部门系列和完成某一临时任务而组建的项目小组系列组成，从而同时实现职能组织与项目组织结构特征的组织结构形式，一般是一种非长期固定的组织结构。在这种组织模式中，项目组织部门和职能部门同时存在，各个项目主管直接对单位的最高行政主管负责，职能部门有责任为项目提供最好的支持。

审计项目的矩阵型组织方式，即按照职能划分的纵向与项目划分的横向部门结合起来，构成矩阵型的管理系统，在原来纵向领导的基础上，增加横向的交流和反馈，形成了一个有纵有横、纵横交错的结构模式。具体操作时在原有机构设置的基础上，成立项目组织机构和项目实施机构。项目组织机构主要负责项目的组织协调，一般由组织项目实施的审计机关中相关处室成立领导小组组成。项目实施机构主要是指各个项目审计组及数据组。成立审计组时首先要确定所有完成项目所需要的知识、专业技能以及资源的群体，然后打破他们原有的组织归属，将他们重新组合起来，在一种统一认可的能够使价值最大化、风险最小化的方式下共同协作，高效地完成项目目标。简单而言就是从不同的职能部门、不同地域根据项目需求选择财政、金融、社保、企业、投资等专业人员组成审计组。审计组内部成员既同原来的职能部门保持组织与业务联系，又参与项目小组的工作。审计人员既受原有职能部门的领导，又受审计项目组组长的业务领导，形成了一个横向与纵向交错的矩阵。

（二）湖南省省直管县财政体制下审计组织方式的选择与实践

1. 湖南省上下联动的矩阵型审计组织方式的选择

省直管县财政体制改革对审计的影响主要体现在财政决算方面，因此本课题主要围绕财政决算审计的组织方式进行阐述。《中华人民共和国审计法》规定按照财政财务的隶属关系确定审计对象，因此在审计的组织上，理应是省级审计机关实施对财政省管县的审计。如何确定审计对象，确定审计对象后，如何组织实施成为本课题的研究重点。上面介绍的三种组织方式各有千秋，各有优劣。职能型组织方式主要适用于部门之间相对独立的时期，比如湖南省实行“四分离”权能改革之前，部门之间的联系和沟通较少，一个职能部门可以负责项目从计划到执行的全部过程。但随着财政体制的逐步完善和发展，财政审计大格局观念的提出，这种职能型的单一的组织方式暴露了其弊端和不足，难以满足当前资金多元化形势的需要。目前审计组织方式的发展趋势是职能型组织方式向项目型组织方式转变，但项目型组织方式要打破现有的审计组织机构，并进行重新设计，而且难以实现省、市、县三级审计机关之间的上下联动，在目前实现起来还有较大的难度。矩阵型审计组织方式可保存原有的组织机构设置，并在此基础上加入项目组织，既不改变原有组织，又能发挥项目组织适应性和灵活性的优势，既能适应当前多元化经济发展的需要，又能很好地实现上下联动，满足省直管县条件下财政决算审计的要求。因此本课题认为可打破现有处、科、室的直线式组织方式，采用上下联动的矩阵型审计组织方式，以项目任务为纽带，跨部门、跨地域组成临时专门的审计项目组，达到资源共享，统一协调各项目组的活动，保证任务的完成。此种方式也在2012年湖南省审计厅实施的省直管县财政决算审计中得到了应用，效果很好。

2. 上下联动的矩阵型审计组织方式的实践应用

（1）实践做法

省直管县以前，湖南省审计厅直接组织开展市州政府的决算审计、专项资金审计以及党政领导干部的经济责任审计，原则上不对县（市、区）级政府直接实施审计，只是在对市州级政府决算审计时可能有延伸事项涉及到县（市、区）。省直管县后，政府财政决算审计的组织方式发生了较大的变化。

湖南省自2010年1月1日起调整财政体制，对79个县市实行财政省直管县。实行财政省直管县的79个县（市）的资金拨付、调度、结算办理及转移支付资金由省财政厅统一安排，从财政管理关系上看适用于《中华人民共和国审计法》第十六条和《湖南省预算执行情况审计监督实施办法》的相关规定，其政府决算审计应由省级审计机关来进行审计。基于此，2012年湖南省审计厅组织实施了2010至2011年度省直管县（市）财政决算审计工作，主要对宁乡、临武县等32个财政省直管县（市）2010至2011年度财政决算情况进行了审计。湖南省审计厅采取了矩阵型的审计组织方式，实行上下联动，除临武县由省审计厅直接审计外，其余项目由省审计厅授权各市审计局具体实施，并实行“五统一”的组织方式。

就省直管县后财政决算审计而言，按照“财政审计大格局”的工作思路，把市、县两级审计机关纳入通盘指挥和全面统筹，通过强化审前集中培训、审计组统一时间进点、三级审计机关上下联动、人员交叉整合，达到了优势互补、技术协作的效果，实现了人员集中、时间集中、资源集中，使湖南省审计厅在实行财政省直管县后第一次组织的县级政府决算审计的组织方式得到全面创新。具体内容如下：

一是成立领导小组，建立健全领导机构。此次省直管县财政决算审计成立领导小组，负责整个项目的组织，制订统一的省直管县（市）财政决算审计工作方案，授权市审计机关具体实施对县级政府的决算审计，出具审计综合报告，对各市审计局工作开展情况进行督促，及时指导具体审计过程中遇到的难题，并准确科学地做出决策。

二是打破地域限制，统筹兼顾组成审计组。打破地域、处室限制，由省审计厅部分人员及市、县级审计机关骨干人员组成审计组。

三是实现纵向和横向的有机联系。纵向上实现省厅领导小组与省、市、县各个审计小组之间的上下联动。省审计厅领导小组通过审计方案、现场巡查、专项考核评比、审计结果利用等手段对审计进行管理，利用动态传达会议精神、了解各地工作进展、解答审计过程中遇到的问题、介绍重大违法违规问题的查处经验，下发统一的审计报告模板和审计处理原则等，以便统一步调、形成合力、扩大战果。横向上实现各个项目组之间以及项目组与数据组之间的有机结合，以便相互启发、资源共享。做到全省联动，使现有的审计力量与审计项目形成较为合理的组合，充分发挥审计的整体效能。

四是审计组人员受双重领导。审计组人员按照发挥专业特长、兼顾整合资源的原则进行组建。审计组组长按照具体分工负责本审计组的业务指导和组织协调。原来职能部门处长、科长负责处、科的日常业务工作，并分派合适的、符合条件的人参与到审计组中。审计组的每位成员在横向上保持与原处室的工作联系，纵向上受审计组组长的业务管理。

五是实行小交叉审计。各市审计局按照工作方案的要求编制审计实施方案，抽调县审计局的审计力量对隶属于本市的县财政决算审计实行小交叉审计。

（2）矩阵型审计组织方式的优势

湖南省审计厅在省直管县财政决算审计中采用矩阵型的审计组织方式

充分合理利用了审计资源，降低了时间和成本，顺利完成了审计任务。具体优势如下：

一是实现了上下联动，解决了审计资源供给及分配不均衡的问题。实行财政省直管县后，原属于市级审计机关的县政府决算审计的任务由省级审计机关来承担，省级审计机关面临的审计的对象增多，市级审计机关的审计对象减少，使得审计资源的分配发生了较大的变化。在矩阵型审计组织方式中，实现上下联动，不仅可缓解省级审计机关的压力，又能充分调动市级审计力量，形成合力，共同完成审计任务。

二是实现资源的及时共享。各个具体的项目组直接与项目领导组联系，改变了以前的分级审计的组织方式，减少领导层级，形成一种扁平化的组织结构，缩短了信息沟通的距离，从而确保组织信息实时而准确地采集、加工和传递。

三是利于相互学习、相互促进。在矩阵型组织方式中，一个审计组中集中了来自不用处室的、有不同专业知识和技能的审计人员，有助于参审人员相互学习，互相激发，相得益彰，取长补短，逐步提高个人的审计业务能力，产生“以审代培”的功效，促进复合型审计人才和团队意识的培养和开发。

四是利于审计成果的综合利用。通过把局部的、零散的审计资料，按照一定的目的整合起来，然后去粗取精，归纳分析，加工提炼，在更高层次和更高质量上呈现审计成果，发挥出一个审计项目所能起到的最大作用。

五是省直管县后的决算审计由省审计厅统一组织，审计目标和重点更加明确，审计资源和审计成果可以充分共享。审计查处的问题以省审计厅的名义进行处理处罚，问题的整改率大大提高。

（3）矩阵型审计组织方式在实践运用中的问题和不足

具体实施中，省审计厅主要通过审计工作方案和一系列的审计表格控制审计现场。方案制订得如何，表格设计及应用得如何，直接关乎审计的质量。此次审计是自实施省直管县财政体制改革以来省审计厅组织的首次上下联动的财政决算审计项目，经验不足，时间仓促，因此表格的设计缺乏考证和实践的检验，诸如专项资金表的设计过于精细，而基层管理较为粗放，加之部分专项资金的设立本就交叉重复，导致表格难以填报，实用性不强。再者，市、县审计局队伍参差不齐，在审计理念、宏观意识、政策敏感性、知识结构等各方面的综合素质和能力存在不足，难以满足省审计厅如此高要求的审计工作需要。

（三）进一步完善省直管县财政体制下财政决算审计组织方式的建议和对策

1. 建立省直管县财政决算审计长效机制

财政决算审计是保障经济社会健康运行的重要措施，是提高资金使用效益的必然举措，是促进县域经济发展的有效途径，因此应形成定期轮审的长效机制。目前，省直管县财政决算审计还处于临时项目阶段，未形成常态化。因此就省直管县财政决算审计而言，应建立中长期规划，确立财政决算审计的主体地位，确定审计的组织方式、每年抽审的县域比例及个数等，明确市级审计机关在财政决算审计中的地位和作用，便于各级审计机关计划的安排。

2. 实行财政决算审计“三结合”的方式

在矩阵型审计组织方式的大背景下，实施省直管县财政决算审计可以与其他三种类型的审计相结合进行，一举两得，节约成本和资源，缓解审计人员少与审计任务繁重的矛盾，具体可采取以下三种“相结合”：

一是与本级预算执行审计相结合。在时间安排上，对县级政府财政决算审计可以安排在与同级预算执行审计同时进行，上级审计机关在预算执行“同级审”时介入进行决算审计，也即县级审计机关进行预算执行审计的同时，省级审计机关可派人有选择性地进行决算审计，做到上下联动，信息共享，各有侧重，优势互补。通过预算执行审计为财政决算审计提供必要的情况和信息，上级审计机关可充分借鉴“同级审”结论和重要专项资金、重点建设项目和其他特定事项的审计资料，共享审计成果，在“同级审”的基础上对重要事项进行审计，解决本级预算执行审计难以解决的问题，有重大影响的而又没有及时纠正的问题可以审定后利用，节约审计成本。

二是与县级党政一把手经济责任审计相结合。财政决算审计与地方党政领导干部经济责任审计，在审计目标、内容和方式上存在互通性。县级党政一把手经济责任审计主要是通过对县长、县委书记任职期间所在县政府财政收支及有关部门、单位财务收支的真实性、合法性、效益性以及相关的经济活动来审计，进而评价鉴定其经济责任情况。财政收支是经济责任审计的重要组成部分，因此将财政审计计划与经济责任审计计划有机结合起来，统筹组织安排审计项目具有可行性。湖南省审计厅在2012年对长沙、常德、湘西3个市州开展财政决算审计的同时，开展对上述两个市州委书记和3个市州长的经济责任审计。一次审计，两项审计任务，两个实施方案，两个审计结果，财政决算审计与经济责任审计结合进行，互为补充，互为支撑，成果共享，克服财政决算审计难以检查预算外资金的局限，同时推动经济责任审计向深层次发展，提高审计工作的效率。县级政府决算审计也可借鉴此种方式，与党政一把手经济责任审计相结合来实施。经济责任审计是受托审计，具有相对独立性，不因财政体制变化受影响，但不能以经济责任审计替代县级财政决算审计，只有在两者同时列入计划时才可以采取“一拖N”的方式实施，或在经责审计中融入财政审计目标。经责审计与财政审计在目标、内容、重点、成果利用途径等方面存在差异，在具体的实施过程不仅要突出经济责任审计的独立性，更要突出财政决算审计的主体性。

三是与专项资金审计相结合。通过财政决算的审计发现带有普遍性的问题，通过专项资金审计，查深查透突出的问题，分析问题存在的深层次原因，发挥各种审计形式的优势。省管县体制下，资金分配主要是“省市”和“省县”两级体制，省级审计机关自身不可能有充足资源把资金分配从省直接延伸到县（仅延伸几个县也没有代表性，不能说明资金总体情况），有关专项资金、重大事项等方面的审计应更多地采取上下联动的方式，上级机关提要求、提供信息，下级机关查证落实。通过拉上审计链条，实现审计资源共享，彻底弄清资金分配、管理、使用的来龙去脉，追踪问效，从更深更广的层面揭示问题，提出意见，发挥作用。

3. 实现信息化与项目组织方式的结合

信息化在组织生存和发展中起着越来越重要的作用，极大改变了传统组织的运行方式。尤其是现阶段信息处理的电算化和网络化，对传统审计产生了巨大影响，特别是电子商务和网络经济实体的出现和发展，使经济信息传播、网络经济交易、资本决策可在极短的时间内完成，这对审计的及时性、准确性和公正性提出了挑战。因此，作为政府经济监督的重要组成部分，审计机关必须顺应形势，对审计管理模式和组织模式进行革新探索，实现信息化与审计业务的紧密结合，充分利用审计信息化带来的便捷和高效，提高人力资源和数据资源的整合力度，为日后统一组织大项目积累宝贵的经验。

4. 集权和放权相结合，对市级、县级审计局适当放权

在省直管县财政决算审计的矩阵型组织方式中，整个审计项目由省级审计机关统一指挥、统一要求，省级审计机关在保证对省直管县财政决算审计组织、监督、协调等宏观层面权力的基础上，要对市级、县级审计机关适当下放权力，给予其一定的权力，诸如审计人员的调配、审计具体内容的确定等。由于财政决算审计项目的大型化和审计对象的复杂化，审计对象涉及不同的地域，不同地域的情况差异很大，只有当地审计机关对县级财政情况相对熟悉，上级审计机关与当地审计人员共同参与，才能既发挥上级审计机关人员宏观政策较全面的优势，又充分调动了当地审计人员的主动性和创造性，利于工作效率的提高。因此适当的放权有助于当地审计机关根据实践情况做出正确快速的反映，能结合当地的具体实践情况反应地方特色问题，为形成有价值的审计报告提供保证。

5. 建立审计质量控制体系

《审计署2003至2007年审计工作发展规划》提出，要建立审计质量控制体系，实行审计项目全过程质量控制。所谓审计质量控制体系，是指审计组织及其审计人员为加强审计质量控制，达到预期的质量标准而建立的相互关联或相互作用的一组要素。审计质量控制体系是切实提高审计质量、实现审计目标的重要保证。建立审计质量控制体系没有一个通用模式，它必须根据不同的条件、不同审计组织的特点，并且随着审计全面质量管理的开展而不断深化和完善。在财政省直管县体制下，首先，科学确定审计内容、对象和范围是提高审计质量的前提。在正式实施审计前先选择1~2个有代表性和普遍性的县级财政决算审计进行试审，对财政的基本情况进行调查摸底，在调查的基础上编制统一的工作方案、确定要审计的重点内容及县市。在确定要审计的县市时要区分经济实力的强弱，诸如县和市、贫困县和百强县等的区别，要选择有产业特色或者相似、有相同点的县，突出代表性和针对性，便于最终结果的总结、对比和应用。其次，加强质量检查和考评是提高审计质量的保障。在制订省直管县财政决算审计工作方案时要分别明确参审单位和参审项目组考核的任务、指标及标准，并建立相应的奖惩措施，通过考核调动参审人员的积极性，激发荣誉感和进取性。再次，提高审计人员素质是提高审计质量的基础和关键。除了要精选参审人员外，还要加大对参审人员的审前培训，系统地讲解审计工作方案，使参审人员明确审计思路、重点及方法，为高质量审计奠定理论知识基础。

参考文献

[1] 丁荣贵，杨乃定．项目组织与团队［M］．北京：机械工业出版社，2011.

[2] 张占斌，唐铁汉．省直管县体制改革的实践创新［M］．北京：国家行政学院出版社，2009.

[3] 张超玉，纪建悦．矩阵式组织结构模式在科研机构中的应用探讨［J］．甘肃社会科学，2005（3）．

[4] 湖南省审计厅关于印发 2010 和 2011 年度省直管县（市）财政决算审计工作方案的通知．湘审发〔2012〕98 号．

[5] 陕西省审计厅课题组．信息化条件下大型审计项目审计组织方式研究［J］．现代审计与经济，2009（1）．

[6] 雷鸿昌，张仁．基于项目的矩阵式运营管理模式——以兰州大学出版社为例［J］．编辑之友，2012（11）．

[7] 审计署驻广州特派办财政审计理论研究课题组．当前财政审计工作存在的主要问题和对策建议［J］．审计研究，2011（1）．

[8] 张占斌．中国省直管县改革研究［M］．北京：国家行政学院出版社，2011.

[9] 中共湖南省委　湖南省人民政府关于完善财政体制推行“省直管县”改革的通知．2010.

[10] 王智玉．审计信息化与审计组织方式[J]．审计研究，2011(4).

[11] 许存格．政府审计组织的创新——矩阵结构组织形式［J］．会计之友，2010（6）．

[12] 汪冰，刘斌良．坚持科学发展观　努力改进专项审计组织方式［J］．审计与理财，2005（1）．

[13] 陕西省审计学会课题组．财政审计的未来发展和对策思考[J]．审计研究，2009（2）．

［14］徐壮志．顺应财政体制改革　深化预算执行审计［J］．现代商业，2009（26）．

［15］李来存．新时期审计组织方式创新的探讨［J］．现代审计与经济，2008（5）．

［16］阎北方．浅析“上下结合”——审计组织方式的新探索［J］．改革与理论，2000（10）．

［17］柯有明．对完善和改进地方预算执行审计组织方式的建议［J］．审计月刊，2006（8）．

［18］陆晓晖．管理学视角下的我国政府审计资源整合［J］．财会通讯（学术版），2008（12）．

［19］上海市审计局课题组．审计计划管理与组织实施方式方法创新研究［J］．审计研究，2011（5）．

［20］张庆龙．论中国审计资源配置方式的特殊性及其优化［J］．现代经济，2006（12）．

［21］李云．财政管理体制改革对审计工作的影响及应对思路［J］．理论观察，2003（4）．

［22］卢家辉．构建“大财政审计”监督框架［J］．审计研究，2008（4）．

［23］湖南省预算执行情况审计监督实施办法．

［24］吴震雄．信息化条件下实施大型审计项目的架构设想［J］．审计月刊，2009（8）．

［25］许国艺．国家审计项目管理组织模式改革浅见［J］．财会月刊，2011（6）．

［26］胡志勇．国家审计系统矩阵制管理模式研究［J］．审计与理财，2007（8）．

［27］刘璐．“省直管县”财政体制改革研究综述［J］．西部财会，2010（3）．

省直管县财政体制条件下审计组织方式研究

甘肃省审计学会课题组

课题负责人：武　毅

课题组成员：张　冰　贾明春　崔思明　李敬道　张卫彬
　　　　　　苟海霞　孙小晖　任晓勇

【摘要】　通过省直管县财政体制改革以激发县域经济发展的活力，是国家现代化进程的必然选择，也是新时期解决“三农”问题的根本途径，同时还是解决我国客观存在的多级财政体制效率缺失问题的基本路径。鉴于此，审计部门如何转变工作思路和方法，如何揭示省直管县财政体制改革中出现的新矛盾、新问题，如何进一步改进、创新审计组织方式，发挥改革的助推器作用，是一个亟待解决的全新课题。本文采用文献法和实地调研等研究方法，在阐述省直管县财政体制改革及甘肃省现状的基础上，以甘肃省审计厅推行的“审计项目课题化”与“审计组织方式差异化”为例，对省直管县财政体制条件下地方政府审计组织方式进行了研究。

【关键词】　省直管县　财政体制　审计组织方式　甘肃实践

目　录

一、省直管县财政体制改革及甘肃省现状

县域经济是国民经济的重要基础，涉及国民福祉，无论古今中外；县域经济发展水平直接影响我国小康社会及城镇化的进程、构建和谐社会的质量。如何发展壮大县域经济和城乡统筹摆在了国家经济社会发展的战略层面：财政省直管县体制改革应运而生。2005 年，财政部在《关于切实缓解县乡财政困难的意见》中提出“各省（自治区、直辖市）要积极推进省对县财政管理方式改革试点，对财政困难县要在体制补助、税收返还、转移支付、财政结算、专项补助、资金调度等方面直接核定并兼管到县”的要求，将财政直管县试点作为缓解县乡财政困难的配套措施之一。2009 年 7 月，财政部发布了《关于推进省直接管理县财政改革的意见》，提出“改革的总体目标是 2012 年底前力争全国除民族自治地区外全面推进省直接管理县财政改革”，这标志着省直管县财政体制改革的提速，并有了具体的时间表要求。

在我国“十二五”规划中，更是强调应“扩大县域发展自主权，稳步推进扩权强县改革试点”，“依法赋予经济发展快、人口吸纳能力强的小城镇在投资审批、工商管理、社会治安等方面的行政管理权限”，即“扩权强县”，为鼓励支持经济强县发挥优势，省级政府扩大和下放给县级适当的经济管理权限，从而减少管理层级，降低行政成本，提高行政运行效率，推动县域经济及城镇化又好又快发展。截至 2011 年底，全国 27 个省份在 1080 个市县实行了财政省直管县管理改革，约占全国县级总数的 54%。

2007 年 7 月，甘肃省政府正式颁布了《甘肃省实行省直管县财政管理体制改革试点方案》，从省直管县财政体制改革入手开始省直管县体制试点工作，首批试点 16 个县；2009 年，新增加 25 个县；至 2011 年，在已经实施的 41 个省直管县（市）财政管理体制改革试点基础上，扩大至全省 67 个县（市）推行，占全省 86 个县（市、区）的 77.91%。经过 7 年

的运行，以“九个到县、两个不变”为核心的改革措施，为甘肃省县域经济发展带来了动力及活力，效果逐步显现。从 2005 年到 2010 年，各县地方财政收入稳定增长，增长最快的年均增长达到 29.55%，增长最慢的年均增长达到 10.34%。财政支出基本保持了较快的增长幅度，省直管县财政收入年均增长率为 25.06%。中央和省对县的转移支付补助年均增长 25.97%。

与此同时，省直管县财政体制改革后，省财政在转移支付、预决算、年终结算、资金往来等方面开始与县级财政进行直接联系，但是由于种种原因对于县级财政的直接监督却难以达到全面覆盖。2013 年 12 月，财政部下发《关于调整和完善县级基本财力保障机制的意见》，要求继续推进省直接管理县财政改革，强化预算监督和绩效评价。

（一）甘肃省省财政直管县体制改革试点步骤分析

在 2007 年确定的试点县中，榆中、会宁、张家川、临洮、礼县、静宁、镇原、东乡、夏河等 9 个县为国家级贫困县，占当年 16 个试点县的 56.3%，占甘肃省国家级贫困县总数 43 个县（市、区）的 20.9%；在 2009 年新增的 25 个试点县中，秦安、武山、古浪、天祝、通渭、岷县、陇西、宕昌、西和、庄浪、华池、临夏、积石山、永靖、临潭等 15 个县为国家级贫困县，占新增 25 个试点县的 60%，占甘肃省国家级贫困县总数 43 个县（市、区）的 34.9%，至此可以发现甘肃省过半数（24 个）的国家级贫困县已经实行财政省直管县试点改革工作，这为国家级贫困县扶贫开发提供直接支持和帮助；在 2011 年扩大的省直管县财政管理体制改革试点县市中，清水、甘谷、渭源、漳县、文县、康县、徽县、两当、合水、环县、和政、康乐、广河、卓尼、舟曲等 15 个县为国家级贫困县，占当年 26 个试点县的 57.8%，占甘肃省国家级贫困县总数 43 个县（市、区）的 34.9%。截至 2011 年底，在 67 个财政省直管试点县中，国家级贫困县 39 个，占试点县 58.2%，占甘肃省国家级贫困县总数 43 个县（市、区）的 90.7%。由此可见，甘肃省直管县财政管理体制改革试点布局及步骤既尊重了省情、因地制宜，又区别于浙江等发达省份的省直管县财政管理体制试点改革。而如何促进财力较好的县与贫困县共同发展，尤其是增强贫困县域经济发展的“造血功能”，这是甘肃省直管县财政管理体制改革急需解决的首要问题，也是新形势下政府赋予审计部门的新的职责与任务。

（二）甘肃省省直管县财政体制改革的成效

1. 省直管县财政体制改革提高了县级财政保障能力

实行财政省直管县体制改革后，原来的地级市不再分享县级财政新增收入，直接增加了县级可用财力。总体分析，从2007年至2008年，甘肃省直管县一般预算收入年均递增33.4%，比非直管县高出4.4个百分点；人均财力年均递增28.4%，比非直管县高出3.5个百分点。在体制改革前，由于市级财政自身比较困难，集中县级财力数额较大，如张掖市高台县（试点县），2006年市本级结算集中高台县财力达464万元，而实行省管县财政体制改革后，高台县新增财力市财政不再集中，仅此一项2007至2012年高台县新增可用财力在4000万元以上，年均700万元左右。同时，省财政在转移支付、县级基本财力保障奖补等政策中对试点县给予了适当倾斜和照顾，2006年高台县县级可支配财力为1.46亿元，到2012年已达到4.62亿元，年均递增5760万元，增长25.9%。县级财政保障水平显著提高，保障能力明显增强。

2. 省直管县财政体制改革提高了财政运行效率

省直管县改革最明显的成效是大大减少了财政管理层级，初步实现了财政管理扁平化，既简化了拨付程序，缩短资金在途时间，又提高了政府资金使用效率。由于试点县存量资金较为充足，调控调度能力随之增强，可及时测算安排各类支出，提高了支出的均衡性，有效加快了项目实施的进度。例如，2008年，全省地方财政收入实现264.9亿元，比上年增长38.8%，其中省级收入118.6亿元，比上年增长69.2%。大口径财政收入470.9亿元，比上年增长20.2%。全省财政支出实现965.4亿元，比上年增支290亿元，增长43%。各项重点支出得到较好保障，各级财政均能实现当年收支平衡，可消化历年财政赤字4亿元左右。从张掖市高台县调查情况分析看，实行省管县财政体制后，高台县的项目和信息均实行直报，省财政指标文件直达高台县，县财政从网上直接查询专项指标情况，项目报送下达渠道比较通畅，信息传递也更加快速便捷，工作量大大减少，有利于争取发展的机遇，专项资金规模迅速扩大。2006 年高台县专项资金总量为 5103 万元，2012 年达到 5.34 亿元，年均递增 47.9%，为县域经济发展提供了较好的资金保障。同时，省财政直接向高台县调度资金，6 年来每年年末长汇资金规模均在 3000 万元以上，有效地缓解了多年来困扰高台县财政的资金调度困难问题。

3. 省直管县财政体制改革为促进县域经济发展注入新的活力与动力

实行财政省直管县后，省上将地级市与县财政置于同一发展平台对待，省财政支持县域经济发展的各项优惠政策直接落实到县，使得各试点县在发展县域经济过程中拥有了更大的自主空间，有利于提高试点县发展经济的自主性和积极性，有利于争取到中央、省上更多的财力支持。尤其是县与县之间的联系不再受地域约束，各项经济发展指标透明度提高，县级之间进行横向比较具有了一个合适的平台。

（三）从审计的视角看甘肃省省直管县财政体制改革中存在的主要问题

1. 保留和强化了市级的既得利益，市对县公共服务方面的支持力度却出现弱化

省管县财政体制改革，保留了原体制的县级上解及各项补助基数，虽然市级不再集中试点县新增财力，但大的利益格局没有改变，省对县现行财政体制仍然是“双轨”运行，在确保原体制县级上解市级基数的基础上，对原有的补助基数却没有进行调整。同时，市级原有职能中承担的如支持县级城市建设、环境保护等供给出现弱化。

2. 省直管县财政监管不到位

省管县体制改革实施以来，中央、省对县的财政拨款、补助和各种专款直接拨付到县，省级财政直接指导县级财政工作，大大增加了省级财政的工作量，而市级财政对县级财政工作的指导和监督力度却比改革之前有了明显地削弱，省级财政处在“一对多”的博弈中。

3. 配套改革没有跟上，制约了县域经济的发展

现行的省管县财政体制改革只是财政管理体制的单项改革，包括财政收入在内的县级各项经济指标仍然由市级下达考核，部分政策落实受到一定限制，影响了县级的既得利益。同时，在省对县级的帮扶中，转移支付中的专项资金比例太大，一些专项拨款要求县级必须安排配套资金，且专款专用过于严格，不利于县级结合实际，因地制宜地解决自身发展中急需解决的问题，资金使用效率低下。

4. 财政转移支付制度不够完善

第一，转移支付的结构还不够合理。在财政转移支付中，财力性转移支付比重偏小，具有均等化意义的一般性转移支付比重更小，使自身财力困难的县乡政府提供基本公共服务的能力受到一定限制，同时也影响转移支付作用的最大发挥。第二，专项转移支付项目繁多，设置交叉重复，资金投向比较分散。第三，硬性要求配套对地方财政形成较大压力。

5. 实地调研及分析

为了明确省直管县体制改革以来给审计工作带来的影响，课题组赴试点县考察，并做了一系列问卷调查。下面是其中一部分：

（1）省直管县财政体制改革初期，出现的矛盾及问题分析

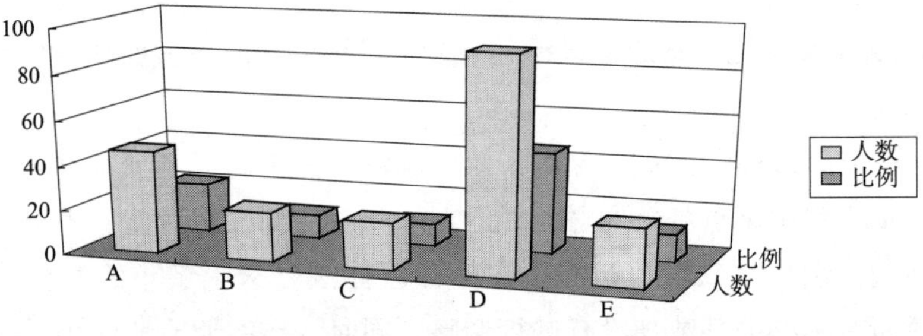

图 1　省直管县财政体制改革初期出现的问题和矛盾

注：A. 省级财政管理难度增加；B. 给市级财政造成压力，市帮扶县的积极性削减；C. 跨区域公共物品提供困难；D. 事权与财权不匹配；E. 县域经济自身发展能力。

由图 1 可知，在省直管县财政体制改革的初期，受访者多数认为最大的问题是事权与财权的不对称，包括：①省直管县财政体制与市级行政权匹配的财政权错位，特别是与现行行政管理体制之间的矛盾更加突出；②“仍需市级部门审批的项目市级部门不予审批，县级部门又无权办理”的情形在所难免；③行政婆婆“市”，财政婆婆“省”，各管一摊。只有弄清楚问题和矛盾，才能对症下药，更好地保障省直管县财政体制改革的预期效果。

此外，由于目前专项资金均由省直接下达到县，时间相对较晚，往往集中在下半年特别是最后一两个月，使项目资金不能按规定的时间和要求落实到位，给基层财力调度带来一定困难，也直接影响资金及时发挥效益。

（2）省直管县财政体制条件下省级审计机关的目标及任务分析

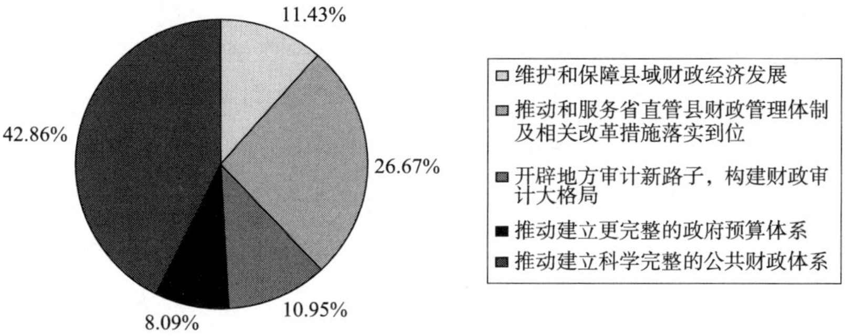

图 2　省直管县财政体制条件下省级审计机关的根本目标、首要任务

由图 2 可知，大多数受访者（占 42.86%）认为，省直管县财政体制条件下省级审计机关的根本目标、首要任务是推动建立科学完整的公共财政体系，关注转移支付、专项资金实施的效果性，政策的导向性，公共支出的公平性，真正让改革的成果惠及民众，激发县域经济的发展活力，这也为省级审计工作方向提供了有价值的参考。

二、审计在服务省直管县财政体制改革与县域经济协同发展中的新情况、新问题

省直管县财政管理体制改革是单刀直入，旨在提高财政运行效率，增强县域经济发展的活力和动力，发展壮大县域经济的一项重要举措。因此，全面深化省直管县财政体制改革与面对县域经济协同发展中出现的新情况、新问题，地方政府审计部门正在接受考验和挑战，亟待破解难题。

（一）给县级审计机关带来的新问题

省直管县财政管理体制的受益主体是县，减少了资金的划拨与管理的中间环节，同时省财政对于县的支持力度加大，省直相关部门也随着这一体制的变化，直接与县进行经济联系，转变其工作思路和方法，开始按财政省直管县的要求将相关工作直接落实到各县，尤其是在有关项目审批、计划安排上对县给予了权力，也可以说财政省直管县带来的是经济省管县，带动的是县域经济，因此改革的结果必将是行政上全面实行省直管县。这项改革对于县级审计机关的工作既是一种机遇也是一种挑战。

1. 审计任务繁重与审计力量不足是当前县级审计工作面临的主要矛盾

审计工作量加大，现有县级审计人员疲于应付。省对县财政支持力度加大，资金渠道增加，直接授权审计到县的项目必将增加。例如，2012年，高台县财政总收入28749万元，总支出98276万元，审计局在编人员13人，人均审计资金量9771万元，财政总收入和总支出分别较直管之前的2009年增长了3.1倍和3.2倍，审计人员人均应审计的资金量增长了2.8倍。

2. 审计计划管理水平较低，审计项目的计划性不强

直管县财政体制改革以来工作量加大，加上县本级党委、政府临时交办的和配合纪检监察、组织人事、检察等机关办理的大量审计项目，以及每年必审的财政同级审等常规性审计任务，让各县级审计机关忙于应付，未能结合本县区宏观经济发展实际，有计划地开展一些重点、热点领域和具有创新性的审计项目，审计工作难以取得大的突破。

3. 审计人员数量、素质有待提高

目前广大县级审计机关普遍存在人员编制少的困难，审计人力资源在数量上、结构上和综合素质上均存在较大差距，有效的审计人力资源短缺与审计任务不断加重之间的矛盾突出。另外，现有审计人员大多为会计出身，随着财政体制改革的推行，每个审计人员的任务加重，简单的项目还能应付，遇到大项目便无从下手。

4. 适应能力不强，审计相对滞后

随着财政体制改革的不断推进，部门预算、国库集中支付、会计集中核算等制度相继建立与完善。部分审计人员对财政职能变革的新情况、新问题还缺乏深入细致的了解和研究，审计重点还不明确，审计方式和方法也没有及时调整到位，预算执行审计工作相对于形势的发展较为滞后。

5. 县级财政财务收支审计与绩效审计矛盾凸现

大环境下强调要大力推广绩效审计，但就目前在诸多因素制约下，由于这项工作涉及面广，难度大，县级经济社会的管理水平还不高，被审计单位会计水平参差不齐，财经领域违纪违规问题还较为普遍。同时，各项基础管理比较薄弱，缺乏完善的效益评价标准体系，在没有解决单位财务不规范、违纪违规屡审屡犯的前提下，过早大范围开展财政绩效审计显得力不从心。

（二）对省级审计机关审计工作产生的主要影响

《中华人民共和国审计法》第十七条规定："审计署在国务院总理领导下，对中央预算执行情况和其他财政收支情况进行审计监督，向国务院总理提出审计结果报告。地方各级审计机关分别在省长、自治区主席、市长、州长、县长、区长和上一级审计机关的领导下，对本级预算执行情况和其他财政收支情况进行审计监督，向本级人民政府和上一级审计机关提出审计结果报告。"按照现行审计体制，省（直辖市、自治区）级财政决算审计工作，由审计署审计管辖；设区市的财政决算审计，由省（直辖市、自治区）审计机关管辖；对县级财政决算的审计，是由市级审计机关审计管辖。实行省直管县财政体制后，县级财政的决算审计理应由省（直辖市、自治区）审计机关实施。但在目前，由于未全面实行行政省直管县，在省审计厅向下进行审计时，受限于人力而不可能完全延伸至县开展审计工作，特别是县级决算审计和省级预算执行审计的成果整合不够，这样无疑对审计质量与审计效果都带来了不利影响，全覆盖难以落到实处。

省直管县财政体制改革不断深化，给省级审计机关带来新挑战，如财政加大了对三农、教育、科技等方面的支出，支出结构发生了变化等，这些变化对财政审计的范围、内容和重点都提出了新要求。同时，转移支付等财政资金在内容和范围上的扩展、财政管理半径的延伸，客观上要求省级审计机关在审计组织方式等方面必须做相应调整。此外，省级审计机关要对省直管县财政体制改革进程给予充分的、持续的关注，以便揭示体制改革运行过程需要加以研究和解决的问题，否则会在一定程度上影响省级审计机关为服务省直管县财政体制改革作用的发挥，避免“缺位”。

省直管县财政体制改革后，省级审计机关应该在关注和分析财政资金所承担的政策目标实现情况方面、政策执行效果的有效评价方面担当重任。目前，财政部门已从传统的“聚财、理财、用财”向较为成熟地运用财政杠杆和宏观政策的功能转变，而审计部门尤其是省级审计部门在审计的实施过程中就要从更高角度去关注这些变化，以便反映财政资金、数字背后所体现的政策执行效果问题，及时、有效地发挥政府审计的“免疫系统”功能和建设性作用，从而提升审计成果资源的使用价值。

（三）省直管县财政体制改革对审计影响的实证分析

1. 省直管县财政体制改革对县级审计机关工作的影响分析

图3、图4表明省直管县财政体制改革以来，县级财政收入支出迅速增加，伴随着审计工作量也迅速增加，给县级审计机关带来不小的压力，这也印证了审计任务繁重与审计力量不足的矛盾。

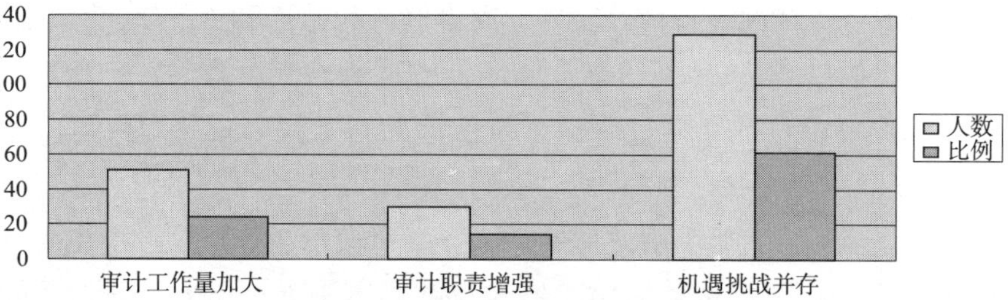

图3　对县级审计机关工作的直接影响

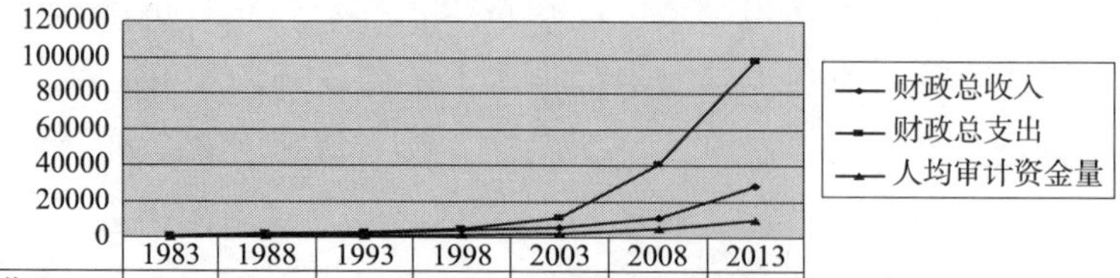

	1983	1988	1993	1998	2003	2008	2013
财政总收入	329	677	1706	3803	5515	10900	28749
财政总支出	765	2034	2633	4491	10642	40719	98276
人均审计资金量	219	387	542	1037	1795	4693	9771

图4　高台县财政收支与审计工作量分析

2. 省直管县财政体制改革对地级市审计机关工作的影响分析

图5表明，随着地级市审计机关工作量的减少，52.86%的人们认为当前地级市审计机关的首要工作是整合城区审计资源，实行统一的审计组织方式，提高审计效率。

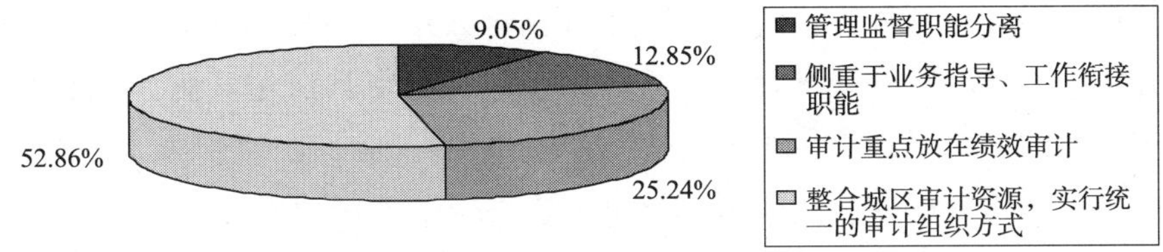

图5　对地级市审计机关工作的直接影响

3. 省直管县财政体制改革对省级审计机关工作的影响分析

由图6可知，69.05%的受访者认为省直管县财政体制改革对省级审计机关工作的直接影响是审计工作量的加大，同样印证了上述县级审计机关工作量加大的观点，而仅有20.48%的受访者认识到由于审计工作量加大、审计资源不足而导致监管不够，尤其是省级监督力量不能及时跟进造成监督缺位，因而产生审计盲区的情况，结果导致省直管县财政资金管理存在安全隐患。

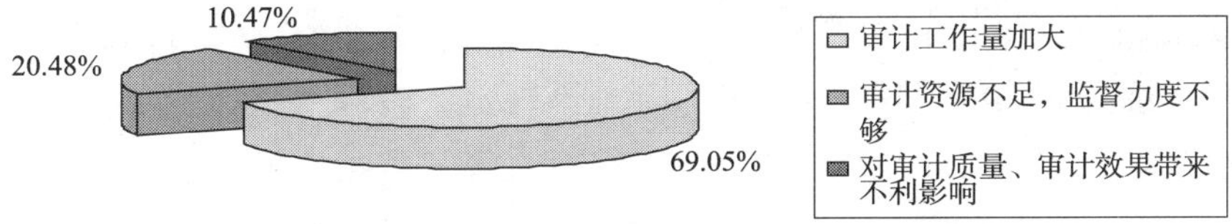

图6　对省级审计机关工作的直接影响

三、省直管县财政体制条件下不同审计组织方式的比较分析及路径选择

当前，针对省直管县实施以来出现的新情况，甘肃省审计厅将审计理论研究与审计项目相结合，重点关注转移支付资金、专项资金及资金使用

绩效，相关政策落实情况等，省直管县审计达到了预期的目标，揭示了自2007年实施省直管县以来存在的问题。作为省直管县财政审计项目的延展，审计研究以促进县域经济更好发展为出发点和落脚点，从省直管县财政机制、体制、财政管理等方面分析原因、提出建议，并以促进理好财、用好权、尽好责为目标，研究如何在省直管县财政体制下创新审计组织方式方法，如何取得一项审计、多重效果，履行好审计法定职责，充分发挥经济发展“安全员”、公共资金守护者的作用。同时在审计中，对经济责任审计、市州上审下、同级审等组织方式进行了探索和比较分析。

（一）各种审计组织方式优缺点对比分析

1. 由省级审计机关进行审计或跟踪审计的优缺点

2009年甘肃省审计厅财政处首次对8个省直管县进行了审计调查，通过此次审计，促进出台了《关于推进省直管县财政管理体制改革工作的通知》；2012年对土地出让金、财政扶持中小企业、车辆购置税用于农村公路建设、农村薄弱学校改造、被征地农民养老保险、农村环境连片整治示范6专项进行了专项审计调查，揭示了问题，出台了《甘肃省省级财政项目支出评审管理暂行办法》《关于加快被征地农民养老保险省级补助资金支出进度的通知》等12项办法和制度；2013年对6个直管县进行审计，发现了财政体制改革不到位、国库管理不规范、转移支付及专项资金使用绩效不高等问题。由省级审计机关组织对直管县直接审计或者对直管县政策执行情况进行跟踪审计，有以下优缺点。优点：一是直管县审计重点突出，目标明确，推进了省直管县财政体制改革政策落实；二是组织方式科学，前期能全面摸清资金规模、项目及相关法规，将其无缝对接，确保审计实效；三是审计效能得到提升，通过审计反映成效，揭示问题，可直接反馈省财政厅，省财政可根据其制定政策，审计成果得到充分运用。缺点：省审计厅财政审计处一家承担审计任务，现有人力很难完成。例如，甘肃省审计厅财政审计处现有人员11人，每年要完成12个项目，就目前状况，难以对67个直管县进行专门审计。

2. 以经济责任审计为主导的组织方式的优缺点

经济责任审计的主要目的是分清经济责任人任职期间在本地区经济活

动中应当负有的责任，为组织人事部门和纪检监察机关及其他有关部门考核任用干部等提供参考依据。2013 年下半年，省纪委、省委组织部、省编办、省审计厅组织对23 个县委书记、县长进行了经济责任审计，同时，结合财政收支决算审计，对6 个省直管县进行审计。审计的内容主要包括贯彻落实科学发展观和执行国家有关政策，领导和促进经济社会科学发展、经济结构调整，重大经济决策的制定和执行，履行经济责任有关的管理、决策等活动的经济效益、社会效益和环境效益，重要经济事项管理制度的建立和执行，本地区财政收支真实、合法和效益，国有资产的管理和使用，土地矿产等稀缺资源的管理和使用，政府债务的举借、管理和使用，民生保障和改善，政府投资项目的建设和管理，环境治理及改善，对直接分管部门的监管情况和遵守有关经济法律法规、廉洁从政规定等情况。审计重点在于"摸清家底"这个财政财务收支的"面"和深入测评内部控制制度的基础上，结合县（市）特点，抓住资金走向这条线和领导干部经济责任相关的"点"。优点：一是重视程度高，开展工作阻力小，经济责任审计主要对党委政府领导干部经济责任履行情况进行审计，各部门比较重视，但财政资金审计仅是其中的一项；二是覆盖面宽，内容多，范围广，揭示问题多，反映问题层次深。缺点：一是重点不够突出，因经济责任审计涉及方方面面，不同地区、不同干部的经济责任审计重点也不尽相同，有可能在审计中对财政收支及转移支付资金等关注不够；二是审计成果很难转化运用，其侧重于经济责任评价及为组织人事部门提供用人信息，推动机制受限于组织部门，牵扯到当地党委、政府领导个人升迁，审计成果能否转化运用很难预计。

3. 由市州审计机关"上审下"的组织方式的优缺点

《中华人民共和国审计法》颁布实施以后，审计机关不仅要对下级政府的预算执行情况和决算进行审计监督，还要对本级预算执行情况进行审计监督。这样，就由过去单一的"上审下"制度变成了"同级审"和"上审下"相结合的审计监督制度，扩大了财政审计领域，增强了财政审计力度，形成了一个从不同层次、不同角度对政府财政收支进行审计监督的方式。市州审计机关每两到三年对县级财政进行一次"上审下"。优点：一是市州审计机关权威性和独立性相对较强，在现行财政体制下，县审计机关作为本级政府的组成部门，就审计的对象和内容而言，尤其是那些重大或重要事项，很大程度上是在对同级政府的财政行为进行审计，在这种情况下就很难对一些问题做出深层次的揭示与披露，而“上审下”有效增强了审计的权威性和独立性；二是两到三年轮审一遍，审计频次多，对违纪问题反映多，较好地发挥了审计监督与威慑作用。缺点：一是把握资金及项目的整体情况受限，涵盖面不足，省直管县体制实施以来，“9 个到县”的体制提高了财政运行效率，省对县级的补助收入不再通过市级，而是直接到县；二是有地方利益割舍不掉，权威受限，现行的省管县财政体制改革只是财政管理体制的单项改革，包括财政收入在内的县级各项经济指标仍然由市级下达考核；三是成果得不到省级部门的有效运用。

4. 由当地县区审计机关“同级审”的组织方式的优缺点

开展同级财政审计是加强财政预算管理和监督的重要环节，是规范预算管理，提高财政资金使用效益，促进建立社会主义公共财政制度的一项重要措施，也是一项必须坚持的重要法律制度。《中华人民共和国审计法》第十六条规定，地方各级审计机关分别在本级政府行政首长和上一级审计机关的领导下，对本级预算执行情况进行审计监督，向本级人民政府和上一级审计机关提出本级审计结果报告。《中华人民共和国审计法》第十七条还规定，国务院和县级以上地方人民政府应当每年向本级人民代表大会常务委员会提出审计机关对预算执行和其他财政收支的审计工作报告。优点：一是就地、快捷地熟悉被审计单位情况，可以缩短审计人员与被审计单位的磨合期，减少审计的矛盾和阻力；二是时效性强，频次高，可消除审计空白点；三是将有些问题消除在萌芽状态，很有针对性。缺点：一是资金及项目没有来龙去脉，涵盖面不足，仅对财政收支及预算执行进行审计；二是审计的独立性相对较弱，“同级审”受制于地方政府，独立性得不到充分发挥，同级政府在领导和管理财政工作上存在的问题往往得不到充分披露；三是成果转化难，审计成果难以得到上级相关主管部门的有效运用，很难从根本上解决和防范审计中存在的问题，如有些问题不能揭露，即使勉强揭露也难于处理，同类问题屡查屡犯。

5. 由审计署或省级审计机关统一组织审计方式的优缺点

2011 年、2012 年、2013 年，审计署、甘肃省审计厅统一组织实施了地方政府性债务审计、社会保障资金审计、普通高中债务调查、甘肃省污水处理项目绩效审计等多个全国性、全省性大型审计或调查项目，对近年来债务、社保、教育等经济社会发展重要领域的规模、成效及风险隐患进行了客观分析和评价，并提出了加强管理、深化改革的一系列意见和建议，不仅充分发挥了审计保障经济社会运行的“免疫系统”功能，而且对于树立审计良好社会形象，增强审计影响力和公信力起到了巨大的推动和促进作用。优点：一是实施统一化，都实行了统一组织领导、统一工作方案、统一标准口径、统一审计报告和统一对外公布的“五统一”原则，极大地提高了项目运行的效率和进度；二是组织扁平化，自上而下的临时性组织机构，审计主体与审计对象直接对应，省、市、县政府均各有清晰的审计主体与之相对；三是资源效能化，积极整合审计资源，挖掘内部潜力，保证完成上级下达的各项指令及任务安排，切实提高应对复杂环境及问题的综合素质，增强实际战斗能力；四是管控动态化，在项目实施中，上级审计机关通过定期的审计情况调度，对现场实施进行有针对性的指导，修正审计实施方案确定的审计范围，减少审计实践中不必要的浪费和重复，提高工作效率和质量。缺点：一是时间安排上还不尽合理，造成下级审计机关任务重，疲于应付；二是成本较高，一般每年度只能组织一个项目，不易广泛使用。

（二）省直管县财政体制下探索：改进审计组织方式的实证分析

课题组在甘肃省高台县、正宁县的审计现场座谈会上，进行了现场问卷调查。有85%的人认为，随着经济社会的快速发展，审计任务重与审计力量严重不足已成为影响审计质量的一个首要问题；有62.3%的人认为，直管县财政虽由省财政和省、市、县三级审计机关等多家部门监督，但仍需进一步加强监督；有86.9%的人认为，在不可能增加人员编制的情况下，通过创新审计方法、组织方式等手段，可以整合力量，解决人员少任务重审计质量不高等问题。

本次省直管县财政审计选择了6个县域经济发展模式完全不同的直管县，基于相关分析，课题组认为，实现多兵种、大兵团、合成式的审计组织模式，是较为理想的审计模式，既能充分整合审计力量，又能实现审计机关绩效管理。所谓多兵种、大兵团、合成式，仍然是基于财政审计大格局的思路，在这种状态下，无数个子项目实现“统一领导、统一部署、统一目标、统一标准”，构成一个大型审计项目，审计结果更能从宏观上反应审计对象在经济社会运行中的真实状态，“免疫系统”功能的预防、揭示和抵御作用会发挥得更充分。

1. 省直管县财政体制条件下实现审计目标、任务的路径分析

（1）面对省直管县财政体制下复杂的环境，审计部门在审计过程中除同级审外，更应注重与异级他审的结合

图 7 揭示了关于异级他审内容的调查结果。

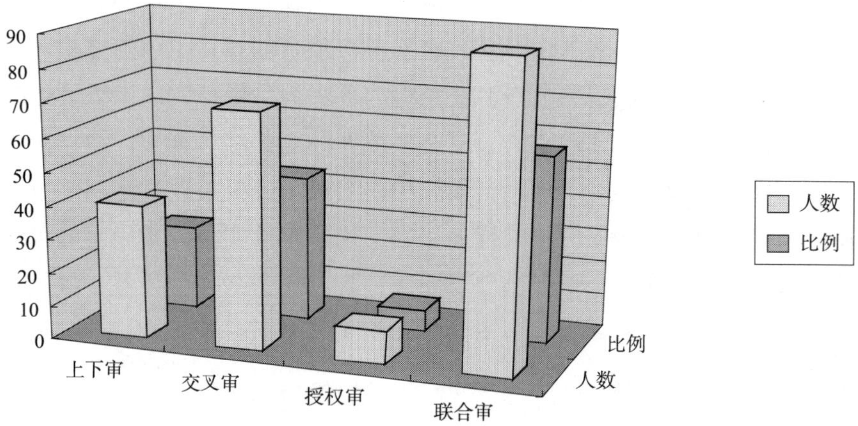

图 7　异级他审内容

由图 7 可知，大多数受访者认为在同级审的同时，应更加注重结合联合审和交叉审。由于大多受访者工作在审计一线，调查结果也就为实现审计目标、任务的路径和审计组织方式提供了参考。

（2）由省级审计机关牵头的多兵种、大兵团、合成式审计组织模式，应重点推行

图 8 表明，当前受访者关于由省级审计机关牵头的多兵种、大兵团、合成式审计组织模式在审计工作中应重点推行的做法、看法不一，各有利弊。其中，有 26. 19% 的人们认为此种模式更加注重上下联动，以点带面，侧重财政基金绩效审计，这应该是确保审计全覆盖、提高审计工作效率、效果的重要组织方式之一。

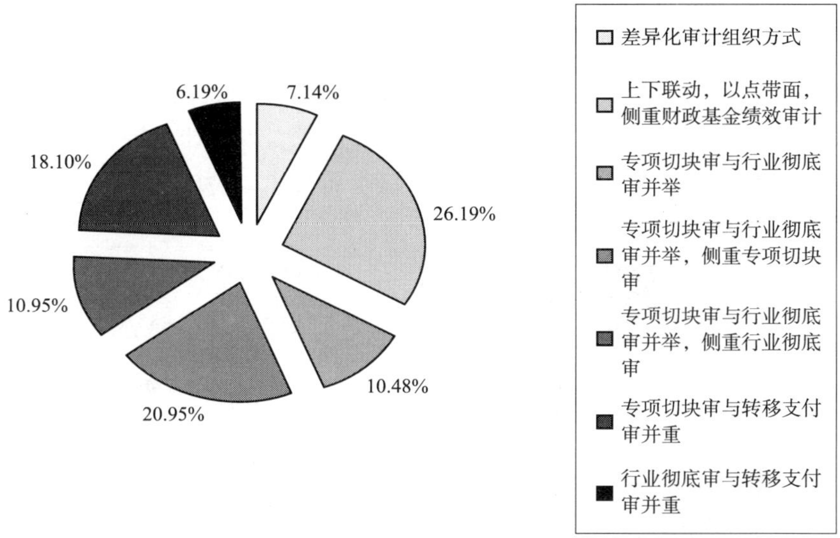

图 8　由省级审计机关牵头的多兵种、大兵团、合成式审计组织模式在审计过程中重点推行内容

（3）授权县级审计机关组织实施，实现审计监督常态化

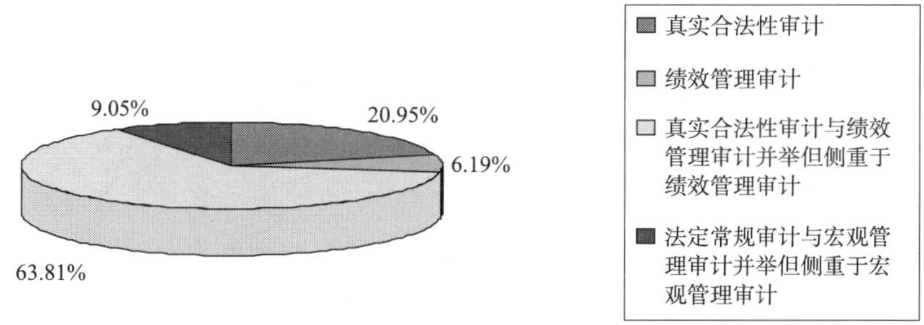

图 9　县级审计机关在审计过程中重点推行内容

图 9 表明，授权县级审计机关组织实施，有 63.81% 的受访者认为应重点推行真实合法性审计与绩效审计并举，但更侧重于绩效审计。

2. 省直管县财政体制条件下实现审计目标、任务的审计资源整合思路分析

调查过程中，人们普遍反映由于审计资源没有整合，审计工作的成效没有得到充分利用，严重影响了审计的效率和导致了资源的浪费。由图 10

可知，27.14%的受访者认为当前首先应该实现审计机关自身审计力量的整合，打破各自为战的局面，形成整体合力；22.86%的受访者赞成实现财政系统的监督检查资源整合，对转移支付及专项资金审计时，充分利用财监系统的工作成果；而高达29.05%的受访者赞成实现审计项目资源的整合，交叉委托县市审计局进行跟踪审计，可减少管理不到位问题的产生。

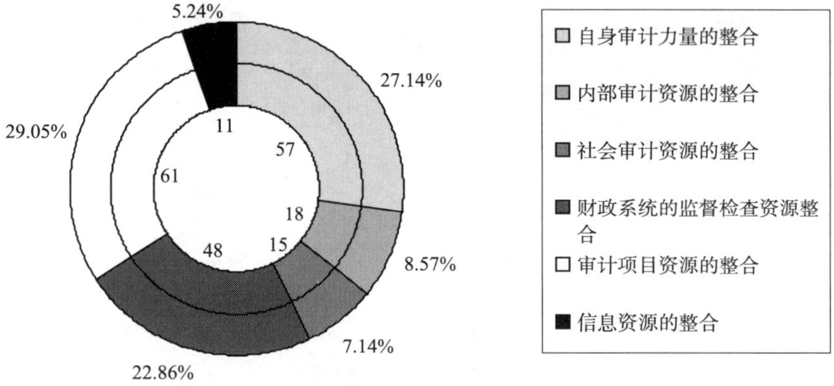

图10　审计资源整合

目前，对省直管县的审计监督有市州审计机关两年一次的“上审下”，县级审计机关的预算执行审计，以及省级审计机关组织的各类专项审计以及经济责任审计等。但是，从正确评估财政资金的绩效和动态监督效果来看，选择由省级审计机关统一组织，市、县两级审计机关共同参与这样的组织模式更为科学。“项目统一组织、同步安排、协同实施、共享成果”，审计机关实现上下联动，形成工作合力。一是能够充实对某一重要审计事项的审计力量，从省财政分配资金的源头入手，进一步拓展审计监督的广度和深度；二是有利于从整体上系统地反映审计事项，审计结果、审计建议直接反馈省政府各有关部门，特别是省财政厅能够直接运用审计结果，规范和加强管理，实现了审计工作的整体性、宏观性和建设性；三是实现计划、审计、审理、执行审计权能四分离，既解决审计资源供需矛盾，又更加注重审计的质量控制，同时还避免省、市、县三级审计机关各自为政重复审计，促进审计机关提高绩效管理。从甘肃省实施的情况看，这种“上审下”与“同级审”联动的方式，形成了工作合力，取得了良好的效果。

四、"审计项目课题化"与"审计组织方式差异化"双轮驱动，共同发力推进省直管县审计监督

（一）进一步完善、深化省直管县财政体制改革的运行机制，为行政省直管县储备条件

实行省直管县财政体制的根本目的是增强县域经济发展活力，优化权力运行机制，而不是简单放权，也不是让县级政府和县域经济各行其是。省直管县财政体制改革是一项复杂的系统工程，既与政府级次设置、地方政府职能界定、政府权力的制约等基础性制度框架有着密切的联系，其本身又包含了地方税体系、转移支付制度、预算管理制度等多方面内容。我国客观存在的多级财政体制效率缺失的问题，推动了我国省直管县财政体制改革，进而有力地推动了我国省以下财政体制改革，并迈出了减少政府层级的第一步，为最终的政府层级改革奠定基础。

1. 协调省级部门全面落实省管县改革的各项政策，尤其是项目申报、计划下达和工作部署等方面应该尽快予以理顺，使省直管县财政体制改革政策真正落到实处。

2. 在管理体制变化后，加强对直管县（市）财政管理工作的调研指导，尽可能多地采取试点现场会的形式，让试点县既能学到先进经验，又能提高和促进工作质量，促使全省县级财政管理工作的进一步提高。

3. 进一步完善转移支付制度，提高财政资金的使用效益。对于甘肃省的大部分县市，尽管财政收入有所增加，但仍停留在"吃饭财政"的水平。建议省财政在测算分配转移支付补助资金时，逐步压缩专项拨款规模，适当增加财力性补助资金，便于县级集中财力办大事。同时省财政在测算财力性转移支付补助时，能够继续考虑县级财政承担市级配套政策的因素，给予倾斜和照顾直至取消"地方配套"的附带条件。

4. 科学核定任务基数和分成比例，进一步调动地方政府发展经济的积

极性。既要考虑改革现有体制“存量不变、增量调整”的基数法，科学合理核定县市收入任务基数，采用统一标准进行测算，最大程度地降低直管县因基数小而永远吃亏的被动局面，使财政体制真正实现公正、公开、公平。也要合理确定共享税分成比例，使共享税不仅在增量上进行调整，也在存量上做彻底的调整。

5. 积极探索化解县乡债务的有效途径，加快县乡政府债务的消化进度。在目前县乡财政保吃饭、保运转的情况下，仅仅依靠自身发展来化解债务，县级财政脱困的道路恐怕会越走越远。建议增加对县乡的财力补助，建立和引入适当的激励与约束机制，引导县乡政府分清轻重缓急，找准化解债务的突破口。

（二）转变审计工作思路，创新审计组织方式，找准省直管县财政审计的关键风险点

按照现行审计体制，省（直辖市、自治区）级财政决算审计工作，由审计署审计管辖；设区市的财政决算审计，由省（直辖市、自治区）审计机关审计管辖；对县级财政决算的审计，由市级审计机关审计管辖。实行省直管县财政体制后，县级财政的决算审计理应由省级（直辖市、自治区）审计机关实施，鉴于省直管县改革已全面推开，在数量多、县市区决算审计的耗费人力时间（按照省厅有关工时计算每个直管县现场和出具审计报告所需人员和时间）以及省级（直辖市、自治区）审计机关力量不足的严峻情形下，各级审计机关应迅速适应财政体制变化新形势，切实转变审计工作思路，准确把握改革方向，将审计视野转向科学改良审计组织方式上，做到财政资金运行到哪里、审计就跟进到哪里。

在省直管县财政体制改革试点期间，为了避免行政管理权和财权管理的不一致，可采取省市县结合、上下联动的审计组织方式，及早计划、部署，把省审计机关、市审计机关对试点县的财政决算审计和县（市）审计机关对本级财政预算执行审计相结合，即“上审下”与“同级审”结合起来，不仅使审计力量得到有效整合，形成审计工作整体合力，而且实现资源共享、审计成果充分互用（信息交互实效性），同时可极大地减少重复劳动，提高审计效率。诚然，在具体实施过程中，考虑审计计划、时间等

因素，可以是省县结合，也可以是市县结合。另外，由于审计人力资源所限，上级审计机关安排的“上审下”财政决算审计不可能每年都安排对全部省直管县财政体制改革试点县（市）的决算审计，时间上无法保障改革试点县（市）每年向人大做审计工作报告的要求。因此，“上审下”与“同级审”更重要的是审计内容上的结合、审计组织方式上的改进，如根据既定的审计计划、任务、目标，省直管县财政审计与县长书记经济责任审计相结合（从理论上讲，这是最有效的审计组织方式，但有一定难度），财政决算审计与财政专项资金绩效审计相结合，等等。此外，“交叉审”“授权审”“联合审”等都是在省直管县财政体制条件下实现特定审计目标、任务的路径选项。

以促进省直管县财政改革的深入和改革运行机制的完善、提高财政资金的管理水平和绩效为出发点，根据改革形势发展变化的情况，开动脑筋，不断研究新情况、新问题，找准试点县（市）财政审计的切入点和关键风险点：

1. 重点关注财政资金运行质量，尤其是财政资金支出结构和支出责任以及财政收入的质量。

2. 重点关注部门预算管理，尤其是有无重大资金应纳未纳入部门预算、基金管理而造成体外循环。

3. 重点关注民生资金与专项资金的整合、使用、效益，尤其是对转移支付项目的合法性、公正性、规范性和透明性做出评价。

4. 重点关注财政投资的绩效，有无形象工程、政绩工程，是否统筹规划、量力而行，尤其是保障财政建设资金的安全完整以及市场秩序规范，提高财政建设资金的绩效。

5. 重点关注区域经济发展现状，通过对比相关指标数据，分析财政体制改革对区域经济发展产生的影响，尤其要关注招商引资、工业园区建设的投入产出情况，如土地出让、税收增长、扩大就业、保护环境、政府债务等问题，促进区域经济的可持续发展。

6. 重点关注政策导向，深入研究财政政策、专项资金使用等的政策导向作用，加大对涉及民生、三农、资源环保等领域财政资金的审计监督力度，对事关民生政策落实、新农村建设等方面的问题要及时到位地监督整改。同时关注改革的成效和利弊，跟踪宏观调控政策措施的落实情况，在维护政令畅通的同时，客观评价改革对县域经济发展发挥的作用，为省委省政府决策提供依据。

7. 重点关注政府的债务风险以及政府负债是否形成了优质资产，分析评价政府负债绩效、政府债务承受能力和偿还能力，尤其是揭示政府债务中存在的问题和原因，促进建立科学的政府债务风险管理机制。

（三）开展研究式审计，实施审计项目课题化

寓审计理论研究于审计项目实施之中，找准审计的着力点。以课题化审计项目为平台，整合研究力量，审、校联合，充分发挥审计理论的引领作用，把课题化项目审深审透，既可以促进审计理念、审计目标、审计质量、审计成果、审计能力“五个提升”，又能为服务审计决策、指导审计实践、解决审计难题提供智库支持。

1. 注重营造良好的审计文化氛围

开展研究式审计，首先要营造良好的审计文化氛围，这实质上体现了审计人员“责任、忠诚、清廉、依法、独立、奉献”的核心价值观及审计机关的文化精髓。根据问卷调查，36.19%的受访者（比例最高，参见图11）赞成A观点：实施“审计项目课题化”，推动理论研究成果的快速转化运用并直接接受实践检验；通过“望闻问切”，充分发挥审计的“免疫系统”功能，形成研究式审计的特有文化，实现理论研究与审计实践两不误、两促进，审、研共赢。同时，在审计机关现有文化底蕴的基础上，进一步扩展形成审计理论研究特有文化，通过加强学术沟通探讨、交流促进，提升研究与实践能力，培养和谐向上的审计文化氛围。

2. 注重审计队伍的建设

开展研究式审计，必须强化对审计人员的素质修养，有针对性地加强学习，不断更新知识体系，使每一位审计人都能顺应时代发展要求，更新思想观念，树立“审计什么、研究什么”的新理念，进一步弘扬“实、高、新、严、细”工作作风。根据问卷调查，“关于研究式审计的观点”，19.52%的受访者（比例第二，参见图11）赞成D观点：随着政府审计的广度、深度和力度不断加大，审计工作中所遇到的难题越来越多，而研究

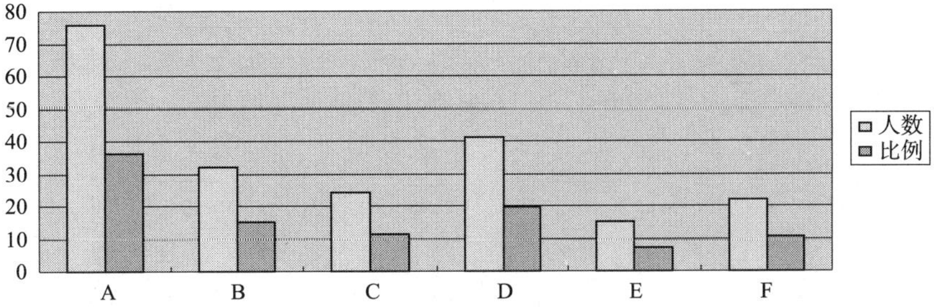

图 11　关于研究式审计的观点

注：A. 寓审计理论研究于审计项目实施之中，实施“审计项目课题化”；B. 整合研究力量，审、校联合，“课题化审计”；C. 树立“审计什么、研究什么”的新理念，提升审计成果的质量和水平；D. 增强理论研究、实证研究的针对性、指导性、建设性、战略性与有效性；E. 结合审计项目成立课题组，统筹谋划、科学部署，形成合力；F. 将审计项目实施与课题研究相结合，及早谋划、突出重点、制订行之有效的课题调研方案。

式审计可以增强理论研究、实证研究的针对性、指导性、建设性、战略性与有效性，为及时解决审计工作中的难题提供可能性条件，同时可以更准确地定位政府审计在体制改革中的角色和职责。

3. 注重审计组织的管理绩效，提高组织方式的科学性

开展研究式审计，必须做细审前调查，选准研究课题。成立项目审计组的同时成立项目课题组，尽量横向融合，加大各专业审计的统筹结合力度，根据被审计项目和任务分工，承担课题研究任务。在项目组织和人员调配上，根据审计调研提炼出项目重点、难点和特点，统筹计划、科学部署审计研究任务，明确研究目标，在课题化审计项目的平台上，在一个或几个既定的研究课题下，有组织、有计划地开展审计工作，避免各自为战、简单重复，逐步形成合理分工、各有专长、各具特色的理论研究工作格局，在研究中审计、在审计中研究，科学提高审计项目的执行力，“探索一次进点、协同审计、成果共用、分别报告等组织方式（刘家义审计长在全国审计工作会议上的讲话，2013 年 12 月 27 日）”，让审计能量得以充分释放。

4. 注重谋划，及早部署，科学制订项目课题调研方案，审研结合、同步推进

开展研究式审计，注重谋划，根据省政府批准的年度审计项目计划，结合中国审计学会年度重点课题研究方向，将审计项目实施与课题研究相结合，及时成立课题组和审计组，超前部署、突出重点、制订行之有效的课题调研方案；在审计组制订审计实施方案的同时，由课题组先开展研究，分析审计项目存在的问题，并确定研究进度；在项目实施过程中，边审计边研究，本着求真务实的态度、严谨的作风，积极而有效地探索“问题中（涉及）的理论，理论中（需要解决）的问题”及其规律，做实科研素材，力求出审计精品，审深、审透、审清问题，实现理论研究与审计实践之间的良性互动，从而使理论研究与审计实践两不误、两促进。同时，从提高审计机关绩效和审计质量的角度，探讨更为科学有效的审计组织方式。

5. 注重成效，充分发挥审计的建设性作用

开展研究式审计后，审计实践为课题研究搭建了良好的平台，课题研究又为审计项目充分揭示问题和肯定取得的成绩提供了理论支撑。当项目审计结束时，由课题组汇总有关情况，按照“反映情况‘准’、查处问题‘深’、原因分析‘透’、措施建议‘实’，充分发挥审计的建设性作用（刘家义同志在全国审计工作会议上的讲话，2013 年 12 月 27 日）”为标准撰写项目课题研究报告。课题研究报告要提交审计组充分讨论，吸纳每位审计人员的意见、建议，以进一步提高课题层次水平，并努力实现审计项目精品化的目标。

（四）因地（事）制宜，分类研讨，区别对待：审计组织方式差异化

省直管县财政体制改革不可能搞一种模式，要因地制宜、分类推进、稳步实施，因为我国东中西部地区差异性比较大，各地情况也千差万别。那么，地方政府审计机关在省直管县财政体制条件下实现审计目标、任务的审计组织方式同样要因地、因事制宜，分类组织，不能千篇一律地按照一个方案、单一方式组织实施，需要有效地实施审计组织方式差异化，即根据同一审计对象在不同环境（包括区域经济及社会发展水平差异、行业及项目差异等）下组织不同的审计方式进行，如上审下、同级审、交叉审、授权审、委托审、联合审等。就甘肃省而言，由于地域辽阔，县

（市）资源禀赋不一，县域间经济发展水平及潜力差异非常大，县域经济发展较快的县集中分布在河西，欠发达县集中在临夏回族自治州、陇南地区和甘南藏族自治州。对财力比较好、经济比较发达的县（市），如阿克塞、玉门、肃南、敦煌等县（市），在财政省直管县体制下，专项资金转移支付比一般资金（财力）转移支付相对要多而且也重要得多，“形象工程”“政绩工程”、楼堂馆所等等是审计特别关注的重点内容。对于县级经济规模小、整体实力弱的国家级贫困县，由于不利的地理位置、人口密度低、运输成本高、投资回报低等，缺少中小企业集群，具有区域特色的聚集产业规模不大，聚集能力低，如卓尼、碌曲、两当、礼县、宕昌县、积石山自治县、镇原县、古浪县、岷县等，“保工资、保运转、保民生”和脱贫致富奔小康是重中之重，所以扶贫等专项民生资金、财力转移支付资金、政府负债资金投向、县（乡）长经济责任审计是审计特别关注的重点内容。正确、全面、理性地认识我省县域经济特质、现状及潜力，科学合理地划分、确定审计环境、审计对象种类以及审计组织方式，是审计工作高效、有序开展的重要基础。

省直管县财政体制改革以后，省市县的审计工作思路、审计组织方式要做什么样的调整，关系到审计工作的效率及效果、审计报告的质量及水平、省直管县财政体制政策的落实及改革的成果、国家政府层级重大改革的战略布局。根据问卷调查，55.71%（参见图12）的受访者赞成在区域经济及社会发展水平不同的试点县开展财政决算审计、具有特定目标和用途的不同转移支付审计及专项资金审计、以财政资金为载体的不同行业审计、以项目为载体的不同财政投资审计、以政策落实为对象的不同民生资金执行审计等。审计对象类型不同，关注的重点不同，审计组织方式也不同，如“上审下”与“同级审”相结合，既可以不留盲点做到审计全覆盖，还可以有效避免重复审计。“专项切块审”与“行业彻底审”并举、“行业彻底审”与“转移支付审”并重、扶贫资金审计与专项资金审计对接、政府债务审计与财政投资审计相结合等，能够避免按照审计对象条块分割来组织和实施审计，在审计任务繁重而审计力量不足（目前不可能增加人员编制）的情况下，形成审计整体合力，提高审计工作效能，降低审计风险，提升审计报告的使用价值。

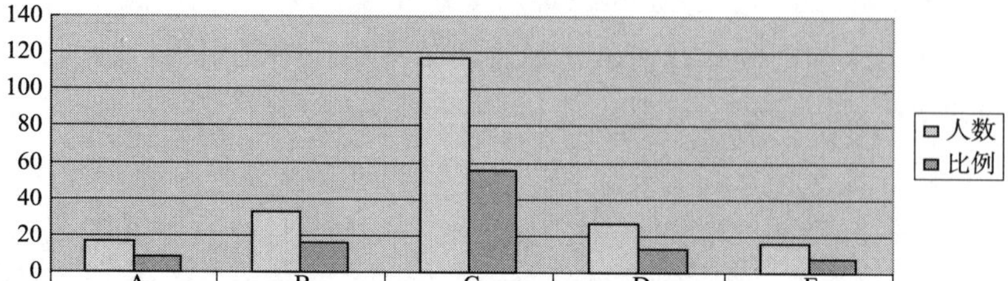

	A	B	C	D	E
人数	17	33	117	27	16
比例	8.1	15.71	55.71	12.86	7.62

图 12　审计方式差异化的观点

注：A. 审计方式是指审计主体进行审计的行为方式，如在什么地方审、在什么时候审、用什么方法审、审哪些内容、由哪些人审，等等。B. 审计组织方式差异化是根据特殊的审计对象、审计目标、审计内容、审计要求等组织不同的审计方式进行。C. 审计组织方式差异化是根据同一审计对象在不同环境下组织不同的审计方式进行，如上审下、同级审、交叉审、授权审、委托审、联合审等。D. “差异化审计”是指在整合审计的前提下，至少选择两种审计组织方式以其中一种为主，既突出重点，又避免重复审计，实现审计效果更大化。E. 成功实施审计组织方式差异化的一般原则是分类、规范、协调、效率、效果。

此外，信息化环境不同，审计组织方式的要求也不同，因为信息化环境下审计组织方式打破了原有的审计行政隶属责任关系，使传统的审计理念、方法发生了巨大变化。网络式、扁平化的审计组织形式也使审计组织管理体系发生了深刻变革，因此需要树立“一盘棋”思想，在技术操作层面上实施“差异化审计”，即在整合审计资源的前提下，至少两种审计组织方式并举或以其中一种为主，如信息化环境下固定资产投资项目的跟踪审计或审计与审计调查相结合，既突出重点，又避免重复审计，实现审计效果更大化。

五、结论

在全面推进省直管县财政体制改革进程中，实施审计项目课题化，通过专项审计调查和审计组织方式创新，如省直管县财政审计与领导者经济责任审计相结合、“上审下”与“同级审”相结合、专项性转移支付审计与固定资产投资审计（政府债务审计、三农资金审计、扶贫资金审计等）相结合、财力（均衡）性转移支付审计与民生资金审计相结合、“专项切块审”与“行业彻底审”相结合、“交叉审”与“授权审”相结合等，在审计中研究、研究中审计；营造良好的审计文化氛围，可以将改革进程中出现的新情况、新问题、新矛盾以及固有矛盾和老问题，上升到政策高度、理论层面进行研究、应对、破解，把问题审深、审透；跳出审计看改革、看经济，以宏观视角看问题、看发展，为国家治理献言献策，真正发挥审计的“免疫系统”功能，为省直管县财政体制改革道路扫清障碍、保驾护航。

在全面深化省直管县财政体制改革条件下，在财政审计大格局的基础上，实施审计组织方式差异化（见上，六个结合）：根据既定审计目标，针对县域间资源禀赋不同、经济实力和发展潜力不同、经济发达程度不同、民族地区与非民族地区的政策倾斜度不同、国家级贫困县与非国家级贫困县的扶持度不同、信息化环境不同等县域经济与社会差异情况，审计的着力点不同，审计组织方式也相应不同。因此，按照审计组织方式差异化“分类、规范、协调、效率、效果”的原则，整合审计资源，本着科学务实、因地（事）制宜的态度，确定审计方案，开展审计工作。这样既可以提高审计工作效率、解决审计任务重而审计力量不足的矛盾，还可以降低审计风险、提升两个审计报告总体水平及审计成果转化效应。

总的说，在省直管县财政体制条件下，推行“审计项目课题化”与“审计组织方式差异化”双轮驱动、共同发力，是甘肃审计正在进行的探索和实践。

参考文献

［1］贾康，于长革．河北辖县大省“省直管县”财政体制改革情况调研报告［J］．地方财政研究，2010（11）．

［2］贾康，白景明．县乡财政解困与财政体制创新［J］．经济研究，2002（9）．

［3］张占斌．中国省直管县改革研究［M］．北京：国家行政学院出版社，2011.

［4］王平波．省直管县财政体制下深化发展地方审计的思考［J］．中国财经信息资料，2010（32）．

［5］邱奇彦．对审计力促“省直管县”改革目标实现的思考［J］．审计月刊，2011（2）．

［6］张政斌．审计立项课题化初探［J］．审计与经济研究，1999（6）．

［7］理查德·A. 马斯格雷夫．财政理论与实践［M］．北京：中国财政经济出版社，2003.

［8］何万能．中西部地区省直管县财政体制改革模式的探索与创新［J］．经济师，2009（7）．

［9］甘行琼．“省管县”代替“市管县”的政治经济学［J］．财政研究，2005（6）．

［10］刘尚希，李成威．财政“省直管县”改革的风险分析［J］．当代经济管理，2010（10）．

［11］毛捷，赵静．“省直管县”财政改革促进县域经济发展的实证分析［J］．财政研究，2012（1）．

［12］吴先满，骆祖春．江苏推进省直管县（市）财政体制改革研究［J］．东南大学学报（哲学社会科学版），2010（3）．

［13］孙学玉．垂直权力分合：省直管县体制研究［M］．北京：人民

出版社，2013.

［14］贾康．地方财政问题研究［M］．北京：经济科学出版社，2004.

［15］郑福荣．实行省直管县财政体制改革后审计工作之思考［EB/OL］．http：//www.chenxi.gov.cn.

财政涉农专项资金绩效审计研究

内蒙古自治区审计学会课题组

课题负责人：刘文磊

课题组成员：张洪甫　刘丽君　王振铎

【摘要】 绩效审计以评价和监督公共资金的经济性、效率性和效果性为目标和内容，是现代审计的主流，已成为多数发达国家政府审计的主要职责，并被广泛认为是控制公共资金开支以及评价政府受托经济责任的一个有效武器。目前，我国绩效审计内容还不够系统完善，评价体系还不健全规范，理论与实践尚未较好地融合，理论对实践的指导性还有待加强，涉农专项资金绩效审计的理论研究和工作实践都还处于起步阶段，与不断增加的农业投入体量所应给予的审计关注和绩效评价严重不对称。

本课题结合研究团队多年的审计工作实践，借鉴国内外绩效审计理论成果，采取演绎推理的方式，从绩效审计出发，对绩效审计的含义及特征进行了阐释，并由此引出财政涉农专项资金绩效审计的含义、范围、内容、目标及审计的方式方法。以上述基本理论为铺垫，分析了我国目前涉农专项资金绩效审计的现状和局限，并着重从营造良好的绩效审计环境、运用科学的审计方法、构建涉农资金绩效审计评价体系等三方面详细论述了加强和改进财政涉农专项资金绩效审计的措施。

该课题旨在唤起广大审计理论研究者以及在审计一线的工作人员对财政涉农专项资金绩效审计的重视。课题结合审计案例，在系统总结、梳理相关审计经验的基础上，归纳、提炼更切合审计实践的涉农专项资金绩效审计思路、方法。

【关键词】 审计　财政　涉农　专项　绩效

目　　录

引　言

国家历来高度重视“三农”问题。“十二五”规划指出：“必须坚持把解决好农业、农村、农民问题作为全党工作重中之重……加大强农惠农力度，夯实农业农村发展基础，提高农业现代化水平和农民生活水平，建设农民幸福生活的美好家园。”近年，为加快新农村建设，发展农村经济，提高农民生活水平，各级政府逐年加大涉农资金投入，并逐步形成新农村建设的稳定资金来源。中国作为农业人口大国，若没有农民的富裕就没有全民的富裕，没有农村的小康就没有全国的小康，没有农业的发展就没有全社会的发展。贫富差距、城乡差距、区域差距被认为是横亘在我国实现全面小康目标前的“三大鸿沟”，因此，从中央到地方都高度重视“三农”问题，统筹中央和地方财力，加大地方配套力度，不断增加涉农专项资金投入，扩大资金投入范围，积极吸引社会资金参与农业开发，促进农村发展，加快新农村建设步伐。

涉农专项资金投入规模大、渠道多、分布广、涉及面宽，且管理使用主要集中在基层，资金的管理、使用效果，项目的执行情况直接关系新农村建设的进程。如何使中央的政策落实到田间地头？审计机关作为政策的制定和执行的联通者，作为国家政策执行情况的检验者，作为财政专项资金使用绩效的评价者，通过对涉农专项资金筹集、拨付、管理、使用全过程跟踪监督，促进规范资金管理，防止跑冒滴漏，保障涉农专项资金的安全完整，提高资金使用绩效，助推农业发展。同时，审计机关为政府宏观决策提供依据，促进涉农资金管理更科学，分配更合理，使用更规范，绩效更显著。

一、涉农专项资金绩效审计概述

（一）绩效审计与涉农专项资金绩效审计的含义

1. 绩效审计的含义

绩效审计是检查、评价被审计单位管理和使用资源的有效性的活动。“有效性”主要包括三方面的内容：经济性，指以最低的投入达到目标，即投入是否节约；效率性，指产出与投入之间的关系，包括以最小的投入取得一定的产出或以一定的投入取得最大的产出，即支出是否讲究效率；效果性，指目标的实现程度，即多大程度上达到了经营目标、政策目标和预期结果，简言之就是是否实现目标。

绩效审计是适应由单纯重视投入资金效果到综合关注投入资金的经济性、效率性、效果性的一整套审计理论和方法，是一种以经济运行的过程和结果为主要内容的审计活动，由独立的审计组织和人员对被审计单位的经济运行过程和结果进行评价和鉴证，以确定其结果的真实性、合理性和绩效性，从而促进被审计单位和人员强化责任意识，挖掘潜力，改进管理，不断提高经济运行成果的经济性和效率、效果，其实质就是审查预期目标与完成目标所投入资金的关系，即以最少的投入，去完成既定的目标，或以一定的资金投入，取得最大的产出，实现资金的效益或潜在的效益。绩效审计一方面是经济性和效率性审计，目的是找出经营中需要改进之处，其要求是评价一个组织的资源是否得到经济有效的管理使用；另一方面是效果审计，目的是审查被审计单位财政财务活动结果是否达到预期水平。

2. 涉农专项资金绩效审计的含义

涉农专项资金绩效审计是审计机关在对某项涉农资金真实性、合法性审计的基础上，通过对公共财政支出中涉农单位、项目和资金的经济性、效率性、效果性进行审计，监督、评价其经济效益、社会效益和环境效益的优劣，提出改善经营管理的建议，促进其提高绩效的一系列活动。

（二）涉农专项资金绩效审计的范围

“十二五”规划纲要提出“加大强农惠农力度，把保障国家粮食安全作为首要目标，提高农业现代化水平和农民生活水平”。《审计署关于加强审计监督促进“十二五”规划顺利实施的意见》指出：“围绕加快社会主义新农村建设，加强涉农资金和项目审计。加大对农业结构调整、基本耕地保护、农村科技创新等方面财政资金投入、使用和绩效情况的审计力度，推进加快发展现代农业；加大对农田水利、农村饮水安全、农村公路和电网等重大农村基础设施建设、运营和管护情况的审计力度，促进改善农村生产生活条件；加大对种粮直补等各类补贴、新型农村养老保险及合作医疗等政策执行情况和实施效果的审计力度，促进提升农民生活水平。”

涉农专项资金范围较广，农业生产资金、扶贫救灾资金、农业综合开发资金、科技兴农专项资金、小城镇建设专项资金、农村社会养老保险基金、农村合作医疗基金、农村医疗保险、新型合作医疗、困难家庭生活补助、征地农民补偿费、粮食直补、退耕还林（草）资金、天然林保护资金等与“三农”相关的资金均属涉农专项资金绩效审计的范围。近年来，为改善农村基础设施和生产生活条件，中央和地方投入巨额资金，实施了“村村通公路”“农村电网改造”“农村土地整治”“移土培肥项目”“大型农机具补贴”“家电下乡”等惠民工程，改善了农村基础条件，推进了农业产业化建设，这些也都属涉农专项资金的审计范围。

从资金性质和来源渠道看，主要包括预算安排的农业专项资金、政策性涉农专项贷款以及外资运用中涉农项目资金等，既有中央专项资金，也有地方配套资金。审计还可能延伸到与上述资金和项目相关的农村基础设施建设，如农村水利灌溉、农村公路、小流域治理等基础设施建设。

（三）涉农专项资金绩效审计的内容

审计机关对依法属于审计监督对象的涉农单位、项目、资金进行审计。

1. 涉农项目申报和立项审计

申报环节审计主要检查程序是否规范，项目前期可行性研究是否充分，是否如实编报项目计划，有无虚假申报、多头重复申报、未经论证盲目申报及其他违规问题。立项环节审计主要检查是否符合国家产业政策、土地政策、环境保护政策及农业经济宏观调控政策等要求，涉农资金投放方向是否正确，是否符合立项条件，是否通过可行性论证，防止违反决策程序擅自立项。

2. 涉农专项资金筹集和拨付审计

筹集环节主要检查涉农专项资金是否按批准的年度项目计划和资金筹措方案执行，地方各级财政是否按规定的比例落实配套资金，并按规定比例筹措其他资金。拨付环节主要检查中央财政和地方配套资金是否及时到位，各级主管部门是否按计划进度、预定指标或规定程序及时足额拨付资金，中间环节是否存在滞留、截留、挤占、挪用以及损失浪费等行为。

3. 涉农项目执行审计

执行环节审计主要审查项目投资是否按批准的计划实施，有无擅自改变计划，是否调整项目建设规模、建设地点和实施单位等。

4. 涉农专项资金管理和使用审计

主要审查相关主管单位是否严格遵守专款专用、专账核算、专人管理的原则，资金使用是否体现合理、节约原则。检查各项开支是否合规、合理，是否按期编制用款计划和办理申请报告；有无擅自提高建设标准，扩大项目规模；重大建设工程是否实行招投标制度，招投标手续是否完备、程序是否合法，有无私下“串标”“议标”和商业贿赂等行为。

5. 涉农专项资金回收和效果审计

审计中主要检查财政有偿资金借贷合同是否合法有效、还款措施是否落实，是否按期足额回收有偿资金。效果审计应综合评价项目的经济效益、社会效益和环境效益。经济效益评价是在对财务效益审计的基础上，从国家宏观角度出发，分析资源配置的合理性。社会效益评价着重对农业生产单位净产值综合能耗、投资经济增长率、单位产品耗水量、国土资源利用率、单位投资耕地占用量等进行评价。环境效益评价重点关注农业项目对环境产生的影响，侧重定性分析环境规划的科学合理性，经济、社会、资源、环境、人口发展的相互协调性，农业项目在生态保护和创造良好自然环境方面的促进作用。

（四）涉农专项资金绩效审计的目标

涉农专项资金绩效审计的目标是通过审计监督，审查是否以最少的资金消耗提供最大限度的农村公共事务，评价农业专项资金在新农村建设中作用的发挥程度、相关部门使用农业专项资金的经济收益及取得的社会效益和环境效益，进而评价政府涉农管理部门和有关责任人履行公共经济责任的状况。

涉农专项资金绩效审计的总体目标可概括为：一是审查涉农项目的经济性、效率性、效果性，指出存在的问题，提出改进建议，促进整改，帮助被审计单位或者相关涉农部门改善管理，提高农业专项资金使用绩效；二是鉴定被审计者的公共经济责任，加强对权力运行的制约和监督，使管理部门和相关责任人自觉维护财经纪律，促进责任政府建设；三是为立法机构和政府提供有关农业绩效的决策依据和咨询建议，加强宏观调控。具体目标为：

1. 合规性

涉农项目政策性强，资金的管理和使用都要符合有关法律法规的要求。

2. 合理性

为确保项目有效实施，有关涉农资金管理和使用部门建立的内控制度必须适合于项目建设、经营。通过审计，评价内控体系的适用性和合理性，促进改善管理，提高绩效。

3. 适当性

涉农项目的申报和设立一定要适用和合理，必须充分考虑当地的资源和潜力，因地制宜，对市场预期和发展前景进行周密论证，符合国家产业政策和农业发展规划，符合农村经济发展需要和农民群众利益，首先解决农村及农民最迫切需要解决的问题，防止盲目跟风、不切实际、损害或减少农民利益。

4. 经济性

经济性是以最低费用取得一定质量的资源，体现为节约。审查项目实施单位对涉农专项资金的使用是否合理、有效，并以最小的投入取得最大的经济效益、社会效益和环境效益。通过审计，审查是否存在损失浪费、资源闲置的问题，并通过对比分析，评价绩效高低，找出不经济、不节约的原因和影响绩效的不利因素，提出改进的措施和建议。

5. 效率性

效率性是以最小的投入取得一定的产出或以一定的投入取得最大的产出。效率反映了经营活动和项目建设的管理水平和技术水平。通过审计，评价涉农专项资金使用效率，如财政投入效率、资金使用效率、工程建设效率等。

6. 效果性

效果性是在多大程度上达到经营目标、政策目标和其他预期结果。既可通过经济指标来评价，如成本的节约、销售利润的增加、农民收益的增加，也可通过非经济指标来评价，如农产品或产地知名度的扩大、社会影响力的提升、农民满意度的增加等。

7. 环保性

环保性是建设完成的涉农项目要有利于改善农业生态和保护资源环境。

（五）涉农专项资金绩效审计的方式方法

目前，国际上通行的政府绩效审计方式主要有两种：一是直接绩效审计，专门针对政府投入资金的经济性、效率性和效果性进行审计，以美国、英国、日本等国为代表；二是将绩效审计与合规审计相结合的综合审计，以加拿大、印度等国为代表。我国积极探索适合我国国情和审计环境的涉农专项资金绩效审计方式，一般采取绩效审计与农业项目财政财务收支审计、经济责任审计、工程项目审计相结合的方式。首先，财政财务收支审计是绩效审计的基础，通过财政财务收支审计促使被审计单位的财务核算真实、合法、准确、规范，为绩效审计提供可靠的保证。实践中，审计机关在开展涉农专项资金绩效审计时，一般都从财政财务收支审计入手。其次，在经济责任审计特别是区县和涉农主管部门党政领导干部经济责任审计中，农业的基础地位及其在国民经济中的重要性决定了涉农专项资金绩效审计评价是上述经济责任审计不可或缺的组成部分。另外，经济责任审计与涉农专项资金绩效审计是互相融通的，经济责任审计中包含绩效审计的内容，帮助获取更充分有效的绩效审计证据，促进绩效审计工作的开展。最后，涉农专项资金绩效审计与工程项目审计联系密切，通过关注农村道路、桥梁、水库等基础设施的建设情况，检验涉农专项资金投入的绩效性。

具体审计方法有：

1. 调查法

采取电话访谈、问卷调查、走访座谈、发函询证、实地观察等方式进行。多数涉农项目的最终受益者是项目区的农民，因此，判断一个涉农项目效益的好坏，最有效的方法是调查项目区群众。例如，调查项目建设的地理位置、分布情况，调查项目的论证、评估、立项、选址和工程预决算情况等，从而评价所选项目是否合理可行。

2. 投入产出法

将涉农专项资金投入与产出比较，系统地分析项目的效率、效果。例如，农业综合开发中的土地治理项目，通过将国家投入与粮油产量的比较，确定开发项目的绩效水平。

3. 分析法

审计人员把所掌握的数据、信息对比研究，通过比较分析、因素分析、比率分析、统计分析等，确定涉农项目经营管理的合理性、效率性、效果性、风险性。例如，采取因素分析，分析哪些因素对农业项目起了积极作用、哪些因素起了消极作用，分析涉农专项资金使用效率，分析项目实际状况与计划、设计能力、同行业先进指标的差距，查明差距产生的原因，提出改善措施。

4. 评价法

评价是在肯定成绩的基础上，指出存在的问题，并寻求进一步提高绩效的途径、方法，主要通过要点评价、分项评价、综合评价、系数评价等方法进行。例如，综合评价项目的优势所在，找出存在的差距。对完成投入指标的农业项目，查找可以降低成本、提高绩效的环节和途径。

5. 技术经济方法

将经济方法和技术方法结合，评价所选技术的可行性与适用性，分析财务信息和非财务信息及其关系。例如，运用价值工程方法对技术开发、产品的改善程度进行检查、评价，将产品效能与成本结合起来分析技术开发的可行性和经济性。

6. 其他方法

可运用传统的审计方法，如审阅法、核对法、抽样法等，也可借用经济管理和数理统计等数学方法，对涉农专项资金绩效进行检查和评价。如运用有重点的抽样法，检查拨付资金的到位程度。

审计人员应根据具体情况灵活决定采用何种方法和技术，尽可能将定性评价与定量分析相结合，以保证审计结果的客观公正。

二、涉农专项资金绩效审计的现状及局限

随着审计职能、作用的进一步发挥，审计成效越来越显著，党委、政府和广大群众对审计的期望值也越来越高，在广大审计人员习惯于合规性审计，绩效审计还处于起步和探索阶段的大背景下，审计力量、能力与审计促进涉农专项资金使用绩效的要求还有差距。

（一）审计能力不足、认知不足

开展涉农专项资金绩效审计需要审计人员具备更高的专业水平和更复合的知识结构，从审计队伍的现状看，审计人员知识结构单一，审计方法陈旧，大部分审计人员是财会类专业背景，法律、工程、计算机、宏观经济等专业人才严重不足，明显不能满足绩效审计的能力要求。此外，大多数审计人员目前的观点是，在会计信息失真还较普遍的前提下，审计人员对涉农专项资金合规性审计都疲于应付，根本无暇顾及绩效审计。一方面这的确反映了审计的真实状况，在绩效审计方法和评价体系不明晰、不健全，审计自身的能力、素质还不足以驾驭这样一种审计方式的前提下，审计人员依照惯性，愿意选择驾轻就熟的领域。况且合规性审计任务本身已非常繁重，足需审计人员满负荷应对。另一方面，我们认为该观点有失偏

颇，其实二者并不矛盾，绩效审计本身也以合规性审计为基础，绩效审计对涉农专项资金管理、使用的促进作用甚至更大。

（二）审计成效考核导向影响审计人员对绩效的关注

目前的审计成效考核多以查出违规违纪金额、查处大要案等作为评价指标，这更诱导了审计人员的关注重点和执法倾向，虽然许多审计人员也明白减少了潜在的损失浪费就是增加财富，资金的节约就是绩效的提高，开展绩效审计本身是有价值的，甚至价值更大，但行动中却不愿投入太多的精力，占用太多的工作日去进行绩效分析，不愿承担“花费了时间却没查出问题”的风险。

（三）涉农审计空间分离，监督触角伸展受限

在我国由城市和农村构成的二元社会中，涉农审计的主体——审计机关全部设在城市或城镇，涉农主管部门既存在于城市，也存在于县城和乡镇，涉农资金最终使用主要在农村，审计主体与审计客体空间分离。虽然审计法规定“审计机关根据工作需要，经本级人民政府批准，可在其审计管辖范围内设立派出机构”，但目前还没有将派出机构设到乡镇和农村的。审计一般按照年初项目计划开展，对审计计划本身的科学性姑且抛开不论，计划往往是围绕党政工作重心和社会热点、难点制订的，对某项资金不易形成制度性、持续性的关注，审计主体与审计客体空间分离，恰好对涉农专项资金的监管留下了漏洞，使审计监督触角伸展受限。

（四）涉农专项资金绩效审计规范尚不健全

目前，不仅涉农专项资金绩效审计，就是整个政府绩效审计尚无专门的规范或准则，虽然“绩效审计”在审计机关的文件中屡被提及，但审计实务中并未构建统一的绩效审计工作标准，仅对开展绩效审计工作有一些计划或要求，对绩效审计的具体要求并不明确，无法将其作为绩效审计工作的执行依据，这也使得审计人员在涉农专项资金绩效审计实际操作时缺乏必要的方法、规范和评价依据，加大了绩效审计的难度。在已出台的国家审计准则和行业审计规范中，都缺乏绩效审计方面的审计规范和统一的

评价体系，更无分类操作指南。审计人员开展绩效审计时，往往是凭已有的经验各行其是，不利于进行质量控制和风险管理。从国外的情况看，大多数发达国家都制定了详细的绩效审计标准，如美国在一般公认政府审计准则中，设置专门章节阐述绩效审计现场工作准则、绩效审计报告准则。制度建设的滞后，显然影响到涉农专项资金绩效审计，造成与发达国家在绩效审计上的差距。

（五）国家审计对内审力量利用不足

审计法规定，审计机关应当对内部审计工作进行业务指导和监督。目前，国家审计对内审机关的指导有限，对内审力量利用不足，两者沟通协调机制不健全，甚至缺乏互信。其实，促进提高资金使用绩效不仅是国家审计的目标，也是内审部门的目标。国家审计若能充分调动涉农主管部门的内审力量，利用其熟悉情况、精通专业的优势，在内审力量的支持配合下，更利于提高审计工作效率，扩大审计工作成效。而内审部门也可借力国家审计，促进规范管理，强化对本单位管理使用的涉农专项资金的监督，提高资金使用绩效，从而提升内审部门在本单位的地位，增强权威性，扩大话语权，与国家审计一道致力于涉农专项资金绩效审计，构筑起内外结合的审计监督体系。

（六）审计与相关部门的协调配合有待加强

审计法规定，审计机关履行审计监督职责，可以提请相关部门予以协助。目前，审计机关与公安、监察、检察、税务部门均建立了协作配合机制，在案件查处、移送中发挥了重要作用。而在绩效审计中，有许多领域是审计所不熟知的，专业性非常强，如环保、水利、建设、交通、卫生、计生等，若在审计中能与相关部门协调配合，对防范审计风险、提高审计质量、节约审计成本、扩大审计成果将大有裨益。但现状是审计与上述专业部门的协调配合并不广泛和频繁。

（七）后续审计乏力

目前，“重审计、轻整改”“重监督、疏跟踪”的现状，使绩效审计的成果大大缩水。由于后续跟踪审计不力，审计整改不到位，许多被审计单位对审计的重视仅是体现在“审计时”，审计结束后，应建未建的涉农项目仍旧不建，应拨未拨的涉农专项资金仍旧不拨，应改未改的涉农问题仍旧不改，审计并未取得实质成效，也并未达到促进提高涉农专项资金使用绩效的审计初衷，造成前期投入的审计资源空耗。

三、加强涉农专项资金绩效审计的对策

加强涉农专项资金绩效审计，首先应使广大审计人员转变观念，高度重视涉农专项资金绩效审计，意识到其对促进“三农”问题解决的重要意义和价值，实现审计思维和方法的逐步转变；其次，审计机关应转变审计考核标准，形成鼓励、倡导绩效审计的审计成果评价导向；再次，审计机关应充分调动、发挥涉农主管部门内审力量，加强与相关专业部门的协调配合，借助其专业和人才优势，提高涉农专项资金绩效审计质量，同时，可考虑建立绩效审计专家库，聘请一些专业领域的权威专家，担任绩效审计顾问；最后，审计机关应加强后续跟踪审计，促进被审计单位及时整改审计发现的问题，使影响涉农专项资金使用绩效的问题真正转化为审计成果，达到改善绩效的目标。

此外，作者认为应重点从以下三方面加强和改进涉农专项资金绩效审计。

（一）创造良好的外部审计环境

为涉农专项资金绩效审计的开展创造良好的政治环境。开展绩效审计应得到各级党委、政府的高度重视和全力支持，应通过审计促进政府工作效能的提高和公共资源配置的优化，通过审计成果使党政领导认识到绩效审计在促进科学发展、推动转变经济发展方式、服务民生等方面的重要作用。

为涉农专项资金绩效审计的开展创造良好的社会环境。通过加大绩效

审计的宣传，在全社会树立崇尚效率、重视绩效、注重工作业绩的观念，夯实绩效审计的社会基础，使绩效审计得到社会大众的广泛认同和理解，得到被审计单位的全力协助和配合，促进财务审计为主导向绩效审计的过渡和转变。当然，这种过渡和转变是以会计信息失真和财务弄虚作假相对减少、全社会绩效意识普遍提高为背景。否则，审计人员必须付出额外劳动去判断会计资料的真实性，从而使审计成本增加，审计效率降低。

为涉农专项资金绩效审计的开展创造良好的法律环境。遵循依法审计的基本原则，健全、完善审计法律体系，从法制、法律的高度定位财政专项资金绩效审计，明确绩效审计的法律地位，可考虑制定、出台政府绩效审计法和绩效审计指南及相应的质量控制办法，明确财政专项资金绩效审计的规范、标准、操作办法，使绩效审计法制化、制度化，提升绩效审计的法定性、权威性，促进绩效审计在法制框架下规范开展、有序推进。

（二）运用科学的审计方法

根据涉农专项资金分配管理中点多、面广、线长、政策性强、资金使用集中在基层的特点，审计需要一套完整、科学的方法体系，可从管理学、社会学、经济学等学科领域借鉴、归纳、提炼相应的审计方法。在充分做好审前调查的基础上编制切实可行的审计方案，并按照审计法及其实施条例、国家审计准则组织实施，同时结合具体情况及时修正实施方案，最后依照既定的审计评价标准或普遍规则，分析、评价涉农专项资金在各环节的绩效情况及内部控制体系的适当性，寻求提高经济效益、改善经营管理的途径和方法。

1. 采用现场实地调查、分析性复核等审计方法，核实资金开支的真实性，分析支出结构，摸清涉农专项资金投入规模

以此为基础，沿着资金流向，深入乡镇、农户及项目实施地进行检查，最终甄别资金开支的真实性。

2. 将涉农专项资金审计与农村基建项目审计相结合，核实项目支出的正确性

大量涉农项目是以水利工程、建筑工程、道路建设等形式实施的，多数项目都可通过审计工程投资来核实资金的使用情况。审计要围绕项目和资金，以工程审计和财务核算为主线，追踪资金运行轨迹，真实准确地反映项目的建设情况。既要审计项目建设财务账，检查投资的真实性、合法性和合理性，又要查看项目建设现场，实地核对项目质量、规模、标准和数量，对照项目规划，检查其完成情况，审核建设内容是否与规划相符。

3. 改进审计工作思路，从事后审计向事前、事中审计及后续跟踪审计转变

通过对涉农专项资金事前审计，帮助提高立项水平，减少资金损失浪费；通过事中审计，防止资金被挤占、挪用，督促工程项目符合质量要求，提高专项资金使用绩效；通过后续跟踪审计检查审计建议和审计决定的落实情况，评估审计后被审计单位在改善绩效方面取得的成果，真正促进提高农业项目效益。通过事前、事中和事后严格把关，把违规违纪问题控制在最小限度，促进提高涉农专项资金使用绩效。

4. 关注重点环节，提高审计的针对性

根据资金流转环节，开展涉农专项资金绩效审计时，重点抓住项目决策、资金投放、资金管理和使用等环节，根据审计发现的问题，分析、查找原因，促进规范财务管理。针对涉农专项资金来源层次多、资金使用链条长、管理分散的特点，强化对涉农专项资金使用情况的全程监控，检查、评价涉农项目计划的制订、执行和资金的投入、管理、使用及综合效益情况，保障国家农业政策落实，推动农业可持续发展，促进农民增收和社会主义新农村建设目标的实现。

5. 推广先进审计技术，适应绩效审计发展的需要

随着经济社会不断发展，审计面临诸多新情况、新问题，涉农专项资金绩效审计不仅应关注财务数据，更应分析业务数据，审计人员要与时俱进，积极探索应对措施，广泛运用先进审计技术。

（1）加快开发和应用先进的审计软件，在审计中广泛利用计算机技术，逐步实现手工审计抽查向计算机详查的转变，借助信息技术实现审计管理的科学化，提高涉农专项资金绩效审计的技术含量和效率，加强审计风险管理。

（2）广泛采用内部控制制度评审方法，在此基础上开展风险导向审计，以提高审计质量和效率，降低审计风险。

（3）对涉农专项资金绩效审计中出现的新情况、新问题，要展开深入的理论研讨和广泛的经验交流，以先进的审计理论指导实践，在实践中丰富审计理论，促进绩效审计的发展。

（三）探索构建涉农专项资金绩效审计评价体系

对涉农专项资金进行绩效审计评价，有些项目是可以通过指标量化的，而有些项目如农村福利、教育程度、安全感、幸福度，虽然耗资巨大，却不易用精确的指标衡量，需要审计人员运用政治、经济、法律、人文、社会、历史的观点和方法进行评价。虽然涉农专项资金绩效审计评价方法和技术不具有统一性，但通过大量涉农专项资金绩效审计实践，并对其经验进行科学总结，仍可概括出基本的评价原则、思路、方法和标准。

1. 建立涉农专项资金绩效审计评价标准需遵循的原则

建立科学、规范、实用的涉农专项资金绩效审计评价标准，对于分析被评价对象的总体效益，提高投资的经济性、效率性和效果性，强化绩效责任，提高政府绩效管理水平意义重大。建立涉农专项资金绩效审计评价标准应遵循以下原则：

（1）将科学发展观作为制定涉农专项资金绩效审计评价标准的基本原则

科学发展观是社会主义现代化建设指导思想的新发展，“十二五”规划提出“以科学发展为主题，以加快转变经济发展方式为主线，深化改革开放”“统筹城乡发展，积极稳妥推进城镇化，加快推进社会主义新农村建设”“加大强农惠农力度，提高农业现代化水平和农民生活水平”“坚持把建设资源节约型、环境友好型社会作为加快转变经济发展方式的重要着力点”等目标任务，对新时期审计工作提出了新的要求，这就体现为加强绩效审计，并以科学发展观为指导制定涉农专项资金绩效审计评价标准。

（2）长期效益指标与短期效益指标并重

基于许多管理者为追求短期的政绩而忽视甚至牺牲长远利益，因此在建立涉农专项资金绩效审计评价标准时，要有长远战略眼光，注重经济和社会发展的可持续性，使短期效益服务、服从于长期效益指标。

（3）定量分析与定性分析相结合

具体实施中，应树立"定性分析是定量分析的基础，定量分析是定性分析的量化和具体化"的观念，做到"定性分析定量化"和"定量分析定性化"，而不能单独使用定性标准或片面强调定量标准。

（4）各种评价依据互补、综合

每一个农业审计项目，均有多种绩效评价依据，如相关的法律、法规，有关部门的政策、准则、考评办法、专业标准及专家意见等，审计中应结合具体情况综合考量涉农专项资金绩效审计评价指标体系。

2. 构建涉农专项资金绩效审计评价指标体系

建立一套科学完善的评价标准体系十分重要，涉农专项资金绩效审计的评价标准应在绩效审计三要素的基础上，根据涉农专项资金的特点，对各投资环节产生的经济效益、社会效益和环境效益进行审计。这套评价标准体系应涵盖政策标准、经济效益标准、社会效益标准、环境效益标准和不可量化的评价标准，能够从质和量两方面全面考核。

（1）政策标准

政策评价标准主要有国家法律、法规、相关的政策及国家相关专业技术标准等，这是涉农专项资金绩效审计的重要标准和首要依据。如农村饮水安全项目要求建成后必须符合国家饮用水标准。如表1：

表1　国家饮用水标准

指标	感官性状和一般化学指标				毒理学指标			细菌学指标		放射性指标	
项目	浑浊度	铁含量	锰含量	PH值	氟化物	砷	硝酸盐	细菌总数	总大肠菌群	α放射性	β放射性
国家生活饮用水卫生标准	不超过3度，特殊情况下不超过4度	不超过0.3 mg/L	不超过0.1 mg/L	6.5－8.5	不超过1.0 mg/L	不超过0.05 mg/L	不超过20 mg/L	不超过100个/ml	不超过10个/L	总α放射性不超过0.1贝柯/L	总β放射性不超过1贝柯/L

（2）经济效益标准

经济效益标准是审计人员对被审计单位或项目的财政、财务收支或经济活动的真实合法性、管理制度的科学有效性以及经营战略的长远正确性进行审查、评价和鉴证的依据。涉农专项资金的经济效益评价标准主要是审计一个地区或一个部门、单位在审计年度内利用农业资金取得的直接经济效益。

①涉农项目主要建设目标完成情况。可对照项目的可研报告，通过对比分析实际完成投资情况与协议投资情况评价项目建设目标的完成情况。如表2、表3：

表2　20××年末××农业项目建设完成情况表

单位：万元

项目名称	计划投资额	实际投资额	差额	完成投资（%）
加工项目				
畜牧养殖				
水产养殖				
基础设施				
合计				

表3　加工项目建设完成情况表

单位：年

项目名称	计划建设期	开工日期	完工日期	拖延期限
生猪屠宰加工				
鸡屠宰加工				
小麦深加工				
玉米深加工				
…	…	…	…	…

②资金筹集和拨付方面的评价指标。

③资金管理和使用方面的评价指标。

④资金回收和效益方面的评价指标。

上述②、③、④具体评价指标见附录——经济效益标准。

⑤科学测定的经济技术数据。这类标准主要用于评价新农产品或农业新工艺的经济效益。由于这类效益没有相应的历史资料可以比较，同行业

又无同类的指标可以参考，要评审它们的经济效益，需要借助科学技术来测定。

另外，如市场价格发生较大变化时，应充分考虑物价因素对各指标的影响，否则各指标没有实际意义。

通过上述指标，审查农业项目的建设是否实现农民收入和地方财政收入双增长。就单个项目而言，主要审查投资概预算执行情况，有无违规超预算、有无损失浪费，项目建设投入运营或投资回收期、投资回报率是否符合设计能力等。从项目决策、建设、运营各个环节审查有无决策失误和工程质量隐患，是否存在建设进度缓慢、项目闲置、难以运营等不经济现象。

（3）社会效益标准

涉农专项资金社会效益审计主要是检查农业资金投入后是否促进农村社会建设，是否产生了良好的社会效益。社会效益评价标准应着眼于农民群众对当地政府形象的评价，如通过新建道路、水利设施、架设输电线路等工程，是否改善了农业生产环境，提升了土地价值、土地生产率及产品商品率，是否安置农民就业，增加农村剩余劳动力转移，促进区域经济发展，是否缩小贫富差距和地区、城乡发展差距，从而化解民族矛盾、区域矛盾和农村社会矛盾，改善农村社会治安环境等。社会效益多数难以用货币计量价值，因此社会效益审计评价也多以实物或劳动量指标为主，并多表现为服务水平、质量的提高或改善。具体评价指标见附录——社会效益标准。

（4）环境效益标准

随着我国经济和社会的发展，环境问题已成为政府和社会关注的重要问题。涉农专项资金绩效审计不仅要关注其经济效益和社会效益，还要关注其环境效益。审查评价农业资金使用的当前和长远经济、社会效益指标完成情况是我们关注的重点，还要探索利用非货币性指标，检查农业资金使用是否有利于保持、恢复生态平衡和有助于形成生态的良性循环，是否有利于改善生物和人类生存与发展的环境。如林木覆盖率、植被率是否得到提高，水土流失面积是否在减少，生态环境是否得到改善等都应作为涉农专项资金环境效益审计内容。环境效益评价标准应注意两个方面：一是项目设计或可行性研究报告中有无关于环境保护的措施，对可能形成破坏生态平衡的环节或工程是否采取必要的限制或放弃；二是已完工项目对环境的影响，是形成了良性的生态平衡、改善了农业生产条件、促使农业高产和稳产，还是破坏了生态平衡。环境效益方面的评价指标主要有森林覆盖率、水土保持率（包括水土流失率和水土治理率）。具体评价指标见附录——环境效益标准。

此外，土地利用率、自然灾害发生率、土壤肥力提高量、土壤有机质含量增加数等也是环境效益的评价指标。

（5）不可量化的绩效评价标准

农业项目是个系统、庞大的工程，其发挥的绩效难以单独用量化的标准来评价。借鉴我国绩效审计经验，可设计一些定性标准进行综合绩效评价，作为量化指标的补充，完善涉农专项资金绩效审计评价体系。

①其他地区的先进水平、平均水平。这类标准属于参数标准，在评价实际投资效果的过程中应谨慎使用。如某些农业项目虽然完成了预期的目标，但和其他地区相比差距很大，这时就需要综合考虑物价、地区经济状况、自然禀赋差异等客观因素，着重评价造成差距的主观原因。

②前期的审计标准。是指以前开展的同类绩效审计所制定和运用的标准，这是审计人员制定本项目绩效审计标准的参考依据。前期的绩效审计标准具有延续性，在它的基础上制定本期标准，可以节省人力、物力、财力。

③审计人员的专业判断。具有丰富从业经验和相关专业知识的审计人员可以通过自己的专业分析来确定涉农专项资金绩效审计评价标准。审计目标决定了审计报告中需要反映或揭露的事实和问题，为降低审计风险，对特定事项的审计评价，审计人员可以采取描述性的表达方式，将审计过程中收集的各种数据罗列出来，以明确绩效审计评价依据。如对农业项目的管理水平、内控制度进行评价时，可以反映从立项、人员配备、资源的调配与使用、项目的管理与维护等方面出现的问题，提出内控制度的不足，评价项目实施的欠缺之处。又如对农业项目质量的评价，从揭露审计发现的施工质量差、技术不过关、产品质量差等问题评价项目质量和经济效益。再如对社会和环境影响的评价，社会、环境影响有正面的，也有负面的，进行这方面的评价应尤为慎重，对于的确非常成功的农业项目，除了描述各项经济指标之外，还应通过走访调查群众等方式，了解农民对项目开发的满意度，来描述农业项目所取得的社会效益。

参考文献

[1] 何洪彬等. 政府绩效审计实践探析 [M]. 海南：南海出版公司，2009：5~6，14，80.

[2] 蔡春，刘学华. 绩效审计论 [M]. 北京：中国时代经济出版社，2006：7，11~18，74~75.

[3] 刑俊芳，陈华，邹传华. 最新国外绩效审计 [M]. 北京：中国审计出版社，2001：484~485.

[4] 石爱中，胡继荣. 审计研究 [M]. 北京：经济科学出版社，2004：334~353.

[5] 王晓霞. 农业项目绩效审计特点探讨与运用举例 [J]. 审计文摘，2010 (5)：61~63.

[6] 周伟. 做好财政支农专项资金效益审计的思路 [J]. 审计文摘，2010 (8)：62~63.

[7] 刘颖. 对农业专项资金绩效审计的思考与探索 [J]. 审计文摘，2010 (8)：64~65.

[8] 王新奇. 农业专项资金效益审计研究 [J]. 财会通讯. 2007 (11)：57.

[9] 审计署考试中心. 高级审计师资格考试复习指南 [M]. 北京：中国时代经济出版社，2010：415~417.

附录

1. 经济效益标准

资金筹集和拨付方面的评价指标：

评价指标	计算方法	说明
资金到位率	资金到位率 =（实际到位资金数/计划资金数）×100%	通过审查农业资金拨付到位率，检查财政部门和项目主管单位是否足额拨付了农业资金，有无截留、挪用。
地方财政配套资金到位率	地方财政配套资金到位率 = 地方财政配套资金实际到位数/地方财政配套资金计划进度到位数 ×100%	反映地方及群众筹措资金情况，揭示配套资金是否及时到位。
自筹资金到位率	自筹资金到位率 =（现金投入额 + 以物折资到位额）/自筹资金计划进度到位额 ×100%	

资金管理和使用方面的评价指标：

评价指标	计算方法	说明
资金利用率	资金利用率 = 实际用于项目支出的金额/实际到位数 ×100%	该指标反映施工单位、施工环节有无改变资金用途、挤占挪用等，审查实际用于农业方面的资金发挥效益的比率，还有多大比例的资金从总体上发生损失浪费和跑冒滴漏。
资金有效率	资金有效率 = 实际用于项目支出的金额/按项目批复应到金额 ×100% 或 = 资金到位率 × 资金利用率	该指标审查真正用于农业项目的资金比率，反映资金的合理利用程度。通过审查得出真正用于农业项目的比例和结构是否合理，反映到底有多大比例的资金发挥了经济效益，还有多少资金没有发挥效益，甚至被挤占挪用。

续表

评价指标	计算方法	说明
实际工期比率	实际工期比率 =（某项目实际验收工期/该项目计划工期）×100%	反映经济性的指标。在保证项目建设质量的前提下，实际工期比率小于1，说明农业项目建设的速度越快，社会效益越好。该指标与资金在有关部门停留时间指标结合使用，反映相关部门滞拨资金情况。
成本降低率	成本降低率 = 1 –（某项投资的实际成本/该项投资的目标成本）×100%	反映投资经济性的指标，成本降低率为正数表示节约，说明投资具有经济性。
资金节约率	资金节约率 = 1 –（某项目竣工决算总额/该项目预算总额）×100%	反映经济性的指标，在保证项目建设质量的前提下，资金节约率为正数且越大，说明公共项目建设的成本越低，效益越好。

资金回收和效益方面的评价指标：

评价指标	计算方法	说明
投资回收期	投资回收期 = 某项目的全部投资额/该项目预计的年现金净流入量	该指标反映投资效率的指标，回收期越短，说明投资的效率越高。
投资效果回收系数	投资效果回收系数 = 年利润增加额或年成本节约额/专项资金投入总额	该指标反映每个单位投资额能够增加多少利润或每年能节约多少成本。
财政有偿资金累计回收率	财政有偿资金累计回收率 = 累计到期已收回的财政有偿资金数/累计到期应收回的财政有偿资金数×100%	该指标反映已到期的财政有偿资金历年累计回收情况，回收率越高，说明项目效果越好。若回收率一定时间内持续较低，则应分析原因，检查有无截留现象。
资金占用产值率	资金占用产值率 = 产值/资金占用额×100%	该指标反映每占用百元资金可生产的有用产值。
固定资产更新率	固定资产更新率 = 本期固定资产更新的增加原值/期末固定资产原值×100%	这两个指标（固定资产更新率和固定资产净值率）反映农业项目投资的固定资产稳定生产情况，两指标数值越大，说明持续的生产效率越稳定。

续表

评价指标	计算方法	说明
固定资产净值率	固定资产净值率 = ［期末固定资产原值（不含土地价值）－本期固定资产折旧］/期末固定资产原值（不含土地的价值）×100%	这两个指标（固定资产更新率和固定资产净值率）反映农业项目投资的固定资产稳定生产情况，两指标数值越大，说明持续的生产效率越稳定。
总资产报酬率	总资产报酬率 = （一定时期利润总额 + 利息支出总额）/平均资产总额×100%	该指标反映农业投资的资产运用效果，总资产报酬率越高，说明总资产的运用水平越好。
资本保值增值率	资本保值增值率 = 期末所有者权益总额/期初所有者权益总额×100%	该指标反映农业投资回报效果的高低，只有当该指标数值等于或大于1时，才说明资产得到了保值或增值。
土地生产率	土地生产率 = 农产品产量或产值/土地面积×100%	该指标反映土地利用效益。

2. 社会效益标准

评价指标	计算方法	说明
剩余劳动就业率	剩余劳动就业率 = （适龄群体中已经就业的人数/适龄群体的全部人数）×100%	剩余劳动就业率高，说明农村经济发展势头好、社会安定，具有比较好的社会效益。
水利设施增加率	水利设施增加率 = （某年度内水利设施增加数/某年度内水利设施总数）×100%	在水利设施质量保证、有效利用的前提下，水利设施增加率越高说明社会的服务性功能越强，社会效益越好。

3. 环境效益标准

评价指标	计算方法	说明
森林覆盖率	森林覆盖率 = （成林面积/土地总面积）×100%	该指标反映绿色植被（森林、草地、农田作物等）的覆盖状况，森林覆盖率越高，说明生态效益越好。
水土流失率	水土流失率 = （一定时期水土流失面积/同期土地总面积）×100%	水土流失率越低、治理率越高，说明生态效益越好。
水土治理率	水土治理率 = （已治理的水土面积/水土流失总面积）×100%	

财政专项资金绩效审计研究

上海市审计学会课题组

顾问：林忠华
组长：潘菊良
成员：郭梅林　黄春媚　肖　敏　冯　炜　蔡　蕾

【摘要】 财政专项资金绩效审计是我国政府公共财政资金审计的一个重要内容。随着社会主义市场经济的发展，社会公众对提高公共部门资金使用效果的要求越来越严格，不仅希望了解财政资金使用的合规合法性，更要了解财政资金管理和使用的效益情况。这就要求政府审计部门在合理合法性审计基础上通过开展绩效审计，关注财政资金的使用效益和效果。近年来，上海市政府在科技、教育、医疗卫生和文化建设等与民众利益切身相关的领域制定了一系列政策，投入了大量的财政性资金。为了审查政府部门管理和使用各类资源的经济有效情况、各类专项资金投入的效果情况，各级审计机关逐步加大绩效审计的力度，以求促进政府部门有效利用资源、高效开展行政管理、实现效能成果最大化。

本课题在总结我国政府审计机关开展相关财政专项资金绩效审计现状和特点的基础上，研究解决财政专项资金绩效审计的目标、审计内容、组织方式和方法、评价指标等问题，以构建更加适合我国当前形势发展需要的财政专项资金绩效审计模式，加强财政专项资金绩效审计实践操作的指导。

【关键词】 专项资金　绩效审计　研究

目　录

绪　论

绩效审计代表了现代审计的发展方向。伴随着经济社会的发展和国家治理的需要，西方国家较早开展绩效审计。有资料表明，绩效审计在英国已有一百多年的历史。目前，在欧美发达国家，绩效审计一般占政府审计总量的40%以上，在美国，绩效审计已占政府审计总量的80%之多。

我国国家审计机关从成立之日起，就一直关注绩效问题，但从总体上说，我国绩效审计的发展仍处于探索阶段。20世纪80年代初期至90年代初期，审计机关在对国有企业开展财务审计的同时，探索进行了一些经济绩效审计的试点。但直到21世纪初，我国审计机关才开始尝试对公共部门和单位开展绩效审计。我国加入世界贸易组织以后，开始在更大范围和更深程度上参与全球经济，社会经济生活相应地面临许多新的机遇和挑战。2002年，根据国内外政治经济形势的发展和变化，全国审计工作会议提出要“把财务收支审计与经济绩效审计结合起来，促进提高经济增长的质量和效益”，要“从查处严重损失浪费入手，积极探索经济绩效审计”。之后，审计署在《审计署2003至2007年审计工作发展规划》《审计署2006至2010年审计工作发展规划》《审计署2008至2012年审计工作发展规划》和《审计署“十二五”审计工作发展规划》不断重申和强调要全面推进绩效审计，促进加快转变经济发展方式，提高财政资金和公共资源管理活动的经济性、效率性和效果性，促进建设资源节约型和环境友好型社会，推动建立健全政府绩效管理制度，促进提高政府绩效管理水平和建立健全政府部门责任追究制。

财政专项资金，是指财政部门或上级政府主管部门拨付本行政区域和本级政府安排的用于社会管理、公共事业发展、社会保障、经济建设以及政策补贴等方面的具有指定用途的资金。以上资金有三个特点：一是来源于财政或上级政府主管部门；二是必须专款专用，不能挪作他用；三是需要单独核算。而财政专项资金绩效审计是指审计机关依照国家的法律法规和人们认知的共同标准，对政府履行公共责任，配置、管理和利用财政专项资金管理使用的经济性、效率性、效果性、环境性和公平性进行的审查、分析、考量和评价，在强化财政和有关单位的职责履行情况的同时，促进经济社会全面协调、持续高效目标的实现。包括财政专项资金使用效益、资源环境效益、政府行政效能、社会综合效益等方面的监督。财政专项资金绩效审计核心是政府责任，重点是公共资源，目标是科学发展。

一、财政专项资金绩效审计目标

财政专项资金绩效审计的总体目标应当是：揭示专项资金管理使用中存在的问题，评价专项资金的使用效果及其在保障国民经济和社会发展中发挥的作用，提出改进意见和建议，促进提高经济效益，发挥审计维护国家财政经济秩序，保障国民经济健康发展的作用。具体来说，专项资金绩效审计目标包括以下三个层次：

首先是审查专项资金的管理使用情况，揭示存在的问题，评价政府部门和有关单位使用财政专项资金的经济性、效率性和效益性。专项资金的经济性审计，就是要审查有关部门是否以最少的财政资源耗费提供最大限度的社会公共产品和服务，检查专项资金是否形成最有效的配置，其运用能否产生最大的经济效益和社会效益。专项资金的效率性审计，实质上是一种管理活动的审计或者管理审计，要审查有关部门在专项资金管理中的统筹规划、组织协调和监督检查情况，检查专项资金拨付、发放的及时性、规范性，使用的合规性，促进提高专项资金的使用效率。专项资金的效益性审计，就是要收集有关项目的实施、运行后的经济效益、社会效益和环境效益等数据信息，采用一定的方法对专项资金投入是否实现预期目标、达到既定效果进行判断评价，这是专项资金绩效审计最核心的目标。

其次是分析影响财政专项资金绩效的原因，提出改进建议，帮助被审计单位采取措施改进管理，促进专项资金在保障国民经济和社会发展中充分发挥作用。审计工作的最终目标不是发现问题，而是要促进整改提高。

审计机关不能仅满足于在报告中揭示各类专项资金绩效问题，还要积极分析产生问题的体制根源、机制不足和制度原因，从外部独立客观的角度，提出改进完善专项资金绩效管理的建议，促进被审计单位强化绩效意识、责任意识，不断提高资金使用效益，充分发挥国家审计的建设性作用。

最后是向政府及社会公众提供独立的信息，督促政府公共部门提高责任意识，发挥审计维护国家财政经济秩序，保障国民经济健康发展的作用。国家审计是国家治理系统中的重要组成部分，其实质是国家治理中一种依法用权力监督制约权力的行为。审计机关要加强专项资金绩效审计，通过审计报告、审计调查报告和审计专报等各种形式向领导报告专项资金管理使用的实际情况，为今后决策提供参考；通过审计工作报告、审计公开等形式，提高专项资金管理使用信息的透明度，并积极回应人大、社会公众的需求和关切，进一步增强社会公众参与、监督专项资金管理、使用和绩效评价的意识和能力。

二、财政专项资金绩效审计内容研究

按照财政专项资金管理使用的流程，其绩效审计的内容包括以下四个方面：

（一）专项资金立项情况审计

在项目立项与审批决策的绩效审计中，重点关注权力运用与职责履行情况，即资金投向是否正确，是否向民生、社保以及基础设施改善等等重要领域倾斜，有限的财政资金是否用在“刀刃”上。具体审查关注以下内容：

一是立项依据的充分性。项目决策是否遵循科学化、民主化原则，立项是否进行了可行性研究，可行性研究内容是否完整，技术、经济论证是否充分，立项条件是否具备，有无脱离本地实际，违背发展规律，盲目上项目的问题；项目的布局和投向是否合理，项目安排是否统筹考虑，经济、技术是否可行，项目建设是否科学。

二是审批手续的完备性。审查申报程序是否合规，有无虚假立项、重复申报等骗取上级拨款的问题。

三是项目概预算的经济性。检查预算编制是否体现科学、可行和节约的原则，是否有利于可持续发展。

（二）专项资金管理情况审计

审查专项资金管理制度的建立情况及其有效性，检查是否制定了资金使用和项目管理单位责任制以及跟踪反馈、绩效考评和奖惩制度；检查各种制度是否健全有效，有无流于形式的制度和措施存在；评估制度、措施的执行是否到位。

一是审计资金分配情况。了解主管部门资金管理、分配方式及分配渠道，重点核对主管部门所分配的资金与使用单位申报的内容是否一致；掌握资金分配原则和计算方法，审查是否按规定及时下达分配指标，资金分配是否公平、合理，有无随意分配或“暗箱操作”的现象；通过对在一个周期内分配使用专项资金取得的直接或间接经济效益、社会效益、生态效益分析，看是否存在随意分配或平均分配专项资金问题，有没有向重点项目倾斜，从而发挥最大效益，评价专项资金分配的合理性。

二是审计财政专项资金绩效目标设定情况。掌握专项资金及其他公共资源的绩效目标设定情况，具体包括：（1）专项资金的绩效目标设定情况审计，主要搜集专项资金使用主体的预期绩效目标，或者行业发展规划及相关经济设定指标，检查目标设定的规范性、合理性、完整性，为之后衡量专项资金使用绩效提供相关依据和标准；（2）其他公共资源绩效目标设定情况审计，收集其他与专项资金有关的人力资源、自然资源、共有物资等相关配套公共资源的计划目标和设定指标，检查与专项资金目标配置的指标的合理性、科学性和可持续性。

三是审计绩效目标相关的制度、措施制定落实情况。通过资料收集，检查主管部门是否建立了绩效评估管理办法；通过跟踪分析、审查专项资金在项目在申报、使用过程中是否建立了相对应的评估指标体系。具体包括：（1）内部控制和长效机制建立情况。通过调查主管部门各项管理体制，查看是否建立了规范有效的管理和内部控制制度；通过翻阅相关凭证及资料，查看是否制定资金使用审批制度；是否制定跟踪反馈、绩效考评等制度。（2）各项资金管理制度及配套政策的执行情况审计。通过调查、访谈、座谈会等形式，查明各项制度的执行情况，有无流于形式，是否有评估制度，执行情况如何。

（三）专项资金使用情况审计

专项资金的使用情况是决定专项资金效率的关键，因此对这一过程的审计工作应该是重中之重。主要审查项目包括使用过程中项目执行单位是否按规定的用途和范围对专项资金进行了使用，是否存在截留、克扣、挪用及虚报冒领等情况；检查资金使用过程是否存在随意扩大项目规模、随意提高建设标准、高估冒算、扩大项目建设成本等资金浪费的现象；更重要的是对使用专项资金实施项目的质量与效果进行评价，是否实现了预期目标和效益。在对专项资金使用支出情况进行审计时，应以“项目进度”与“资金流向”为主线，了解专项资金使用的全程控制与监督措施，重点关注有无损失浪费以及“套现”、违规转包等情形，确保财政专项资金使用支出规范、监督管理到位、控制措施严密、实现财政专项资金使用无浪费无违规情形，压缩无关支出，充分发挥财政资金的经济效益与社会效益。具体审计以下内容：

一是资金拨付、发放的及时性、规范性。通过实地走访、分析、调查等方法检查项目申报、预算批复、核准拨付、领用等各个环节衔接是否及时流畅，关注项目组织实施是否科学并按计划完成，有无因付款不及时而影响项目实施和效果的情况；通过调查，复核申报手续、申报文件及相关签字审核凭证的真实性、合法性。对救灾、救济、扶贫、涉农补贴等专项资金，要审查款物的发放是否符合公平、公开、公正的原则；检查分配依据、标准是否合规、科学、合理；基层发放款、物是否履行民主评议、登记造册、张榜公布、公开发放的程序。

二是资金使用的合规性。通过历年预算收支及实际收支情况分析专项资金预算执行是否到位，检查各项支出是否按规定用途使用，使用程序是否合规，资金是否按规定实行单独建账、单独核算，各项支出有无严密的审批手续；票据是否合法，资金投放是否符合政策，支出内容是否真实；用途是否符合要求，有无截留、挪用、擅自改变用途的情况。

三是资金使用的经济性。通过对历年资金变化增减情况的分析，检查各项支出是否精打细算；有无违反规定扩大开支范围，提高开支标准，侵占或浪费专项资金的情况；专项资金项目对外签订的合同价格是否合理；需要招标、政府采购的项目或物资是否真正履行了规定的程序。重点揭示专项资金在使用过程中的损失浪费情况，分析其产生的原因。

四是其他公共资源配置和利用情况审计。从相关配置资源效果包括人员的履职效果，资金物资和自然资源的利用效能，空间的利用效率和制度的效益等方面入手，检查公共资源的经济性、效率性和效果性。

（四）专项资金绩效情况审计

对财政专项资金的使用效益与绩效情况进行评价是绩效审计的核心。通过对财政专项资金投资项目的决策审批、支出控制以及绩效情况进行审计监督，确保资金使用方向正确，使用支出体现经济节约，实现了投资立项的预期目标与应有的效益功能。而且，还要对财政资金项目的决策审批、支出控制与经济社会效益进行衡量分析，并对使用效益与项目实施的相关性、投入产出率、群众满意率等方面加以分析，形成综合的绩效评价，即有限的财政资金是否用在“刀刃”上，是否花最少的钱取得了最大效益。具体包括以下四种类型的效益：

一是经济效益情况。主要审查项目完成后的相关财务、经济、技术能力指标，如投资回收期、获利能力、偿债能力、财务净现值等指标以及是否增加产业化程度、提高生产能力、增加产品科技含量和附加值等。

二是社会效益情况。主要审查项目运行后在增加税收、解决就业、改善民众生产生活条件、拉动周边和相关产业的成长、促进区域规模经济的形成、提升抵御自然灾害能力、提高重大疫情防控能力等方面的效益情况。

三是资源与生态效益情况。主要审查项目对资源的消耗与利用情况；环保法规、政策和标准执行情况；噪声、污染物等排放是否控制在规定标准之内，治理措施是否有效，改造生态的能力如何等。

四是项目后续发展情况。审查资产接收管理的主体是否合法及其管理能力如何；项目所规定的目标是否可以继续，项目是否可以持续发挥作用；现行管理体制能否满足长远发展需要，运行收入与成本费用有无严重倒挂，使运行难以为继而无法长远发展。

三、财政专项资金绩效审计方式方法研究

（一）财政专项资金绩效审计项目的选择

选择适当的项目是专项资金绩效审计取得成功的坚实基础。专项资金绩效审计应当围绕关系经济发展、群众利益、社会进步的重要资金进行选题，以促进推动深化改革、保障经济社会全面协调可持续发展。财政专项资金绩效审计的选项应考虑以下原则：

一是重要性原则。重要性是指财政专项资金涉及项目的社会关注度、社会需求度和资金规模重要程度等。贯彻重要性原则要考虑财政专项资金项目是否对经济、社会、公众利益或环境等方面产生重大影响，考虑财政专项资金规模的大小和覆盖的范围，考虑人大、政府、媒体和公众对项目的关注程度。包括本级政府工作规划的重心、社会普遍关注的热点问题等。

二是可行性原则。可行性是指综合考虑审计机关在现有的审计条件、审计资源和审计技术手段下开展绩效审计的可能性。贯彻可行性原则要考虑财政专项资金的投入期限、项目进展情况及政策体制环境是否具备审计条件，考虑相关法律法规、财务会计及业务资料、信息系统及电子数据是否能及时获取，相关审计证据是否能可靠获得，考虑审计所需的时间及条件是否能得到满足。

三是时效性原则。时效性是指关注财政专项资金绩效审计的需求，评估审计时机是否符合经济社会发展的实际情况，是否有助于及时解决问题。贯彻时效性原则要考虑结合人代会上代表议案，寻找人民群众关注的重点；结合政府推进的实事项目，寻找党委及政府重点推进的政策和工作；通过研究分析国家政策、百姓呼声等多渠道，寻找适合开展审计的重

点领域和时机。

(二) 财政专项资金绩效审计的实施模式研究

财政专项资金的分类方式多种多样，一般采用的分类依据包括资金来源、支出性质和支出用途三种。从资金来源分类，财政专项资金可分为地方财政部门安排的预算内资金、预算外资金、上级补助或上级拨款、政府性基金及转移支付资金等；从支出性质分类，可分为个人部分（如专项补贴、专项奖励等）和公用部分（如专项购置、专项修缮等）；从支出用途分类，可分为经济发展类专项资金、社会保障类专项资金、社会事业类专项资金及专项准备金等。

上述分类方法是财政部门、资金主管部门从管理角度进行的分类，而我们主要关注从审计方式方法的角度来看，不同类型的专项资金如何进行审计，是否有统一规律可循。我们认为，专项资金种类繁多，管理使用模式多样，不同类型的专项资金绩效审计有其原则上的共同之处，但专项资金用途不同、使用范围不同，对审计技术方法、组织方式都会产生影响。如按用途划分的环保类、教育类专项资金在绩效目标的明确性上存在较大差异：前者比较明确，规定年底前污水纳管率100%、水体质量必须达到四类标准，这样审计人员只须核查有关数据资料，比对是否达到目标即可对其绩效进行评价；而后者一般比较抽象，如“完成培养紧缺型技能人才工程，为提高中小企业信息化核心竞争力提供技术及人才支持。”① 这种目标的评价更多地要借助于专家的力量了。又如不同种类的专项资金在使用方式、范围上存在较大差别：环保类的河道整治专项资金主要集中在水务部门、负责治理的企业等单位，审计对象相对比较集中；经济发展类的专项资金一般使用范围广泛，如内贸发展专项资金支持面覆盖全国各省区，直到县、乡、村，大量专项资金撒向全国各地上万个小项目，直接补助给中小商贸服务企业和个体商户②，审计对象集中在某一行业、某个条线，

---

① 中央职业教育专项资金项目申请书．http：//www. bdzj. com. cn/z_ dt/dt_ zhongyang. html.

② 审计署贸易审计局课题组．中央财政专项转移支付资金分配审计的思考——基于2011年内贸发展专项资金分配审计的探索［J］．审计研究，2013（1）．

但地理位置分散，审计中必须整合资源，采取“上下联动”的审计方式，才能查深查透，取得较好效果。综上所述，各类专项资金绩效审计既有共性规律，也存在个性特点，要分类细化加以研究。

总结近年来实践工作经验，目前各类专项资金绩效审计基本都是沿着资金和项目两条线开展审计或审计调查，这是其中的共同规律。

首先，以项目资料为重点，收集专项资金项目建议书、可行性研究报告、批准文件及项目预决算审计报告等项目前期申报立项材料和关于该项目行业情况，通过观察、分析、调查等方法，一方面审查项目设置的科学合理性，关注设立专项资金是否恰当、立项是否科学、背景是否真实、可行性研究内容是否完整、技术经济论证是否符切实可行、是否符合当地自然社会实际条件和可持续发展的要求等问题，另一方面审查项目管理使用的规范有效性，检查申报项目资料，关注有无虚假申报、重复申报、随意申报、盲目申报等问题，检查主管部门审批材料，关注是否存在审核不严、评审不实等管理不到位问题。

其次，从资金的拨付和使用情况入手，一是要查阅财政部门下达的指标文件、项目批件、拨款单等资料，调查清楚所审财政专项资金的性质、主管部门、数额及具体用途，核对拨付的专项资金与申报立项的用途是否一致，分配过程中是否存在随意性大、透明度差、转移资金流向、“暗箱操作”等现象，从而导致财政专项资金的低效甚至无效运作；二是检查专项资金到位情况、已到位的资金数额的真实性及其到位的时间，了解有关部门是否按规定程序及时、足额地拨付资金，有无滞留、截留、挤占、挪用以及损失浪费现象，必要时可跟踪审计至相关金融机构；三是专项资金是否按照项目进度使用，能否满足项目质量要求，有无预付款不及时而影响项目实施、错过序时工期的情况，办理过程资金结算是否履行了必要的审计或审核手续；四是审查项目资金使用的经济性、合理性，关注是否存在闲置浪费，是否只热衷于申报项目争取资金而不注重资金的管理和监控，项目资金是否被挪用作其他开支的问题。

具体到各类专项资金绩效审计的技术方法和组织实施特点，由于实践经验和能力的限制，课题组并未进行全面研究，只是结合曾经参与实施的项目，对经济发展类中促进和引导现代服务业发展的专项资金绩效审计实施方式进行了经验总结。该项目实际操作中，分为以下几个阶段：

1. 审前调查研究

一是审阅有关政策文件、专项资金管理办法等材料，了解该专项资金的设立依据、资金规模、主要用途、预期目标等情况，掌握申请条件、分配环节、流程、资金管理模式等情况。

二是约谈专项资金主管部门具体管理、经办人员，了解资金管理、使用制度实际执行情况、操作中遇到的障碍、下一步改进完善的设想等情况。

三是走访专项资金用途覆盖范围内的企业、居民、实际使用的项目单位等，了解申请、拨付、管理、效果等方面的实际情况，增强对专项资金管理使用的感性认识。

2. 集中分析研判

调阅专项资金项目清单和档案，分为两个阶段进行审阅：

一是挑选数个不同类型的典型项目，审计组全体人员分别审阅全部档案，在此基础上共同讨论分析其中可能存在的薄弱环节、管理漏洞，列出关注问题的清单，重点关注重复申请资金、资金投向不合理等问题，并设计发放有关调查问卷，收集掌握管理使用的总体情况。

二是审计组成员分工负责审阅项目档案，并填报表格统计每个项目潜在的问题，据此确定重点延伸单位的名单。

3. 分散核实取证

审计组成员分工负责延伸区县部分项目单位，沿资金流向调查项目资金使用和管理情况。具体来讲：一查申报环节，看申报材料是否真实完整，审核程序是否合规完备；二查拨付环节，看资金拨付是否经过必要的审核批准程序，是否及时拨付到项目单位，区县配套资金是否及时足额到位；三查项目实施环节，看项目建设现场进度，账表证与项目内容的真实性，资金使用的真实性，项目有关的经济活动真实性；四查监管环节，看市、区主管部门是否建立跟踪监管制度，是否对项目建设和资金使用情况进行检查监督，项目结束是否及时进行验收核查。

（三）财政专项资金绩效审计的技术方法研究

财政专项资金绩效审计的方法有很多，除了传统财务收支审计的方法外，还可以运用面谈、调查问卷等方法。审计人员要根据具体情况灵活运用各种审计方法，除使用检查、观察、监盘、查询与函证、分析性复核等传统方法外，更多地使用问卷调查、访谈、比较分析、研讨会等方法，提升绩效审计报告的质量。

1. 访谈

访谈是通过审计人员与被审计单位（或项目负责人、受益人员）的对话来探查信息，寻找线索，顺藤摸瓜，弄清事实真相的一种方法，是绩效审计中常用的方法之一，可以运用于审计过程的每个阶段。审计人员可以根据工作需要，通过不同对象的访谈全面了解、掌握专项资金管理使用方面的真实情况：通过与单位（项目）管理负责人直接面谈或电话交流，深入了解专项资金执行的基本情况，探查专项资金使用过程的突出问题或缺陷；通过对单位（项目）管理负责人单独访谈，深入了解专项资金执行的基本情况，探查专项资金使用过程的突出问题或缺陷；通过抽样对专项资金受益范围内未受益单位（者）进行问卷调查，统计分析专项资金政策的知晓度和公众对专项资金的评价，进一步分析专项资金的社会效应。

2. 利用专家及社会审计力量

绩效审计中，可能出现一些超出审计人员专业判断的事项，如对产业化经营项目的一些专用成套设备的存在性和完整性审查，对土地治理项目的一些特殊资产的数量和实物状况测定等。当出现这类问题时，单纯依靠审计组自身力量往往难以较好地完成审计任务，实现审计目标。在这种情况下，考虑利用外部专家工作，获取充分、适当的证据，以实现特定审计目标就成为一种理性选择和必然要求。

3. 实地察看

实地察看是指审计人员到被审计单位或项目实施现场进行实地观察，了解项目实施和运转状况，并将其与通过其他方法获取的资料进行对比，以获取必要的审计信息。实地观察法经常用于从被审计单位的工作现场或被审计事项发生的现场获取第一手资料，包括实地检查由专项资金投入的建筑、重大设备、技术软件等实物资产的真实性，现场观察操作程序、设备运转的可靠性，验证技术开发、高科技产业等资金投入的合理性。

4. 问卷调查

问卷调查就是根据需要设计出一系列具有针对性、模式化问题的表格，通过发放给被调查的目标群体，来收集信息和证据。这个方法在绩效审计中运用得较为广泛，通过对调查问卷的统计分析，可以了解到人们对某问题的看法和问题的发展趋势，同时，调查问卷本身也可以作为审计证据。调查表问题的设计是问卷调查成功的关键。

四、财政专项资金绩效审计评价指标研究

财政专项资金绩效审计评价是政府绩效审计的重要组成部分，是审计机关根据有关部门设定的绩效目标，选用科学合理的评价方法、指标体系和评价标准，使用审计机关特有的审计和评价方法，对财政专项资金的产出和效果等进行客观公正的评价。

（一）财政专项资金绩效审计评价指标研究

1. 前期投入环节绩效指标

一是项目决策指标，包括专项资金投入项目的集体决策审批情况、项目目标实现度等。目标实现度是从整体上考察财政专项资金的分配和运用是否达到了预期的决策目标。决策事项预期目标值是指在进行决策前，相关部门提交的可行性研究报告中对于决策事项实施效果的预期目标值。决策事项目标实现值是指决策事项实施后的结果。

当投资项目涉及专业领域时，做出审计评价可能需要利用专家的工作。专家评价的主要内容包括以下几个方面：专项资金投向是否符合政策目标和产业整体规划；专项资金投入是否与其他政策工具相协调；专项资金投入是否符合项目发展总体规划；专项资金投入有无干扰市场机制的正常运行，等等。

二是资金筹集指标，可选用的评价指标包括资金结构、预算目标实现度等。

2. 中期使用环节绩效指标

一是项目管理指标，包括内控制度健全率，即针对项目管理各个环节

建立的内部管理制度的数量占应设置内部管理制度环节数量的比例；内部控制落实率，即有效执行的内部控制制度数量占已建立的内部控制制度数量的比例。用于内控执行的有效性审计，必须通过内部控制的符合性测试来证实。违法违规率，即违法违规金额占审计的专项资金总额的比例。违法违规金额是指审计发现违法违规事项所涉及的金额，审计资金总额通常取审计的财政专项资金总额。

二是资金使用指标，主要评价财政专项资金预算执行和决算情况，收入、支出情况，国有资产的管理、使用及保值增值情况，一般将审计调整率、不良不实资产率作为定量评价指标。除此之外，需要针对财政专项资金投入项目的不同定位和绩效目标、要求，结合审计目标进行。可选用的评价指标包括专项资金安全性、专项资金形成的物资管理情况等。

3. 后期收益环节绩效指标

实务操作中，应对照专项资金投入项目的发展规划、上级主管部门下达的任务指标、要求以及项目的不同定位和绩效目标，结合审计目标进行评价。包括：

经济效益指标：可以采取项目间的横向比较，或某项目部分要素在时间上的纵向比较，并选用一些可获得的量化指标。如财政收入、投资收益、专用基金增长率等。

社会效益指标：需要针对财政专项资金投入项目的不同定位和绩效目标、要求，结合审计目标进行。如选取实事项目完成率、非营利性项目任务完成率、群众满意度测评等。

环境效益指标：是否执行了“三同时”制度，对环境的评价可以选用环境质量、环境测评数据、节能减排指数、废弃物再利用等指标。

（二）财政专项资金绩效审计评价指标体系的构建

绩效审计评价指标体系是指需要评价的内容及其逻辑关系。财政专项资金绩效审计中所选取的指标应与评价的内容相关联，避免无关指标参与评价。同时，尽量将全部相关的指标都纳入评价指标体系，尽量减少遗漏项。在此基础上，合理划分指标层次，合理确定同层次指标之间的权重。

针对财政专项资金政策性较强的特点，立足现有的绩效审计模式，可以将具体政策目标的实现情况作为核心指标，以财政预算管理制度为基础，以资金为主线，以具体项目为依托，分总体评价层、分项评价层和具体指标层三个层次设计绩效评价指标体系。

上述三个层次的评价指标中，总体评价层、分项评价层、具体指标层之间是总体与部分的关系，分项评价层与具体指标层是总体评价层的基础，对各项具体指标进行计算或分析后，要对财政专项资金在促进经济发展、民生改善和环境保护等方面的长期绩效和年度绩效进行综合评价，形成总体评价意见。

五、财政专项资金绩效审计操作案例研究——以某教育主管部门、某环保主管部门为例

（一）某教育主管部门2006至2008年帮困助学专项资金绩效审计案例

1. 审计项目基本情况

为了帮助贫困学生完成学业，各级政府和教育部门制定了多项帮困助学的政策措施，并设立专项资金保障“不让一个孩子因贫困上不起学”。《×××人民政府关于建立健全普通本科高校高等职业学校和中等职业学校家庭经济困难学生资助政策体系的实施意见》确立了“加大财政投入、经费合理分担、政策导向明确、多元混合资助、各方责任清晰”的学生资助基本原则。从2007年秋季学期开学起，已经基本建立起以“政府为主导、院校为主体、社会积极参与”的多元资助格局。为了促进这一惠及广大贫困学生的好政策有效落实，确保所有补助资金都发放到学生手中，审计局开展了对某教育主管部门2006至2008年帮困助学专项资金的预算、分配、管理及使用情况的绩效审计。

在各级层面成立了国家助学贷款工作协调小组，统筹帮困助学工作。某教育主管部门下属学生处、财务处、职业教育处负责管理各高校、中等

职业学校学生的帮困助学工作，财政局协同教育主管部门对帮困助学专项资金进行分配和管理。某教育主管部门下属学生贷款管理中心负责国家助学贷款工作。各高校及中等职业学校分别成立了学生资助领导小组及工作小组，并对资助工作人员进行有针对性的培训。2006 至 2008 年，财政局安排帮困助学专项资金总额为××××万元。

2. 审计思路及方式

该项目围绕补助审批业务流程和资金发放环节开展审计，审计内容政策性、专业性较强，审计范围广泛，涉及的部门和单位众多。在制订方案时，我们主要考虑以下思路开展审计工作：

一是覆盖资助业务全流程。该审计项目跳出传统的财务审计模式，分别从帮困助学体系的财务流程和业务流程寻找突破口。重点审查某教育主管部门 2006 至 2008 年帮困助学专项资金的预算、分配及使用情况、学生贷款管理中心对国家助学贷款发放及财政贴息、风险补偿金、代偿金的管理和使用情况、国家助学贷款信息库的建设和管理情况，抽查某教育主管部门下属 17 所普通本科高校、高等职业学校以及 8 所中等职业学校 2006 至 2008 年帮困助学资金的配套、使用、发放情况以及对困难学生的认定、评审情况。其中：各学校对困难学生的认定、评审情况调查涉及对学生个人资信、家庭经济状况的调查，要求审计人员关注资助工作的业务流程，属于审计工作的全新领域。

二是把握关键控制环节。针对帮困助学资助体系多元化的特点，该审计项目涉及国家奖学金、国家励志奖学金、国家助学金等全部 14 个项目，全面分析帮困助学资金的管理现状及产生的综合效益。根据现行帮困助学体系的特点，本次调查牢牢把握住了以下关键环节，即资金保障环节、申请评审环节、分配使用环节。其中：资金保障环节和分配使用环节紧紧围绕财政专项资金的具体流向，关注帮困资金是否及时下拨、如何分配和使用、是否及时发放到困难学生手中；申请评审环节紧紧围绕各高校及中等职业学校对困难学生的认定程序，关注困难学生资助是否达到全覆盖，是否存在不困难学生违反规定享受到资助等。

在实际审计中，我们根据项目特点，采用多种有效操作方式：

一是借助外部专家力量，大大提高审计效率，并取得了事半功倍的效果。在审前调查阶段，审计组多次向某教育主管部门财务处、学生处、职教处有关人员了解帮困助学体系的建立和运行情况，本着谦虚请教，有理有节的态度，争取到某教育主管部门有关领导和专家的大力支持。在审计实施阶段，审计组分别走访了各大高校、中等职业学校，向有关专家咨询相关政策。涉及对部分学生家庭经济的实际情况以及学校认定真实性的评价，审计局正式开具介绍函请求民政部门的专家协助调查。在审计报告阶段，审计组与市教委领导充分沟通，达成共识，并在某教育主管部门学生处的大力协助下，组织审计人员参加了与各大高校帮困助学专家的座谈会，在会上通报了这次调查中发现的有关情况，听取了到会专家对审计的意见想法，有助于审计绩效评价更加客观公正，并为以后的整改工作打下了基础。

二是梳理制度体系，明确审计依据。帮困助学法规体系组成比较复杂，实施意见确定了帮困助学体系的14个组成项目，包括部委规定、各有关政府组成部门规定以及帮困助学项目实施部门的内部规定等。审计组以帮困助学项目作为横坐标，以法规的层级作为纵坐标，对制度体系进行了梳理，明确绩效评价依据。首先，审计人员全面收集现有的帮困助学法规制度，将各层级的法规进行对照，审查其中有没有自相矛盾，小法不符合大法规定的情况。其次，根据法规中的重点内容，利用EXCEL软件编制帮困助学体系的法规制度一览表，将法规的名称、颁布时间、重点内容、实施范围等进行了摘录。最后，主审将一览表分发给参加审计实施的人员，方便他们及时掌握有关政策，减少现场审计过程中消化理解有关法规制度的时间，大大提高了审计效率。

三是设计简洁流程，量化评价指标。该审计针对覆盖项目面广、控制环节多的特点，设计了简洁流程，大大提高了工作效率。对每个延伸单位，由两位审计人员密切配合。其中一人负责财务方面的审计，对口财务部门；一人负责业务方面的审计，对口学生管理部门。两位审计人员各需完成财务审计表和业务审计表，作为发表审计结论的依据。以上审计表格的内容全面覆盖了审计调查工作方案的要求，简洁标准，重点突出，结论明确，便于归档。

3. 审计项目取得的成效

此次审计以帮困助学专项资金流向为审计的主线，已申请审批环节为抓手，紧紧围绕财政对帮困资金的拨付、学校对帮困资金的管理与发放情况开展工作，对该专项资金管理使用效益进行了总体评价。调查报告主要反映了以下问题：

一是机构及资金保障方面存在的问题。如学生资助管理中心建设不完善，尚未建立起覆盖全市的困难学生信息库，无法反映本市高校和职业学校家庭经济困难学生的总体状况，包括数量、分布特征等，未达到实施意见的要求。

二是申请评审方面存在的问题。如部分高校困难生申报数与实际情况差异较大，15 所高校及两所中等职业学校部分申请认定家庭经济困难的学生缺少充分的书面证明，《认定申请表》未按照规定由家庭所在地乡镇或街道民政部门签章证明；城镇学生缺少低保证明等。

三是资金分配使用方面存在的问题。如专项资金结存较大，截至 2008 年底，某教育主管部门所属学生贷款管理中心国家助学贷款贴息、风险补偿金结存共计 × × 万元。如 3 所中等职业学校以学生表现较差等为由缓发帮困助学专项资金 × × 万元。

对审计调查发现的问题，政府领导高度重视，专门对审计调查报告作了批示，“请某教育主管部门根据审计报告，认真整改，整改结果盼告”。被审计单位对政府领导的批示及审计局的调查报告高度重视，多次召开会议研究讨论审计调查提出的问题，并进行了有针对性的整改活动。

（二）某工业区环境综合整治专项资金使用、管理及环境整治效果情况专项审计案例

1. 审计项目基本情况

某工业区是一个有着 50 余年历史的化工基地，为国家经济建设做出了重大贡献，有着辉煌的历史。但是该工业区在长期高强度产出的同时，也留下了沉重的环境负债。为解决周边地区居民生活环境长期受到污染困扰的问题，调整产业和能源结构，完善环境基础设施建设，改善该地区的环境质量，政府决定投入巨资，启动该工业区环境综合整治这一重大项目，并计划于 2010 年底完成各项整治任务。为促进这一“民心项目”的各项整治措施有效落实，实现环境综合整治的预期目标，审计局开展了对该工业区环境综

合整治专项资金使用、管理及环境整治效果情况进行专项审计的项目。

为加强对该工业区环境综合整治工作的协调和领导，政府建立了推进该工业区环境综合整治工作联席会议。该工业区综合整治计划总投资××××万元，包括财政资金×××万元，企业自筹×××万元。所投入的财政资金中，由专项整治办公室统一归集、管理、使用的该工业区环境综合整治专项资金（以下简称专项资金）×××万元，主要用于区域内环境综合整治中关停企业职工分流安置补贴、居民动迁、污水截流纳管和集中供热管网建设、绿化等基础设施建设。

2. 审计思路及方式

该项目以该工业区这个“块”为审计对象，审计内容涵盖专项资金使用管理、环境整治措施的落实、整治项目是否达标等诸多方面，涉及的部门和单位多，涉及的环境因素多、专业性强，是资源环境审计领域一个富有挑战性的重大审计项目。审计局在制订方案时，主要考虑以下思路开展审计工作：

一是着眼于客观反映该工业区环境综合整治情况，精心选取和设置审计标准。针对工业区环境整治内容多的特点，采用“点面结合”的抽查方法，从三个不同角度选取审计评价标准，力求客观反映工业区环境整治效果：（1）从环境质量角度，选取了国家、地方的大气、水体等环境质量标准作为评价标准，如《环境空气质量标准》《地表水环境质量标准》，通过几年来的监测数据变化情况来反映环境整治效果；（2）从环境保护角度，选取了国家、地方的环境保护或污染防治相关法规或办法作为评价标准，如《中华人民共和国环境保护法》《中华人民共和国大气污染防治法》，通过环境保护或污染防治法规或办法中对相关措施、手段的要求的实施情况来判断有关单位或部门环境保护、污染防治工作是否到位；（3）从具体项目的操作要求角度，我们选取了政府批准的《该工业区环境综合整治实施规划》《该工业区环境综合整治实施计划纲要》，以相关要求中计划内容的实施情况反映环境整治工作的推进是否按进度，各项目标是否实现等等。

二是以项目专项资金使用为“主线”，围绕项目的“效率、效果、效益”，在确保审计深度上下功夫。一方面，在审计中以项目专项资金使用为“主线”，对照相关整治目标进行检查核实。例如，在对堆场整治工作实施情况审计时，我们首先向该区环保局、××镇取得了他们掌握的各个堆场整治投入资金情况，把情况中反映的无资金投入的堆场作为重点审计对象，抽查了投入××万元资金整治的28家堆场，发现有6家堆放沙石、砖的堆场未按要求关闭，有10家堆场未按照相关扬尘污染防治办法规定采取有效整治措施，未采取有效措施的10家企业中，××煤渣加工厂、××路基材料厂等5家在前期取得的堆场整治投入情况中反映无资金投入。另一方面，在常规的财务审计过程中，也密切关注与环境相关的资金支出，通过如污水处理站运行费用、废物委托处置费用、燃煤购买费用及相关凭证附件等资料，从中发觉疑点：××焦化有限公司发生了一笔危险废物委托处置费用，但审计人员发现，其收款单位不属于有资质的危险废物处置单位，而是一家××省的运输公司，这明显不合常理。审计人员紧抓这条线索，跟踪资金走向延伸审计，直至危险废物的最终去向单位，发现工业区内几家大型企业有××万吨危险废物处置不规范，甚至被多次转手，造成二次污染。

在实际审计中，根据项目特点，积极采用多种新型操作方式：

一是注重现场勘察、取证，“眼见为实”。对环境的整治可以通过多种手段，比如直接的治理，间接的控制污染物排放总量，但不论什么方式，要评价整治措施的落实、最终整治的成果。从审计角度，我们坚持“眼见为实”。该工业区整治内容中，污水纳管、堆场整治、燃煤锅炉关停或实施清洁能源替代等工作，查阅市、区有关部门对项目实施后的验收报告或总结汇总只是一个借鉴，注重的是现场勘察、取证，通过观察和用现场的图像资料，来核查整治措施的落实情况：通过现场勘察，发现专项整治办公室已作为关停企业并已拨付职工分流安置补贴的××白水泥有限公司，在未报经有关部门同意的情况下，仍保留了水泥生产线的部分生产装置并继续生产白水泥，仍产生扬尘污染，与专项整治办公室、××区环保局的验收资料反映的情况完全不符；在对48家污水纳管企业抽查时，要看到“井中有水”，在对28家堆场整治情况审计时，要看到“地平、喷淋”，在核查35台锅炉整治措施落实情况时，要看到“汽、电、轻油”。这样得到的审计结果更让人信服，审计质量就能得到保证。

二是充分利用计算机辅助审计，提高工作效率。在审计工程中，充分利用计算机辅助审计，不但大大提高了工作效率，还解决了一些靠手工难以完成的审计事项，有效控制审计质量。除常规的利用计算机对财务数据进行审计分析外，我们还利用计算机对工业区内污水纳管情况进行了辅助审计。首先，将同一门牌号存在多家企业的情况通过计算机进行筛选、整理，并充分考虑由于时间跨度长产生的同一位置企业更换情况，确定了应纳管企业的总数量 217 家，并通过道路名称的匹配将已经铺设污水管网即具备纳管条件的企业 115 家选出；随后将应纳管企业名单与××镇反映的已经纳管企业名单、门牌进行比对，得到 41 家纳管企业信息，再通过现场审计，最终得到 115 家企业中仅有 34 家企业的污水纳入市政管网的审计结论。另外，在审计局信息中心的配合下，还对某环保局下属环境监测中心保存、校准的该工业区空气质量的自动监测数据进行了分析，验证数据选取或删除是否依据充分，监测结果是否达到原预计的目标。每一个监测点每隔五分钟就会产生一组包含悬浮物、氮氧化物等不同空气质量评价因子的数据，借助计算机，按照国家的空气质量标准中有效数据的选取条件进行比对，核实工业区空气质量到底处于什么水平，完成了靠手工根本无法实现的审计事项；对该工业区内涉及关停生产线的企业，利用计算机对得到财政资金补贴的企业分流人员名单进行筛选、比对，从中查找多次申报重复补贴的情况。

三是广泛开展访谈，加强对产生问题原因的分析，提出高质量的审计建议。对发现的每个问题都追根溯源，弄清原因，并提出针对性和可操作性的审计建议，真正发挥“帮促”作用。例如，在污水纳管事项审计中发现纳管率低的问题后，先后走访了水务局、城市排水有限公司运行管理中心等有关单位和部门，发现污水管网能力饱和是造成大型企业污水无法纳管的主要原因；通过对中小型企业走访，了解到部分企业有条件但未纳管的原因一是专项整治办公室推进力度不够、相关措施实施不到位，二是部分企业不够重视，未落实对污水管网改造的资金。工业区内集中供热工程迟迟未能启动，据专项整治办公室解释是协调难度大，供热的方案尚未确定，但经对××电力股份有限公司、华谊集团及下属供热单位××焦化有限公司、××××化工有限公司了解情况发现，造成这种现象的真正原因是企业以自身经济利益为重，阻碍了集中供热工程的实施。针对找到的原因，提出了相应的审计建议。

3. 审计项目取得的成效

此次审计把绩效审计的思路贯彻始终，对该专项资金管理使用效益进行了总体评价。调查报告主要反映了以下问题：

一是部分项目治理不达标。污水纳管不达标，102 家企业的污水至今无法按要求纳管，部分污水仍直排河道。部分扬尘整治项目未达到预期目标，已投入××万元资金整治的28 家堆场、码头中，有6 家堆放沙石、砖的堆场未按要求关闭，有10 家堆场未按照相关扬尘污染防治办法规定采取有效整治措施。

二是部分整治措施未按计划进度实施，影响整治目标如期实现。如集中供热系统建设项目尚未启动，造成区内的供热单位的热能得不到充分利用；3 家企业未按照要求关停；13 台锅炉未按要求实行脱硫改造或清洁能源替代；5. 57 公里的两条河道整治工作未能按计划要求完成。

针对审计调查报告揭示的问题，人大和政府领导高度重视，多次批示，要求环保局和专项整治办公室认真研究解决问题，人大城建环保委员会还对审计所反映问题的整改情况进行了专题跟踪监督，并将有关情况向人大领导作了专题报告。市政府召开了两次专题会议，明确有关整改工作的责任分工、时间节点和要求，协调解决工作推进中的一些难点和瓶颈问题。

（三）对案例的总体分析

在帮困助学专项资金绩效审计中，审计人员牢牢把握帮困助学这一直接关系人民群众切身利益的民生工程，以帮困助学专项资金流向为审计的主线，紧紧围绕财政部门对帮困资金的拨付、学校对帮困资金的管理与发放情况展开，力求发现高校帮困助学存在的普遍性和倾向性的问题，推进本市普通本科高校、高等职业学校、中等职业学校家庭经济困难学生资助政策体系的健康发展，提高帮困助学专项资金的使用效益和效果。调查审计报告所反映的情况，跳出了财务核算的局限，通过对帮困助学现有体制执行效果的分析，从体制和机制的角度揭示了现行政策法规执行过程中存在的问题以及政策法规体系本身存在的漏洞，并广泛开展调研访谈、征求各方面专家意见，有针对性地提出了改进建议，促进完善本市帮困助学专项资金更好发挥作用。

某工业区环境综合整治专项资金审计项目从立项起，就明确了绩效审计的具体内容和目标，具有明显的绩效审计特点。该审计项目涉及空气、水体质量及污水、废气、固体废弃物等污染排放等环境要素，还涉及能源节约、拆迁后土地的管理及后续利用等诸多要素。既有对区域环境的整体整治要求——截至2010年底，工业区空气质量要达到国家二级空气质量标准，工业区内水体要达到四类水。也有对于工业区中每一家企业的整治要求——污水应达标纳管排放，污染严重的生产线要予以关停，堆场要符合《××市扬尘污染防治办法》中对设施的要求。审计人员广泛深入收集资料，综合考虑这些不同领域、不同环境因子、不同标准和要求，在审计中针对各种要素，选择恰当的审计评价标准，充分运用实地观察、计算机辅助等审计方法，达到预计的审计目标。

通过以上两个案例，归纳出两条专项资金绩效审计的基本经验：

一是围绕专项资金的业务管理流程确定审计工作思路。专项资金的运作可分为分配、管理、使用和考核等四个阶段，与之相应的各阶段包括项目申请、审批、实施、监督、验收、考核等业务管理环节，这些管理环节是主管部门行使行政管理权力、进行自由裁量的主要内容，其具体规定、实际操作情况与专项资金的使用效益密切相关。从制度基础审计的角度出发，对专项资金的绩效审计首先应审查管理制度的完善性、有效性，在此基础上进行有针对性的抽查，才能对其总体绩效情况做出全面、客观的评价。从理论上来看，专项资金的主管部门如果制定了完善的管理制度并严格执行落实，自身形成了相对科学合理的内控规范，基本能够保障资金的使用效益，或者自身内部形成良性循环、不断改进完善提高资金效益。因此，从制度基础审计的思路出发，围绕业务管理流程确定审计重点内容、工作思路是合乎逻辑的选择。

实际审计中，不同类型的专项资金存在一些共同的控制关键环节，如项目申报审批中要审查资料的真实性，关注有无虚假申报、审核不严的问题，但每种类型的专项资金也存在各自独特的管理控制要点，需要分类总结研究。如土地整治资金审计中，要关注是否存在由于项目安排不合理，预算编制审核不到位，导致资金已拨付而土地未进行整理，财政资金未发挥绩效的情况；社会保障资金审计中，要审查各项财政补助资金是否及时、足额到位，关注是否存在保障资金结余过大影响使用效益及存款结构不合理造成基金收益率偏低等问题。

二是根据专项资金的支出使用范围确定组织实施方式。国家审计是一种专门的经济监督行为，相对于被审计对象来说，具有一定的被动性，只能是“财政资金运用到哪里，审计跟进到哪里”，总是围绕审计对象的变化而变化，不可能主动去审计财政资金没有到达的地方。因此，被审计对象的特点对于审计组织实施方式具有重大的影响，有时是具有决定作用的关键因素。对于专项资金绩效审计项目而言，审计的主要对象就是资金，资金用到哪里，就审到哪里。因此，在当前国家审计人员较少与审计任务较重的矛盾普遍存在的情况下，专项资金的支出适用范围是我们考虑审计组织实施方式的主要决定因素。

根据实践中参与过的专项资金审计项目，按其资金使用范围粗略划分为“点、线、面”三种类型：所谓点是指专项资金的使用集中在一个单位或项目上，如某单位信息化系统建设专项资金，这类项目主要审查该单位项目建设程序、资金使用和系统效果等情况，有时需要延伸项目承接单位，审计组一般按照审计内容、重点分工，每个小组熟悉、掌握自己板块的内容就够了；所谓线是指专项资金的使用集中在某一行业、某个条线的企事业单位中，如前文提到的内贸发展专项资金、服务业发展引导资金等，这类项目的审计一般采用“上下结合、统筹联动”的方式进行实施，在主管部门审计中要加强资金分配、申请审批、监督管理等方面的审查，在项目单位审计中要加强项目申请、资金使用、实施效果等方面的审查，审计组延伸时一般按地区分组，每个组负责审计该地区的所有项目单位，这就要求审计人员熟悉、掌握全部审计重点内容和可能存在的问题线索；所谓面是指专项资金分散使用在某一地区的多种用途的项目上，如某一开发区的发展专项资金，其中既有用于道路、码头等基础设施的建设，也有用于对核电、海洋装备等先进制造业的扶持奖励，此类资金相当于多个条线的专项资金的集合，对其进行绩效审计是个新的挑战，对审计人员的要求更高，审计实施更为复杂综合。

参考文献

［1］鲍国明．国外绩效审计方法与案例［M］．北京：中国时代经济出版社，2003.

［2］鲍国明，等．公共资金绩效审计项目的选择与确定［J］．审计研究，2006（2）．

［3］陈华，等．最新国外绩效审计（上、下）［M］．北京：中国时代经济出版社，2004.

［4］陈志刚．深圳绩效审计案例选编［M］．北京：中国时代经济出版社，2006.

［5］陈全民，等．中西方政府绩效审计环境比较[J]．审计研究，2005（2）．

［6］董大胜．政府效益审计案例选编［M］．北京：中国时代经济出版社，2006.

［7］韩明升．结合型绩效审计实务［M］．青岛：青岛出版社，2009.

［8］李小丹，曹广明．财政支出效益审计若干问题研究［J］．审计研究，2006（4）．

［9］刘英来．经济责任审计研讨会综述[J]．审计研究，2006（6）．

［10］彭华彰．政府效益审计论［M］．北京：中国时代经济出版社，2006.

［11］彭华彰，周铁锐，贺明明．国外效益审计的启示与开展中国特色效益审计的探索［J］．审计研究，2005（1）．

［12］戚啸艳，等．中外绩效审计制度变迁及我国现行制度体系完善的思考［J］．审计研究，2005（6）．

［13］钱水祥．政府投资项目效益审计评价指标体系的构建和应用［J］．审计研究，2006（5）．

［14］祁敦芳，叶鹏飞，叶忠明，王冠英．政府绩效审计［M］．北

京：中国时代经济出版社，2009.

［15］吴国萍．关于开展政府绩效审计工作的思考［J］．审计研究，2005（2）．

［16］王会金，易仁萍．试论政府绩效审计的若干理论问题［J］．审计研究，2007（1）．

［17］温美琴，徐卫华．论我国审计监督制度的完善——基于深圳政府绩效审计实践的思考［J］．南京社会科学，2007（5）．

［18］谢力群．宏观服务型绩效审计模式实例［M］．北京：中国时代经济出版社，2008.

［19］谢志华，等．政府绩效审计职能之二维层面：解除受托责任与实现决策有用［J］．审计研究，2006（3）．

［20］邢俊芳，等．最新国外效益审计［M］．北京：中国时代经济出版社，2004.

［21］余玉苗，何晓东．核心效用观下政府绩效审计的实施框架［J］．审计研究，2005（3）．

财政专项资金绩效审计研究

江苏省审计学会课题组

课题负责人：金海江

课题组成员：董明灿　崔伦刚　葛红民　程学龙　屈　哲
赵慧慧　刘玉娟　姚　圣　李　欣

【摘要】　财政专项资金作为财政资金的一部分，其特点在于专项，对其进行绩效审计具有可行性和必要性。绩效审计是一个开放系统，具有灵活性和差异性，在应用中可能由于某种条件的变化而变化，因此，在具体问题上需要结合项目情况进行修正运用。本课题在对国内外财政专项资金绩效审计相关研究进行深入总结的基础上，从财政专项资金绩效审计的特点和目标入手，结合近几年审计工作实践，归纳总结出财政专项资金绩效审计的主要内容，从相关政策的制定和落实情况到资金的立项审计、资金来源审计、分配使用情况审计、管理情况审计、项目的效率审计、项目效果审计等七个方面进行了具体审计内容的探讨。在审计方法研究上，将系统论原理引入到绩效审计实际操作中，通过系统论中的整体突现原理、系统结构原理、等级层次原理分析了在财政专项资金绩效审计中应该关注的重点和审计的基本思路；将平衡计分卡引入到绩效审计评价体系中，构建了绩效审计的评价维度；将 PDCA 循环法引入到绩效审计质量提高的总体思想中，提出财政专项资金绩效审计涉及面广、种类多、资金链条相对较长，出现一种一蹴而就、立竿见影的方法是不切实际的，需要在实践过程中，不断总结、不断优化，将经验制定成标准、形成制度，不断提高绩效审计的质量。并针对以上三种方法在江苏省审计机关专项资金绩效审计中的实际运用进行了案例研究。最后，结合审计工作实际，从科学选择审计项目、建立审计协同工作机制、有效运用不同审计实施方式三个大的方面进行了审计组织方式的探讨，以期为进一步提高绩效审计的效率性、效果性发挥积极作用。

【关键词】　财政专项资金　绩效审计　审计内容　审计方法　组织方式

目　　录

一、财政专项资金绩效审计概述

（一）财政专项资金绩效审计的特点

最高审计机关国际组织发表的《关于绩效审计、公营企业审计和审计质量的总声明》对绩效审计做出了如下定义：绩效审计主要是涉及对公营部门管理的经济性、效率性和效果性的评价，也就是我们常说的“3E”审计。另外，通过研究不同国家、不同学者对政府绩效审计的定义，尽管在文字表述上有一定差异，但基本观点都是一致的。

财政专项资金具有财政性质、专门用途、政策性强、广泛性和时效性等特征。结合绩效审计的特点，财政专项资金绩效审计就是要强调专项的特点，围绕绩效目标对财政专项资金的经济性、效率性和效果性进行评价。具体有以下特点：

一是属于国家审计的范畴。财政专项资金属于财政范畴，在依托国家审计的基本职能，服从国家审计的一般规律的基础上，重点关注资金的绩效水平。通过绩效审计，推进政府及相关部门转变职能、促进其行政活动的经济性、效率性、效果性，提高专项资金政策的有效性，提高专项资金管理体制的运行效率；通过绩效审计，有效发挥审计对社会经济发展的“免疫系统”功能，通过审计调查和审计，有效促进财政专项资金调整经济结构、转变经济发展方式作用的发挥，有效促进经济的稳定增长，有效防范风险，更好地惠及民生。

二是审计目标明确。财政专项资金都有专门的用途，需遵循一定的政策，所以审计目标非常明确，需要重点关注资金的政策性和效率性。不仅需要关注财政专项资金的政策目标，解决财政专项资金政策法规的贯彻落实情况，还应从体制、机制入手，分析政策法规本身的经济性、效率性和效果性。

三是审计的专业性更强。由于财政专项资金一般金额较大，资金链条相对较长，并且涉及产业转型、农业发展、生态环境、民生保障、城建交通、社会事业发展等方方面面，需要具备各种专业基础的团队成员参与审计，从相关技术层面进行分析评价。

四是科学选择重点审计项目尤为重要。根据现行预算科目和目前各项专项资金设置情况，对财政专项资金整合，重点包括社会管理类（包含党政群团口、政法口、外事口、社会管理机构基本建设口）、公共事业发展类（包含农业事业口、教育事业口、科学事业口、卫生事业口、人口与计划生育口、食品药品监督管理口、文体宣传广播事业口、旅游事业口、其他事业口等9个口径）、社会保障类、经济建设类（包括农村农业口、经济调控口、信息产业和信息化口、市场建设口、国企改革口、环境保护口、城镇建设口、交通建设口、国土资源口、科研开发口、经济基本建设口等11个口径）和政策补贴类等五个大类；按照资金投向，粗略可以分为涉农专项、社会保障专项、民政专项、科教文卫专项、基础设施专项五个大类。另外，由于专项资金的特殊性，不管哪种分类方法，财政专项资金涉及的资金的触角已遍及经济社会生活的方方面面，资金种类复杂多样，涉及面广，审计机关不可能对所有的专项资金对象进行审计，如何以小见大，以微观带动宏观政策的完善和落实，需要审计机关科学合理地确定财政专项资金审计的重点。

（二）财政专项资金绩效审计的目标

绩效目标是被评价对象使用财政资金计划在一定期限内达到的产出和效果，财政专项资金作为财政资金的一部分，其审计目标和基本内容与财政资金绩效审计是一致的，但其特点在于专项，每个项目均有自身不同的特点，审计时评价的侧重点、评价标准就会有差别，因此以项目的绩效目标为线索开展审计，根据每个项目制定绩效目标及相应的实施策略，需要有一个导向型的框架，更好地引导单项资金绩效目标的建立。通过对财政专项资金的真实性、合规性、经济性、效率性、效果性的审计，着力提高财政专项资金的绩效管理水平，推动相关政策的贯彻落实与完善，促进政府问责制和责任追究制的建立和健全，促进相关政策目标的实现。因此财政专项资金绩效审计的目标应着眼于：

1. 促进财政专项资金使用和管理过程的规范性与有效性

对财政专项资金在不同领域的实际使用、管理状况进行审查，评价财政专项支出实际使用所产生的经济效果，推动预算安排和资金分配的科学公开，促进细化预算编制、严格预算执行、提高预算执行效果，提高重点财政专项资金和重点项目资金使用的绩效水平。

2. 促进财政专项资金配置的科学性和规范性

对财政专项资金分配的必要性、合理性以及所产生的经济效果进行的审计分析和判断，这里的审计对象主要是财政部门。通过绩效审计，检查财政专项资金拨付、管理情况，揭示其在财政专项资金拨付、使用管理上的问题，纠正违反专项资金规定的现象，促进财政部门管好用好财政专项资金，确保财政专项资金的合理、真实、有效使用。另外通过绩效审计，促进其对财政专项资金使用的重点和手段进行恰当的选择；监督对专项资金的管理过程进行明确的责任分工；推动其恰当履行法律赋予的职责，切实实现其独立的经济监督机构的存在价值。

3. 推动财政专项资金重大项目的建设顺利实施，促进公共政策目标的实现

项目的投资效益，无论是经济效益，还是社会效益、环境效益都是在项目建成后的投产运营过程中实现的。因此，项目不能正常生产运行，就会影响其生产能力和效益发挥，因项目建成后不能正常运行而造成的资产闲置浪费，甚至报废毁损也是造成投资损失浪费的一个重要方面。开展财政专项资金绩效审计，调查已建成项目的运营状况，分析不能达到预期效果的原因，从项目建设管理体制、投融资体制及运营机制等宏观制度方面提出审计建议，不仅能促进内控制度的建立完善，也能促进项目的后续运营达到预期效果。通过绩效审计，既能推动现行政策的贯彻落实，又能根据审计过程中发现的问题为政府及相关决策部门提供更具前瞻性、战略性的建议，促进公共政策目标的实现。

4. 加强对政府权力的制约和监督

现行体制下，政府相关行政部门和行使行政职能的单位权力过大，对财政专项资金既拥有决策权、审批权又拥有监督检查权，通过对财政专项资金的绩效审计，可以揭露问题，提出建议，加强对权力的制约和监督，监督政府相关部门或领导的决策行为，监督其项目审批环节的失察、失职问题，监督其监管行为及权力运用的有效性，有利于推动建成智能科学、结构优化、廉洁高效、人民满意的服务型政府，促进中央与地方的财权与事权的匹配，提高财政专项资金的透明度。

二、财政专项资金绩效审计内容

财政专项资金绩效审计属于国家审计范畴，审计财政专项资金应重点依托国家审计，通过审计和审计调查促进财政专项资金的合理、真实、有效使用，围绕稳定增长，调整基本功能结构，从国家战略层面扩展到社会和经济的发展体系，努力提高重点财政专项资金的绩效水平，推动落实相关政策和措施，改善督促各级政府的问责制和问责追究系统，促进达成相关的公共政策目标。

财政专项资金绩效审计要在遵照法律法规的基础上，系统结合财政专项资金目标明确、种类多、政策性强及广泛性等的特点，抓住重点审计环节。具体来说，财政专项资金审计应重点关注三个方面：一是政府部门的政策制定和财政部门的资金分配情况；二是要紧扣重大项目的建设情况和效益发挥的情况；三是紧密联系财政专项资金筹集和使用管理的规范性和有效性。本部分着重围绕这三个方面，具体研究财政专项资金绩效审计的内容。

财政专项资金绩效审计的主要内容是在传统真实性与合规性审计的基础上，重点审计财政资金使用所达到的经济、效率和效果的程度。具体而言，财政专项资金绩效审计内容包括：财政专项资金相关政策制定和落实情况审计、财政专项资金申报立项审计、财政专项资金来源审计、分配使用审计、管理情况审计、项目的效率和效果情况审计。

（一）财政专项资金相关政策制定和落实情况审计

财政专项资金体现了国家财政的重要职能，关系到国家各项重大经济政策、社会民生政策的落实，因此，财政专项资金审计首先要关注相关政策的制定和落实情况。

一要分析政策制定主体的相关决策是否体现了国民经济和社会发展中长期规划，是否考虑了可持续发展原则和环境因素，评估财政专项资金投向对经济活动的引导作用。检查、监督和评价财政专项相关政策制定的及时性，决策过程是否有充分可靠性的信息支撑，决策程序的合法性、科学性，评判政策目标的价值取向是否体现了科学发展观的要求，是否与中长期规划总体布局相协调。

二要审查财政专项资金相关公共政策制定的科学性。分析决策系统、决策过程、决策影响等方面的资料，调查财政专项资金政策所要解决的社会问题、政策利益相关者、政策目标、政策工具和政策保障制度，评价政策制定过程和政策执行环境，揭示公共政策目标不明确、目标间冲突、目标变更等问题。

三要审计财政专项资金相关政策的贯彻落实情况。关注财政专项资金的投入方向，是否符合公共财政要求，是否满足政府提供公共产品和公共服务的需求。检查相关政策效应的发挥情况，及时、准确揭示影响政策执行效果，查找阻碍政策落实，或导致政策偏离预期目标的客观影响因素，评估专项资金在使用领域的既定政策目标实现情况。

在进行本轮审计之后，再回头总结政策经验、教训和原则、规律等，为政府相关决策部门提供系统性、前瞻性的战略意见和建议。

（二）财政专项资金申报立项审计

由于财政专项资金多为财政转移支付审计，和相关的项目紧密联系，因此，申报立项环节的审计也应当是财政专项资金绩效审计的必要内容。主要审查三个方面的内容：一要关注项目的申报和审批是否真实、合法，是否依据国家的特定政策、按照特定的程序及时申报，是否存在重复申报和虚假立项的行为；二要查看项目的建议书与可行性研究报告，关注其立项是否进行了充分的可行性研究，论证是否依据各地的实际情况与发展规律，基本建设条件是否已经具备，项目的实施是否切实可行；三要审查项目概预算的经济合理性，预算编制是否科学、实用和经济，符合可持续发展的原则。预算编制是否细化、预算部门与部门职能和工作计划是否衔接、项目论证是否充分、预算下达时间是否及时等。财政专项项目预算一般都有项目支出管理办法。对项目实施方案是否符合国家相关政策规定、是否具有可操作性、风险程度等进行项目预算可行性评审，对项目内容、额度和标准等进行合理性评审，对项目支出明细子项、计量单位、数量和测算标准进行准确性评审，并给出专家评审意见和决策建议。要审查项目申报单位申报项目的背景情况和资料是否真实完整，是否存在以同一项目或同一内容多头申报项目的情况等，是否按照轻重缓急的原则和顺序来合理安排项目等，项目申报程序是否合规，所申报项目是否属于规定的资金使用范围等。

（三）财政专项资金的来源情况审计

对财政专项资金的来源情况审计主要审查三方面内容：

一是审查资金筹集依据、征收主体、客体的合法性；资金征收单位资金筹集效果，是否按筹集目的、及时足额筹集。

二是审查专项资金筹集到位情况，重点关注地方应配套的资金有无未及时配套到位、虚假配套的问题。审计地方政府或相关单位是否根本没有用自有资金进行配套，最后也没有用其他自有资金开支的内容来通过评审验收，而只是以收到的财政资金完成既定任务；审计地方政府或相关单位在整个项目研发过程中是否全部使用财政资金，没有使用自有资金，但在最终评审验收时却用自有资金开支的内容，如设备采购等支出用来作为配套，暂时调用支出科目及内容来通过验收；另外还可以审计是否多头配套。审计相关单位是否存在用自有资金开支的同一部分支出内容来为不同的计划项目进行配套。即不同的计划项目进行验收时，调用同样的一系列支出资金和内容来进行配套。

（四）财政专项资金的分配使用情况审计

财政专项资金分配情况审计就是对财政专项资金分配的必要性、合理性以及所产生的经济效果进行的审计分析和判断。其审计内容具体包括以下六个方面：

一是分析一个地区、一个部门一定周期内分配使用财政专项资金的直接或间接经济效益、社会效益和环境效益，关注资金的分配和安排是否合理，是否向重点项目倾斜。

二是审查财政专项资金是否按规定及时分配到使用单位或项目，项目资金有无实际到位，是否影响到项目工程进度；在资金下拨过程中，财政部门是否按照年度预算、资金计划和项目进度将资金及时拨付到使用单位；主管部门在分配拨付环节是否有截留、占压资金或擅自计提或擅自提高标准收取项目前期费、咨询费和管理费等各项问题。

三是审查有关部门和项目实施单位是否按批准的项目和规定的特殊用途使用财政专项资金，是否有未经授权擅自将生产性资金用于非生产性项目的问题，是否存在虚列支出、挪用资金、非法转移以及贪污私分等问题，要评估专项资金使用的有效性。

四是检查专项资金是否专款专用，从原始凭证入手，检查票据是否合法，支出内容是否真实，用途是否符合要求，检查是否符合程序，有无严密的审批手续，资金投放是否符合政策，有无截留、克扣、挪用、虚报冒领、擅自改变用途的情况；关注资金使用过程是否体现合理、节约原则。

五是审查各项支出计划和申请报告的时间表，有无随意扩大项目规模，提高建设标准的现象；所购物资是否必需，质量、价格是否合理，有无办理必要的验收、保管、领用手续，有无盲目采购、浪费资金的现象；资金是否按照项目进度使用，是否因付款原因而影响项目实施、最佳工期的情况，工程资金结算是否履行了必要的审计或审核手续。

六是审查资金使用是否按政策规定执行，有无违反规定擅自分配资金，有无违反规定提高标准或收取资金占用费等问题，评价专项资金政策执行的合规性。

（五）财政专项资金的管理情况审计

财政专项资金的管理情况审计主要审计：重点项目资金的分配和安排的重点领域的程序是否合理；资金拨款手续是否完整有效，是否遵循项目申报时立项文本所规定的使用管理办法，是否按项目进度拨付和支付资金，有无因管理滞后导致资金使用效益低下的情况；项目支出方式是否合理节约，设备和材料等是否经政府统一采购；项目单位是否建立了严格的内控制度等。其审计内容包括以下三个方面的主要内容：

一是审查专项资金管理的各项内控制度是否建立完善。资金的管理是否规范，监督是否及时有效，有无因制度不完善、管理不规范造成浪费财政专项资金的现象，或因管理办法或规章制度落后导致项目资金使用效率低下。

二是审查专项资金管理工作机制是否健全，内部机构设置是否合理化、系统化、规范化，各部门之间的劳动分工的合理性，信息传递的及时性，工作运转的高效性。

三是重点关注财政专项资金和项目有关指标是否纳入了政府行政领导的工作评估，分析中央政府与地方政府责任的角色定位是否明确；关注负责人的责任，确保各项责任落实的可操作性和有效性，重点关注挤占、挪用、滞留、贪污财政专项资金等行为，是否对单位负责人、项目责任人及相关人员依法进行了处理，是否将资金归还原渠道或收回财政部门，是否严厉查处主要责任人的直接责任和领导责任。

（六）财政专项资金项目的效率审计

财政专项资金的效率审计主要是评价财政专项资金在整个流转过程中的效率。也就是看预算管理制度是否有效，项目管理是否科学、合理，是否按照规定执行，资金拨付是否恰当；管理制度是否更新，是否与实际情况相适应且可以很好的指导实践活动；有无健全的考核评估制度等，以审查出被审计单位因管理制度不健全或者不先进而造成的资金使用效率低下的行为。专项资金项目的效率审计内容包括两个方面：一是直接效率审计，二是控制系统审计。

1. 直接效率审计

当有适当的标准进行评价时，审计人员应将审计重点放在资金流程是否畅通有效等系统要素之间的关系分析上。当审计人员可用合适的标准对产出结果和影响等要素的质量数量及成本进行衡量时，直接对效益进行审计就比较容易操作。这种审计策略的逻辑是：当项目取得了令人满意的成绩时，其实施过程和内部控制存在严重问题的风险是很低的。此时，其对内部控制进行的检查仅限于结果未能令人满意的方面，分析的重点是为什么内部控制没有防止这种不利情况的发生。

2. 控制系统审计

当合适的标准不能获得时可以采取对控制系统进行审计的方法。这种方法的逻辑是对内部控制的各个要素进行分析检查和测试。审计中常常要考虑以下问题：实施的控制措施是否与政策目标相一致，政策目标是否转化为具有明确运作目标的操作计划，是否对该运作目标的实现程度进行了计量，这种方法还须考虑实行的内部控制是否提供相关可靠和及时的信息，这些信息包括人力资源、财力资源和其他资源的投入各种活动的执行过程和所产生的结果需要与运作目标进行比较以评价其效果性。而当二者存在差异时，就需要进一步检查是否采取了补救措施对操作计划进行调整，以及对资源的配置与活动的执行进行调整。通常，实务中很少单独采用一种模式，而应将两种模式进行有机的结合，以达到最好的审计效果。

（七）财政专项资金项目的效果审计

财政专项资金的效果审计是对项目的进展或者完成情况所做的审查。就是看财政专项资金是否满足国家宏观调控的经济要求，是否满足社会的需要，是否给整个社会带来积极的影响。这就要对项目的完工情况以及质量进行审查，是否在规定的时间内完成任务，项目质量是否符合要求，能否对人们收入、就业、生活水平、技术进步等带来积极的影响，该项目是否对环境造成了破坏，有没有保护自然资源，或者开发利用了新能源等，从多个角度去分析该项目对经济、社会带来的综合影响。具体审计内容包括以下三个方面：

一是要审查项目的实际投资与预算之间的差异，反映擅自扩大项目规模或缩小项目规模，导致项目运行的经济效益低下的问题。

二是审计项目完成后所产生的经济和社会影响，是否有利于当地就业生活条件改善、经济社会发展、控制环境污染、保护自然资源、促进地方科技进步、是否属于某些领导干部的形象工程和政绩工程等。关注财政专项资金的投入方向是否一致，是否符合公共财政要求，是否满足政府提供公共产品和公共服务的需求。

三是检查相关政策效应的发挥，并及时准确地判断政策执行的影响，发现阻碍政策的实施或导致政策偏离预期目标的客观因素的影响，评估专项资金在教育、卫生、社保、三农等领域的既定政策目标实现情况，努力提高重点民生资金和重点项目资金的绩效水平。

总之，绩效审计需从整个业务流程入手，用正确的管理原则、管理办法和管理政策与实际实行的相对比，沿着决策、执行和监督的路径，通过预期目标与实际结果之间存在的差别，找出制度上或管理上的缺陷，防止决策失误、执行不力和监督失效等方面的问题，通过完善制度和管理，达到提高绩效的目的。制度和管理方面的问题必然带有系统性和整体性，绩效审计的目的不是全面审计，而是在突出重点的基础上追求系统性和整体性。

三、财政专项资金绩效审计方法

财政专项资金绩效审计工作政策性强，审计对象多样，审计目的各异，必须针对不同的审计对象和目的设计不同的审计方法。财政专项资金审计不仅应沿用传统常规的审计方法，而且应针对专项资金，不断进行审计方式方法的创新。

审计人员在审计工作中经常通过突击审核法、交错审计调查法、实地盘点法、函证法、走访座谈法、问卷调查法、动态监控法等开展审计工作。鉴于财政专项资金的特点，财政专项资金绩效审计强调的是在突出重点的基础上追求系统性和整体性。因为好的绩效不能由某个环节或某个方面所决定，而只能由系统整体的绩优来决定。因此，除了这些常规审计方法之外，还可运用一些特殊的方法。与绩效审计、专项资金密切相连的一些特殊方法是本部分重点阐述的内容。本章节重点采用系统论法、平衡计分卡法及 PDCA 循环法三种方法核心的原理进行绩效审计方法的研究。

（一）系统论法

1. 系统的概念和原理

系统是由若干相互联系、相互作用的元素按一定方式组成的统一整体，它具有多元性、相关性、整体性的特征。例如财政专项资金从设立到完成的整个过程就构成一个系统，每个环节就是系统中的一个元素，多个元素相互联系、相互作用，便形成了财政专项资金这一系统整体。要研究系统原理在审计工作管理中的应用，首先必须弄清楚以下四个原理。

（1）整体突现原理

若干事物按某种方式相互联系而形成一个系统，就会产生出它的组成部分和组成部分的总和所没有的新性质，这种性质只能在系统整体中表现出来，一旦把系统分解为组成部分，这种性质便不复存在，这就是系统的整体突现原理。

（2）系统结构原理

元素之间一切联系方式的总和称之为系统的结构。没有按一定结构框架组织起来的多元集合是一种非结构，结构不能离开元素单独存在，只有通过元素之间的相互作用才能体现其客观存在性。结构有空间结构和时间结构，有硬结构和软结构之分。空间结构是指元素在空间的分布排列方式，系统运行过程中呈现出来的内在时间节律称为时间结构。一般来说，空间排列属于硬结构，细节关联，特别是信息关联则属于软结构。

（3）等级层次原理

复杂系统中通常包括多个子系统和多种关联方式，有必要对这些子系统和关联方式进行划分。根据子系统和关联方式对系统划分的结果就产生了系统的多层次性。我们对这些子系统和关联方式从不同角度划分可形成不同的等级层次。如按职责权限划分，可分为一级审计机构、二级审计机构。实际上，等级层次原理在现代管理工作中都已广泛应用。

（4）效率性原理

效率性原理是在系统既定的结构与层级下，系统各要素相互作用所达到的投入产出效率。效率问题是系统论核心问题，也是财政专项资金效率审计的核心解决方法。财政专项资金的使用效率与所投资项目的投入效率是绩效审计的主要审计内容。根据定期收集的财务数据，应分析专项资金的投入产出的效率，可以采用 DEA（数据包络分析）进行分析。

2. 系统论原理在财政专项资金绩效审计中的应用

（1）整体突现原理的应用

整体突现原理可以应用于专项资金绩效审计中的各个方面。主要是运用全面的观点、发展的观点、普遍联系的观点，抓住为什么“突现”，“突现”的是什么，在什么地方“突现”的等问题的实质。如在审计准备阶段，我们可以把审计工作方案作为一个系统，方案的各项目内容就是要素，那么审计工作方案这一系统“突现”的是精心、科学、合理的审计工作规划，是实施具体审计项目的安排和依据，而不是一纸空文。在实际工作中，审计人员往往不重视审计工作方案，千篇一律、内容简单，甚至审后再补。在实施审计阶段，我们可以把一个项目作为一个系统，流转的每个环节就是构成要素。那么，这一系统“突现”的是项目运转过程中的关键点，各环节之间的钩稽关系等。在审计终结阶段，我们可以把查证出的问题作为一个系统，单个的可以量化或不可以量化的审出问题就是构成要素，那么，这一系统“突现”的是采用的会计政策、会计核算程序和方法是否合法、合规，执行财经纪律的情况，以及会计信息是否真实可信。

（2）系统的时间结构原理的应用

系统的时间结构是指系统运行过程中呈现出来的内在时间节律，反映在我们的审计实践工作中就是前后连贯的审计步骤和程序。一般来说，这些审计步骤和程序不能短缺和前后倒置。系统时间结构原理在专项资金审计各个阶段的应用都较为广泛，具体为：

审计准备阶段：组织审计人员了解被审计单位基本情况；参加人员对各自了解的情况进行整理分析，写出详细的分析报告；结合以前的审计档案（如果以前对该单位审计过），汇总整理分析被审计单位的基本情况；由经验较丰富审计人员（一般是主审）编制审计工作方案，初步确定审计范围、审计重点、审计方式和审计人员分工等内容；组织审计人员讨论确定审计实施方案；报上级主管部门或主管领导批准审计实施方案；审计实施方案不获批准，进行修改，重新通过报批；批准审计实施方案；把批准的审计实施方案印发给审计组人员。

审计实施阶段：进点前审计小组动员会；进点后听取被审计单位基本情况汇报，提出质疑并要求相关人员解释；审计人员根据分工实施审计查证程序；审计查证中必要的信息通报和工作小结；继续进行审计查证工作；认为程序到位、证据充足，结束查证工作。

审计终结阶段：汇总和分析审计查证情况，检查有无遗漏，确定是否追加审计程序；如无遗漏，审计人员编制审计工作底稿；主审汇总审计工作底稿并审核；与被审计单位交换意见；听取被审计单位陈述；被审计单位负责人在底稿上签字并加盖单位公章；撰写审计报告并报负责人批准；审计报告送达被审计单位并取得书面回复意见；被审计单位不服可向上级审计机关要求审计复议。

从每个审计阶段的步骤和程序上看，如果把每个审计阶段作为一个系统，那么，系统运行中呈现出很强的内在时间节律。一般来说，我们既不能缺少审计步骤和程序，也不能打破这种前后连贯的内在时间节律，只有这样，我们才能保证审计程序到位、审计步骤规范，才能取得充分的审计证据，保证审计工作质量，最大限度地降低审计风险，更好地完成各项具体的审计任务。

（3）等级层次原理的应用

一是利用等级层次原理确定重点审计问题和重点审计领域。开展任何一个审计项目由于人力和时间的限制、审计成本的考虑，都不可能事无巨细、面面俱到，需要确定重点审计问题和重点审计领域。因此可以利用等级层次原理，采用定量和定性的分析方法，把审计问题和审计领域划分为一般、重要、特别重要等层次，从而采用不同的审计方法，抓大放小，提高审计效率、确保审计质量、减少审计成本。当然划分需要丰富的经验知识和相当的专业判断。

二是在做出审计处理时利用等级层次原理。对于审计查证出的可量化和不可量化的问题，进行定量和定性分析，依据一定标准，可将所有问题划分为：轻微问题，不予处理或不在报告中反映；重要问题，给予处理并在报告中反映；重大问题，给予处理并附加惩罚措施等层次。对于各层次问题，应分别对待，突出重点，加大对性质严重问题的处理和惩罚力度，加大审计整改落实力度。

三是在评估审计风险时利用等级层次原理。审计风险包括控制风险、固有风险、检查风险，无论在审前对审计风险的评估中，还是在审后对审计风险的再评估中，均可以利用等级层次原理。我们可以把审计风险划分为可以接受、基本可以接受、不能接受、存在特别重大审计风险等层次。针对不同的风险程度，采用繁简不同的审计程序和方法，安排最合适的人员去实施，力求最大限度降低审计风险。

（4）效率性原理的应用

效率性原理在专项资金绩效审计中具有重要的应用，主要表现为三个方面：第一，在财政专项资金预算过程中审计资金的预算效率；第二，在财政专项资金使用过程中审计资金的实际使用效率，具体采用投入产出分析；第三，在财政专项资金所形成的投资项目审计中，采用效率性原理分析项目的投入产出效率，主要使用NPV、IRR与DEA分析投资项目的效率。

需要注意的是，不是所有系统论的理论和方法在专项资金绩效审计中都能得到应用，但是专项资金绩效审计中处处都会涉及系统理论与方法。因此，在专项资金绩效审计中应充分利用系统方法论，以期达到良好的审计效果。

3. 案例研究——基于等级层次原理开展土地出让金绩效审计

（1）立项选择

利用等级层次原理确定重点审计问题和重点审计领域，也就是说，在立项环节，应选择存在明显影响绩效的重大问题的项目。江苏省某市审计局在近年来对土地出让金的常规审计中已发现，全市土地出让金逾期缴纳数额逐年加大。逾期缴纳数额过大、逾期缴纳时间过长，导致了一系列问题。基于出现的问题，经过周密思考和多次研究，确定将当年度市本级出让金审计立项为结合型绩效审计，重点对土地出让金逾期缴纳情况展开绩效审计，并将审计目标确定为：深入调查土地出让金逾期缴纳的全面情况，在此基础上分析土地出让逾期缴纳的直接及深层原因，以及逾期缴纳土地出让金给政府带来的直接及间接损失，并提出针对性的审计建议，以促进完善有关制度建设，减少土地出让金逾期的不利因素，同时促进有关单位研究改进征缴与清欠方式、方法，进一步加大逾期土地出让金的清欠力度，促进提高政府资金使用效益。

（2）审计的主要思路和内容

审计组通过对土地出让金逾期缴纳现象的初步分析，结合审计调查了解的情况，确定了审计的主要思路：一是对土地出让金逾期缴纳现象的调查和分析，包括逾期缴纳的基本特征、逾期缴纳类型划分、逾期缴纳年限及比重分析、逾期缴纳的发展趋势；二是逾期缴纳现象造成的影响分析，包括经济利益损失和对土地市场运转造成的直接影响，对财政运转和城市发展造成的间接影响；三是逾期缴纳的原因分析，包括出让方、受让方因素，体制机制因素，经济发展因素，市场环境因素等；四是对策研究，包括个性化解决方式和体制、机制方面的改进等。

（3）审计成效

审计结果引起决策层的高度重视，土地出让金逾期缴纳问题在市本级预算执行审计工作报告中予以重点披露，市人大为此形成重要问题审议意见，提请市政府责成相关部门加大清缴力度；市长亲自主持召开市区土地出让金清欠工作会议，要求市各有关部门采取有力措施，确保土地出让金按期足额缴纳。国土部门积极采纳审计建议，建立、健全土地出让金收缴工作的若干规定，规范了土地出让合同签订、出让金征管等程序，加大了保证金的征收力度，建立了内部责任追究、开发商诚信通报等制度。在审计整改建议推动下，土地出让金清欠效果显著，催收逾期土地出让金比率超过90%；次年土地出让金征收比率大幅提高，创历年出让金收缴最好水平。

从以上分析可以看出，系统论的相关原理方法在土地出让金逾期问题绩效审计中得到了恰当的利用，并取得了显著的成效。

（二）平衡计分卡法

1. 平衡计分卡的基本理念与原理

平衡计分卡是一种新型的目标管理系统，它扩大了目标管理的内涵，通过财务、客户、内部运营过程、学习和成长（财务和非财务）四个维度指标之间相互驱动的因果关系展示组织的战略轨迹，实现绩效考核、绩效改进以及战略实施、战略修正的目标。平衡计分卡中每一项指标都是一系列因果关系中的一环，各项指标形成因果链，通过把相关部门的目标同组织的战略目标联系在一起，在实现部门目标的同时实现战略目标，而“驱动关系”是指平衡计分卡的各方面指标必须代表业绩结果与业绩驱动因素双重指标的绩效考核。之所以称此方法为“平衡”计分卡，是因为这种方法通过过程和结果考核手段之间的相互补充“平衡”，不仅使绩效考核的地位上升到组织的战略层面，使之成为组织战略的实施工具，同时也是在定量评价与定性评价之间，客观评价与主观评价之间，指标的前馈指导与后馈控制之间，组织的短期增长与长期发展之间，使组织各个利益相关者之间在寻求“平衡”的基础上完成绩效考核与战略实施过程。在财政专项资金审计引进平衡计分卡理念的过程中，对“平衡”的理解尤为重要。平衡计分卡在财政专项资金绩效审计中的应用主要是在绩效评价体系的建立方面。

2. 平衡计分卡在财政专项资金绩效审计中的应用

（1）基于平衡计分卡的财政专项资金绩效审计评价指标体系构建

围绕财政专项资金绩效审计的核心内容，结合平衡计分卡的原理，本部分拟构建用于一般财政专项资金绩效审计的评价指标体系。对应平衡计分卡的四个维度与均衡特点，财政专项资金审计应在合规合法性审计的基础上，进行经济性、效率性和效果性审计。平衡计分卡的四个维度分别为财务、顾客、内部流程与学习成长。就财政专项资金而言，考虑到四维度之间的因果关系，将财政专项资金绩效评价指标体系划分为前期决策维度、运作管理维度、财务维度、效益维度（见图1）。效益是其绩效评价的最重要目标；前期决策其次重要，因为追求的社会效益取决于前期决策的合理性；运行管理良好是要求；财务目标对以上三个维度来说是支持性、基础性的，故放在评价体系的最底层。

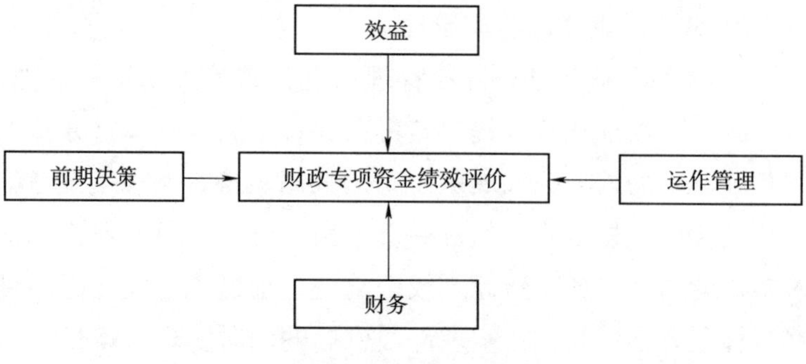

图1　财政专项资金绩效评价的四个维度

由于财政专项资金的种类多，本课题无法穷尽所有专项资金形式的评价指标，而平衡计分卡是一个动态的可扩充的评价指标体系（见表1），审计人员可以在审计实践中对其加以完善补充，使其更符合具体项目绩效审计的要求。前期决策是否合理，直接影响建设项目投产或交付使用后经济和项目效益，包括建设项目前期工作的投资决策，可行性研究和施工设计等。它是一种估计和预测，无法用具体的数据来衡量，所以指标设定时以定性指标为主，辅以定量指标。专项资金运作管理是为了实现建设目标，有效地获取和使用各种资源，对项目的全过程进行计划、组织、领导和控制等一系列活动的过程。该维度主要评价管理活动的效益，比如实现为了如期完工、成本低廉、质量过硬、费用合理等目标而进行的管理活动的效益。财务维度是对其经济效益评价的基础，也是最量化、最具纵横可比性的绩效指标，这里可以全部采用定量指标。效益维度可从经济效益、社会效益和环境效益三大方面进行评价。

表1　财政专项资金绩效评价指标体系

维度	指标	权重
前期决策维度	项目可行性论证报告科学合理性	
	审批手续的合规性	
	拨付程序的合法性	
	选址计划合理性	
	计划规模合理性	
	设计变更率	
运行管理维度	进度管理的严谨性	
	制度机构的健全性	
	组织管理的科学性	
	工程监理的有效性	
	专项资金到位率	
	专项资金使用到位率	
	项目质量指标	

续表

维度	指标		权重
财务维度	项目资金完成率		
	目标任务完成率		
	项目内含报酬率		
	项目投入产出率		
	自筹资金依存度		
	设备购置费用增减率		
	项目返工返修率		
	建设管理费用率		
效益维度	经济效益	项目成本收益率	
		资金支出弹性	
		专项资金乘数	
	社会效益	政策目标变动率	
		就业变动系数	
		社会保障系数	
		人文发展指数弹性系数	
	环境效益	环保效益系数	
		城市绿化效益	
		三废综合治理效益	

（2）基于平衡计分卡的财政专项资金绩效审计评价指标体系的运用

①指标选择的原则

相关性原则。在指标选取过程中要注意区分指标的各种影响因素，剔除掉那些不受财政专项资金影响的指标，选择那些与考评项目有直接或间接联系的指标。

定量指标为主、定性指标为辅的原则。为实现整个考评体系科学合理，应将定量和定性指标有机地结合，以定量指标为主、定性指标为辅。

全面性与特殊性相结合的原则。绩效评价时要充分考虑专项资金支出的目的。不仅要确保指标体系的全面性，而且要针对具体评价对象的特点，适时调整指标体系和不同指标的权重。

②财政专项资金绩效评价的标准

财政支出绩效评价标准是指以一定量有效样本数据为基础，利用数理统计的原理进行预测和分析而得出的标准样本数据。根据这些标准样本数据能够具体将财政评价支出行为的优劣等特征通过量化的方式进行度量。评价标准应以财政专项资金的性质、类别为基础，采用行业标准、计划标准、历史标准、经验标准等方法取得。

③对指标数据进行标准化处理

在所构建的综合评价模型中融入了财务指标和非财务指标，定性指标和定量指标，由于各个指标的度量单位数量级存在的差异导致指标之间存在着不可公度性，因此，必须对所有指标数据进行标准化规范化处理，将其转化为无量纲、无数量级差异、方向一致的标准指标值，然后再进行指标合成。目前常用的指标标准化方法有 Z - score 法、比重法、极差法、秩次化法等。选择合适的指标标准化方法能够有效提高综合评价结果的准确性，但还需要审计人员在具体工作时依照经验而定。

④评价指标权重的设置

计算各部门和各项目得分时首先要确定对应的各绩效指标权重。目前指标权重的确定方法主要分为主观法和客观法两大类。常用的方法有德尔菲法、层次分析法、主成分分析法、聚类分析法等。

⑤综合评价值的计算

绩效评价计分就是将财政专项资金绩效评价指标进行无量纲化处理，消除原始变量量纲的影响，给每个指标打分，然后通过对每个指标设置不同权重，根据一定的指数合成方法，计算出评价指标的综合得分，形成量化的评价结果。在对专项资金的使用效果进行综合评价时主要的计分方法有功效系数法、数据包络分析法、综合指数法等。

3. 案例研究——某市科技专项资金绩效审计评价指标体系的构建

（1）指标体系的形成和权重的确定

除科技成果转化资金外，其他各类科技专项资金（基础研究计划、科技研究与创新环境条件建设、应用技术研究与开发等）都很难准确地衡量其经济效益、社会效益，所以审计实践中，仅对科技专项资金产出及效果进行分析，从资金保障、经济社会效益、实施管理指标来考察专项资金绩效情况。科技成果转化目标定位是扩大科技成果覆盖面和转化率，根据该项资金的目标，建立了由10个定量指标和5个定性指标组成的指标体系，并确定了各指标的权重，其中生态环境效益、发展规划情况、项目立项情况、项目筛选情况和财务合规情况为定性指标，其他指标为定量指标（见表2）。

表2　科技成果转化绩效评价指标标准值

	二级指标		三级指标						
	指标名称	权重	指标名称	标准值	优	良	中	低	差
科技成果转化绩效评价标准	资金保障指标	0.2	1. 专项资金到位率	88%	≥96%	≥92%	≥84%	≥80%	<80%
			2. 专项投入乘数	–	–	–	–	–	–
			3. 配套资金到位率	90%	≥98%	≥92%	≥88%	≥84%	<84%
	经济社会效益指标	0.5	4. 成果转让收入增长率	6%	≥14%	≥10%	≥6%	≥3%	<3%
			5. 新产品增加值增长率	10%	≥15%	≥13%	≥10%	≥5%	<5%
			6. 就业增加率	7%	≥13%	≥10%	≥7%	≥4%	<4%
			7. 成果转化率	9%	≥14%	≥12%	≥9%	≥4%	<4%
			8. 投入利税率	75%	≥100%	≥85%	≥70%	≥50%	<50%
			9. 创汇节汇率	15%	≥30%	≥20%	≥10%	≥5%	<5%
			10. 生态环境效益	–	–	–	–	–	–
	实施管理指标	0.3	11. 发展规划情况	–	–	–	–	–	–
			12. 项目立项情况	–	–	–	–	–	–
			13. 项目筛选情况	–	–	–	–	–	–
			14. 计划进度完成率	80%	≥90%	≥85%	≥75%	≥70%	<70%
			15. 财务合规情况	–	–	–	–	–	–

（2）评价标准及计分方法的确定

采用历史标准，即历史数据作为样本，运用递进平均法计算出各个指标的标准值。将标准值区间转化为标准百分区间：优及以上的标准得分为（90，100），（良，优）的标准得分为（80，90），（中，良）的标准得分为（70，80），（低，中）的标准得分为（60，70），（差，低）的标准得分为（0，60）。

定量指标采用功效系数法进行无量纲处理，并利用下面的计算公式计分：单项指标得分＝基础分＋调整分。基础分是指某指标实际值所处标准区间的标准分数。调整分是指某指标实际值所处某标准区间内，超过本区间标准分数部分应得的分数。计算公式为：调整分＝（指标实际值－本区间下档值）/（本区间上档值－本区间下档值）×（本区间上档标准分－本区间上档标准分）；定量指标得分＝∑（单项指标得分×单项指标权重）。

定性指标得分是将每位评议人员对单项定性指标的评分加总，再除以评议者人数，得出各项指标的最终分数，计算公式：单项指标得分＝∑每位评议人员的打分/参加评议人数。

综合得分＝∑（单项指标得分×二级指标权重×单项指标权重）。

（3）评价结果分析

根据某市科技成果转化有关数据计算出了9个定量评价指标的实际数据值。对于5个定性指标，则采取专家评议法来评价，通过讨论和打分，得出这5个三级指标的分值。关于“专项投入乘数”指标假定评价为“中”，总体得分为3。计算得出科技成果转化绩效评价结果为84.94分，这说明某市科技成果转化项目绩效良好。

（三）PDCA循环法

PDCA循环又叫戴明环，是美国质量管理专家休哈特博士首先提出的，由戴明采纳、宣传，获得普及，从而也被称为“戴明环”。PDCA是指Plan（计划）、Do（执行）、Check（检查）和Action（处理），PDCA循环就是按照这样的顺序进行管理，并且循环不止地进行下去的科学程序。P（plan）计划：包括方针和目标的确定以及活动计划的制订。D（do）执行：具体运作，实现计划中的内容。C（check）检查：总结执行计划的结果，分清哪些对了，哪些错了，明确效果，找出问题。A（action）处理：对检查的结果进行处理，对成功的经验加以肯定，并予以标准化；对于失败的教训也要总结，引起重现。对于没有解决的问题，应提交给下一个PDCA循环去解决。“PDCA循环工作法”是一套严谨的审计工作方法，是一套覆盖审计工作计划、执行、结果跟踪到最后处理的严格流程管理法。PDCA 循环法在财政专项资金绩效审计中的应用，主要是表现在审计质量的控制方面。

1. PDCA 循环法的特点和基本理念

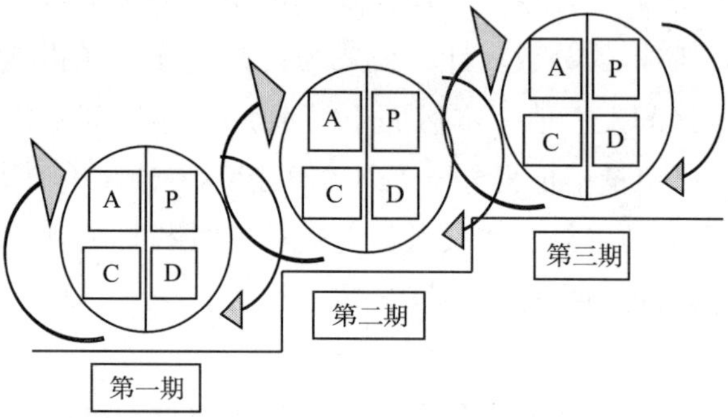

图 2　PDCA 循环图

PDCA 循环中，四个阶段中每个阶段都不是孤立存在的，而是紧密联系、相辅相成，而且每一阶段中都包含微小的 PDCA 循环。而处理阶段是 PDCA 循环的关键，因为处理阶段就是解决存在问题，总结经验和吸取教训的阶段。该阶段的重点又在于修订标准，包括技术标准和管理制度。没有标准化和制度化，就不可能使 PDCA 循环转动向前。PDCA 循环，可以使我们的思想方法和工作步骤更加条理化、系统化、图像化和科学化。它具有如下特点：

（1）大环套小环，小环保大环，推动大循环

被审计单位同样具有自己的 PDCA 循环，层层循环，形成大环套小环，小环里面又套更小的环。大环是小环的母体和依据，小环是大环的分解和保证。各级部门的小环都围绕着企业的总目标朝着同一方向转动。通过循环把企业上下的各项工作有机地联系起来，彼此协同，互相促进。

（2）不断前进、不断提高、阶梯式上升

PDCA 循环就像爬楼梯一样，一个循环运转结束，然后再制定下一个循环，再运转、再提高，不断前进，不断提高。每通过一次 PDCA 循环，都要进行总结，提出新目标，再进行第二次 PDCA 循环，使审计质量的车轮滚滚向前。PDCA 每循环一次，审计质量水平进步一层。

绩效审计是通过审计找出效果差、效率低的原因，向利益相关者披露相应的信息或提出整改的建议，通过利益相关者的共同努力，达到提高效益的目的。在审计中，被审计单位或个人对制度的创新可能成为修改制度的建议，这也与 PDCA 的原理相呼应。综上所述，PDCA 循环可以在审计工作的每一个过程中开展，亦可以在整个过程系统开展。可以在审计工作质量管理中，也可以在具体项目质量控制中实施，又可以在整个内审体系中实施，而且也可以在审计工作的自身开展，从而实现全面动态的审计工作管理。

2. PDCA 循环法在绩效审计中的应用

（1）P（PLAN）——审计工作计划阶段

以法定审计业务为主线，以年度国家宏观经济政策和经济工作重点为导向，选择审计项目，分析和预测审计质量现状，提出审计项目计划安排初步意见。必要时审计机关可以通过网上问卷和实地访问等方式，开展立项前的摸底调查，根据项目要求和相关规章制度、法律法规等，分析存在或可能存在的问题及影响要素，并寻找出问题所在，选好绩效审计项目，确定审计计划，编制审计工作方案。

（2）D（DO）——审计工作执行阶段

主要包括组成审计组、调查了解、编制方案、制发通知书、召开进点会议、按分工开展审计工作、发现并收集审计证据、编制工作底稿、召开审计情况通报会、现场质量控制、汇总审计资料、撰写征求意见稿、征求被审计单位意见、法制机构审理、审计机关业务会审定、签发审计文书、整理审计档案等环节。其中针对绩效审计有三个方面需要特别注意。

其一，在组成审计组环节，特别要根据绩效审计所涵盖的专业领域，挑选具备专业技术知识、胜任审计工作的审计人员。重视对审计人员的审前培训工作，使其掌握绩效审计项目的立项背景和意图，提高审计人员宏观意识。

其二，在审计实施环节，审计分工和人员调配要紧扣审计目标，根据绩效审计目标细化派生出若干“审计事项”，审计组应将绩效审计的事项、责任人、评价方法、需要收集的证据、证据来源、如何收集数据并进行分析等内容列入一张工作清单中，审计实施前予以明确。

其三，在签发审计文书环节，含有绩效审计内容的审计报告和绩效审计报告，向派出审计组的审计机关报送。为充分利用审计成果，审计机关可与人大、政府等相关部门建立协调机制，扩展审计成果利用渠道，将报告以抄送等形式分发至上述部门；专题报告和审计信息简报应由派出审计组的审计机关向同级政府报送；绩效审计公告由派出审计组的审计机关向社会公布，但需经同级政府批准。

（3）C（CHECK）——审计工作追踪阶段

本步骤进行效果检查、检查验证、评估效果。方案是否有效、目标是否完成，需要进行效果检查后才能得出结论。将采取的对策进行确认后，对采集到的证据进行总结分析，把完成情况同目标值进行比较，看是否达到了预定的目标。如果没有出现预期的结果，应该确认是否严格按照计划实施对策，否则就要重新进行最佳方案的确定。包括复核审理审计报告至审计报告发出并督促整改。对于整改的部门是否达到预期的效果进行监督，对于发现的问题，提出的计划，以及修改的措施，是否完全达到期望的效果，这也是对审计工作人员能力的一种检验。

审计工作追踪也称后续审计，是指审计工作机构为检查被审计单位对审计发现的问题所采取的纠正措施及其效果而实施的审计。其基本目的是为了审查和监督被审计单位是否对报告中揭示的问题和偏差进行了纠正和改进，采取的纠正措施是否及时、合理、有效。可见，审计工作追踪是工作中不可或缺的关键程序，不仅关系到审计工作的质量，而且对于组织机体的纠错防弊和风险预警作用反映更加充分和有实效，把后续审计作为每年内审计划的重要内容之一。

（4）A（ACTION）——审计工作处理阶段

本步骤进行标准化，固定成绩。标准化是维持审计治理现状不下滑，积累、沉淀经验的最好方法，也是审计治理水平不断提升的基础。可以这样说，标准化是审计工作系统的动力，没有标准化，审计就不会进步，甚至下滑。对已被证明的有成效的措施，要进行标准化，制定成工作标准，以便以后的执行和推广。所有问题不可能在一个 PDCA 循环中全部解决，遗留的问题会自动转进下一个 PDCA 循环，如此，周而复始，螺旋上升。

对于方案效果不显著的或者实施过程中出现的问题，进行总结，为开展新一轮的 PDCA 循环提供依据。在审计工作追踪的后期，对于一些跨部门的专业性或综合性较强的问题，依靠相关制度来加以解决。因此审计工作质量应该是系统的、全面的，它不仅是指审计工作实施本身及审计问题查处的客观、真实、正确，无差错、无风险，更应包括审计揭示问题是否最终得到落实和纠正，形成制度。

3. 案例研究——江苏省外资农业项目绩效审计的实践探索及成效

近5年来，江苏省利用外资贷款农业项目总投资超过10亿元，项目区主要分布在长江以北，涉及25个县、86个乡镇、1个省级农垦集团。省辖各级审计机关根据工作计划每年都不同程度地对外资贷款农业项目进行绩效审计调查或绩效审计，从而使全省项目区审查面达到100%。审计结果显示，各项目区绩效明显，基本实现了投资目标。

（1）开展绩效审计的基本做法

①构建绩效审计新思路

在探索绩效审计的模式上，江苏省审计机关破除单一的公证审计模式，充分利用下级审计机关自立项目审计的结果，遵循科学性、有效性、服务性、可比性的绩效审计原则，实现了三个转变。一是从单纯的查错纠弊向追求项目投资总体效果转变，分析项目的规划、设计、建设、后续养护管理等各种因素对项目整体绩效产生的影响，力图从宏观上准确把握项目的绩效。二是从资金财务审计向业务流程、制度执行审计转变，以制度健全性为基准点，以制度遵循性为启动点，以业务流程为切入点开展绩效审计。三是从单纯的审计监督向服务项目建设转变，揭示项目建设、管护中的有关问题，做到项目促进整改，规范制度，服务百姓，为政府部门决策提供准确信息（审计思路见图3）。

②创新审计技术方法体系

构建审计技术方法体系，主要是不断总结积累经验，不断提高审计技术水平，力图实现审计成本最低化，达到相对较佳的审计效果。鉴于外资农业项目的实施特征，江苏省审计机关根据审计实践，充分吸收已有的实践经验，运用国际、国内现有的外资项目审计理论，结合农业外资贷款在全省的投向及其取得的效果，积极探索创新审计技术方法，围绕问题、关注结果、追踪制度，构建了审计方法、审计目标、审计评价三位一体的技术方法体系，从而提高了审计效率和审计质量，具体见表3。从表中可以

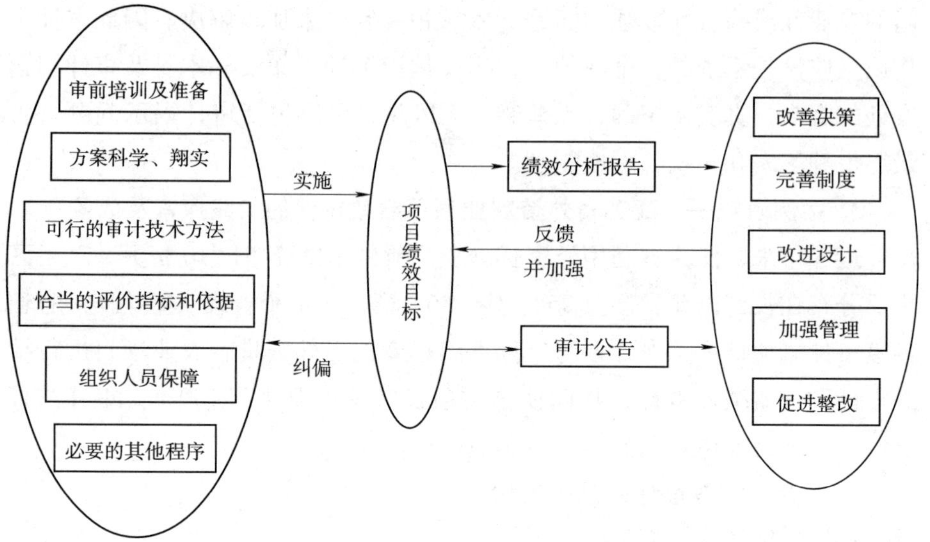

图3　项目绩效目标实现路径图

看出，随着审计目标的变化，审计评价的方向不断演变，审计技术方法也随之演变。当然，不是将每种方法都用到，而是结合外资项目区的具体特点，选取适合项目情况的技术方法。在审计实践中，利用该技术方法体系取得了显著的成效。

表3　绩效审计方法体系

序号	方法名称		审计目标	评价方向
1	先进手段	（1）计算机应用 （2）GPS 工具测量	检查资金有无挤占、挪用截留、滞留情况，查找绩效疑点，项目实施情况，提高审计效率。	被审计单位计算机技术应用水平，财务管理效率，资金管理的真实性，工程是否存在短斤缺两、以旧代新现象。
2	程序测试法	（1）符合性测试 （2）实质性测试	财务报表审计，资金占用、来源审计，提款报账审计，交付使用资产审计，“四制”的审查等。	报表的公允性、一致性，重要事项的披露，资金完整、准确性，计划的执行情况，工程质量及进度，提款报账的合规性，交付资产使用、管护等。

续表

序号	方法名称		审计目标	评价方向
3	对比法	（1）规划图与竣工图核对 （2）把计划实施表、定点定位表、投标组价表、报账明细表相互结合 （3）报账明细表、结算明细表与规划图核对	项目质量检查、进度检查，资金使用投向检查，报账情况检查，计划执行情况检查，物资采购招标情况检查等。	质量有无影响效益发挥，项目成本是否较小化，资金使用效率、效果，投向是否科学合理，资金到位率，计划执行是否存在影响效益，招标物资发挥的功能情况等。
4	结合审查法	（1）财务与业务结合审查 （2）现场观察与问卷调查结合	选项的科学、合理性，资金拨付及使用，资金配套情况，交付资产绩效情况，工程质量情况等。	选项决策、资金使用、项目管理和投资效果等实现程度。
5	调查法	（1）入户调查法 （2）设计问卷法	项目实施后农业增收情况，社会的满意度，规模生产情况，资产管护主体及经费来源，资产可持续使用状况。	经济效益、社会效益、生态环境效益等。
6	分析法	（1）实物对比法 （2）不同项目区实施情况对比 （3）计划与实际对比 （4）纵向与横向对比	投资决策的审查，项目运营管理的审查，资金流动的效益审查，投入产出效益情况审查，项目建设管理目标审查等。	投资具体效果如何：比如，资金沉淀情况，资产损失比例，目标完成率，存在风险程度，损失浪费情况及比例，项目选取合理程度等。
7	综合评价法	（1）定性评价法 （2）专家评价法 （3）综合表格测评法 （4）因素分析法	决策目标和适度、满意度，投资项目寿命、规模适度，对农业结构调整、示范、引导、带动等作用，贷款结构及外债风险状况，查找绩效低下的原因，农业产业化、品种改良程度制度是否完善，管理体制是否合理等。	决策的效用，对农业经济结构影响程度，经济效益持续情况，制度缺陷，政策完善情况。具体包括：投入产出比率、节水、土地利用提高率，农民人均收入增长率，对农业长远发展贡献，政策合理性，政府关注度，外资投向分布合理情况，环境改善效果等等。
8	其他	如计算分析法、详查与抽查结合法等	其他方法对应的目标	目标对应的评价内容

③不断拓展绩效审计内涵

在审计实践探索中，积极拓展绩效审计的内涵，丰富绩效审计的层次，将审计目标和重点内容分为三个层次，即绩效审计基本目标和内容层，项目绩效实现程度层，政策、制度和体制机制层（如图4）。在具体项目的审计中，根据项目的特点，考虑审计环境与资源的约束，确定分层投入的工作量，搭配相应的审计资源，拟定项目实施时间。

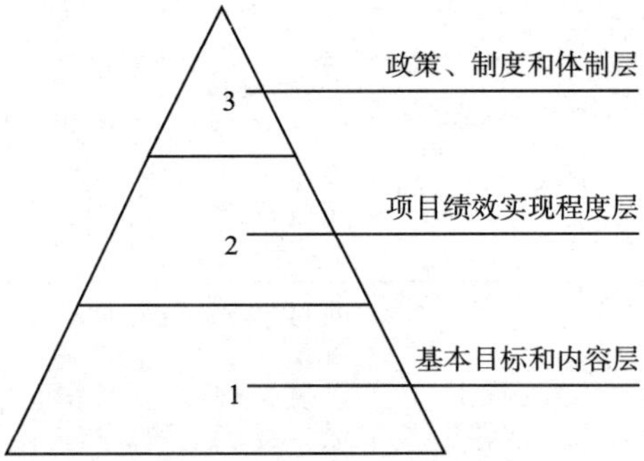

图4　绩效审计内容拓展图

④选择恰当的绩效评价指标

评价外资农业项目绩效的关键在于一套科学、恰当的评价指标，便于衡量和比较项目绩效的优劣。审计实践中，通过不断地总结、思考，破除了对量化评价指标的迷信，向多样化、科学化转变，采取因地制宜的方法进行审计结论和评价，区别不同项目、针对不同审计目标进行审计评价，有的侧重经济性，有的侧重行为过程的规范性，有的侧重效果性，在无法把握对审计总目标的评价时，对分解后的每一个具体目标进行审计评价和结论。

⑤提高绩效审计分析报告的深度

绩效审计范围和内容具有广泛、复杂性，因此，绩效审计分析报告应具备准确、客观，逻辑性、完整性较强等特点。报告反映内容应具有综合性；在信息披露表达上，要灵活多样；审计建议上，要关注宏观政策、制度层面存在的导致项目实施低绩效的缺陷，能够为宏观调控服务，为科学决策提供参考依据。图5为绩效审计分析报告实践架构。

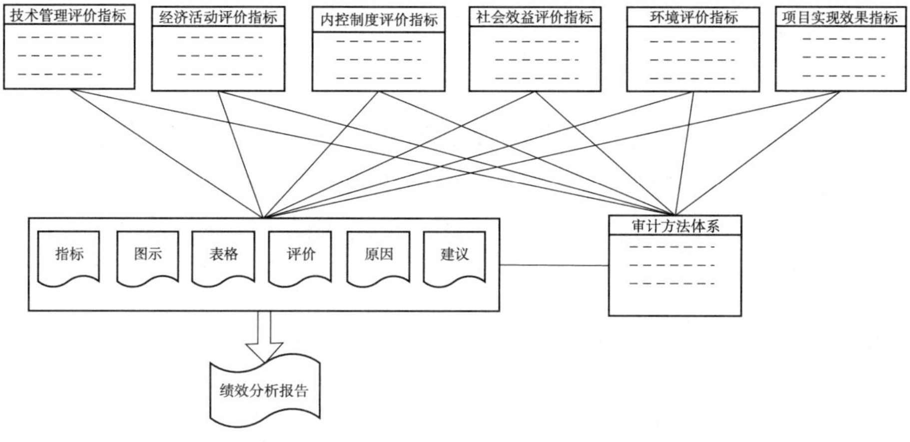

图5　绩效审计分析报告实践架构

⑥及时加强沟通，促进项目整改

外资农业项目绩效审计的最终目的，是对审计获取的信息深入分析、研究，探求问题根源，杜绝重大损失浪费，探索项目绩效最大化途径，向政府有关部门提出宏观服务性建议，促进资金有效利用，提高外资贷款使用的绩效和管理水平。因此，报告发出之后，审计部门及时沟通相关单位，督促项目整改，完善相关制度建设，引导其从三个方面重视项目运营效益：一是提高已有项目的效益；二是将正在建设的项目纳入到跟踪体系，使这些在建项目尽早发挥效益；三是促使新建项目追求社会效益、环保效益等的最大化。

（2）取得的成效

通过对此项目进行绩效审计，为政府部门宏观决策提供了依据，促进整改，完善措施，发挥作用，探讨前瞻性体制缺陷，提高了项目决策和管理的科学性。同时，对审计意见的落实、项目整改情况起到了有效的监督，对审计质量的提高有重大意义。

从以上案例可以看出，从专项资金绩效审计的立项、实施、出具审计结论到审计整改落实阶段，通过不断总结和改进，将经验制订成标准、形成制度，促进了专项资金项目的健康有序发展。

（四）财政专项资金绩效审计方法的运用

在进行财政专项资金绩效审计时，应将 PDCA 法、系统分析法与平衡计分卡法着力于绩效提高的理念贯穿运用于整个财政专项资金绩效审计实践中。系统论中的整体突现原理、时间结构原理、等级层次原理为审计人员在确定审计项目、编制审计实施方案、实施审计工作时，提供了分析的思路和导向；平衡计分卡着力于从各个角度全面评价项目的绩效。而对于评价出来的结果、好的经验做法、反映的问题，又可以运用 PDCA 法的理念，在下一次审计中不断改进，不断提高审计人员的业务能力，真正履行国家公共资金的守护者的责任。在实际应用中，三种方法应密切结合使用，以期达到良好的审计效果。

四、财政专项资金绩效审计组织方式的选择

财政专项资金涉及民生、社会及广大公民基本权益的众多问题，审计项目内容多，范围广，涉及面复杂，有效地进行组织是推进审计项目质量和效率的重要保障。在系统论中过程控制思维下，对财政专项资金的绩效审计需从审计项目选择、审计实施、实施评价全过程进行有效组织。因此，针对财政专项资金特点，有效进行组织，使绩效审计的思路更清晰，从而更有效地分析体制、机制和制度性原因，提出保障民生、促进深化改革、推进可持续发展等政策建议。

（一）科学选择审计项目

对财政专项资金绩效审计应做到“全面考察，突出重点”，结合绩效审计“3E”的标准，既考虑社会关注度高、规模大、周期长、涉及面广的财政专项资金，又要结合地区特点，区分不同类别的内容，把握和评价不同的审计重点。从党和国家的大局出发，通过前瞻性的研究、分析和预测，结合审计工作实际，进行审计项目的选择。对审计项目的选择也是一

项系统工程，涉及的面广、点多，可以借鉴存货管理中的 ABC 管理法的思维，对财政专项资金项目进行分析，充分征求相关单位包括专家咨询机构意见，确定“A、B、C”类审计项目，从而确定审计目标和内容重点。同时，加强审计项目立项和审计计划编制的思考，细化审计调查了解工作，提高审计实施方案的针对性和可行性，按照财政专项资金的走向和资金运动的规律确定计划目标。审计组织需要跨越时空和项目的单一观察，从年度审计的重点和关注的倾向性问题，进行串联和分析，分而不乱，合而为一，以提高年度财政审计项目的组织化程度。通过统筹考虑、充分论证、突出重点，提高绩效审计的工作效率和社会的满意度，促进财政专项资金效益的发挥，更好地落实政府的经济政策。

（二）建立审计协同工作机制

通过建立审计协同，充分吸收其他制约监督系统的力量、社会力量等参与到国家审计监督服务中，从而有助于形成协同治理的主体结构和社会基础，更好地推动财政专项资金作用的发挥。

首先，审计机关内部要加强组织协调，有效整合资源，做到审计项目组织管理的一体化，提高项目指挥协调、项目质量控制、项目问题综合、项目成果提炼的一体化。一是成立财政专项资金协调小组，协调小组成员由审计机关主要负责人和有关业务处室负责人组成，下设协调小组办公室。协调小组及协调小组办公室为审计机关的参谋、协调机构，为审计机关的最终决策提出意见和建议。财政专项资金协调小组主要研究讨论年度财政审计计划，审议审计结果报告和审计工作报告代拟稿，综合提炼审计成果。二是增强财政专项资金审计的信息化意识，积极创新信息化环境下财政专项资金审计的组织方式、审计思路、审计技术方法和审计领域，将审计信息化技术运用到财政专项审计工作的各个环节。三是严把质量关，建立审计事项经各业务处初审、财政专项资金办公室复审和办公会议终审的三级审核制度，确保写入报告的事项取证充分、事实清楚、定性准确、表述恰当。

其次，加强专项资金审计与预算执行审计的结合。围绕财政预算执行这一主题，抓住预算编制、预算批复、资金转拨、资金管理使用和收入征收管理等五个环节，着重研究解决政府财政层面的情况和问题。对财政审计发现的有关预算执行单位的问题一查到底，直接延伸审计，问题复杂的另行立项审计，从源头上发现存在问题的原因。对跨部门流动和管理的财政资金，探索财政专项资金绩效审计与有关专业审计联合审计的办法，从财政专项资金审计调查、财务收支审计、经济责任审计等不同角度加强监督力度。

最后，在审计实践中，要寻求建立审计机关与被审计单位之间、审计机关与财政部门之间、审计机关与社会公众之间的协调配合的联动机制，最大限度地吸引公民、非政府组织等力量参与到政策制定、实施、评估过程中，参与对国家审计行为的监督与检查，在平等、自愿、磋商基础上，加强信息沟通交流、信任协作。

（三）有效运用不同审计实施方式

在进行项目审计时，应该针对具体情况进行审计实施方式的选择。

1. 联合审计

若以规模大、周期长、涉及面广的财政专项资金为审计对象时，可由上级审计机关牵头，对所涉及的区域与区域审计机关进行联合审计，共同研究和解决存在的问题。统一目标、分别实施、相互支持、成果共享，同时要注意不同审计机关之间的沟通和协调。

2. 同步审计

若对某些专项资金进行审计时，可采用同步审计的方法，由上级审计机关统一组织，组织各级审计机关在同一时间分别对本地区的状况进行审计，从上级的政策制定到下级的措施落实，从上级的资金分配到基层的资金使用，纵向深入，可以切实了解专项资金决策的科学性、制度的到位性和资金的效益性，全面评价财政专项资金的工作绩效，从体制、机制层面提出审计建议，从而推动本区域专项资金的顺利运行。

3. 跟踪审计

重大建设项目通常具有长期性和缓慢性特点，对一些重点项目以及一些列为审计重点的涉及时间长的事项，可采用分期跟踪审计的方法，以一年、两年或三年为一个阶段，就同一审计目的和审计内容进行连续跟踪审计，将每个阶段的审计情况汇总起来，就能比较准确地反映专项资金变化的总体状况。

4. 分项审计

对于某些专项资金的绩效审计（比如环境保护专项资金），相关的专业审计人员可能比较短缺，承担整个行政区域的审计项目的力量可能不足，可以采用分项连续审计的方法，将专项资金按不同内容分成若干子项目，统一目标、明确分工、分别实施子项目，不同内容的审计结果组成环境保护审计项目的整体状况。

参考文献

［1］黄红华．统筹城乡就业中的政策工具——以浙江省湖州市为例［J］．中国行政管理，2009（2）．

［2］闫光武．专项资金绩效审计的内容和方法［EB/OL］．岳阳市审计局，2011.

［3］常小海．推进财政专项资金绩效审计的困难与解决办法［J］．现代审计与经济，2011（4）．

［4］褚进乡．“新网工程”专项资金审计的重点、难点及对策建议［J］．商业会计，2013（1）．

［5］陈代茂．财政专项资金绩效审计的内容和方法［EB/OL］．江西靖安县审计局，2010.

［6］彭国良，邹群英．关于加强财政农业产业化发展专项资金审计的思考［EB/OL］．湖南长沙宁乡县审计局，2013.

［7］王岩，刘建强．探索科目资金审计　促进财政审计一体化发展［EB/OL］．审计署哈尔滨办，2013.

［8］朱颐和，冯亚利．专项资金效益审计评价指标体系的构建［J］．财会通讯，2007（5）．

［9］陶然．财政资金效益审计浅探［EB/OL］．安徽省安庆市审计局，2007.

［10］张宪东．财政专项资金审计相关问题的探析［J］．中国集体经济，2010（16）．

［11］李官录．由县级涉农专项资金审计引发的思考［J］．现代审计与经济，2010（3）．

［12］钱绍武．提升公共财政绩效审计评价及信息化实现研究［EB/OL］．祥云县审计局，2013.

［13］王金华，田丽开，张霞，刘俊贤，邢大为．涉农专项资金审计

调查方法体系构建［J］．经济研究导刊，2012（2）．

［14］李学峰．专项审计调查方法研究［EB/OL］．蜀山区审计局，2012.

［15］曹梦菲，等．基于平衡计分卡的专项资金绩效评价指标体系［J］. 江苏科技信息，2010（8）．

［16］李昕慧．基于平衡计分卡的政府部门绩效评估指标体系研究［J］．企业技术开发（下半月），2009（4）．

［17］曹群耿．内部审计的 PDCA 循环工作法［J］．新会计，2011（7）．

［18］高明波．浅谈 PDCA 循环法在审计质量管理中的应用［J］．审计理论与实践，1999（9）．

［19］殷全新．风险导向后续审计浅议［J］．国家电网，2009（5）．

［20］杨鸿运．内部审计质量管理中多层次 PDCA 循环模式的应用研究——基于 NJ 银行动态集成化质量管理体系的实证分析［EB/OL］．江苏省审计厅，2013.

［21］吴怀明．谈谈如何进行财政专项资金效益审计［EB/OL］．兴化市审计局，2013.

［22］施青军．绩效审计的方案制定［N］．中国财经报，2007.

［23］徐艳洁．财政专项资金绩效管理［J］. 商业经济，2009（11）．

财政专项资金绩效审计研究

江西省审计学会课题组

组　长：何干成
副组长：黄大新　孟文军
成　员：胡汉崎（执笔）　江　纹（执笔）　廖义刚

【摘要】　本课题首先对财政专项资金的分类进行了探讨，并在此基础上确定了课题的研究范围。随后对我国财政专项资金绩效审计的发展现状、评价指标体系，以及审计模式的研究情况进行了阐述和分析。在经济性、效率性、效果性三大审计目标的基础上，本课题针对专项资金绩效审计的特点，提出了四个具体的审计目标。在审计对象的讨论中，本课题提出了全新的划分方式：一方面考察审计对象与其他专项资金之间的横向关联性，另一方面考察审计对象在时间跨度上的纵向连续性。通过上述两个维度的划分，将审计对象分成四大类，分别讨论了这四大类审计对象的特点、在实务中的典型性以及适用范围，并对各类审计对象逐个进行了审计案例分析。本课题讨论了财政专项资金绩效审计的三个基本内容，即财政专项资金投入的合理性、财政专项资金的流转效率、财政专项资金的使用效果。其中，在对财政专项资金的流转效率的研究中，创新的将该环节细分为两个环节——财政部门内的流转效率和相关部门内的流转效率，这种提法对财政专项资金流转效率的研究具有独创性，且具有较强的现实意义。此外，本课题还延伸讨论了两个衍生问题——专项资金绩效审计的范围与边界问题和绩效审计与绩效考评的关系问题。关于财政专项资金绩效审计方法，课题首先对绩效审计的组织方法进行了研究，并从创新审计组织实施方式、提高审计组整体实战能力、现场开展项目审理工作、注重审计方式的可行性、坚持多种审计方式相结合五个方面进行了阐述。对于绩效审计的取证方法，本课题将资料研究、座谈会与访谈、实地观察、问卷调查四种手段列为最主要的取证方法。课题组认为：绩效审计评价方法是对评价指标和评价标准的整合，是审计评价成败的核心要素。文中，首先阐述了构建评价指标、评价标准的目标与原则及评价模式，然后详细地分析了六种评价指标与标准，包括相关性、效率性、效果性、可持续性、合规性、安全性。

【关键词】　专项资金　绩效审计　评估方法

目　录

前　　言

随着国家财政专项资金投入的逐年增长，经济资源供给与需求的矛盾日益尖锐。专项资金在计划、分配、使用和管理方面的问题也越来越突出，如何加强对财政专项资金的绩效审计，全面分析财政专项资金政策的有效性，推动改善财政绩效，已成为政府绩效审计领域面临的重要课题。本课题认为，围绕构建财政审计的大格局，应积极强化对财政专项资金绩效的监督力度，构建财政专项资金的绩效审计评价指标和标准体系，根据财政专项资金事前、事中、事后绩效审计框架，合理选择具体审计目标，统筹安排审计资源，积极健全审计体制机制，提高审计效率，从而提高财政专项资金的绩效。

一、财政专项资金绩效审计概述与发展现状

财政专项资金审计是指通过独立检查财务资料和专项项目实施情况，监督专项资金计划、分配、使用、管理等方面的真实、合法、绩效的行为。

（一）财政专项资金的概念

1. 财政专项资金的定义

对于财政专项资金的定义，迄今为止还没有一个较为规范或权威的说法，在《行政事业单位会计制度》中也没有对财政专项资金做出明确规定，只是对具体的收支科目进行了说明。如行政单位会计制度中收入类为拨入专项经费，支出类为专项支出、项目支出和拨出专项经费，结余类为专项结余；事业单位会计制度中收入类有拨入专款，支出类有专款支出、

拨出专款，净资产类有专用基金等。从预算管理的角度来说财政专项资金是指财政部门或上级单位拨给行政事业单位，用于完成专项工作或工程，并需要单独报账结算的资金。

本课题认为财政专项资金是指政府部门管理的和其他部门受政府委托管理的具有专门用途的资金。它具有四个主要特征：一是财政性质，财政专项资金，是指财政预算安排或按规定征收的，纳入预算或非税收入管理的资金；二是具有专门用途，财政专项资金收支一个显著的特征就是专款专用，无论投向建设项目还是个人补助，都有其明确的用途和确定的受益对象；三是政策性强，要求专账管理，专户存储，单独核算报账，不同专项资金有不同的明确的项目、资金管理规定或办法；四是广泛性和时效性，专项资金覆盖面较广，各级财政都设有专项资金，而且每年几乎都有新的专项资金设立，即使列举也是不全面的。有的专项资金是为特定目的而设立的，具有较强的时效性，限定了征收期限，到期就自动取消，或执行新的征缴规定。

2. 财政专项资金的分类

目前对专项资金的构成尚没有统一的界定，分类方法五花八门。需要说明的是，各种不同的分类方法既不是独立存在，也不是互相排斥的，在很多方面是交叉、重复的。由于各种分类方法实际上是互为补充的关系，因此我们通常要从多个方面来认识和理解专项资金。常见的分类方法有以下几种：

（1）按收入来源分类

一是中央预算安排专项。财政专项资金有相当一部分是由中央预算安排的，如基础研究、应用研究、技术研究与开发、科技条件与服务、重大科技合作项目支出，文化体育与传媒专项支出，中央自然灾害救助支出，重大疾病防治和中医药专项支出，粮食直补专项资金支出，各种专项转移支付，江河湖海等水利工程建设的国债资金投资，中央财政的移民支出，南水北调工程基金支出，专项用于“三西”的农业建设补助支出，中央财政拨付邮政企业的专项补贴，中央财政对粮食亏损挂账的本息补贴支出，国家安全监督方面的专项支出，等等。

二是地方预算安排专项。地方预算安排的专项资金一部分是依据已出台的法规、规章规定由地方预算安排的。如地方各级政府设立的社会科学基金支出，城市最低生活保障支出，地方自然灾害救助支出，等等。一部分是按规定与中央预算安排的配套资金。如义务教育寄宿制工程支出，中央与地方用于科学技术奖励方面的支出，财政对社会保障和就业方面的支出，大气、水体、噪声、废弃物等环境保护方面的支出，用于天然林、退耕还林、退牧还草以及京津风沙源治理方面的粮食折现补贴、费用补贴等专项支出，农村生产与社会发展的扶贫支出，中央和地方农业综合开发部门安排的支出，中央与地方农网还贷资金安排的支出，等等。

三是按规定征收的专项收入。一部分由责任管理的部门直接征收，纳入预算专户管理再拨付使用，一部分由指定的部门征收或代扣代缴，纳入预算专户管理，再拨付责任管理部门使用。包括：社会保险基金收入，如基本养老保险基金收入、失业保险基金收入、基本医疗保险基金收入、工伤保险基金收入、生育保险费收入，以及其他社保基金收入；非税收入，如政府性基金收入，包括三峡工程建设基金收入、农网还贷资金收入、能源建设基金收入、库区维护建设基金收入、煤代油基金收入、铁路建设基金收入、铁路建设附加费收入、民航基础设施建设基金收入、民航机场管理费收入、养路费收入、公路客货运附加费收入、燃油附加费收入、水运客货运附加费收入、转让政府还贷道路收费权收入、港口建设费收入、下放港口以港养港收入、邮政补贴专项资金收入、散装水泥专项资金收入、墙体材料专项基金收入、外贸发展基金收入、旅游发展基金收入、援外合资合作项目基金收入、对外承包工程保函风险专项资金收入、国家茧丝绸发展风险基金收入、烟草商业税后利润收入、文化事业建设费收入、地方教育附加和基金收入、国家电影事业发展专项资金收入、农业发展基金收入、新菜地开发基金收入、国有土地使用权出让金收入、新增建设用地土地有偿使用费收入、林业建设和育林基金收入、森林植被恢复费收入、中央与地方水利建设基金收入、南水北调工程建设基金、灌溉水源灌排工程补偿费、水资源补偿费收入、残疾人就业保障金收入、政府住房基金收入等；专项收入，如排污费收入、水资源费收入、随“三税”计征的教育费附加收入、矿产资源补偿费收入、铀产品出售收入、探矿权采矿权使用费及价款收入、内河航道养护费收入、公路水路运输管理费收入、中国长江三峡工程开发总公司和中国长江电力股份有限公司缴纳的三峡库区移民专项收入，以及其他专项收入。

四是其他收入来源的专项。如到期还本付息的世行贷款、国债安排的投资资金、多部门多渠道接受的各种捐赠收入等。

（2）按资金投向分类

一是涉农专项支出。如农林水专项、土地、环境保护、农村义务教育、新型合作医疗、农业综合开发、农村扶贫专项等。

二是社会保障专项。如社会基本养老保险、失业保险、医疗保险、工伤保险、生育保险、城市居民最低生活保障、住房保障、各种社会救助等。

三是民政专项。如民政优抚事业、社会救济、社会福利事业等专项。

四是教科文卫专项。基础教育投入、义教工程、寄宿制工程、文化发展专项、重大疾病的卫生防疫和控制等专项。

五是基础设施投资专项。如能源、电力、交通、城市供水等基础设施专项资金。

（3）按部门预算分类

如劳动和社会保障、财政、农业、水利、林业、环保、教育、科技、交通、发改、老建办、文化、体育、卫生等部门，都在各自的职责范围内管理和使用财政专项资金。

3. 本课题所研究的财政专项资金范畴

财政专项资金的绩效审计是以财政投入大、群众关心、政府关注、社会影响大的政府专项资金作为审计对象。如教育、科技、文化、体育、传媒、社会保障保险、就业、医疗卫生、环境保护、城乡社区事务、农林水、交通运输等专项，不常用的或资金覆盖面小、量又少的，如国防、外交、一般公共事务、工商业事务等专项资金则不是本课题所指。

（二）财政专项资金绩效审计的概念

财政专项资金绩效审计，是审计机关在对财政专项资金收支真实性、合法性进行审计的基础上，对资金使用所达到的经济效益、社会效益和生态效益进行的审计和审计评价，目的是通过绩效审计揭露问题、促进管理、推动改革、提高效益。经济效益是指资金占用、成本支出与有用生产成果之间的比较。项目的经济效益评价应按合理配置资源的原则来进行，从国民经济的角度来考察该项目所耗费的社会资源和对社会的贡献。社会效益是指项目实施运营后为社会和个人推广运用新技术、新方法（包括提高个人管理经验和综合素质）等方面起到的示范带动作用，如项目的实施促进经济社会发展，帮助农民脱贫致富，增加社会就业等起到的作用。生态效益是指审计人员通过环保、国土、水利部门，以及城乡居民等提供的资料，评价项目运营后对涵养水源、保持水土、净化空气、防灾减灾等起到的重要作用。

（三）财政专项资金绩效审计的发展现状

作为政府审计监督重要内容之一的财政专项资金绩效审计，与其外部环境和背景密切相关，其产生与发展有着必然性。近年来，政府承担的社会义务和经济建设任务日趋扩大，政府可以利用的资源压力也越来越大，如何利用有限的资源满足公共品需求无限扩张，同时又能摆脱日益庞大的财政压力，成为摆在中央和地方政府面前迫切需要解决的大问题。绩效审计从独立的第三方角度，向公共资源的所有者或其代表以及其他利害关系人提供客观的关于政府获取、使用和管理公共资源绩效的信息，它的出现恰恰满足了社会公众的这种愿望和要求。随着社会公众的价值观念多元化、需求多样化、民主意识与参与意识不断加强，公众对财政资金及公共资源的使用情况、使用效果以及政府职能的履行情况更为关注，迫切希望通过各种手段获得与他们生活紧密联系的财政专项支出绩效的信息。绩效审计正在这一非常时期得以迅速发展，成为一种测量和评估政府支出效益、推动政府提高支出绩效，从而在一定程度上缓解经济压力的主要技术工具。与此同时，随着经济社会的发展和科学技术的进步，审计目标、审计对象、审计内容、审计技术方法等也在不断创新发展。绩效审计也就顺应审计事业自身发展的需要应运而生。

改革开放之后，我国绩效审计经历近30年的发展，在理论和实践上取得了一些成果，但仍存在诸多不足，特别是在绩效审计评价指标体系建设上，存在诸多问题，如评价指标不全面、评价范围窄、评价指标没有针对性、评价内容片面、评价指标缺乏相对应的审计标准、评价结果缺乏可比性（颜如春，2005；包国宪、董静，2006；周志忍，2006；卢海燕，2009）。与此同时，绩效审计评价模型和评价指标设计研究各式各样，没有一个共识或权威的认可。

二、财政专项资金绩效审计目标

世界上许多国家把绩效审计的目标定位在评价和改善政府性项目的执行、以及政府机构自身的运作，为政府和议会提供相关信息，包括审计发现、审计结论、审计评价以及与被审计单位及其管理和政策相关的审计建议等。

我国现行的财政收支制度中，大量的专项支出都与民生息息相关，重要性愈发凸显，这些专项资金在筹集、管理、运营、使用以及配套、后续等环节屡屡出现问题，引发了社会广泛关注。因此，我国现阶段的绩效审计，应以各类专项资金为主要对象，分析专项资金使用的经济性、效率性和效果性。主要应有以下四大具体目标：

（一）具体目标一：促进专项资金的合理、有效使用

将促进专项资金的合理、有效使用作为绩效审计的首要目标，这是由审计机关的法律职责和工作职责决定的。

在2006年修订后的《中华人民共和国审计法》第一章《总则》中，增加了“提高财政资金使用效益”一语，将其列为审计法的立法目的之一，一方面体现了国家对绩效审计的高度重视，另一方面，也将绩效审计由此前的审计机关“自选动作”，提升为审计机关的法定职责。

《中华人民共和国宪法》规定“审计机关在国务院总理领导下，依照法律规定独立行使审计监督权”，这明确了审计机关向国务院总理负责的工作职责。2013年6月，李克强总理在视察审计署时指出：“确保公共资金节约、合理、有效使用，推进宏观调控政策落实和制度完善，为持续发

展经济、不断改善民生、促进社会公正提供有力保障。”而李总理对审计机关明确提出了“确保资金合理、有效使用”的工作要求，因此将其作为绩效审计的目标是理所当然的。

注重资金使用的合理、有效，意味着在审计过程中，审计人员关注的重点必须有所改变——从原先只注重监督财政资金的真实性、合法性，转变为同时要注重经济决策和资金运用的效益。而从专项资金的绩效审计的实践来看，专项资金在投入、管理和使用等方面，存在一些普遍性的问题，主要表现在：一是项目立项不科学，项目长期有效运行的管理机制未建立；二是资金使用分散，未能统筹兼顾进行通盘考虑，各相关资金使用的协调性、配套性较差；三是资金滞留的现象较为普遍，各级财政部门及主管部门层层滞留，大大地影响了资金的及时性和项目的实施进度；四是资金投入的测算模型和后续维护机制尚未形成，资金投入量的测算依据不充分，等等。

（二）具体目标二：实现项目建成后对项目的预期绩效进行跟踪

在审计实践中，很多审计人员都发现相当多的专项资金项目，资金密集投入期基本上都处在项目的建设、实施阶段，而项目结束后往往很少有后续资金投入，即使有一些，相对于前期建设的投入也显得微不足道。站在传统的财务收支审计角度，在项目结束后立即开展审计，不仅可以及时地发现建设过程中存在的一些问题，而且便于对项目的一些显性指标进行审核、取证。

而实际上，不少项目效益的发挥，主要是其在建成后的一段时期内，有时这个时间段还会相当的长。站在专项资金绩效审计的角度，要对项目的预期绩效进行审计，就必须对项目的后续效益发挥进行跟踪审计，这样才能较为准确地评价专项资金项目是否达到预期的绩效目标，因此，对项目建成后的预期绩效进行跟踪审计显得十分必要。

为了更好地实现这一绩效审计目标，现行的“以事后审计为主”的模式也必须随之改变。逐步形成事后审计、事中审计和后续跟踪审计三种模式并重发展、互为补充的局面。

值得一提的是在后续审计方面，山东省青岛市审计局 2009 年出台了

《青岛市审计机关绩效审计通用操作指南（试行）》颇具前瞻性。在指南第一章总则的第四条中明确指出“绩效审计的基本程序包括审计计划立项、审前准备、审计实施、审计报告、后续跟踪检查等五个部分”。这一提法，将“后续跟踪检查”作为一个独立的基本程序加以确立和强调，使之成为区别于一般审计项目基本程序的显著标志。此外，该指南还将“后续跟踪检查”作为一个独立的部分单独列出，足见该指南对“后续跟踪检查”的重视和强调。

（三）具体目标三：加强对权力的监督与制约，完善相关制度

随着我国社会主义民主政治的发展和推进，人民代表大会制度将更加趋于完善，而人大对预算的制定和决算的审批也将更趋专业化、细致化。在这一过程中，人大对审计部门在预算执行审计中的要求也正在逐步提高，不仅关注财政资金筹集、管理和使用的总体情况，而且会对这些环节的细节进行审查，不仅关注资金是否用在了人民，还要关注资金是否充分发挥了效益。正如著名的会计学家杨时展先生在《现代民主政治与现代国家审计》一书的序言中写道：“在民主启蒙时期，人民只要求取之于民的能有所限度，过此限度，人民有权拒绝，至于取之于民的如何花费，人民并不过问；随着社会的发展，民主意识的增长，人民逐渐要求取之于民的必须用之于民，不按人民意志来使用，人民就要求他负政治责任；随着社会的再进一步发展，民主权利的再进一步增长，人民又进而要求，一切取之于民的，必须经济有效地用之于民，用于民而不经济，用于民而没有达到人民预期的效果，政府仍要负责任。”

上述观点，将绩效审计看作是民主意识发展的必然方向，也将绩效审计作为政府审计服务的一种更高级阶段。不仅要对资金的安全性负责，还要对资金运用过程中各种权力进行有效监督和制约，甚至要反馈出资金运用过程中存在的不经济、不合理、低效率等问题，这些都应该成为政府审计目标的重要组成部分。课题组认为，再经过一个不太长的时期，我国审计事业的发展将与世界各国审计发展趋同，走向“以绩效审计为主，财政财务收支为辅”的发展道路。绩效审计将成为推动社会主义民主政治建设，完善国家治理结构，实现权力监督制约的重要手段。

（四）具体目标四：为审计实务工作提供绩效考评的依据

项目绩效审计工作未能实质性推动，一个重要的原因就是：具有可操作性的评价指标体系尚未建立，因此没有对资金的使用绩效进行评价的依据。

如何有效测算和评价政府支出的效益，全面完整地衡量财政专项资金项目绩效？这迫切需要建立一套切合实际，又极具操作性的绩效审计评价指标体系。针对不同类型的财政资金，不同性质的专项，并结合审计环境的特点，构建一整套绩效审计评价模型，并设计定量、定性的参考指标，寻求具有一定统一性、但又不失各类别专业性的审计绩效评价方法，为审计实务工作提供绩效考评的依据。

事实上，不是所有的财政专项资金项目都有效益评价的意义，如发放到移民手中的户补资金、发放到灾民或贫困对象手中的救灾款、扶贫款，就没有评价的必要，这些专项资金也许发放当时只是表面上的效益，而真正发挥该项资金的效益是在若干年之后，但对于若干年后发生的效益，审计人员在审计当时并不能准确预测，也不能给予恰如其分的评价。

课题组认为，要实现上述四个具体的绩效审计目标，审计机关应从以下三个方面对考评依据的可行性进行分析：一是审计项目的社会关注度。优先考虑那些人大、政府和公众普遍关注，且关系到大多数群众切身利益的事项，对这类项目出具绩效审计报告，能产生较大的社会影响。二是审计项目的可控性。充分预判审计事项及所涉及的专业性，尽量回避审计难以有效观察、难以准确计量、责任难以划分、没有相对统一评判标准的项目。三是审计项目开展的契机。例如：社会舆论的焦点、热点问题，通常都是相关专项资金绩效审计介入的良机。

三、财政专项资金绩效审计对象与主要内容

财政专项资金的范畴十分广泛，根据当前《行政单位会计制度》和《行政单位财务制度》规定：行政单位的专项支出的具体项目包括公务费、

业务费、修缮费、设备购置费、其他费用等。本课题所研究的专项资金，主要是除国防、外交、国家安全等涉密信息外的专项资金。在审计实务中，结合绩效审计的特点，专项资金绩效审计一般倾向于经济建设类、民生公益类、农林环保类和基础设施建设类。因为，这四大类专项资金适宜运用“成本效益原则”对其经济性、效率性和效果性进行分析，便于绩效审计的开展。

（一）财政专项资金绩效审计对象

审计对象是指参与审计活动关系并享有审计权力和承担审计义务的主体所作用的对象，它是对被审计单位和审计的范围所做的理论概括。以其定义可知，审计对象包含两层含义：其一是外延上的审计实体，即被审计单位；其二是内涵上对审计内容及范围的限定。

针对财政专项资金，结合绩效审计对象的特点，课题组认为应从以下两个维度将财政专项资金绩效的审计对象（以下简称审计对象）进行划分：

一是审计对象与其他专项资金之间的横向关联性。我国的财政专项资金种类纷繁、数量众多，不少专项资金在使用过程中存在一定程度的交叉性或互补性。因此，很有必要分析多个专项资金之间的相互作用或相互影响。如果这种相互作用或相互影响较强、甚至难以分割，那么在开展绩效审计时，就应该将这些相关的专项资金作为一个整体，将不同的专项资金作为这个整体的不同因素加以考虑，这样的一个整体，才是相对完整的审计对象。相反，如果专项资金相互作用或相互影响较弱、甚至可以忽略，那么就可以将某一个专项资金单独审计，以“就事论事”的模式，简单化处理。

二是审计对象在时间跨度上的纵向连续性。课题组认为，绩效审计相较于传统审计有一个显著的特点，那就是在时间跨度上纵向的连续性（或延续性）。这与连续年度的经济责任审计似乎有一定的相似性，但却又截然不同——经济责任审计涉及的多个连续年度，一般是由任期决定的，也就是说这是一种人为的时间分段；而绩效审计涉及的时间跨度，是一年、几年，甚至十几年、几十年，这种时间上的跨度是由审计对象内在原因所决定的。

审计对象在时间跨度上的这种内在原因，课题组认为存在两种不同的“连续性”：(1)“带状连续性”主要是描述同一项目，由于工期或实施期持续时间较长，或是项目所产生的影响时间久远形成的持续，可以把这种带状看作在一段时间内是持续不断的；(2)“点状连续性”主要是描述同一项目每隔一定的时间周期（一般指一年）就会定期开展，从时间轴的角度看，就像是一串珍珠项链，因此可以把这种点状的离散看作一种连续。上述两者虽略有区别，但总体基本一致，课题组将两者都归类在时间跨度分类一栏。

从以上两个维度，绩效审计对象就被分为了四种类型，分别是：(1)单个项目、单个年度；(2)单个项目、多个年度；(3)多个项目、单个年度；(4)多个项目、多个年度。如下图所示：

1. 第一类审计对象：单个项目，单个年度

这类审计对象是最简单化、最理想化的一种类型，事实上，该类审计对象是非常少的——一方面，不与其他专项资金发生关联性的审计对象本身就很少；另一方面，时间范围仅限于某个年度内，在一定程度上表明了该审计对象是偶发性的。因此，将其作为绩效审计对象的可能性较小。这种类型的审计对象在审计实践中是很少见的，但可以作为实验性的绩效审计项目进行研究。

例如：某地承办了第×届全国性的展览会（注：假定该展览会每届都在不同地区开展），这类大型的公益性活动，一般都会有中央财政下拨的专项资金，各级地方政府也会在预算中拨出配套的专项资金。如果将这种展览会列作审计对象，进行绩效审计，基本符合“单个项目、单个年度”这种类型——全国性的展览会对于某一地区而言，属于偶发性活动，不具有规律性和重复性，因而对于该地区来说，这种专项资金几乎不会与其他专项发生过多的关联性，而展览会又不同于大型运动会之类需要修建大型场馆，只是进行布展即可，因而从筹备到结束的周期一般也不会超过一年。

诸如上述情况，在符合假设的条件下，审计对象既不具有年度上的连续性，又没有项目间的关联性，因此这类专项资金的绩效审计属于相对单纯的一种情况，一般可“就事论事”——主要对该笔专项资金的运作过程进行绩效分析，不必考虑对多个年度、多个项目的相互联系进行分析。

2. 第二类审计对象：多个项目，单个年度

这类审计对象相比第一类，虽然将关联性的约束放宽，但是在时间跨度这一维度上仍然做了限制。关联性约束的放宽，使得该类审计对象更加符合“事物是普遍联系”这一基本哲学观点，因此该类对象较第一类审计对象更加接近实际情况。

从绩效审计立项的角度而言，这一类审计对象会比第一类多很多，然而受制于时间跨度这一因素的影响，课题组认为，这类审计对象虽然客观上数量很多，但是真正能被绩效审计立项的却并不多。因为，这类审计对象的时间局促，多为突发性、偶发性、临时性的专项，将其选作绩效审计的审计对象意义不大。该类型的审计对象一般只适合基层审计机关开展小规模的绩效审计。

例如：某地政府为配合该地“旅游文化年”活动，于当年七八月间开展城市美化、亮化专项整治工程。如果将这种“专项整治工程”列作审计对象，进行绩效审计，基本符合“多个项目、单个年度”这种类型——美化亮化工程，一般是以市政绿化、路灯维护、景观灯点缀为实施主体，也会涉及其他相关的部门管理的一些专项，如主干道路破损路面的修补、沿街楼宇外立面的清理和喷涂、公交车及公交站台的更换与养护等，因此符合多个专项资金发生关联性，而这类专项治理活动，往往具有较强的时效性，往往是集中在某一较短时间内完成，且后续影响持续性也较短，基本符合单个年度内这一条件的约束。

诸如上述情况，在符合假设的条件下，审计对象有项目间的关联性，但不具有时间上的连续性，因此这类专项资金的绩效审计在操作过程中，往往是先选定一个核心专项资金，然后再选择若干个相关度较高的专项资金，将这些专项资金作为整体构建一个审计对象，这样易于体现出多个项目间的相互影响，便于揭示出深层次的绩效问题。

3. 第三类审计对象：单个项目，多个年度

课题组认为这类审计对象应该是最典型的一种类型。事实上，第四类审计对象最符合现实情况、最贴近绩效审计的立项标准，但在审计实践过程中，有时为了突出重点，或是为了方便操作等其他原因，审计实务中倾向于将第四类审计对象简化和抽象为第三类情况。因为，时间跨度这一维度是不能简化和抽象的，而横向的关联度，是可以按影响力强弱而进行适当删减的。所以，这种类型的审计对象在审计实践中较常见，几乎适用于各级审计机关所开展的绩效审计。

例如：某地区为某体育赛事建设了一座综合性大型体育场馆，这类大型公益性基础设施，在土建施工时投入了大量的专项资金。而赛事结束后，其后期的经营大多缺乏有效的管理，容易出现资源的闲置和浪费。类似这种前期建设资金投入大、后续影响时间长，且与其他专项资金少有关联的项目，比较适合开展绩效审计，也非常符合绩效审计的立项标准。

诸如上述情况，在符合假设的条件下，审计对象与其他专项资金间没有或少有关联性，在时间跨度上又具备一定的连续性，因此对这类专项资金开展绩效审计的脉络十分清晰——紧扣核心的专项资金，对其科研立项、建设实施、完工验收和后续运营全过程进行连续性的绩效分析，而其他专项资金对于该专项资金的影响可以适当考虑或不予考虑。

4. 第四类审计对象：多个项目，多个年度

课题组认为这类审计对象是四类对象中最符合现实情况的一种，也是最为常见的一种——它不仅在关联性维度上做了扩展，符合了“事物是普遍联系的”这一哲学原理，而且在时间跨度上进行了延伸，将一个项目从成因到起步再到完成，乃至于后续影响，这一完整过程全面纳入其中，使得绩效审计的分析更加全面、更加完整。

然而，这类项目在审计实务中，有时因为涉及的专业知识过于广泛，或是实施难度过高，常被简化和抽象为了第三类审计对象进行处理。这类审计对象适合于层级较高的审计机关开展大规模的绩效审计，或是开展全国性、行业性的，具有相当影响力的大型绩效审计项目。

例如：国家审计署 2008 年对“三河三湖”（辽河、海河、淮河、太湖、巢湖、滇池）2001 至 2007 年水污染防治绩效情况进行的审计调查。在这个项目中，较好地体现了第四类审计对象的特点——“多个相关项目，多个连续年度”，其涉及的专项资金有水污染防治资金、污水处理费及排污费，以及涉及水污染防治的资产和部分污水处理厂等，而时间跨度为 2001 至 2007 年 7 个年度。

正是由于已涉及相关性的专项资金较多，使得该绩效审计项目能对环保审批前置的制度设计、生态环境补偿机制、水污染防治统计和考核指标体系等多个方面进行全面的评价。也正是由于具备较长的时间跨度，才使得该绩效审计项目能对水污染防治五年规划的落实情况进行详细的分析。

然而，多个专项资金的关联性，意味着所涉及的专业领域较多，分析的专业难度也大幅提高，而较大的时间跨度，不仅是审计工作量的增加，更需要审计人员对项目在长周期运作过程中，用宏观视角去分析。因此，这类审计对象，对审计机关在人员的组织和调配，对审计人员绩效分析的视角选择，都提出了很高的要求。

（二）财政专项资金绩效审计基本内容

1. 财政专项资金投入的合理性

一直以来，我国各级审计机关在审计实践中，都是以人大批复的预算为依据和准绳，并以此来进行预算执行审计。这种方式，在财政财务收支审计背景下，是充分尊重决策机关、符合法理依据和审计准则的审计行为。然而，要开展绩效审计，就必须打破这个根本的框框，用独立、专业的视角，重新审视财政资金在投入上的合理性。

在这一方面，香港审计署做出了开拓性的探索和卓有成效的实践——

创立了“衡工量值式”审计，其目是对各单位、各部门在履职过程节省程度、效率、效益三个方面的审核。虽然，审计部门并无权力质询政策制定者在设定政策时的目标和初衷，也不能质询审计准则授予权限之外的政策制定方法，但凭借“衡工量值式”审计，审计部门可以就这些方法的节省程度、效率和效益，提出必要的质询。这就要求审计部门不再简单地将人大批复的预算奉为圭臬，而是要大胆地进行绩效审计的探索，促使专项资金的分配制度更完善、分配程序更公正、运行过程更规范、分配结果更透明、使用效果更明显。

鉴于我国的政府绩效审计仍处于起步期，课题组认为，我国现阶段的绩效审计仍应着眼现实，从完善部门预算改革着手，促进财政部门及相关部门制定科学准确的财政专项资金分配标准，逐步提高财政支出预算编制的明细性和科学性，减少专项资金在实际执行中普遍存在的随意性。通过绩效审计积累经验，完善专项资金分配公式化、因素法等方法的应用，进一步避免专项资金分配中的人为因素。

2. 财政专项资金的流转效率

在分析各种财政专项资金所产生的效果之前，审计人员有必要先考察专项资金本身的效率问题。对于专项资金在流转环节的效率，课题组认为可以将其进一步细分为两个子环节——财政部门内的流转效率、相关部门内的流转效率。

课题组在此采用的是“财政体制内”的概念，不仅是指专项资金在财政部门内的流转效率，还包括在专项资金所对口的相关职能部门的流转效率。对于企业及社会公众而言，这两者都属于政府内的效率问题，然而两者间还是存在部门间的界线，故而将其分开探讨。

一是财政部门内的流转效率。对于资金在财政部门内流转效率的规定，财政部于2001年出台了《财政预算资金拨付管理暂行办法》（财库〔2001〕60号），《办法》仅在第二十条对资金拨付的效率做了原则性的规定：“为提高工作效率和管理水平，各级财政部门要积极创造条件，加快资金审核拨付、会计核算、预算执行分析及资金信息查询监控等计算机管理的工作进程，并制定计算机操作规程和岗位责任制，为全面建立和实施财政管理信息系统奠定基础。”从《办法》出台至今已经10余年，金财工程建设第二期也已经于2008年完成了全部建设内容，然而《办法》对拨付效率的规定仍然停留在原则性条款上。

直至2013年6月，李克强总理关于盘活存量资金的思路提出，财政部门才加快了《财政资金支付条例》的制定。从近年来审计实践的情况看，各级审计部门仍发现存在拨付不及时、资金滞留，以及专项资金积压、沉淀的现象，且较为普遍。这说明：信息系统建设的完成不能说明相关制度已经完善，更不能代表资金流转效率的相关政策执行到位。财政部门内资金流转的效率，很大程度影响到专项资金“效率性”。

二是专项资金在相关部门的流转效率。现行的财政资金支付分为“财政直接支付”和“财政授权支付”两种方式，对于前者而言，专项资金要经历“财政部门拟定——主管部门确认——财政部门支付”的流程，而后者，则是经历“财政部门分配——主管部门支付”的流程。前者由于首尾两个环节都由财政部门掌握，因此流转效率主要受财政部门制约；而后者在财政部门分配完成后，如何再次分配，以及何时最终支付，这些都由对口的相关部门掌握，而专项资金在对这些部门是否能有效流转、拨付，相关专项资金的文件一般只是做原则性的规定，几乎没有刚性约束，而对专项资金流转的制度更是无从谈起。

正因为上述一系列原因，导致从财政预算的角度看，专项资金似乎已经支出，而事实上，大量的专项资金在专户里沉淀，专项资金流转缓慢更是屡见不鲜。这不仅影响着专项资金发挥效益，甚至还为一些有资金分配权的政府部门留下了权力寻租的空间。

3. 财政专项资金的使用效果（社会效益、生态效益、经济效益）

从表面上看，衡量专项资金的使用效果并不困难，似乎只要把最终的结果进行客观的描述，然后用数据和指标进行比对即可。事实上，选取哪些数据和指标才能全面、客观、公允地反映资金使用效果，这是一个十分重要的问题。而这些数据和指标的选取与核定，往往只有少数是财务方面的数据，更多的需要涉及相关专业领域，这就需要审计人员依据审计对象的具体情况，选取出适当的数据和指标，必要时还要进行绩效指标的设计。

作为绩效审计，对于财政专项资金的使用效果，不应仅仅停留在“抓问题、找原因”这一层面，还应向“想对策”的方向发展。虽然审计对于各领域的业务知识不完全了解，然而，本着社会效益、生态效益的目的，从财务角度提出对策，应该是政府乃至于被审计单位所期望的。

（三）财政专项资金绩效审计衍生内容

1. 专项资金绩效审计的范围和边界问题

究竟有哪些内容是绩效审计的范围，哪些又不宜、甚至不应该是绩效审计的范围，这是开展专项资金绩效审计难以回避的问题。例如：中小企业科技创新基金专项资金，其目的是鼓励、支持中小企业在科技领域进行大胆的实验和创新。众所周知，科技创新本来就是一件有很大风险的事情，影响最终结果的因素很多，投入资金后最终能否成功很难预料。如果对这一类专项资金进行绩效审计，审计人员没有充分的依据来界定其绩效，这将是一个十分困难的问题。

这就引申出一个绩效审计“范围”和“边界”的问题。课题组认为，专项资金绩效审计的“边界”应该遵循这样一个原则，即同时关注接受专项资金单位的性质和专项资金投向的目的，这两个方面因素共同决定着专项资金绩效审计的“边界”：如果投向行政事业单位或非营利性、公益性活动，重点考量社会效益、环境效益；如果投向国有及国有控股企业，需适当兼顾考量经济效益；如果投向民营企业或市场竞争性行业，审计应将其视为政府对某行业一种政策性扶持，或是对某类企业的政策性补贴，不宜对其进行绩效审计，只对该政策本身进行合法、合规性审计即可。

2. 绩效审计与绩效考评的关系问题

绩效起源于西方国家新公共管理运动，并成为新公共管理运动的一个主要内容。绩效考评是绩效管理一项重要手段。绩效审计是绩效管理、绩效考评的重要组成部分。20 世纪 90 年代开始，西方国家开始对政府公共支出进行绩效考评，并明确了审计机关的职责范围和权力、义务。无论是哪一种类型的审计机关——立法型、行政型或其他型，都从审计的角度，按照程序，对政府组织、计划或项目进行绩效审计。

作为一个发展中国家，我国正处在经济转型期，伴随改革的深化，社会公众对政府的要求越来越高，政府也正在加快建立高效廉洁、务实负责政府的进程，形成公正透明、廉洁高效的行政管理体制。

我国目前对政府公共支出进行绩效考评主要是由财政部门统一组织进行，而对政府公共支出的绩效审计则由审计机关负责。两部门的工作并列进行，但在组织和实施的过程中，一些职能存在交叉和冲突，如财政部驻各省（市、区）的专员办和审计署驻地方的特派员办事处，一个负责财政的内部监督，一个负责开展审计监督，虽然工作的内涵和意义不尽相同，但绩效考评和绩效审计的结果因为视角和口径的不同而有所不同。因此，为了促进政府各部门不断提高管理效率，降低管理成本，进一步理顺绩效考评体系，明确绩效审计的定位是很有必要的。

四、财政专项资金绩效审计方法

项目审计在结果导向与过程导向并重模式下，项目立项、实施、投入使用的全过程都影响着项目绩效。本级预算执行情况的审计、财务收支审计、经济责任审计、专项资金审计等不同形式的审计，其审计程序基本相同，但审计程序中最关键的程序是收集、整理和利用审计证据的过程，由于影响财政专项资金绩效的因素各式各样，如规划设计是否科学、资金投入是否合理、项目管理是否有效、政策支持是否相关等，财政专项资金绩效审计收集、整理和利用审计证据的过程与其他类型的审计略有区别，因而，财政专项资金绩效审计应突破传统审计方法，在审计组织实施、审计取证和审计评价等方面有所创新。

（一）绩效审计组织方法

一是创新审计组织实施方式。按照财政审计大格局模式，打破处室、人员和业务类型界限，对审计目标、审计内容、审计资源、审计结果等各方面要素进行统筹安排和有效整合，充分发挥审计监督的整体效能。积极探索审计项目招投标和合同制管理方式，引入良性竞争机制和成本控制机制，激发审计人员的积极性、能动性和责任感。聘请项目相关部门业务骨干参与审计，借助他们的专业知识和熟悉项目运行程序，使绩效审计评价更具客观可靠性。

二是提高审计组整体实战能力。针对财政专项资金建设项目覆盖面广、审计对象繁杂、资金来源分散且多头管理，以及政策性、时效性强等特点，组织审前、审中、审后培训总结，聘请项目运行管护部门的专家讲课，提高审计组成员绩效审计的整体实战能力。

三是现场开展项目审理工作。项目审理工作前移到审计现场，降低审计成本，及时发现问题，提高绩效审计评价的针对性。审计质量管理实现由偏重于事后监督向事前与事后监督并重转变；由偏重于结果控制向结果与过程控制并重转变；由偏重于形式性审核向实质性审核与形式性审核并重转变。

四是注重审计方式的可行性。是选择全过程跟踪审计方式，还是选择阶段性审计方式（如从开工时开始介入，跟踪整个施工过程，直至竣工验收；从设计之后开始介入，跟踪审计概算的执行情况；从施工合同签订后开始跟踪，审计合同的履行情况等），不仅需要考虑审计对象的特殊性，还需要充分考虑审计成本、审计力量和审计时间等因素。审计方式选择不当，将直接影响到审计项目的质量和效果。

五是坚持多种审计方式相结合。注重审计资源、审计内容和审计方式的整合，根据项目特点，科学选择审计、审计调查和跟踪审计等方式，积极探索多专业融合、多视角分析、多方式结合的审计组织方式。探索将资源环境审计、绩效审计同专项审计、预算执行审计和经济责任审计结合起来，提升审计效率和成效。

（二）绩效审计取证方法

财政专项资金的绩效审计要从不同角度、深度和维度获取绩效审计证据，支持绩效审计评价结论，首先要合理选择审计的切入点。审计切入点直接影响到审计项目的质量和效果。审计实施方案中应明确选择对工程质量、投资、进度影响较大，及事后不能审计或审计难度较大的内容作为审计跟踪重点，如大型土方换填、涂装防腐、特殊施工工艺、大型机械进出场等，规定其作为必须审计的内容，而且应将审计跟踪点进行细化，为提高项目审计质量打下基础。其次要抓住建设项目审计的关键点。审计实施过程的控制是提高审计质量的中心环节。在跟踪审计过程中，应重点抓住以下关键点：隐蔽工程和工程现场查验及相关记录，避免在隐蔽工程中容易出现的以次充好、偷工减料、虚报高估的现象；分包工程招投标程序及招标文件编制的合法性、合规性、合理性，避免合同条款制定不严密，事后发生经济纠纷事件；主要材料和大型设备的选购定价，有无不正当的关联交易；工程形象进度及应付工程款的审核与管理；工程变更与现场签证的审核与管理，分清费用的合理性；索赔费用的审核与管理，从源头上减少和预防工程索赔的发生；对新型材料、进口材料、新技术、新工艺进行市场调查，做相关的单价分析，把握住确定材料价格的主动权。

审计取证是实施审计的重要环节，是用来证实审计事项与有关既定标准相符程度，并作为审计结论基础的一切凭据。财政专项资金绩效审计常用的取证方法主要有：

1. 资料研究

资料研究是一种有效的资料收集渠道，是绩效审计的基础。绩效审计需要对大量的资料进行阅读、研究和分析，从中收集评价所需要的各项证据。这些证据可能包括：一是国家相关政策。审计人员应该收集项目建设相关的政策文件、操作指南、手册、部门规章、授权决定等，并检查分析其实施背景。二是被审计单位提供的项目建设档案资料。如项目可行性研究与评估报告、项目竣工验收报告、项目投产后的运营（包括财务）报告，建设项目管理人员向上级部门提交的对建设项目存在的问题进行总结或建议采取有关行动的管理报告，管理部门保管的项目建设组织实施的备查资料，以及与项目建设相关的会议记录等。三是审计人员从其他渠道获取的资料。如政府官员的决定，项目受益人的“案例记录”以及政府项目的记录等；与项目建设相关的变更呈文、剪报、投诉、会议发言等文件痕迹；被审计单位在互联网上公布的单位概览，以及一些有关财务和绩效方面的信息；审计人员还可以对与项目建设有关的一般性研究报告、书籍和论文，或者更加具体的研究资料和有关该领域的可信程度较高的统计数据（包括历史材料和现行出版物）进行分析研究，这将有助于了解该项目的专业信息。

为有效地进行资料研究，在启动绩效审计时应分析研究资料的性质、来源渠道或存放地点和可获得性，以提高绩效审计的质量和效率。

2. 座谈会与访谈

一是通过召开项目办及利益相关者参与的座谈会，核实项目文件中的有关数据，收集利益相关者对项目的观点和信息，对座谈会结果进行记录整理，形成评价证据。二是开展形式多样的访谈，获取文件以及与审计目标有关的意见，核对事实，证实来自其他渠道的资料，或探究可能的建议。审计人员可以应用不同的访谈技术，如可以与一人访谈，也可以同时与多人进行访谈。可以通过电话的形式，也可以采取审计人员亲自上门拜访的形式。可以与不同职业，不同层次或不同看法的人进行访谈，以获得多方面、多视角的审计证据。在核对信息时，访谈可以深入或泛泛的方式进行。三是举行研讨会和听证会。研讨会经常运用于绩效审计的不同阶段，尤其在审前准备和报告阶段。其目的是获取专业知识，讨论存在的问题、观察到的现象和可能应用的衡量方法，公开辩论各自的意见和看法。研讨会很容易将具有不同知识背景和持不同意见的人员聚居一起，这就使审计人员能够较好地了解所涉及的问题。

3. 实地观察

实地观察是绩效审计的必经程序，这也是获取绩效审计有力证据的最有效途径，通过实地观察以了解项目建设实施和运行情况。审计人员需要精心考虑选择实地观察的活动或设施。这些选择的活动或设施应该具有代表性。实地观察时，审计人员还应该考虑被审计单位为应付审计人员的实地观察而采取的应变措施，进而误导审计人员的观察结果。如有必要，审计人员可以进一步进行跟踪观察并拍照录像取证。照片和录像会提高实地观察的价值。审计人员应以书面形式对观察结果进行详细描述。实地观察过程中，审计人员还可对项目运行管护有关工作人员的行为进行总体观察，以获取其工作压力、士气或工作欠缺的信息，为绩效审计分析评价提供佐证。

4. 问卷调查

问卷调查技术包括信函、互联网、电话等。审计人员可以从受项目影响的农户中，采用随机样本与实地调研的方式，对农户进行现场问卷调查，或者委托相关的项目办进行问卷调查。以农田水利灌溉项目为例，受调查的农户应包括实施果园水利的农户、以水稻种植为主的农户、以种植（包括大棚蔬菜、果业、中药材、白莲、棉花等）为主的农户、以养殖（水产、猪、鸡、鸭、鹅等）为主的农户，以及农产品加工企业等。对调查结果进行记录整理，形成评价证据。必要时，邀请有关方面的专家参与设计问卷调查表。

财政专项资金项目广，情况复杂，要求绩效审计人员要利用计算机技术收集不同主管部门、不同项目的业务与财务数据，查找重复、交叉甚至重叠的资金与项目，并从制度层面上解决资金分散管理、项目重复浪费问题，切实提高项目绩效。

（三）绩效审计评价方法

评价方法是对评价指标和评价标准的整合，是主客观相结合的过程，是逻辑推理和事实论证相结合的过程，是审计评价成败的核心要素。

1. 构建评价指标、评价标准的目标与原则

一是以可行、实用、灵活为构建目标。财政专项资金的绩效审计评价指标体系，既是我国绩效评价指标体系中的重要组成部分，又是行业不同类型项目的综合评价指标体系。在设计评价指标时，无论共性与个性指标、定量与定性指标，都应本着可行、实用、灵活的目标设计，尤其是在设定指标含义、评价目标、评价依据、评价标准时，既要有利于内部审计人员理解、掌握和使用，又要有利于被审计单位接受和配合、提供数据。既要可行、科学和基本规范，又要简便、灵活和留有自选或自定的空间。既要借鉴国内外组织机构的经验做法，又要符合我国审计现实和未来审计发展的方向。既要确保财政专项资金项目绩效审计评价重点，又要考虑以经济的审计成本获得较大的审计成果。

二是以法定的评价依据为构建原则。2010 年颁布的《中华人民共和国审计法实施条例》第五条第二款“审计机关依照有关财政收支、财务收支的法律、法规，以及国家有关政策、标准、项目目标等方面的规定进行审计评价”，绩效审计评价以上述条款为构建原则，准确把握“国家有关政策、标准、项目目标”的含义和内容，把政策、标准和项目目标三者有机地结合起来，精心设计项目绩效审计评价指标。在审计中对相关性、效率性、效果性、可持续性、合规性、安全性的绩效审计指标，应当进行连续性审计评价探索和运用，准确把握政策的连续性与项目建设的连续性，科学合理设计、修正、完善评价指标体系。

三是以项目特点和结果导向为构建重点。结合财政专项资金建设项目实际，设计绩效审计评价指标体系应突出部门或行业不同项目评价重点进行，筛选确定那些最具部门或行业代表性、最能反映绩效评价要求的，满足改进和提高项目管理需求的评价指标。同时，紧紧围绕部门或行业相关的方针、政策和法规，有关绩效评价规范和标准，部门或行业项目可行性研究和评价报告确定的预期目标，与评价年度落实的方针、政策和法规，执行的绩效评价规范和标准，实现的项目目标，有重点地选择和设计行业项目绩效审计评价指标。

2. 评价模式

绩效审计评价指标体系由评价主体、客体、目标、指标、标准、方法、结果七个要素构成，但关键的要素只有三个：评价指标、评价标准和评价方法。评价指标是指对什么（内容或对象）进行评价，它是绩效评价的基础；评价标准是指对评价指标如何进行评价，即具体评价行为的尺度；评价方法是对评价指标和评价标准的整合，是主客观相结合的过程，是逻辑推理和事实论证相结合的过程，是审计评价成败的核心要素。

评价主体为了对评价客体（财政专项资金项目）的政策相关性、效率性、效果性、可持续性、合规性、安全性（绩效评价目标）进行评价，衡量评价标准，运用一定的评价方法，最终得出评价结果（评价报告）。评价过程可以简述为：评价主体——评价客体——评价目标——评价指标——评价标准——评价方法——评价结果。

3. 评价指标与标准

本文结合财政专项资金绩效审计实践、项目绩效审计通行做法和课题研究相关人员的问卷调查与座谈研讨结果，将评价指标分为一、二、三级，并设置相对应的基本评价标准。内部审计机构和审计人员可据此针对不同的项目，适当增减或调整三级指标，并在具体项目绩效审计实践中不断总结完善。

（1）相关性

一是国家政策相关性。依据项目申请目标和实施内容对比相关程度，如与国家五年发展规划，与国家产业发展政策和区域政策的相关程度。

二是地方需求相关性。依据项目申请目标和实施内容对比相关程度，如与地方发展规划，与地方政府部门决策，与当地经济社会实际需求等的相关程度。

（2）效率性

一是项目执行效率。①立项审批。包括项目审批效率和立项目标合理性两个指标。项目审批效率 = 项目审批时间周期/平均审批周期（或项目政策要求的周期）。立项目标合理性，一般评价项目设立的必要性和可行性，评价项目设立和申报过程是否合规、有效，评价项目目标是否科学、明确。立项目标合理性的分值可根据专家组评定意见，分别设定评分标准。②施工管理。包括公开招投标率、项目建设期、工程建设进度、项目竣工验收效率四个指标。③投资保障。包括配套资金到位率、项目概算调整效率两个指标。④物资设备采购。包括物资设备采购性价比、采购物资设备到位率、采购物资设备验收合格率等指标。

二是项目运营效率。①债务偿还。包括贷款本息拖欠率、项目到期债务垫付率、贷款偿债准备金制度建立与实施情况等指标。②资金运用。包括项目营运资金周转率、流动比率、项目资产负债率等指标。③设备利用。包括项目设备使用率、项目设备闲置率等指标。

（3）效果性

一是目标预期效果。①建设目标实现程度。包括经济建设指标、技术建设指标、项目竣工验收合格率、项目实际投资成本率等指标。②运营目标实现程度。包括经济运营指标、技术运营指标、项目运行时间、项目实际运行成本率等指标。

二是经济效果。经济效果主要评价项目的收益，评价指标有：按评估报告中财务内部收益率指标的计算方法复算的财务内部报酬率、财务内部收益率达标率（项目实际财务内部收益率/预算财务内部收益率 ×100%）、税后利润达标率（实际税后利润/预算税后利润 ×100%）。

三是社会效果。①公益效应。包括贫困率变化情况、改善人民生活质量等指标。②扶助效应。包括项目实施后是否促进了当地贫困人口收入的增加、项目新增直接就业人数。③扩散效应。包括项目在技术和管理方法的示范作用得以宣传推广、项目成功经验被采用和扩散、项目对当地经济社会发展和环境产生的正面或负面影响、项目建设对农业产业结构调整起了积极作用。

四是环境效果。环境效果主要评价项目实施对环境保护的影响。评价指标有：项目在污水处理、废弃物减排处理、噪音降低等方面的效果，根据民意调查结果分析评分；项目在有害气体减排处理、节能减排指标落实方面的效果，根据有关职能部门的统计数据分析判断评分。

（4）可持续性

一是技术与管理可持续性。主要评价项目的技术与管理能力，包括项目制度建设、设备稳定运行状况、项目单位生产技术适应能力、项目单位管理水平适应能力等指标。

二是财务可持续性。主要评价项目的财务能力，分经营性项目和公益性项目。

（5）合规性

一是审计查处问题。①违法违规问题，包括违法违规问题和资金额、违法违规资金率、移交大要案个数和涉及人数等指标。②管理不规范问题，包括管理不规范问题资金额、管理不规范问题资金率等指标。

二是整改落实。主要通过整改落实率，评价项目存在问题的整改落实情况，结合涉及违法违规和大要案人员是否依法处理、审计罚款是否已收缴入库等综合评分。

（6）安全性

此项为定性指标，所有指标均由专家按有无正面或负面影响及影响程度评分。

一是国家经济安全性。①财政安全，主要评价项目债务和项目实施对财政风险的影响程度；②金融安全，主要评价项目债务和项目实施对金融风险的影响程度。

二是当地社会安全性。①民生安全，主要评价项目实施对就业、分配、社保、社会稳定等的影响程度；②环境安全，主要评价项目自然、生态环境的影响程度；③信息安全，主要评价项目对国家信息与商业信息安全的影响程度。

4. 评价方法

财政专项资金内容广泛，各项目差别较大，侧重点不同，各主管部门的标准化和绩效口径更是复杂多样，审计人员在绩效审计评价时应针对不同的建设项目选择重点的行业标准进行实现率的对比分析，将其结果纳入效果类的目标预期效果项下进行评价打分。值得注意的是，绩效审计评价结果不能只依靠被审计单位提供的财务与业务数据，也不能只凭审计短时间内搜集证据后的分析判断结果，最主要的还是来自项目受益地区和个人对于项目绩效的真实感受。审计人员可开发研究实用性、针对性较强的问卷调查表，广泛征求项目主管部门、业主和受益群体的意见，由他们参与对绩效情况的评价打分。

五、审计成果的运用

审计成果是审计机关和审计人员在依法独立进行审计监督、充分履行审计职责的过程中取得的工作成绩，通常由审计的数量和质量指标构成和反映。一个审计项目，独立进行一次完整的审计活动，一般就形成一个审计报告，用审计报告作为审计成果的计量单位，审计报告的个数就是审计成果的数量，但是审计报告不是审计成果的最基本计量单位，一个审计报告里有很多能独立使用的单个信息，如对各会计要素的鉴证，对财政财务收支及其相关经济活动真实、合法、效益性的评价，发现的问题及处理意见等，都是审计报告的要素，是审计成果的基本单位。审计成果的外在表现形式主要有审计档案、审计信息和审计公告。审计档案完整地保存着包括审计报告、审计决定书、审计移送处理书等法律文书，向单位领导和主管审计机关报送的审计结果报告、审计信息和依法向社会公布审计结果的书面材料，以及经验交流材料、审计案例材料等大量的历史成果。

审计成果至少经过了两个方面的验证，一是作为审计客体的财务会计及相关经济活动信息已经被审计单位验证过，二是作为审计主体的审计报告是否发表了不恰当的审计意见，也经过了一段时间的验证。审计档案提供的信息资源还是社会各界研究社会、经济、政治、法律、制度、管理等活动运行状况和规律的可靠依据。

但审计档案毕竟主要是在审计机关内部流通，成果开发和利用的效果有限。因此，审计机关和审计人员应积极摸索和探讨财政专项资金绩效审计与管理方法，提高审计质量，提升审计成果的可利用价值；充分运用信息化手段，海量存储绩效审计相关数据、方法、结果等信息，探求绩效审计工作规律，相互借鉴，成果共享，缩短和减少摸索过程，提高审计效率，真正实现绩效审计目标；通过建立长效机制，加强审计机关纵向、横向之间、内部各业务部门之间的沟通协调，广泛进行信息交流和资源共享，同时便于上级审计机关和有关职能单位之间检查监督、借鉴审计成果利用情况；培训部门通过审计成功与失败的鲜活实例，加强案例教学和经验交流，使绩效审计成果在各级审计机关和被审计单位充分利用。

六、结束语

本课题围绕财政专项资金的相关政策和我国政府绩效审计理论研究与实践现状，系统性地分析研究了财政专项资金绩效审计目标、对象和主要内容。在此基础上，进一步探索创新财政专项资金项目的绩效审计技术与方法，突出绩效审计评价指标与评价标准体系的建设和绩效审计取证与评价方法的创新，并注重绩效审计与管理的探索研究。认为：财政专项资金项目的绩效主要体现在项目交付使用后的运行管护上，开展绩效审计与管理，才能真正实现项目绩效目标。

参考文献

[1] 审计署审计科研所，译．绩效审计实施指南——基于 INTOSAI 审计准则与实务经验的绩效审计准则和指南．2005.

[2] 丁力，刘建克．绩效审计的直接动因和理论基础［J］．学术理论与探索，2008（6）．

[3] 安秀梅．政府公共支出管理中的绩效考评研究［J］．当代财经，2005（4）．

[4] 高强，王志永，马丽莹．社会主义新农村基础设施建设绩效审计研究［J］．大连民族学院学报，2007（6）．

[5] 聂新军，张立民．我国地方政府审计供给及其影响因素分析——来自江西、广东两省的调查报告［J］．当代财经，2008（7）．

[6] 汪静．中国特色政府绩效审计模式探究［D］．北京：对外经济贸易大学．

[7] 段立．我国政府公共预算绩效审计发展的现实障碍［J］．上海审计，2009（3）．

[8] 车嘉丽．公共资金效益审计评价体系的研究［J］．审计与经济研究，2006（3）．

[9] 陈宋生．政府绩效审计研究［M］．北京：经济管理出版社，2006.

[10] 胡奕明，樊慧，等．对我国政府绩效评价体系的调研与分析［J］．审计研究，2011（6）．

[11] 杨肃昌，肖泽忠．中国绩效审计发展问题研究［J］．财贸经济，2004（4）．

[12] 赵保卿．政府绩效审计供需均衡分析［J］．审计研究，2008（1）．

[13] 财政部财政科学研究所课题组．优化我国农村公共支出结构研究［J］．经济研究参考，2008（72）．

［14］杨洁平．新形势下国家专项资金绩效审计的探讨［J］．中国集体经济，2009（36）．

［15］江纹，刘功滨，齐兴利．农村基础设施建设项目绩效审计评价指标体系研究［J］．江西社会科学，2012（11）．

［16］江西省审计厅农业审计课题组．农村基础设施建设项目绩效审计质量控制［J］．审计与理财，2011（10）．

政府投资建设项目绩效审计研究

山东省审计学会课题组

课题负责人：黄利明

课题组成员：王鸿飞　狄元孝　郭晓永　薛立谦　靳　猛

于文婧　耿翔宇

【摘要】　政府投资建设项目绩效审计作为绩效审计的一个重要分支，既具有一般绩效审计的共有属性，也具备独特特征。只有深刻理解其实质内涵，才能准确把握开展政府投资建设项目绩效审计的内在规律。本课题以绩效审计理论为基础，结合近几年政府投资建设项目审计实践工作，进行了系统分析研究。主要研究内容：项目选择应如何从重要性、时效性、可行性、效果性等四个方面进行论证判断；从审前调查、专业人员配置、审计分工、审前培训、交流沟通等方面分析实现人员合理组织安排的标准与途径；按照全寿命周期理论将建设项目绩效审计划分为投资决策绩效、前期准备绩效、建设管理绩效和运营维护绩效审计等四个阶段，归纳总结了每个阶段影响项目绩效的重点环节和主要审计内容，并着重研究了构建政府投资建设全寿命周期绩效审计内容框架体系；从项目完成情况绩效、项目管理绩效、资金管理绩效、功能效益绩效、公共效益绩效等五个方面探讨绩效审计指标设计、选择和指标体系构建，分析获取指标数据的来源和渠道；以山东省开展绩效审计情况为实证，从创新审计模式、推行“批量跟踪审计”、推广设备仪器辅助审计、探索信息化审计四个方面对开展政府投资建设项目全寿命周期的绩效审计进行了研究。总结提出以项目类别基准数据和项目建设要达到的目标作为绩效审计分析判断的基础依据，可做出科学准确的绩效审计评价；构建政府投资建设项目绩效审计人力资源库、建立政府投资项目绩效审计分类指标体系和统一评价标准、加大政府投资项目的信息收集和数据库建设、加大绩效审计成果应用、完善审计结果公告制度和建立投资决策责任追究制度等是加强政府投资建设项目绩效审计的有效应对措施。

【关键词】　政府投资　建设项目　绩效审计　全寿命周期　跟踪审计

目　录

绪　论

近年来，政府投资建设项目绩效情况已经成为当前社会关注的热点问题，特别是随着政府投资规模的逐年扩大，“政绩工程”“形象工程”项目屡禁不止，基层政府因此形成的债务越积越大，投资效率低下和损失浪费等问题也日渐突出。因此，如何加强对政府投资项目的有效监管，避免损失浪费，杜绝建设过程中的贪污腐败，促进充分发挥建设资金的投资效益，已成为各级审计机关工作中必须研究探索的重要课题。我国政府绩效审计经过近20多年的实践，已取得了较大的进展和收获。《审计署2008至2012年审计工作发展规划》中提出，要全面推进绩效审计，促进转变经济发展方式，提高财政资金和公共资源配置、使用、利用的经济性、效率性和效果性。而政府投资建设项目审计被誉为“天然的绩效审计”，相较于其他类型的绩效审计，要求更高，经过最近几年的实践和快速发展，有必要进行全面梳理，总结投资绩效审计经验做法，更好地规范政府投资建设项目绩效审计行为，提升绩效审计成效，推进绩效审计可持续发展。

政府投资建设项目是指部分或全额利用政府性资金进行的固定资产投资项目。一般来说政府投资项目是为了适应和推动国民经济或区域经济的发展，满足社会的文化、生活需要，以及出于政治、国防等因素的考虑，由政府通过财政投资、国债或地方政府债券向证券市场或资本市场融资，或利用外国政府赠款、国家财政担保的国外金融组织贷款等政府性资金的固定资产投资项目。

政府绩效审计是指对被审计单位（政府部门单位）公共资金运用的经济性、效率性和效益性等方面进行审计。从国家治理的角度，政府绩效审计还应考虑到对自然资源的有效利用和对生态环境的保护情况，审查政府投资建设项目及政府活动所产生的利益分配与再分配的公平性以及对社会秩序稳定的影响。因此，通常又将政府绩效审计称之为“5E”审计，即对政府投资建设项目的经济性（Economy）、效率性（Efficiency）、效果性

（Effectiveness）、公平性（Equity）、环保性（Environment）进行综合的审计评价。

综上，政府投资建设项目绩效审计的基本概念可以归纳为：审计机关对政府部门单位使用财政资金、国内外贷款等政府性资金以形成固定资产为目的的投资行为过程和结果的经济性、效率性、效果性、公平性、环保性的独立评价与监督活动。

一、当前政府投资建设项目绩效审计发展现状及存在不足

（一）我国政府投资建设项目绩效审计发展现状

自1983年审计署及各级审计机关成立后，我国的绩效审计经历了由微观到宏观、由单纯的企业经济效益审计到各行业综合绩效审计的演变过程。其发展历程大致可分为三个阶段。

第一个阶段是初始探索阶段。20世纪80年代，我国各级审计机关陆续开始对一些企业的经济效益审计工作进行探索，揭露损失浪费等现象，进行经济效益评价。如审计署第一次绩效审计是联合天津市审计局对天津铁厂1982年经济效益进行审计，当年共审计出问题总金额30692万元，其中属于经济效益差的金额9195万元，占问题金额的30%。企业的效益审计中虽然也包含部分建设项目投资绩效审计的内容，但是由于其载体——固定资产投资审计理论与方法发展相对较为缓慢，我国政府投资项目的绩效审计在20世纪80年代未能得到有效开展。

第二个阶段是立法关注阶段。1995年《中华人民共和国审计法》（以下简称《审计法》）颁布实施，其中明确规定："对财政收支的真实、合法和效益，依法进行审计监督。"从此，效益审计被提到和真实、合法审计同样重要的法律高度，绩效审计理念受到广泛关注，不断向深度和广度发展。如全国审计机关同时对两万多个建设项目开展开工前审计，审计投资

额共计1058亿元，审计后将部分不符合开工条件的项目建设规模进行缩减，共节约建设资金128.5亿元，此外还对全国165个国家重点建设项目进行审计，共查出问题金额106.5亿元，节约财政资金38亿元。

第三个阶段是全面发展阶段。进入21世纪以来，我国政府投资绩效审计进入广泛的实践探索阶段。在《审计署2006至2010年审计工作发展规划》《审计署2008至2012年审计工作发展规划》和《"十二五"审计工作发展规划》等审计工作纲领性文件中，均多次提及"合法审计与绩效审计相结合""全面推进绩效审计"等要求。审计署组织实施了大量绩效审计项目，如2001年组织26个省、自治区、直辖市审计机关对所辖区域的农村电网建设与改造项目进行审计，2002年对18个重点机场和38个支线机场进行审计，2009年以来组织全国各级审计机关审计1981个扩大内需投资项目、18个省的中小学校舍安全工程等一系列与经济发展方式转变相关类建设项目，从经济性、效果性和环境性等方面对项目的建设效益进行了评价。全国许多地区如山东、湖北、深圳等地也逐步开始尝试在较大范围内开展政府投资项目绩效审计，并取得了一定成效。

（二）当前政府投资建设项目绩效审计方面存在的不足

近年来，从审计署到地方审计机关均对政府投资建设项目绩效审计进行了积极探索和实践，积累了一批经验做法，政府投资建设项目绩效审计快速发展。同时，仍存在着一些不足，具体表现在如下几个方面。

1. 绩效审计准则体系缺失，缺少法律基础支持

2006年新修订的《中华人民共和国审计法》规定，"审计机关对财政收支或财务收支的真实、合法和效益，依法进行审计监督"。《中华人民共和国审计法》第二十二条规定，"审计机关对政府投资和以政府投资为主的建设项目的预算执行情况和决算，进行审计监督"。从法律制度上来看，绩效审计的开展仍然是基于财政收支或财务收支的基础上，对于项目本身绩效情况特别是政府投资建设项目的绩效审计并无明确清晰的法律支持。从操作层面上，虽然政府投资建设项目审计模式近年来已逐渐向跟踪审计和"事前、事中、事后相结合"审计模式转变，但是由于固有模式影响、审计时间紧和审计任务重等原因，目前我国政府投资建设项目审计依然以工程结算和竣工财务决算审计为主，在缺乏较高层次的政府投资建设项目绩效审计准则及系列具体准则的情况下，对于政府投资项目效益审计的概念、审计目标、审计内容、审计报告格式等方面的认识还存在较大差异，政府投资建设项目绩效审计在实务中的开展存有较大的随意性、局限性。

2. 事前审计发挥作用有限，关键环节审计不到位

“事前”审计，是对建设项目的决策和准备阶段进行的审计，包括对投资项目的可行性研究、初步设计和工程概算审查等前期论证和项目决策过程进行审计。这些环节对工程投资额的大小往往起决定性作用，因此，应作为项目绩效审计的重点内容加以关注。特别是2004年国务院出台《关于投资体制改革的决定》后，政府投资主要用于“关系国家安全和市场不能有效配置资源的经济和社会领域”，即用于公共基础设施建设、环保生态等没有后续收入的公益性建设项目，这些项目的决策阶段对项目投资、功能发挥和保障民生、保护环境、促进发展等社会效益方面起着更加重要的作用。但是，由于在以往的传统审计中，对前期决策阶段的审计不够重视，缺少相应的审计方法和评价标准，加之尚未与项目批复主管部门建立合作机制，使得“事前”审计工作多追溯到招投标阶段，而此前的项目立项审批、初步设计及概算审批等重要环节得不到有效监督，由此产生了一批盲目上马的工程项目，“政绩工程”和“形象工程”严重影响着财政资金的使用效益。另外，还可能出现一些违法违规问题得不到纠正，如个别党政机关单位为规避中央和国务院《关于进一步严格控制党政机关办公楼等楼堂馆所建设问题的通知》的规定，以业务技术用房名义超标准、超面积建设办公楼，此类项目如在决策阶段未能遏制，项目开始建设后难以对其进行有效约束。

3. 评价指标体系尚不完善，工程类绩效数据收集困难

绩效审计需要关注经济效益、社会效益和环境效益，但在现行实务中，除经济效益有较为完善的指标体系外，社会效益和环境效益的评价没有统一的绩效指标体系，对其具有一定的主观性，且随评价对象的行业领域不同而千差万别。地方审计机关在审计中自行设计的评价指标体系，虽然以项目实际情况和《国有资本金绩效评估规则》《建设项目经济评价方法与参数》等资料为依据，但必然存在指标体系不系统、不统一等情况，缺乏横向可比性，无法全面、系统地评价政府投资项目绩效的情况。另外，原始资料获取困难也是制约绩效审计发展的重要因素。随着近年来财务电子信息系统的广泛应用，工程财务数据获取较为容易，但是决策信息、设计文件和施工资料由于缺乏统一的信息管理系统，使得收集资料的过程较为困难，加之这些材料没有统一的格式和内容，即使收集到足够的材料，整理、分析和汇总也要消耗审计人员大量的时间。在绩效审计项目中，缺乏格式化、统一化的工程类数据资料，以及一个包含各行业定额、资源市场价格的动态资料库，在根本上影响着绩效审计工作的实施效果。

4. 审计人员专业结构不合理，人力资源体系构建不到位

绩效审计作为一项新型的审计模式，对审计人员的专业能力、审计队伍的整体素质要求较传统固定资产投资审计更高。近年来，各级审计部门虽然加大了吸收多种专业人员和培训教育的力度，但我国现行审计人员结构依然不尽合理。一是多数审计人员知识结构单一，不适应综合性的绩效审计工作。绩效审计人员不但要具有财务收支审计、工程建设审计的专业技能，还要具有宽阔的知识结构和较强的宏观分析及综合能力。工程建设项目的绩效审计涉及整个建设过程，周期长、投资大、参建方多、覆盖面广，不仅要熟悉专业知识，还要熟练掌握不同类型、不同行业建设项目的审计方法。同时，绩效审计既要审查政府投资的合法性，还要评价其经济性、效率性和效果性。如若在审计过程中调配不当，审计人员的知识结构将制约绩效审计工作的效率和效果。二是审计人员易受传统投资审计思维的影响，在开展绩效审计时依然习惯性地使用合规性审计的方法，过于就事论事，强调对审计事件本身的错弊分析，轻视横向对比、效益分析和宏观监督作用的发挥，导致投资绩效审计缺乏合理性、专业性、前瞻性和系统性。

（三）政府投资项目绩效审计应把握的重点和研究的方向

我国的政府投资建设项目绩效审计正处于全面发展的初级阶段，因此，对绩效审计的内容、审计重点、关键环节和评价指标等都需要进行全面深入研究、剖析和探索。一是要科学合理地解析审计内容和关键环节。

在当前政府投资建设项目绩效审计内容缺乏统一规定的前提下，各地审计机关在内容确定、重点把握上应根据本地实际情况和审计力量有选择地开展绩效审计，全面解析建设项目各建设阶段的关注重点与关键内容，将审计目标进行分解。如在投资项目决策阶段，重点关注投资估算、财务基础数据预测的真实性和可靠性，决策方法的科学性，决策程序的规范性、决策内容的完整性等直接影响项目投资的内容。在项目的施工阶段则重点关注项目的进度、质量、安全、造价等方面的控制情况和绩效发挥情况。而在建成使用阶段，重点关注项目的使用效果，包括环保情况、惠民效果等是否能够符合项目的预期效果，同时还要横向比较，将竣工决算与同类投资项目的投资标准进行比较，分析项目决算造价的经济性和效率性。二是逐步构建完善政府建设项目投资绩效审计体系。各级审计机关在开展绩效审计过程中，应针对不同工程的行业范围、专业类别，逐步归纳审计方法、评价标准和指标体系，按照工程特点可分门别类地建立通用指标和专用指标，形成适合本地区投资项目实际情况和本单位审计专业性的统一的绩效审计体系。

二、政府投资建设项目绩效审计实务模式研究

（一）政府投资建设项目绩效审计的独特特征

政府投资建设项目绩效审计作为绩效审计的一个分支，既具有一般绩效审计的属性，也具备独特特征。只有深刻理解其意义，才能把握好开展政府投资建设项目绩效审计的规律。总体来说，可以归纳为以下几点：

合规性即在于揭露和查处有关单位违法、违规行为，促使其在参与建设项目过程中的经济活动符合国家法律、法规、方针政策、内控制度以及相应的建筑规范、建设标准的要求。在我国经济社会管理水平不高、建设领域问题较为严重的现阶段，政府投资建设项目必须先建成“阳光工程”“廉政工程”“规范工程”“安心工程”。因此，合规性审计仍然是绩效审

计的基础内容，其审计结果是准确分析项目绩效情况，做出客观公正审计判断的重要依据。

合理性指的是审计人员实施绩效审计时在无明确规定的条件下，对建设项目的经济管理活动是否能够采取“约定俗成”或者符合情理的方式进行实施，进而做出审计判断。由于在政府投资项目建设过程中，有许多经济管理活动是无法用明确的规定、规范进行判定的。因此，这种以不成文的、始终在变动中、来源于实践的准绳作为评判对错优劣的标准，在绩效评价指标体系发展成熟之前，是比“5E”更为重要的审计目标。在实际中，基于项目建设实际的合理性判断显得尤为重要，管理活动的合理性往往决定着执行结果的成败。

系统性是指开展政府投资建设项目绩效审计不仅仅局限于项目本身，更要将审计的视野扩展到整改社会经济发展的大局。政府投资的公共性和外部性，决定了政府投资建设项目不能单纯仅仅地从项目本身的资金投入、资源消耗与所得进行经济效益直接比较，或者仅以单个项目的效益来独立分析，应该站在系统的高度，从促进经济社会发展大局的角度进行判定评价，与产业政策调整、生态环境改善、财政金融安全、提高居民满意度等联系起来分析，才能得出客观的、全面的、系统的绩效审计评价结果。如某市斥资数十亿元资金将城区内河道整治全力打造成都市景观带，较好地改善了河道两侧居住环境，有效提高了居民满意度和城市形象，有力带动了两侧地块和房产价格增长，间接实现巨大财政收入。若仅从项目本身的直接经济性来考虑，完全是纯公益性投入，但站在当地经济发展大局的角度进行系统全面评价，总体经济效益则非常显著。

长期性是指开展政府投资建设项目绩效审计要注重从项目的长期发展的角度来考虑项目的绩效情况。由于许多政府投资建设项目不是追求当前和近期利益，不仅追求单一项目的直接直观利益，而且往往是为了实现国家或地区的宏观经济和社会发展长远目标而进行的投入，反映的是政府在特定发展阶段为完成其政策选择而付出的投资成本，因此，必须从长远的角度来看投资效益。这点在重大的基础设施投资方面，显得尤为明显，比如某高速公路建成后的一定时期内其自身运营经济效益并不理想，但它是为打造整个区域大交通格局而建设的，对促进沿线各产业发展，尤其是带动物流产业快速发展提供了必要条件。因此，从长远和全局的角度，以发展的眼光才能客观评价其投资效益。

（二）政府投资建设项目绩效审计的主要形式

政府投资建设项目绩效审计有多种方式。最高审计机关国际组织（INTOSAI）指出，绩效审计没有特别的要求和预期，绩效审计在审计项目、审计对象、审计方法的选择方面比较灵活。绩效审计范围广泛，需要大量的职业判断。因此，绩效审计必须在广泛的调查和评价的基础上进行，运用那些与传统审计完全不同的知识来开展审计。它不是简单的检查清单式审计，基于绩效审计所研究问题的多变性和复杂性，在法定权限内绩效审计必须能够自由地从不同角度检查所有的政府活动。

正是由于绩效审计具有比较高的自由度和建设项目本身的特性，决定了政府投资建设项目绩效审计可以根据审计的需要随时对项目的任何阶段或某项问题进行专项审计，其审计组织形式和方式丰富多样。

1. 以项目建设程序实施顺序划分绩效审计

项目前期审计，主要对政府投资建设项目前期论证决策情况、筹备情况、计划立项审批、项目概算审批、建设手续办理等情况进行审计。

建设过程跟踪审计，指对建设工程项目的建设过程进行跟踪审计，并对建设项目投资活动中的建设项目设计、招投标、施工、质量造价管理以及施工中的环境保护等活动的真实性、合法性和效益性进行审计监督和评价。

工程结算审计，主要控制工程结算造价，节约政府投资。在保证建设质量的前提下，以节约投资为目标的工程结算审计属于典型的经济性审计。

竣工决算审计，确定建设工程最终成本，评判项目在建设中对资源的利用情况和对建设项目建成后交付初期进行的初步效益评价，因此在开展审计时经济性、效率性、效果性、公平性、环境性都必须进行关注和分析。

2. 以审计组织方式划分绩效审计

专项审计调查，是针对某一类特定审计对象或某类专项资金，审计机关集中组织开展专项审计调查。专项调查审计目标明确、重点突出，具有机动灵活、时效性和针对性强、效果明显的特点，能够快速发现问题，便于从机制体制上分析问题产生的原因，有针对性地提出审计意见和建议，往往能够取得比较理想的审计效果。

行业审计，指统一组织上下各级审计机关对某一行业、某一类型审计对象进行的审计，诸如对口支援汶川灾后恢复重建跟踪审计、对口支援新疆资金和项目跟踪审计、中小学安全工程跟踪审计等。其特点是上下联动，能够自下而上地全面反映问题，发现普遍性、机制性、全局性的问题，有利于提升绩效审计的层次，也有利于从根本上解决审计所发现的问题。

与其他审计相结合的审计，在开展预算执行审计、经济责任审计或者其他专业审计时，对于所涉及的政府投资建设项目的绩效方面，由于其单个项目投资额大、重要性高的特点，也往往作为审计重点内容。作为其他审计的重要组成部分，该类绩效审计也可以称之为“吸附性”绩效审计。因此，对于该类型审计仍然要充分做好审计工作计划安排，围绕着主体审计活动有重点地开展，不必面面俱到。

（三）选择恰当的审计项目

选择恰当的审计项目是绩效审计成功开展的基础。在年初制订审计项目计划时就需对项目做预估和评判。首先收集和分析相关资料，包括项目或相关行业的背景资料、项目基本情况、被审计单位基本情况、项目可行性研究报告、相关经济法律法规和制度、现有评价指标和标准等。根据收集的资料，对项目进行分析和判断，找准投资绩效审计在政府投资管理中最能有效发挥作用、体现价值的关键部位，科学确定年度政府投资建设项目绩效审计项目计划。具体主要对以下四个方面进行判断：

一是重要性，主要是解决“为什么审”的问题。在项目安排选择时要紧紧围绕当地党委政府投资决策部署中心，选择政府投入多、对经济社会和生态环境影响面大和影响程度高的重大投资、重点资金、重要领域的项目，优先安排领导重视、群众关心、社会关注的政府投资建设项目。这类项目的审计结果可有力促进当地重大经济政策的落实和重大投资建设目标的实现，审计工作可发挥较大作用。

二是时效性，主要解决“何时开始项目审计”的问题。一方面，对项目实施绩效审计时要紧扣经济社会发展大局，密切联系宏观政策，项目绩效审计结果反映情况应与大环境和领导决策需求最大限度地契合。另一方面，项目论证、建设和运营应达到一定程度，反映体现项目主要效益方面的事实已经发生，已具备开展绩效审计的必要的客观条件。

三是可行性，主要解决“能否审得了”的问题。需要判断建设项目的自身特点能否满足开展绩效审计的要求，项目有关资料是否真实完整，关键评价指标标准是否具备，审计资源能否满足项目绩效审计的要求，审计外部环境是否适合，审计风险能否被接受，审计机关是否可以做出客观公正的职业判断。

四是效果性，主要判断“效果怎么样”的问题。该判断是决定一个项目选择和绩效审计成败的必要条件，在选择安排审计项目时就应该初步预判审计所能达到效果或预测审计成果能够带来的影响。主要分析判断拟选项目绩效审计可能实现的具体审计目标及实现程度，分析绩效审计可能发挥的作用，并分析可能实现的审计成果。

（四）科学合理的审计人员组织

人是社会生产的最活跃因素。合理的人员组织对于项目绩效审计实施至关重要。合理的绩效审计人员组织包括：全面完整的审前调查，专业匹配且结构合理的审计组人员配置、明确清晰的审计分工、完善周密的审前培训、及时畅通的审计组内部交流。

全面完整的审前调查。审计人员根据初步拟定的审计目标，对拟选政府投资建设项目实际情况、外部环境、职业判断依据等方面实施预先调查了解。开展好审前调查，是总体上掌握政府投资建设项目有关情况的重要途径，是合理配置审计人员的基础。

专业结构合理的审计组人员配置。所有审计组人员应该具有较强的职业胜任能力。开展政府投资建设项目绩效审计的成效如何，在很大程度上取决于审计人员的素质和其对绩效审计方法的掌握和应用程度。根据建设项目的特点，应在审计组内配置业务熟练的工程类和财经类审计人员；对于工艺性、专业性较强的项目，还应根据项目特点配置相关专业的人员，甚至应聘请外部专家作为审计组成员或者“外脑”，为开展绩效审计提供专业技术支持，必要时可以通过购买社会服务来解决专业人员不足的问题。

完善周密的审前培训。在项目审前调查的基础上，通过集中培训等方式，向审计组成员全面介绍项目的建设背景、项目所处的行业概况、项目的基本概况和特点、项目建设中存在的争议和隐患、项目建设内部管理存在的风险和漏洞、现有评价指标和标准等，明确提出绩效审计的目标和应关注的审计重点，着重培训如何获取审计证据、进行绩效审计分析以及所应采取的审计方法方式和措施等，为正式开展绩效审计工作打下坚实基础，以期达到“审计组所有成员都必须理解审计的目标、各自的职责和由适用审计准则所规定的义务的性质”的目的。

明确清晰的审计分工。由于政府投资建设项目绩效审计的对象大都为大型的重点项目，工作量大且复杂，审计人员需具有娴熟的会计、审计技术和法律、财税、经济学知识，还要具备公共管理学、统计学、运筹学、工程技术、信息技术等多种学科知识。实际上，每个人不可能成为全才，也无必要成为全才，所以绩效审计应是一种集体团队协作工作。因此，根据审计组成员的特点、专长和项目的特点，制定具体明确、重点突出、协作同步的审计分工，是顺利开展绩效审计的关键。

及时畅通的审计组内部交流。政府投资建设项目具有投资大、建设周期长、管理环节多、影响绩效因素多等特点，只有及时全面系统地将审计组各成员掌握的情况及时归集、对接，相互交流、反馈，并及时分析、判断，准确把握方向和重点，才能确保审计组全面掌握项目绩效情况，以便做出客观公正的绩效审计评价。为此，各审计组成员之间要能够便捷、快速地相互交流审计情况、快速传递审计信息。

（五）审计项目实施

1. 审计目标

根据当前我国政府投资领域存在的突出问题，政府投资建设项目绩效审计的总体目标是以政府投资项目预算执行情况和决算的真实与合法为基础，检查和评价政府投资决策的科学性、项目管理的有效性、运营管理效益等方面，从项目决策、建设实施和运营管理等环节揭示影响绩效的主要问题并分析影响程度，有针对性地提出意见建议，督促有关部门单位整改落实，促进政府投资项目效益提高，推动加快全面深化政府投资体制机制改革和政策制度完善。具体到个体项目绩效审计目标，则需结合每个项目的特点，各有所侧重，经营性政府投资建设项目的绩效审计目标需更侧重于经济性、效率性、效果性，公益性政府投资建设项目的绩效审计目标除上述目标外，应更侧重于社会效益和生态环境效益。

2. 审计范围

就发展趋势看，绩效审计范围应逐渐拓展为建设项目全寿命周期的绩效审计。即以政府投资建设项目全寿命周期为对象，就项目的投资决策、建设管理、资金筹集使用、运营维护、中长期预期效益等环节做出绩效审计判断评价。相较于一般的绩效审计形式，全寿命周期绩效审计具有以下特点：一是更为全面。全寿命周期绩效审计的视野不局限于项目的建设阶段，向前追溯到论证决策阶段各环节。二是更为科学。在事后环节，评价项目绩效进一步向后延伸至项目的运行维护以及中长期预期效益，能够从政府投资的长期性来科学分析项目的绩效水平，作出更为科学合理的审计判断。三是更为系统。整个审计过程以绩效为导向，以项目的整个寿命周期为主线，形成了一个环环相扣的审计有机整体，每个阶段、每个环节的审计工作，都相互影响、制约、传导，最终得出全面客观准确的绩效审计分析结果。

以下基于政府投资建设项目全寿命周期绩效审计，结合工作实践情况对开展政府投资建设项目绩效审计做系统全面的剖析和研究。

3. 审计内容与重点

（1）按建设项目阶段划分

研究政府投资建设项目绩效审计，首先要对审计的对象进行研究和分析。根据我国现阶段对工程项目建设程序的有关规定，可以把建设项目所涉及的建设过程大致划分为以下四个阶段，如表 1 所示。

表 1　建设过程的阶段划分

<table>
<tr><th colspan="2">阶段</th><th>主要内容</th></tr>
<tr><td colspan="2">决策立项阶段</td><td>项目构思、决策，提出项目建议书、可行性研究到项目审批立项</td></tr>
<tr><td colspan="2">前期准备阶段</td><td>勘察、设计、建设用地的审批、征地拆迁、资金筹集等</td></tr>
<tr><td rowspan="3">实施阶段</td><td>施工准备阶段</td><td>工程建设项目报建、委托建设监理、招标投标、施工合同签订</td></tr>
<tr><td>施工阶段</td><td>建设工程施工许可证领取、施工管理、项目进度、质量、造价控制</td></tr>
<tr><td>竣工阶段</td><td>竣工验收、移交及期内保修</td></tr>
<tr><td colspan="2">运营维护阶段</td><td>交付后的使用、维护、检测鉴定、配套设施建设、运营管理</td></tr>
</table>

从建设项目阶段划分来看，影响项目全寿命周期的绩效因素较多，可以说贯穿整个项目寿命周期，因此，在绩效审计评价时应充分考虑建设项目的各阶段各个环节因素所产生的影响。

（2）全寿命周期绩效审计研究框架

根据建设项目阶段划分，可将政府投资建设项目全寿命周期划分为投资决策绩效审计阶段、前期准备绩效审计阶段、建设实施绩效审计阶段、运营维护绩效审计阶段，并归纳总结出每个阶段能够影响项目绩效的重点环节，对重点环节进行专项研究和审计。如图 1 所示。

（3）全寿命周期绩效审计的主要内容及重点

第一阶段，投资决策阶段绩效审计。建设项目决策阶段是从建设项目建议的提出、目标设计、目标确定、方案选择、立项审批，即提出项目建议书到可行性研究以及项目最终被批复立项的整个过程。投资决策正确与否，直接关系到项目建设的成败。近年来投资审计结果表明，政府投资建设项目决策阶段主要存在四个方面的问题：一是项目决策缺乏科学依据、存在盲目投资和重复建设问题；二是可行性研究不充分，“三边”建设项目问题普遍，对项目的施工难度、自然条件估计不足，规划选址不当、对当地环境产生重大影响；三是建设规模过大、建设标准过高，严重脱离了当地经济社会发展实际，造成闲置和浪费；四是资金筹集渠道缺乏论证，造成资金缺口和拖欠工程款问题较多。上述问题一旦存在，对于工程项目而言大多数是不可逆的、不可挽回的。由此，决策不当是影响投资绩效最根本、最大的问题。因此，必须积极开展项目决策审计，促进提高科学正

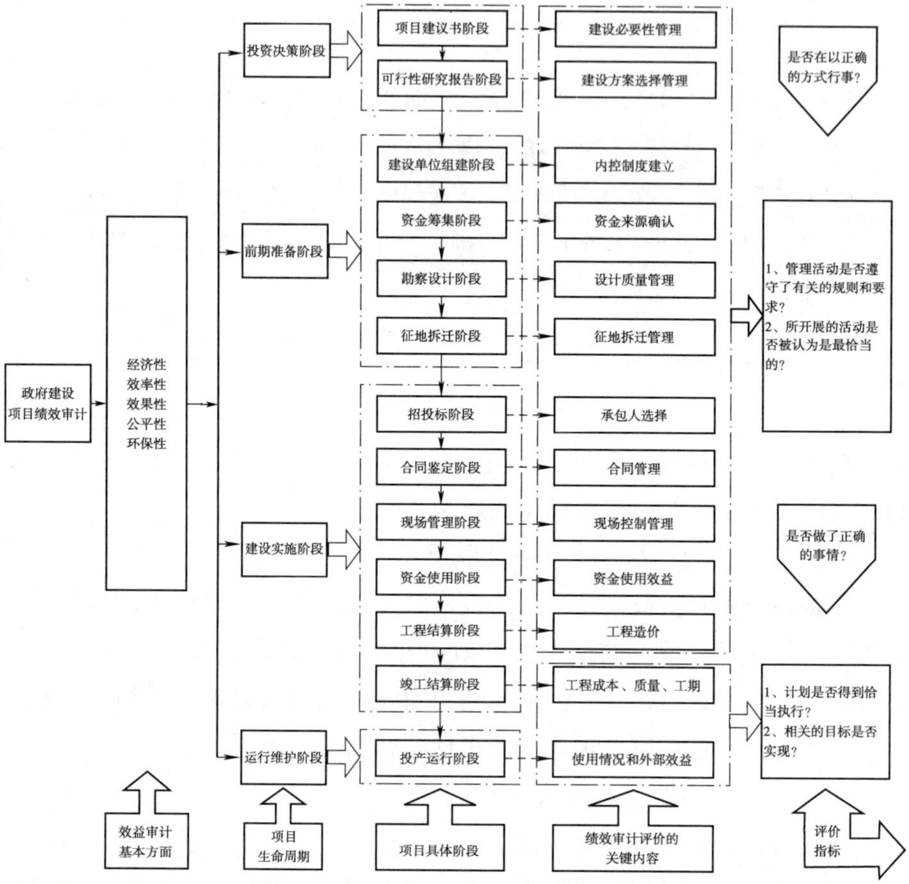

图1　政府投资建设项目全寿命周期绩效审计研究框架

确决策水平，将决策失误的可能性降到最低。主要从以下几个方面实施审计：

①审查决策立项程序是否规范合理。审查项目决策主体是否健全完善科学的决策程序，有无必要的监督制约机制，执行是否严格，有关集体讨论会议纪要是否齐全规范，研究决定事项有无超越权限，有无存在先决策后论证以及弄虚作假、化整为零等违反程序问题。审查项目立项是否遵守立项审批程序，项目建议书、可行性研究报告、初步设计及概算、环评报告等资料是否齐全、真实。

②审查决策立项依据是否充分有效、切实可行。审查项目可行性研究

报告等咨询评估报告是否科学有效，内容是否齐全、技术参数是否真实经济合理，有无脱离实际需要盲目追求高标准、超规模问题；有无为了提高项目可行性，采取人为修改基础数据、相关参数、经济指标等弄虚作假方式对项目进行“包装”，以“可批性研究”来应付政府计划部门审批，获得项目立项的行为；审查项目的资金来源落实情况，是否按规定要求足额落实；资金筹措计划是否真实、合规、可行，有无通过虚报自筹资金，骗取项目立项；经济、社会、环境效果的预测评价是否客观、依据是否充分。

③审查主管部门对项目的审批把关是否严格。主管部门是否按政策规定对项目立项审批进行了严格把关，有无超越权限审批，擅自简化审批程序；是否履行和尊重可行性研究和项目评估的科学结论，有无评审不公开不透明，干预专家评审情况；有无项目未通过审批先安排资金情况等。

案例1　近年来，城市拆迁已经成为社会关注的热点、难点，以往审计机关一般在项目实施过程中对拆迁实施环节进行审计，而对于在决策项目阶段有关单位提报的拆迁预案关注比较少。某市拟对某片区改造，但是高昂的拆迁成本成为项目能否顺利推动的重要因素。当地审计机关关口前移，对有关部门提报的拆迁预案提前介入审计，为领导提供了科学的决策依据，取得了较好的成效。

一是关注了拆迁预案的可行性，对拆迁预案采取的主要措施和补偿标准进行了全面的分析，指出了拆迁预案中存在同一地段补偿标准不一，容易引发社会矛盾、不利拆迁和拆迁实施预案对周边环境保护论证不够充分，容易对周边水资源产生污染等问题。

二是对拆迁预案提报的拆迁补偿费的真实性审计。在决策阶段提前介入审计，这时被拆迁房屋都还以实物形态存在，有效解决了以往审计中面临的被拆迁房屋一拆而空，事后不易核实的问题。经过全面摸底，最终发现因统计错误、面积户数变动、违章建筑等原因，有关部门多报拆迁补偿费1.15亿元，及时准确地核实了真实拆迁成本，为正确分析项目的效益和领导决策提供了可靠依据。

三是对有关部门的具体拆迁管理活动方案进行了审计。发现存在办理房产证、房屋分列租户、评估、房产转让等环节均存在与实际和政策不符问题，及时进行纠正。

最终，审计报告得到了该市领导的高度重视，拆迁方案得到了全面的修正，补偿费用大幅调整，有关部门不规范的拆迁管理活动方案及时得到了纠正，有效避免了损失。根据审计报告意见和建议，相关部门重新对项目进行了研究和分析，修改调整了拆迁方案，该片区拆迁最终顺利完成。

案例1启示：开展决策审计最重要的是能够将决策的目标、内容具体化、实物化，分析决策预计能够达到什么样的情况、预计需要付出什么样的成本、预计能够形成什么样的结果，来判定项目绩效高低、是否科学。在本案例中，就将政府投资建设项目决策过程中常常遇到的项目拆迁预案，作为开展绩效审计的对象，根据上述思路，对拆迁预案进行了绩效分析，最终取得了令人满意的成效。

第二阶段，前期准备阶段绩效审计。项目前期准备阶段，是从项目可行性研究报告获得批复立项到项目报建之间的过程，主要工作内容包括：项目建设机构的组建、勘察设计、征地拆迁、资金落实到位等。这个阶段的绩效审计主要内容有：建设单位内控制度建立情况审计、项目建设资金筹集审计、勘察设计审计、征地拆迁审计。

①建设单位内控制度建立情况审计。项目建设组织模式、管理机制等对项目实施效果有很大影响。主要是审查建设单位是否建立健全了工程组织管理、质量管理、资金管理、材料物资管理、内部审计监督等内部管理制度，是否建立了签证、设计变更、授权控制等现场控制制度，是否建立了监督控制、质量控制和投资控制等项目建设的全过程控制制度。

②项目建设资金筹集审计。一是审计自筹资金、银行贷款、政府资金等资金来源是否落实、是否合规，有无资金缺口，是否会造成“半拉子”工程、“钓鱼工程”。二是分析资金筹措结构的合理性，判定筹资成本的经济性。三是资金到位计划与项目建设进度衔接情况，是否存在资金不到位影响项目建设进度风险。

③勘察设计审计。设计质量不仅影响工程质量和使用功能，也直接决定工程投资成本。项目立项后投资控制的关键在于设计方案的优劣。实践表明，设计阶段一般决定工程造价的75%以上。因此，在设计中要兼顾技术和经济的统一，在满足项目使用功能的前提下，应充分优化设计方案，

最大限度降低工程造价。工程勘察设计审计的主要内容：是否通过招标选择勘察设计单位，设计方案是否进行论证筛选，是否兼顾经济、美观、安全、实用；是否采用限额设计法，主要经济指标是否先进；是否运用价值工程进行充分优化，是否着眼项目的全寿命周期成本，而非仅仅考虑投资成本；设计深度是否达到规范要求，施工图设计是否通过专家评审；初步设计及概算是否符合批复的可行性研究报告所要求的建设内容、规模和标准，有无擅自提高用料档次、建设标准、扩大建设规模、增加建设内容等现象，是否完整合理、有无认为调整初步设计概算情况；勘察设计是否与现场建设条件相符，是否存在专业之间矛盾或者设计过于保守的现象；设计功能标准是否过于超前，施工难度很大或现有施工技术无法实现，勘察设计自身是否存在技术错误，是否经济合理。

案例2　近年来，由于建设项目勘察设计不细致、不周全、不优化甚至失误导致的损失浪费问题比较普遍。在对某高速公路跟踪审计中发现，由于设计单位对当地建设条件不熟悉，致使设计不当和设计缺陷。

一是路床填料设计选择不当，可导致巨大损失浪费。某设计院设计的路床填料为精细加工土，用量约 118 万立方米。通过地质勘察报告和现场实地调查得知，该路段沿线地处鲁中山区腹地，以风化砂为主，土层特别薄，取土相当困难，设计方案与实际情况严重不符。若按原设计方案施工，不仅需占用 1770 多亩土地作为取土场（平均取土深度不足 1 米），而且将增加建设成本 3000 多万元。

二是设计缺陷，存在安全隐患。审计发现，该项目现场签证非常多。经过实际调查发现，该路段某些标段路基地下水位较高，个别路段原地面下挖 40 厘米即见地下水，而该项目却设计为低填零填路基，若按照原设计施工，雨季将容易造成低洼路段和填土高度较低的路段发生洪涝，地下水将会严重侵蚀路基。为了保证项目质量，满足路基水稳定性的要求，因此现场进行了大量的设计变更和签证。

三是个别地段勘察深度不够，增加工程造价。通过对比某标段 380 米长的路段的工程造价发现，该路段造价比其他标段造价每米高 7550 元。通过现场核实发现，该路段由于勘察深度不够原设计为普通路基填筑，实际该路段是以芦苇塘为主的软土地基，需进行特殊地基处理，初步估算增加费用约 287 万元。

审计组及时提出了优化设计方案的建议，被采纳后比原方案节约投资近 5000 万元，减少取土场征地 1770 亩，并消除多处设计隐患。

案例 2 启示：开展勘察设计审计，一是采取对比分析方法审查设计技术的可行性及经济性。按专业分部分项将地质勘察报告与设计图纸、现场情况，以及参照以往同类工程的勘察设计情况进行对比分析，找出差异后，再根据经验实施职业判断。二是从设计变更和签证入手分析设计的技术合理性和有效性。针对主要设计变更，参照现场签证，逐项分析判断各项变更的内容和原因，确定其是否因勘察设计不当或为施工方便等引起的，并进一步分析对工程成本造成的影响。三是审查设计方案的经济性。利用对比法找出造价偏高的分部分项工程，再从设计、施工的角度分析原因，获得绩效审计结果。

④征地拆迁审计。征地拆迁是政府投资项目取得建设用地的重要途径，尤其是城市基础设施项目大多处于城区内，拆迁安置补偿涉及政策复杂、费用大、问题矛盾交织，处理不当，容易导致工期延长、投资增加，甚至造成社会矛盾，严重影响投资绩效和政府形象。因此，审计应高度关注征地拆迁工作对项目带来的不利影响。绩效审计中应审查建设项目拆迁程序是否合法，评估、公示、审核等手续是否完善，政策是否公开透明，补偿标准是否符合政策规定，各类拆迁补偿款是否合法合规、是否足额发放等。重点关注特殊异常补偿对象。

第三阶段，建设实施阶段绩效审计。项目建设实施阶段，是从开工准备、实施建设到竣工验收的整个过程。项目实施阶段时间跨度长、工作内容多、管理难度大，直接关系到工程项目建设的质量、进度、投资，是绩效审计的重要内容。具体审计内容主要包括招投标审计、合同审计、现场管理审计、工程造价审计、资金管理使用审计、竣工财务决算审计等。

①招投标审计。招投标是控制工程造价的重要手段，通过招投标可以以较低价格获取适当服务。但近几年审计结果表明，工程建设领域突出问题绝大部分根源出在招投标环节，招投标不规范普遍存在，甚至围标串标等暗箱操作等问题突出，对项目投资成本管理造成困难，而且是腐败的高发区。在未发现重大违法违纪问题的情况下，绩效审计的重点应围绕着下

列方面展开：一是招标文件编制情况。审核招标文件是否存在漏洞，有无缺项或表述不清的地方，避免给以后的结算审计带来争议；工程量清单是否存在漏项、缺项，招标控制价是否能控制在投资概算之内，是否与市场实际价格基本相符，充分发挥招标控制价的作用。二是审查招标组织情况。即审查招标组织是否符合有关法规，是否体现充分竞争原则，对降低成本的导向是否清晰，是否采取了低价中标办法。三是审查中标价的合理性，剔除不可比分部分项工程因素。首先，将中标平方米平均造价与同地区同期同类项目市场价对比，分析中标价与市场价偏离情况，判定中标价的合理性；其次，将投标分部分项综合报价与市场价对比，查找偏差，分析投标不平衡报价等问题。在此基础上，评价招标效果。

②合同审计。加强与规范合同管理是工程项目全过程管理的重要内容，可以避免潜在的经济纠纷，杜绝合同陷阱。主要审核工程款支付、价款调整、结算方式、质保金、违约责任、不可抗力等与金额相关条款是否合法有效、是否明确具体，有无缺项或表述不清的条款，是否存在漏洞、存有争议事项。审计可通过对合同签订把关，将可能出现的经济纠纷消灭在萌芽状态，减少索赔事项，降低管理风险，促进成本节约。

③现场管理审计。现场管理审计主要是对建设项目的进度、质量、成本、安全的有效控制情况进行审查和评价，这个阶段是建设项目形成实物的阶段，决定了建成之后能否如期发挥效益。该阶段主要审计内容包括：一是工程进度控制审计。主要检查建设单位是否建立了保证工程进度的内部控制体系；项目是否按时开工建设，是否存在因外部环境、建设手续办理、设计变更、材料设备采购、组织协调等原因导致项目进度滞后，若存在，应进一步分析影响工期、增加工程成本情况。重点审查施工单位对非其原因提出索赔的合理适当性，对施工单位原因造成的工期延误是否按规定进行追责，对其违约责任落实是否到位。二是工程质量控制审计。主要检查工程质量内控制度是否健全有效，是否严格按照设计图纸以及规范标准进行施工；监理单位、施工单位项目部人员是否与投标承诺一致，各项职责履行是否到位，质量控制措施是否有效落实。查阅监理和施工日志及质量验收等资料，审查工程质量问题返工、事故处理及损失浪费等情况。在此基础上，根据项目竣工质量备案结果，综合评价工程质量结果及对项

目效益影响情况。三是工程投资控制审计。主要审查工程进度款申请、审批、支付程序是否严格规范，是否存有超付进度款可能；施工单位提出的设计变更是否增加了造价，工程签证是否真实有效；设备材料性能确定是否超出设计要求，采购价格是否高于市场平均水平。

④工程造价审计。这个阶段的投资绩效属性体现特别明显，主要表现在：一是审减工程造价，节约政府投资；二是项目最终的造价是评判其经济性的重要依据；三是在审计工程造价过程中，会涉及项目概算、招投标、合同履行、设备材料采购、现场签证等许多管理环节，这些环节存在的问题大多都会对工程造价具有直接影响，可以通过分析这些影响评判项目的绩效情况和项目的管理水平高低，甚至会发现重大违法违规案件线索。针对这些特点，工程造价审计内容包括：一是审查合同执行的规范性。审查工程结算范围、内容、办法是否遵循了合同约定，补充合同、协议是否实质性背离原合同，是否兑现优惠让利承诺。二是审查工程量的真实性。审查工程量计算是否符合规范，是否与实际相符，变更签证是否真实。三是审查工程价格的合理性。价格的确认调整是否符合合同约定，是否符合政策规定，是否高于市场平均水平。四是审查工程损失浪费情况。主要审查因建设单位管理不到位、决策失误等原因造成的工程结算价款增加数额。

⑤资金管理使用审计。资金管理使用审计主要是对项目建设过程资金筹集的及时性、管理的规范性和有效性、使用的合规性及合理性进行审计。审查建设资金是否及时、足额筹集到位，重点关注由于资金筹集不及时给项目建设造成的工期拖延、误工补偿情况；审查资金筹集计划是否与建设进度需求相匹配，有无大量资金闲置问题，因而增加筹资成本情况；审查建设资金是否专款专用，是否存在截留、挤占、挪用的情况。

⑥竣工财务决算审计。竣工财务决算反映建设项目从筹建到竣工验收、交付使用全过程实际发生的全部建设费用，是项目建设结果的全面反映，是核定新增资产价值、办理交付手续的依据。通过竣工财务决算，一方面能够正确全面地反映建设工程的实际造价和投资结果；另一方面可以通过竣工财务决算与概算、预算的对比分析，考核投资控制的工作成效。

在审计认定竣工财务决算实际完成投资额的情况下，绩效审计内容主要包括：一是经济数据全面综合分析比较。分析可行性研究报告估算、初步设计概算、竣工财务决算的主要经济指标和具体内容，查找三项金额的变化和差异，分析产生差异的原因。二是实际建设内容及标准分析。将项目实际建设内容、功能、用途、标准、规模等技术指标与决策方案、可行性研究报告、初步设计进行比较，分析其差异及对项目建设成本影响程度。三是建设管理环节对项目绩效影响结果分析。根据前面对项目建设各环节审计情况和审计认定的实际完成投资额，分析计算因决策、管理因素增加或降低项目投资成本情况。

第四阶段，运营管理维护阶段。项目运营管理维护阶段，从项目竣工交付到后评价工作时点，包括项目的使用、管理和维护情况。通过对项目运营情况分析，对比项目实际效果与决策预期和设计确立的目标偏差情况，正确判定项目决策预期和设计确立的目标实现程度，从经济效益、社会效益、生态环境效益等方面进行具体分析评价，得出全面客观公正的绩效审计结论。同时，有针对性地查找影响项目运营绩效的因素，分析产生的具体原因，研究提出完善项目运营管理的意见建议，促进提升项目绩效，并为提高今后政府投资建设项目决策、管理水平提供信息。

①经济效益情况审计。重点关注项目建成后运营的基本情况、功能以及取得的经济效益，审查项目是否达到了设计要求；有无存在项目闲置或运营不足的情况，有无存在运营维护管理费用过高影响了项目经济效益发挥的问题；项目运营管理模式、机制，配套服务设施的建设是否与项目运营实际相配套，促进其充分发挥功能，针对项目运营过程中存在的问题提出改进措施建议。对于政府投资的经营性项目，既要重点关注项目的收益情况和贡献水平，关注项目的财务盈利能力、项目的风险水平、还贷能力、投资回收期等，还要站在全局的角度考虑项目对当地国民经济效益产生的影响。除了直接经济效益外，还要关注项目投资建设所带来的间接经济效益，如项目周边房地产价值的提升作用、服务平台对相关产业的推动作用、交通畅通对社会经济产生的拉动作用等。

②社会效益情况审计。政府投资建设项目具有基础性、公益性、影响面广等突出特点，项目实际发挥的效益除经济效益外，更多体现在社会效

益上。社会效益审计应关注当地国民经济发展目标与社会发展目标协调一致情况，防止单纯追求项目的经济效益；关注项目与所在地区整体利益协调一致情况，有利于减少社会矛盾和纠纷、促进社会稳定；关注项目对推动当地产业结构优化升级，促进就业和带动相关产业者的创业情况；关注项目对于完善改进公共服务功能、提高公共服务水平，促进社会进步的作用和影响；还要关注建设项目在推进当地城镇化进展、改善居民生活条件及社会管理发挥的作用。

③生态环境效益审计。建设项目一般会引起项目所在地自然环境和生态环境的变化，对生态环境状况、环境质量产生不同程度的影响，尤其是大型基础设施和生态环境治理项目影响更加突出。通过项目生态环境保护实际结果的检查、验证和总结，判定项目预期的生态环境保护目标是否达到，项目的主要生态环境效益指标是否实现，及时提出生态环境保护补救措施和生态环境管理工作改进建议，实现项目生态环境保护目标。绩效审计中应重点关注：项目在设计、建设、运营期是否落实了环境影响报告书提出的生态、噪声、大气及水土环境保护措施和建议，从技术指标分析是否达到生态环境保护和改善的目标要求；项目建设实际节约用地情况，用地选择及其生态环境恢复状况；项目建设中是否对挖填方、挡土设施、排水设施、地形地貌等进行了合理利用，并采取了合理的绿化措施；项目环保系统是否同步建设、同步竣工交付使用，项目投入运营后，是否采取了有效的节能减排措施和环保措施，废水、废气、废物的排放是否环保达标；生态环保制度是否得到有效执行、环保设施是否有效运行等。

（六）评价指标的选用

怎样准确科学地对建设项目的绩效情况进行审计评价？绩效审计指标为绩效的评价提供了有效的依据。不过，目前我国的政府绩效指标体系还不统一、不健全。具体到政府投资领域，存在着两套并行的政府投资绩效指标体系。一是发展改革部门主导的“建设项目经济评价体系”；二是财政部门主导的“政府投资项目预算绩效指标体系”。两个指标体系对于审计机关的绩效审计来说都有一定的适用性：一方面，发展改革部门行使政府投资项目的决策职能，通过项目论证、决策、立项过程制定出预期的绩效目标；另一方面，财政部门行使财政投资预算资金管理、考核职能，制定出对项目法人管理、使用资金的效益的预期目标。两个评价体系在指标设立方面有相互交叉重合的部分，但也都有各自的不完整之处。而绩效审计包括对经济、社会、生态环境效益等全部内容的评价，对评价指标的选取需要将两者进行有机地结合，还须充分考虑项目的个性特点，以项目全寿命周期的视野选取适用的指标，从定性和定量两个方面进行比较全面、综合、科学的分析评断。

1. 政府投资建设项目指标选用

（1）指标选用的原则

绩效指标选取应采取定量和定性相结合的方式，在定性分析基础上，对相关绩效内容最大限度地选取定量化考评指标，进行量化分析，做出评价结果。在设计选择指标时一般应遵循以下原则：

①相关性原则：绩效指标要与项目的目标、审计的目标有直接或间接的联系。指标体系应是对审计对象本质、结构及其要素的客观描述。选择的指标概念要准确、涵义要清晰，尽可能避免或减少主观判断。

②系统性与重要性原则：要注意指标体系内部的逻辑关系，选择最具有代表性、最能反映考评要求的指标，用最简练的指标系统、恰当、准确地反映经济社会现象之间的数量关系和内在规律。

③针对性与兼容性原则：既有建设项目的通用指标的设计，也有根据项目自身特点选取的特性指标，使得出的评价结果既能反映单个项目的绩效，也能反映类别、行业、领域以及整个经济社会发展的绩效。

④可比性与完整性原则：选择指标要注重项目实际绩效结果与预期目标的可比性，使两者具有沟通的可比基础，便于得出审计结论；要注重绩效指标的完整性，既要设置定量指标反映政府投资建设项目的绩效水平，也要设置定性指标反映政府投资建设项目的管理水平。

⑤可操作性原则：指标的选择要考虑项目实际情况和现实条件，便于理解、运用和获取数据信息，方便具体操作实施。

（2）绩效指标设计和选择

建设项目是复杂的系统工程，要全面、科学、准确地做出分析评价，应将建设项目各个阶段、各个层面的目标分解成一个个清晰而独立的目标单元，然后遵循上述指标选用原则进行指标设计和选择。根据目前情况，可从项目完成情况、项目管理情况、资金管理情况、功能效益情况、公共效益情况五个方面来考虑指标设计和选择。项目完成情况绩效主要反映项目预定目标完成情况、完成工程量、完成质量、完成进度和及时性等内容；项目管理绩效指标主要反映项目审批、决策完成过程，工程进度、施工质量、造价控制等情况；资金管理绩效指标主要反映资金筹集及到位情况、资金管理的规范性、资金使用效益等内容；功能效益绩效指标主要反映经济效益实现情况、项目用途、项目配套、项目达标、项目运营等情况；公共效益绩效指标主要反映项目对国民经济的影响、社会效益实现情况、生态环境影响、可持续影响等方面的情况。

（3）指标数据的来源和获取

设计选择好评价指标后，如何收集数据、做出评价判断是开展绩效审计的关键。主要可以从以下几个途径获取相关的数据或标准：

一是国家及地方对政府投资建设项目管理的相关法律、法规、规章及规定；二是行业主管部的相关规定以及各项事业行业发展规划和专项建设规划；三是项目建议书、可行性研究报告、环境评价报告、初步设计文件、资金申请报告、评估报告、招投标文件、主要合同、工程概算调整报告、监理报告、竣工验收报告、项目稽察结论性资料、竣工财务决算资料及其相关的批复文件、政府投资建设项目自评报告；四是项目设计标准、行业技术标准以及与当地经济事业发展、社会事业发展、生态环境相关的各类统计资料等；五是项目运行经济技术数据记录、报表和统计资料；六是问卷调查、座谈、访谈等办法获取相关数据、情况。

（4）绩效审计指标的判定

开展绩效审计，仅仅有指标还是不够的。对于每个指标还必须有基准数据作为衡量的基础，和其要达到的目标作为评价的依据。我国目前政府投资建设项目绩效审计评价可以分为纵向评价、横向评价两个层次。纵向评价时将项目实际绩效与预期绩效对比，评价预期绩效目标的完成度，或者与以前年度实际水平相比，说明项目效益达到或超过历史水平的程度；横向评价是将实际水平与社会平均绩效或优等绩效水平进行对比，以符合国家和行业制定的有关标准为合格标准，以评价项目绩效管理水平在同行业、同类项目中所处的位置判断优劣。对于无法用具体数据衡量的考核指标，则要根据项目特点、社会环境特点，充分发挥审计经验进行职业判断，必要时可以采取邀请专家座谈、进行问卷调查等方式获取公正全面的信息，以便做出正确的定性判断。

2. 政府投资建设项目绩效审计主要指标

（1）项目完成情况绩效指标

$$实际建设成本变化率=\frac{实际建设成本-预计建设成本}{预计建设成本}\times 100\%$$

$$实际工程合格品率=\frac{实际单位工程合格品数量}{验收鉴定的单位工程数量}\times 100\%$$

$$实际工程质量优良品率=\frac{实际单位工程优良品数量}{验收鉴定的单位工程数量}\times 100\%$$

$$计划工期完成率=\frac{实际工期}{计划工期}\times 100\%$$

$$投资增减变化率=\frac{投资增减变化（额）}{计划投资额}\times 100\%$$

$$设计规模达成率=\frac{实际达成规模}{设计达成规模}\times 100\%$$

$$设计产能达成率=\frac{设计产能达成数}{设计产能数}\times 100\%$$

（2）项目管理绩效指标

$$项目决策周期变化率=\frac{实际项目决策周期-预计项目决策周期}{预计项目决策周期}\times 100\%$$

$$设计变更率=\frac{设计变更投资额}{总投资额}\times 100\%$$

$$实际返工损失率=\frac{项目累计质量事故停工返工增加投资额}{项目累计完成投资额}\times 100\%$$

$$工程造价增减率=\frac{送审工程结算值-审定工程造价}{送审工程结算值}\times 100\%$$

$$设备购置费用增减率=\frac{购置合同费用-实际购置费用}{购置合同费用}\times 100$$

$$安全事故发生率=\frac{安全事故发生次数}{单位工程数}\times 100\%$$

$$管理费用超支（节）率 = \frac{管理费用超支（节约）额}{计划总管理费用} \times 100\%$$

$$总投资违纪（规）率 = \frac{违纪（规）额}{总投资额} \times 100\%$$

定性指标分析包括：对项目投资决策目标设定、规划是否科学、合理，项目审批依据、程序和方法是否合规、科学，设计深度是否符合国家规范标准和项目实际情况，内部控制管理是否健全有效。

（3）资金管理绩效指标

$$资金筹集财务成本率 = \frac{筹资成本}{筹资总金额} \times 100\%$$

$$资金到位率 = \frac{实际到位资金}{概算总投资} \times 100\%$$

$$滞留闲置资金率 = \frac{滞留闲置金额}{到位资金} \times 100\%$$

$$资金挤占挪用率 = \frac{资金挤占挪用金额}{到位资金} \times 100\%$$

$$虚列成本率 = \frac{虚列工程支出金额}{总成本} \times 100\%$$

$$拖欠工程款率 = \frac{未付工程款金额}{已结算工程金额} \times 100\%$$

$$超付工程款率 = \frac{实付工程款金额 - 已结算工程金额}{已结算工程金额} \times 100\%$$

$$项目配套资金到位率 = \frac{项目配套资金实际到位金额}{项目配套资金计划到位金额} \times 100\%$$

$$项目结余资金率 = \frac{项目竣工后结余资金}{项目概算资金} \times 100\%$$

（4）功能效益绩效指标

①项目生产能力功能效益指标

$$设计生产能力 = 第一年实际产量 \times [1 + 平均年生产能力增长率^{(n-1)}] \times 100\%$$

$$生产能力建成率 = \frac{报告期新增生产能力}{报告期施工规模} \times 100\%$$

$$生产能力提高率 = \frac{项目新增生产能力}{项目实施前生产能力} \times 100\%$$

$$设备利用率 = \frac{在用设备台件数}{设备台件总数} \times 100\%$$

②经济效益指标

$$净现值率 = \frac{项目净现金流量的现值}{项目总投资的现值} \times 100\%$$

$$投资利税率 = \frac{利润总额 + 销售税金及附加}{投资总额} \times 100\%$$

$$投资利润率 = \frac{利润总额}{投资总额} \times 100\%$$

$$资本金利润率 = \frac{税后利润}{资本金} \times 100\%$$

$$借款偿还期 = \frac{借款偿还期出现}{盈余的年份数} - 1 + \frac{当年应偿还借款额}{当年可用于还款的收益额} \times 100\%$$

$$投资效益率 = \frac{项目实施后效果 - 项目实施前效果}{投资总额} \times 100\%$$

$$财政贡献率 = \frac{项目实施后上缴税收额}{项目实施前上缴税收额} \times 100\%$$

$$各项经济指标增长率 = \left(\frac{项目实施后指标值}{项目实施前指标值} - 1\right) \times 100\%$$

（各经济指标可以采用当地统计口径反映的国内生产总值、财政收入等指标）

（5）公共效益绩效指标

①社会效益评价指标

定量评价指标

就业效益指标：指项目单位投资所能提供的就业机会。

单位投资就业人数 = 新增就业人数/项目总投资

普及率：已普及面积或规模除以全部面积或规模，如供水、供热、天然气等城区或农村普及率，义务教育升学率等。

定性评价指标

社会影响效果：项目目标区域内收入、就业等经济层面的影响；社会环境和条件、公共基础设施的改变、风俗习惯、宗教等社会层面的影响；弱势、少数民族等特殊群体影响。

利益相关影响：确定项目直接、间接利益相关者，分析其诉求，明确对其正面或负面影响，以及影响程度。

社会适应性：分析拟建项目能否为当地的社会环境、人文条件所接纳，评价该项目与当地社会环境的相互适应性。

社会风险影响：分析项目主要社会风险因素及发生概率，明确社会风险发生程度。

②生态环境评价指标

定量评价指标

$$单位产品生产耗水量=\frac{项目年生产用耗水量}{主要产品生产量}\times 100\%$$

$$项目综合能耗=\frac{项目能源消耗量}{项目收入净增值}\times 100\%$$

$$单位投资占用耕地（亩）=\frac{项目占用耕地面积（亩）}{项目总投资}\times 100\%$$

$$节能降耗率=\frac{企业能用成本减少量}{项目实施前实际成本}\times 100\%$$

$$环境影响指标=\frac{项目排出各类有害物质总和}{国家规定的各类有害物质最大排放量}\times 100\%$$

$$处理率=\frac{国家标准处理量}{总产生量}\times 100\%$$

定性评价指标

大气环境改善：包括大气污染降低，有利于降低 PM2.5，良好天气天数上升。

水环境改善：环境水质明显改善。

声环境影响：降低噪声，符合国家标准。

土壤环境影响：少或不造成土壤污染，或改良土壤。

生态平衡影响：有利于改善生态平衡

三、全寿命周期绩效审计模式实践：以山东为例

全寿命周期绩效审计与跟踪审计具有高度的一致性。全寿命周期绩效审计研究的对象是整个政府投资建设项目全寿命周期，跟踪审计监督审计的对象是项目整个的建设流程，两者监督审计对象的建设管理阶段和各分部分项环节高度重合，有所不同的是全寿命周期绩效审计还涉及建设项目的后期运营维护、社会效益和环境生态效益等方面，更为全面和系统。而跟踪审计本身具有较强的时效性、针对性、建设性，能够随时记录有关的资料信息作为绩效审计判断的依据，随时进行反馈、修正，能够及时查处各类不规范问题，及时提出审计意见和建议，及时督促落实整改，真正做到“边审计、边整改、边规范、边提高”，能够充分发挥绩效审计的建设性作用。因此在众多审计组织形式中，跟踪审计无疑是开展全寿命周期绩效审计最优的组织方式。

在具体的审计实践中，山东省审计厅对政府投资项目采取了全寿命周期绩效审计与跟踪审计相结合的审计模式。近年来，山东投资审计在“以工程造价审计为突破口，以跟踪审计为主要形式，以绩效审计为发展方向，以计算机、设备辅助审计为重要手段”的指导思想下，进行了绩效审计与跟踪审计一体化的一些探索和创新。

（一）创新跟踪审计模式，优化审计资源配置

在跟踪审计模式上实行“定点审计（重点环节审计）和定期审计相结合”，不搞一般化的驻场审计，牢牢抓住建设程序、资金流向两条主线，把建设项目招投标、合同管理、现场施工等关键环节作为绩效审计重点加强监督；在审计力量配置上实行“静态配置与动态配置相结合”，每个项目由主审负责平时的跟踪联络、掌握情况，不牵扯其他人员太多精力，进行重点环节审计时，组成机动性小组，到现场有的放矢开展工作，速战速

决，提高绩效审计工作成效。

（二）积极推进“捆绑”式“批量”跟踪审计，扩大绩效审计成果

针对政府投资不断增长和审计人员相对不足的情况，在总结单项跟踪审计经验的基础上，根据水利、道路、房建不同审计项目所属工程类型和特点，探索推行对同期同类“批量”项目“捆绑”实施同步审计，在方案制订、审计实施、定性处理和审计报告撰写上标准化、规范化，达到了项目简化、工作简化、成效放大的效果。与单一项目的跟踪审计相比，批量跟踪审计更有利于发现体制、机制层面的带着普遍性或者典型性的问题，为我们提供大量可供提炼的情况和数据，经过精心加工可以形成有事实、有数据、有分析、有分量的审计信息，触及投资建设领域被忽视的薄弱环节，直指政策、制度上的漏洞，更容易引起党委政府领导的高度关注。如山东省审计厅在对全省 14 条在建高速公路项目“批量”跟踪审计中，发现一个项目存在“领导干部在建设项目中领取补贴奖金”问题，及时在同期同类其他项目审计中予以关注，发现该问题具有普遍性，共查出 40 名在建设领导小组中挂名的市县领导干部存在领取补贴奖金问题，引起了省领导和省纪委的高度重视。省纪委在省审计厅的配合下出台了《关于严禁领导干部在工程建设项目中领取补贴、奖金和福利的通知》，并开展了专项整治工作，进一步规范了领导干部的从政行为，绩效成果非常明显。

（三）大力推广设备仪器辅助审计，创新绩效审计技术手段

长期以来，投资审计是“一把皮尺两条腿”，须耗费大量时间对工程实体工程量进行现场审计，往往现场作业占审计工作总量的一半以上。针对这种情况，山东省审计厅率先在全国开展“设备仪器辅助审计”，并在全省范围内推广应用。利用 GPS 定位仪、全站仪、取芯机等设备仪器进行工程实体工程量审计，审计精度更准、效率更高、覆盖面更大，工作效率平均提高十几倍。设备仪器辅助审计工作的开展，极大提高了绩效审计工作的效率，增强了审计数据的科学性和说服力。比如，运用 GPS 测量系统和激光测距仪，对同三高速公路青岛段的 17 个合同段、201 公里的路基、

桥涵工程的原始地貌进行了测量，仅用4天时间就完成了以前要半个月才能完成的任务，仅土石方工程量一项就审减工程造价440万元，依据检测数据评价工程质量，审计结论科学可靠，令人信服。

（四）积极探索信息化审计，提高跟踪审计科技含量

随着时代发展，投资建设管理逐步实现信息化、网络化，许多项目开始应用工程信息管理系统，对招投标及合同管理、计量支付、质量验收、材料管理、财务核算等实施整体解决方案。山东省审计厅积极探索远程条件下的信息化审计，借助于先进的信息跟踪分析技术，尝试开发计算机网络实行远程审计的系统，实现了从对电子数据进行审计到尝试对计算机系统开展审计，从审计现场的单机审计发展到审计现场的远程审计，从利用计算机提供的检索、关联、计算等功能对电子数据进行审计发展到利用计算机技术实现审计人员的经验、技巧、方法的智能化等方面的审计，达到了利用一个信息平台对多个项目实施同步跟踪审计的目的。同时，山东省审计厅还尝试借助地理信息系统开展辅助审计，对某场馆建设跟踪审计中，利用地理信息系统平台，借助空间三维航拍图像，还原山体爆破前地形地貌影像，运用数字摄影测量工具和空间分析软件，完成了对大型复杂土石方爆破、挖运工程量的审计，审减工程造价1600余万元。

参考文献

［1］沈颉．如何加强政府投资建设项目管理［J］．现代经济信息，2010（13）．

［2］邓建新，刘运国．政府铁路投资项目绩效审计评价指标体系研究（上）［J］．财会通讯，2013（3）：11～13.

［3］王世成，武国．大规模投资绩效审计评价指标体系研究［J］．审计研究，2010（5）：42～47.

［4］陈冠蕾．建设项目投资绩效审计研究［D］．长沙：中南大学，2006.

［5］刘慧娟．政府绩效审计评价指标体系研究［J］．商业经济，2006（11）：32.

［6］审计署工业交通审计局．我们是怎样对天津铁厂进行效益审计的［J］．审计通讯，1984（4）：158.

［7］杨艳艳．政府公共工程投资绩效审计研究［D］．昆明：云南财经大学，2010.

［8］公共支出绩效审计课题组．公共支出绩效审计研究［M］．北京：中国时代经济出版社，2007.

［9］徐敏华．苏州市开展政府投资项目绩效审计研究［D］．上海：同济大学经济与管理学院，2008.

［10］全国一级建造师执业资格考试培训教材编审组．建设工程项目管理［M］．北京：建筑工业出版社，2011.

［11］全国造价工程师执业资格考试培训教材编审组．工程造价计价与控制［M］．北京：中国计划出版社，2009.

［12］张新宇．浅析政府投资项目绩效审计评价的指标和标准［J］．山东省行政学院山东省经济管理干部学院学报，2007（12）．

财政专项资金绩效审计研究

宁波市审计学会课题组

课题负责人：何小宝

课题组成员：徐荣华　吴瑞勤　吴　刚　高　翔　李成艾
赵彩虹

【摘要】　财政专项资金是政府扶持、发展某项特定事业而专门设立的资金，是贯彻落实国家特定时期、特定政策的一种特殊财政手段。财政专项资金绩效审计是在财政专项资金使用的真实性、合法合规性的目标基础上，对财政专项资金的经济性、效率性和效果性的全面审查。围绕财政专项资金的运行流程，财政专项资金绩效审计主要包括项目确定阶段、计划阶段、实施阶段和报告阶段等四个阶段。目前，财政专项资金涉及设立、分配、使用、管理以及后续评估等环节。因此，财政专项资金绩效审计的重点内容又包括财政专项资金设立环节审计、财政专项资金分配环节审计、财政专项资金使用环节审计、财政专项资金管理环节审计以及财政专项资金后续评估审计等五个方面。根据当前财政专项资金运用中存在的主要问题，设计若干关键、核心评价指标，综合反映真实性、合规性和绩效性等内容，可以较好地实现绩效审计的目标。在实践中，可以针对问题求证、公开征集审计线索和追踪资金流向等渠道，合理设计审计路径并确定适当的审计方法。为更好发挥财政专项资金绩效审计的作用，需要研究和揭示财政专项资金运用中的典型问题，强化审计结果的运用。为进一步做好财政专项资金绩效审计，需要建立问题导向的绩效审计模式，构建国家审计、社会审计和被审计单位内部审计紧密结合的联合审计监督体制，同时，要强化审计问责，督促问题得到有效整改，保证审计成效。

【关键词】　财政专项资金　绩效审计　审计评价　审计问责

目　录

引　言

随着我国财政体制改革的不断深化和公共财政的建立与完善，财政专项资金投入规模日益加大，在财政支出中的比重越来越大，直接影响财政支出的效率和效果。特别是农业、教育、科技、社会保障、医疗卫生、节能环保等重点财政专项资金，对促进经济结构调整、加快科技成果转化、增强自主创新能力等都起到了积极作用。财政专项资金具有金额大、项目多、使用范围广、涉及部门多等特点，资金的有效监管是重点，也是难点。从现实情况来看，财政专项资金的监管存在许多漏洞，挤占、挪用、截留、使用效率低，甚至虚报项目骗取财政专项资金等违法违规现象在一些地方和领域时有发生。随着中央对地方转移支付的财政投入力度加大，各级政府投入的专项资金数额逐年增加，如何加强专项资金审计，规范支出行为，提高资金使用效益，是摆在各级审计机关面前的一个新课题。

确保财政专项资金管理使用的安全性、规范性和有效性，是公共财政建设的主要目标之一。国家审计作为独立的监督部门，对财政专项资金进行有效监管负有不可推卸的责任，也具有不可替代的优势。财政专项资金作为贯彻落实国家特定时期、特定政策的特殊财政手段，与一般性财政资金相比，更需要关注绩效问题。按照《审计署 2008 至 2012 年审计工作发展规划》，到 2012 年所有的审计项目都要求开展绩效审计。鉴于财政专项资金运作流程的特殊性，特别需要在真实合规性审计的基础上实施绩效审计。积极开展有效的财政专项资金绩效审计是财政专项资金合理、合规、高效使用的必要保障，是深化和创新国家审计职能的重要途径，是加强党政廉政建设、保障经济健康运行的必由之路。

为什么要开展财政专项资金绩效审计？我们认为，在现阶段的必要性主要体现为以下三点：

第一，财政专项资金绩效审计是充分发挥审计监督“免疫系统”功能的有效途径。

国家审计的本质是保障经济社会健康运行的“免疫系统”。审计免疫系统包括抵御性功能、建设性功能和预防性功能等三大功能。抵御性功能要求审计主动去感知、发现已经存在的风险和隐患，对于已经出现的倾向性、苗头性问题，审计应有针对性地提出建设性的意见和建议；建设性功能要求审计在发现和揭示问题的基础上，推动违法违规问题整改、促进管理规范和制度完善；预防性功能要求审计突破事后监督模式，将关口前移，更早地感受风险，更早地警示和揭露风险，防止问题的发生。

财政专项资金绩效审计要求审计充分发挥免疫系统的三大功能，发现问题、评价问题、解决问题并防止问题再次发生。首先，发现和揭示问题是基础。财政专项资金绩效审计的首要任务是发现和揭示过去及现在存在的问题，以便分析和评价问题，建立解决问题的长效机制。财政专项资金集重要性、复杂性和政策性于一体，财政专项资金绩效审计的范围超出了财务会计范畴，拓展到对专项资金运行的整个过程进行评价，发现财政专项资金拨付、使用和管理中的典型问题，查处违法违规、损失浪费等现象，充分发挥审计的抵御性功能。其次，分析和评价问题是手段。财政专项资金绩效审计的内容突破了传统的合规性检查，通过对过去、现在甚至未来的事项进行分析、评价和预测，积极查找体制、机制、制度上存在的问题和漏洞，目的是促进被审计单位利用专项资金的经济、效率、效果和其管理水平的提高及相关政策的完善，从而有效发挥审计的建设性功能。最后，预防问题是目标。在问题分析和评价的基础上，从根本上提出完善制度、改善管理的措施，并督促被审计单位落实整改，才能真正发挥审计的作用，保障财政专项资金拨付、使用和管理的合规性、经济性、效率性和效果性。通过分析审计发现的苗头性、倾向性问题，可以及早感受风险，提前发出警报，从而发挥审计的预防性功能。

第二，财政专项资金绩效审计是构建和完善全部政府性资金审计的重要内容和载体。

财政资金绩效审计一直在持续不断的进行和探索中，不仅揭示了财政专项资金运用中存在的典型问题，还提出了一些改进的意见和建议。但从审计实践来看，比较重视资金的合规性、真实性审计，对资金绩效的考核评价关注不够，缺乏真正意义上的绩效审计。建立公共财政支出体系要求把财政支出与财政绩效考核结合起来，同时要求加大对财政支出的监督力度，并使之贯穿到资金运行、使用的全过程，从而保证财政支出的安全有效。因此，全部政府性资金审计要求以财政支出审计为主，审计模式向绩效审计转变，注重研究宏观层面的问题。由于财政专项资金在安排审批时就要求有明确的绩效目标，它比较容易推行绩效审计。从财政专项资金的性质来看，它关系国计民生，关系国家特定政策目标的顺利实现，也必须推行绩效审计。财政专项资金是财政支出的重要组成部分，探索财政专项资金绩效审计的有效路径是开展全部财政支出绩效审计的重要内容和载体。

财政专项资金绩效审计应贯穿于资金运动的全过程，涉及资金的设立、分配、使用、管理和后续评估等各个环节；财政专项资金绩效既包括资金的微观效益，表现为资金的投入产出比、有无损失浪费以及资金使用的直接效果等，又包括资金的宏观效益，体现为国家特定政策目标是否实现。要坚持“揭示问题、规范管理、促进改革、提高效益、维护安全”的总体思路，把政策执行、资金使用、投资绩效作为重要内容，促进宏观调控政策的落实和财政专项资金使用绩效的提高。财政专项资金绩效审计框架体系的构建，审计方式方法的探索将为构建和完善全部政府性资金审计提供坚实的基础和有效的借鉴。

第三，财政专项资金绩效审计是促进廉政建设、维护经济健康运行的内在要求。

随着公共财政制度的建立，国家财政安排的支持地方建设、平衡地方经济发展的财政专项资金逐渐增多，涉及农业、林业、水利、能源、交通、教育、卫生、环境、民政等与国家建设和人民生活息息相关的项目。由于专项资金来源种类多、使用范围广、金额大，而且监管制度不完善，专项资金被地方政府和相关部门挤占、挪用，甚至贪污的违法案件时有发生。不仅滋生了腐败问题，更影响了广大人民的利益，威胁了经济社会的健康发展。

财政专项资金绩效审计对于规范财政专项资金使用、提高资金使用效能、扩大公众监督和促进依法行政具有重要作用。通过对农业、教育、科技、文化、社会保障、医疗卫生、节能环保等重点资金、民生工程和重大政府投资项目的跟踪审计和绩效评价，揭示政策是否落实到位、资金的分配和使用是否合理合规，以促进财政专项资金规范管理，防止挤占、挪用和贪污行为，促进党风廉政建设。同时，通过重点审查财政专项资金使用所达到的经济、效率和效果程度，并深入剖析影响财政专项资金绩效的原因和表现形式，以提高资金使用效益。

一、财政专项资金绩效审计的认识

（一）财政专项资金的定义及分类

财政专项资金是指上级人民政府拨付本行政区域和本级人民政府安排的用于社会管理、公共事业发展、社会保障、经济建设以及政策补贴等方面具有指定用途的资金，是政府履行公共管理和公共服务职能的物质保障。财政专项资金数量大、范围广，已渗透到社会、经济、生态的方方面面，为了保障财政专项资金的安全性和管理的规范性，实行专款专用和专户管理，必须按照批准的项目和用途使用，必须存入指定账户、进行单独核算，并且需要相关部门进行检查和监督。

财政专项资金种类繁多，按其形成来源可分为专用基金、专用拨款和专项借款三类。按照支出用途也可以分为三类：（1）扶持性专项资金，主要是为扶持弱势群体、基础和新兴产业、公益事业等，保障社会公平，促进和谐发展，如用于扶持中小微企业、农业和新兴产业、农村义务教育、农村医疗、扶贫开发等方面的专项资金；（2）推动性专项资金，主要是为了推动重点产业、行业、事业发展，实现国家发展战略，如推动智慧城市、智能交通、海洋经济、光伏产业、资本市场等发展的专项资金；（3）引导性专项资金，主要是为了引导资源节约、环境保护、科技创新等，促进可持续发展，如环保专项资金、前瞻性研究专项资金等。

（二）财政专项资金绩效审计的内涵及特征

财政专项资金绩效审计是在对财政专项资金真实性、合法性审计的基础上，对资金运行过程的经济性、效率性及效果性进行独立的监督与评价，揭示资金运行和管理中存在的决策失误、损失浪费以及绩效低下等问题，分析影响财政专项资金使用绩效的原因，向被审计单位及政府有关部门及时反馈信息、提供对策建议，以促进科学决策、规范管理，提高资金使用效益。

鉴于财政专项资金的重要性、广泛性和复杂性，财政专项资金绩效审计具有如下特征：（1）审计主体的独立性和权威性。财政专项资金属于公共财政资源，涉及面广，种类繁多，而且关系国计民生，必须由独立的、权威的、专业的部门来执行监督职能。因此，财政专项资金绩效审计必须由政府审计部门执行，在审计过程中要充分保障审计部门的独立性和权威性。（2）审计对象的广泛性和多样化。财政专项资金的广泛性和多样性决定了财政专项资金绩效审计对象的广泛性和多样性，涉及经济发展、民生保障、文化建设、环境保护、国家安全等方方面面。（3）绩效评价的多元化和动态性。财政专项资金具有极强的政策性，不仅要评价其经济效应，更要评价其社会效益、生态效益，不仅要从微观角度评价，更要从宏观角度评价。对于不同用途的专项资金也应该制定不同的评价指标。财政专项资金设立的目的是为实现某一事业发展和政策目标，或完成特定工作任务，随着经济社会的发展和政府工作重点的变化，财政专项资金的目的也会改变，所以对财政专项资金的绩效评价应保持动态性。（4）审计流程的系统性和复杂性。财政专项资金绩效审计的是一项系统工程，审查范围广泛，审计内容复杂，审计过程具有延续性，审计结论具有建设性。

围绕财政专项资金的运行流程，财政专项资金绩效审计主要包括项目确定阶段、计划阶段、实施阶段和报告阶段等四个阶段。审计机关应当根据专门的财政专项资金计划（上级下拨专项资金审计计划、本级安排专项资金审计计划及上级审计机关委托的专项资金审计计划），结合公共政策实施效果的评价需要，合理确定审计项目。在此基础上，制订绩效审计的计划并实施，最后提交审计报告。

财政专项资金绩效审计流程如图1。

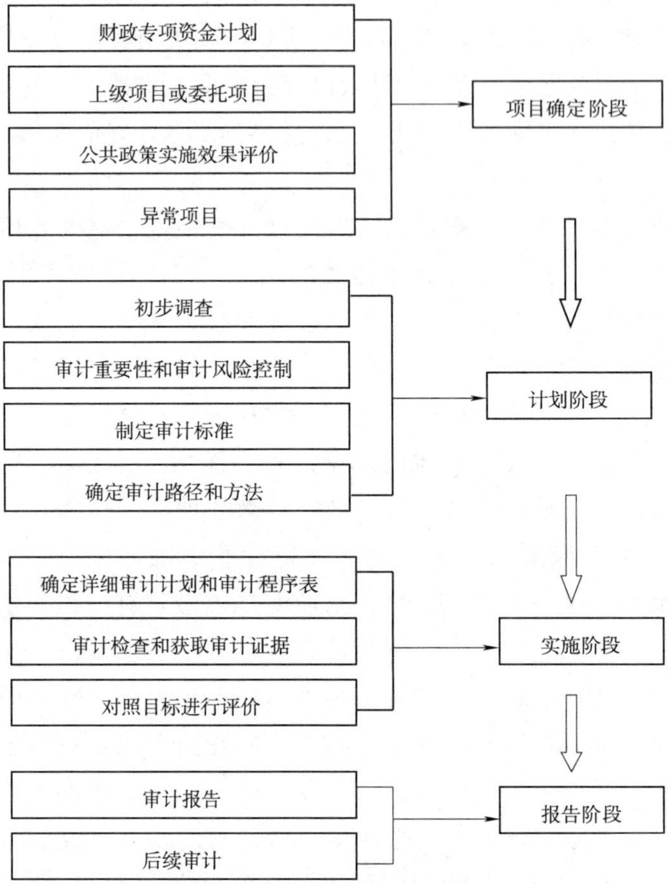

图1　财政专项资金绩效审计流程

二、财政专项资金绩效审计的目标和内容

（一）财政专项资金绩效审计的目标

财政专项资金绩效审计是财政审计的合理延伸，是在财政审计的真实性、合法合规性的目标基础上，对财政专项资金的经济性、效率性和效果

性的审查。真实性、合法合规性是初级目标，是前提、保障和基础；经济性、效率性和效果性是终极目标，是目的、深化和结果（见图2）。因此，财政专项资金绩效审计目标由初级目标和终极目标构成，是在评价财政专项资金真实性、合法合规性的基础上，审查政府部门使用财政专项资金所达到的经济性、效率性和效果性的程度。财政专项资金绩效审计，重在揭露问题、完善制度、促进管理和推动改革，最终提高财政专项资金使用绩效。

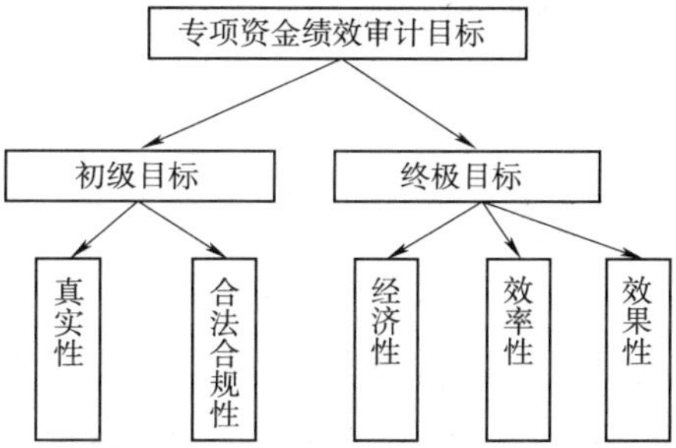

图2　专项资金绩效审计目标体系

真实性目标主要审查财政专项资金运行过程中的财务数据与运行实际情况是否一致，包括财政专项资金设立的真实性、分配的真实性、使用的真实性、管理的真实性以及后续评估的真实性。真实性目标是合法合规性目标以及经济性、效率性和效果性目标的评价、判断基础和依据，它贯穿于财政专项资金绩效审计的全过程。

合法合规性目标主要审查财政专项资金运行过程中是否严格遵守国家法律、法规及政策，包括财政专项资金设立、分配、使用、管理以及后续评估的合法合规性。合法合规性目标是财政专项资金审计真实性目标的进一步深化，是保证财政专项资金绩效目标实现的重要前提。

经济性、效率性和效果性目标主要审查财政专项资金运行过程的经济性、效率性和效果性的程度，包括财政专项资金设立、分配、使用、管理和后续评估的经济性、效率性和效果性。经济性审查财政专项资金运行过程中是否厉行节约，花费的成本是否被控制在合理的范围内，资源利用是否经济，有无损失浪费的问题；效率性审查财政专项资金运行过程中的投入产出关系，投入小于产出是效率的基本保证，以最小投入取得最大产出则是效率的目标；效果性审查财政专项资金运行过程中的使用效果，即是否达到预期的政策目标。

财政专项资金绩效审计的真实性目标、合法合规性目标与经济性、效率性和效果性目标之间既相互联系又相互制约。一方面，财政专项资金只有运行真实、合法和合规，才能确保绩效有意义、有效；另一方面，绩效是真实性、合法合规性的必要拓展和延伸，只有在真实、合法合规的基础上将关注点拓展到资源配置、使用和管理的绩效层面上，审计工作才能保证财政专项资金充分发挥在推进经济社会发展中的引导性、特定性和积聚性的积极作用。

（二）财政专项资金绩效审计的内容

财政专项资金作为政府扶持、发展某项特定事业而专门设立的资金，是贯彻落实国家特定时期、特定政策的一种特殊财政手段。2008 年受美国次贷危机的影响，我国经济发展受到前所未有的冲击，为此国务院做出了支出 4 万亿、拉动经济增长的决策，专项资金在财政公共支出的比重提高，专项资金运行和使用的合规合法性、经济性以及效率效果性备受各级党委、政府和社会各界的关注。

目前财政专项资金涉及设立、分配、使用、管理以及后续评估等环节。因此，财政专项资金绩效审计的审计流程包括财政专项资金设立环节审计、财政专项资金分配环节审计、财政专项资金使用环节审计、财政专项资金管理环节审计以及财政专项资金后续评估审计等五个流程（见图 3）。下文针对目前我国财政专项资金涉及的各环节中普遍存在的共性问题进行分析研究，确定各环节的审计内容，并制定各环节的审计关键与核心评价指标。

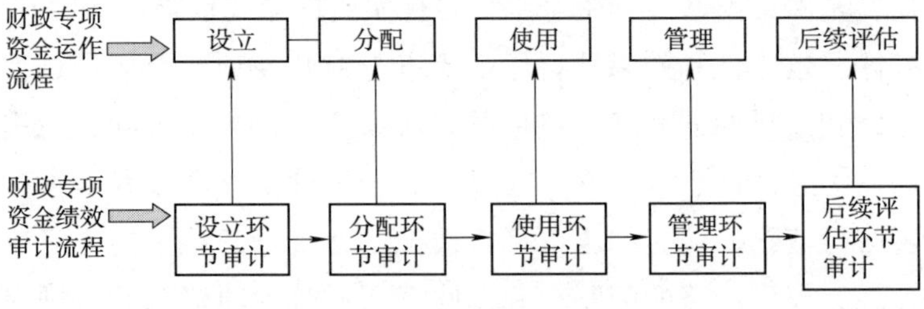

图 3　财政专项资金绩效审计流程

1. 财政专项资金设立环节

（1）财政专项资金设立环节存在的问题

财政专项资金设立环节是财政专项资金使用的起点环节，财政专项资金作为一种特殊财政手段，需要贯彻国家特定时期的特定政策，该不该设立财政专项资金、应该设立哪些财政专项资金、什么时候设立，这些都取决于国家在特定时期的特定政策。该环节目前存在的主要问题有立项不够科学、部分专项资金多头安排、申报单位虚假申报等问题。因此设立环节的绩效审计主要关注科学性和真实性问题，同时专项资金设立的政策依据是否科学合理也是审计需要加以关注的。

（2）财政专项资金设立环节的审计内容

针对目前财政专项资金设立环节存在的主要问题，在财政专项资金的设立环节的审计中，首先要关注该项专项资金的设立是否贯彻落实了特定的国家及地方经济政策；其次要关注立项是否进行了严密科学的可行性论证，可行性论证的内容是否完整、充分，立项条件是否具备，有无盲目上项目的问题；再次要关注申报单位的申报信息是否真实，程序是否合规合法，有无虚假立项、重复申报的问题，有无高估冒算、虚列概算等问题。

（3）财政专项资金设立环节的审计评价核心指标

根据财政专项资金设立环节的审计内容，在进行审计评价时，可采用定性评价与定量评价相结合的方式进行。

①定性评价指标主要有：

专项资金设立的政策依据是否充分；专项资金的设立是否体现了特定政策目标；项目的设立是否经济；立项前是否进行了科学的可行性论证；项目有无绩效目标以及项目的绩效目标设置是否合理；专项资金设立金额是否合理。

②定量评价指标主要有：

项目可行性论证合格率；重复立项率；虚假立项率；项目设立耗费的时间。

2. 财政专项资金分配环节

（1）财政专项资金分配环节存在的问题

财政专项资金只有分配到资金使用单位，才能真正被使用，产生应有的效果，达到立项的政策目标。因此，分配环节的真实性、效率性决定了财政专项资金使用的效率效果性。由我国现行财政体制的特点导致的财政专项资金分配的环节过多、时间过长问题较突出，资金要从中央或省级财政往市财政、县财政、主管部门逐级拨付，导致拨付时间过长、效率低下。甚至有些专项资金常年挂账，没有按照规定拨付；有些专项资金由于财力有限等原因没有得到有效执行和落实；部分财政专项资金要求各级按比例配套，但有些地方拿不出配套资金，造成项目不能如期开工或完工，影响工程进度和质量。在财政专项资金的分配过程中存在简单平均分配、缺乏客观科学的分配标准、分配结果“小”而“散”等问题，影响了财政专项资金的实际使用效果。另外，分配标准和分配结果不公开不透明，影响了公正性。

（2）财政专项资金分配环节的审计内容

针对上述问题，对财政专项资金的分配环节的绩效审计应重点关注分配环节的效率性、科学性和公正性，重点关注拨付的及时性、分配方法和标准是否科学合理，有没有做到公平、公开、公正等，配套资金有没有落实，是否及时到位等。

（3）财政专项资金分配环节的审计评价核心指标

在财政专项资金分配环节，可以采用定性与定量相结合来进行审计评价。

①定性评价指标主要有：

专项资金项目预算是否合理、科学；专项资金预算有无合理的分配标准；专项资金分配标准设立是否科学，是否公平、公正、公开。

②定量评价指标主要评价专项资金拨付的及时性和到位率，主要有：

财政资金到位率；配套资金到位率；资金拨付进度符合率；专项资金到位时间。

3. 财政专项资金使用环节

（1）财政专项资金使用环节存在的问题

财政专项资金的使用是最重要的环节，其使用情况是决定财政专项资金效果的关键，这一环节是财政专项资金绩效审计工作的重中之重。这一环节存在的主要问题有：项目执行单位不按规定用途和范围使用财政专项资金，甚至存在截留、挪用、克扣、冒领等问题，导致财政专项资金最终效果的发挥，达不到项目设立的预期目标。此外，资金浪费现象也比较普遍。

（2）财政专项资金使用环节的审计内容

对财政专项资金使用环节的绩效审计应关注财政专项资金使用的合规合法性、真实性以及经济性和效率效果性，要检查资金使用单位是否按立项时的规定用途合法合规地使用资金，财政专项资金投资的项目是否按期、按标准完成，是否达到预定目标，投资项目的实际效果如何，是否达到了应有的经济效益和社会效益，有无铺张浪费等现象。

（3）财政专项资金使用环节的审计评价指标

在财政专项资金的使用环节，可用定性与定量指标相结合的方式来进行审计评价。

①定性评价指标主要是：

财政专项资金的投资目标是否达到；资金的使用环节是否合规合法等。

②定量评价指标主要包括：

专项资金使用到位率。该指标反映专项资金使用部门专款使用的情况，如是非完工的定期考核，可按工程进度计算。专项资金使用到位率=项目实际使用专项资金/实际拨付专项资金。

专项资金目标实现率。该指标反映专项资金实现支出目标的程度，在一定程度上体现了专项资金发挥作用的效果。专项资金目标实现率=专项资金实际实现目标数量/专项资金计划实现目标数量。

支出节约率。该指标反映项目实际支出比预算支出的节约额占预算额的比率。支出节约率=（预算额-支出额）/预算额，该比率为正数，说明专项资金项目在一定程度上起到了节约资金的目标，该比率为负数，则应当分析原因，看是否是因为没有合理安排资金、厉行节约导致的结果。

财务效益指标，如项目净现值、项目内涵报酬率等。

社会效益指标，包括环境效益指标、就业效益指标和资源利用指标等。

4. 财政专项资金管理环节

（1）财政专项资金管理环节存在的问题

财政专项资金的管理环节的审计贯穿财政专项资金运动的全过程，主要关注财政专项资金的设立、分配、使用及监督检查等有无制度保障。目前财政专项资金的管理存在较大问题：第一，专项资金的设立没有专门的制度加以规范，存在项目设立过多、过乱、交叉重复等问题，进一步加大了管理的难度；第二，对每一项财政专项资金的管理办法在程序、内容上还没有统一的规范，同为财政专项资金，程序、内容的管理要求各不相同；第三，财政专项资金在管理中普遍存在重分配、轻监管等现象，资金的后续监管缺乏必要制度保障。

（2）财政专项资金管理环节的审计内容

在财政专项资金的绩效审计中，必须关注上述问题。重点审计项目的设立管理是否科学；财政专项资金的分配程序是否合理；财政专项资金的使用有什么规定要求，使用单位是否有相应的资金管理、使用制度；如何监督检查财政专项资金的使用，检查资金使用效果的标准是什么。没有这些规定、标准，财政专项资金的设立效益、分配效益、使用效益就无法得到保障，国家的有关政策目标也就无法顺利实现。另外要看上述这些制度是否得到有效执行，有制度而没有得到有效执行，其危害甚至比没有制度更为严重。

（3）财政专项资金管理环节的审计评价核心指标

对财政专项资金管理环节的审计评价以定性指标为主，并结合一定的定量指标。

①主要定性评价指标：

是否设立专项资金财务制度；项目资金管理制度是否健全、是否有效；会计资料是否真实完整；项目是否定期检查；项目管理机构健全性。

②定量评价指标：

检查发现的项目违规资金额；项目违规受处理的人次。

5. 财政专项资金后续评估环节

财政专项资金的后续评估环节主要评价项目实施后的持续效益。

（1）主要定性评价指标：

公众满意度，反映项目资金使用或项目运用情况。可以通过调查、座谈等方法进行了解和分析，如对于水利建设专项资金，调查对象可以是水利工程发挥作用的当地群众的满意程度。

（2）定量评价指标主要有：

项目可持续性；群众受益率。

财政专项资金上述五个环节的审计评价指标体系如表1所示。

表1　财政专项资金绩效审计评价指标体系

环节	一级指标	二级指标		
		定量指标		定性指标
设立环节	科学性 真实性	项目可行性论证合格率	=可行性合格的项目数/全部项目数	政策依据是否充分；是否体现了特定政策目标；是否进行了可行性论证；项目的设立是否经济；金额是否合理；有无绩效目标。
		重复立项率	=重复立项数目/全部项目数	
		虚假立项率	=虚假项目/全部项目数	
		项目设立耗费的时间	=项目从提交到审批设立经历的时间	
分配环节	效率性 科学性 公正性	财政资金到位率	=财政资金到位金额/立项金额	专项资金项目预算是否合理、科学，有无分配的标准，标准设立是否科学，是否符合公平、公正、公开原则。
		配套资金到位率	=配套资金到位金额/配套资金总额	
		资金拨付进度符合率	=实际到位天数/正常到位天数	
		专项资金到位时间	资金从立项到实际使用单位实际需要天数	
使用环节	合规性 合法性 真实性 效率性 效果性	专项资金使用到位率	=项目实际使用专项资金/实际拨付专项资金	财政专项资金的投资目标是否达到，资金的使用环节是否合规合法。
		专项资金目标实现率	=专项资金实际实现目标数量/专项资金计划实现目标数量	
		支出节约率	=（预算额－支出额）/预算额	
		财务效益指标	项目净现值、内涵报酬率等	
		社会效益指标	环境效益指标、就业效益指标和资源利用指标	

续表

环节	一级指标	二级指标		
		定量指标		定性指标
管理环节	管理制度健全性制度执行情况	检查发现的项目违规资金额	=项目违法违规使用资金总额	是否设立专项资金财务制度；是否有项目资金管理制度、资金管理制度是否健全、资金管理制度执行有效性；会计资料是否真实完整；项目是否定期检查、项目管理机构健全性、管理制度完备性、项目管理制度执行有效性。
		项目违规受处理的人次	=管理机构检查发现项目存在违规行为，所处理的有关责任人员的人次	
后续评估环节	持续效益	项目可持续性	项目的持续年份	公众满意度等。
		公众受益率	项目受益人数	

三、财政专项资金绩效审计的方法与路径

财政专项资金绩效审计是以专项资金为审计对象。结合国情及审计实践，可将财政专项资金绩效审计方法理解为国家审计机关和人员对财政专项资金的经济性、效率性、效果性等内容进行科学、客观、公正的综合评价，以确定其是否按照规定用途使用，实现的手段和方式方法是否经济，效率、使用效果是否达到了预期目标，并寻求改进途径，帮助其建立健全绩效管理制度，改善管理，提高效益的方法。

财政专项资金绩效审计目前尚无统一的审计方法，根据审计实践中的使用情况，本报告总结归纳了几类最常用有效的审计方法。

（一）针对问题求证的方法与路径

1. 针对问题求证的审计方法

在财政专项审计中，审计人员带着疑问和问题去实施审计是目前较为

普遍采用的一种审计方法，也是最见成效的。如前文所述，在专项资金的各个环节都存在一些典型问题，审计人员在审计工作中，针对可能存在的重点问题，先假设问题存在，再去收集审计证据，从而求证问题的真实结果，这是一种提高审计工作效率的有效途径，使审计人员的审计活动行为更有针对性。

2. 针对问题求证的审计路径

这种针对问题求证的审计方法，其必要的审计路径为：利用审计客体提供的资料评估其经济活动行为——找出内部控制制度的薄弱环节——找问题存在的可能疑点——分析疑点对经济活动行为影响程度——确定审计样本——收集审计证据——求证问题的真实性。

（二）审前公开征集审计线索的方法与路径

1. 审前公开征集审计线索的审计方法

审计线索的提供者一般情况下都是知情者，因为舞弊往往是在使得一部分人受益的同时侵害了国家、社会或另一部分人的利益，这些都会促使知情者在安全时会产生通过第三者（如审计组）予以遏止的愿望，而信息的不对称性决定了审计人员对审计客体的经济活动行为的了解是不充分的，国家审计所面对的审计客体的经济活动行为也是多样化的，在审计人员处于信息劣势地位时，去揭示审计客体舞弊问题往往如大海捞针。一方面，专项资金审计成本与作业时间的制约要求审计组必须按时完成审计任务。另一方面，审计客体舞弊行为的预谋性与隐蔽性藏匿在巨大经济活动中的某一个环节或事件中，并在虚假完善的内部控制制度的保护下使审计人员在有限的审计时间里难以揭示，导致审计工作事倍功半或审计失败。此时，最有效果的审计方法就是寻找审计线索，通过审计线索收集审计证据。

2. 审前公开征集审计线索的审计路径

这种方法的审计路径一般是：公告审计事项——提供审计组联系方式——获取审计线索——甄别线索的真伪——收集证据——查证问题。如在进行某专项资金审计前，审计组可以在电视、报纸等媒体上广泛发布审计消息，公布举报热线电话等收集线索，充分发挥群众的作用。

（三）追踪资金流向的审计方法和路径

1. 追踪资金流向的审计方法

按照资金的流程实施审计是审计人员最常用的审计方法之一，此方法最适合于专项资金的追踪检查，通过资金流转的各个环节检查是否存在专项资金流转过程中的“跑、冒、滴、漏”行为，直到资金最终的合法、有效、效率和效果使用。在审计实践中审计人员经常会发现因资金流转过程中的资金“渗漏”或“蒸发”的现象，使专项资金的使用达不到预期目的或专用目的，损害了资金使用者的切身利益。追踪资金流向审计法在审计实践中具有明显的审计效果，资金流转的每一个环节都在审计人员的可控制范围之内。在具体的审计业务中审计人员往往采取抽样的方式确定样本，完成样本审计的流程过程以期获取舞弊存在的证据，从而决定是否放弃或扩大审计样本。

2. 追踪资金流向的审计路径

审计路径：确定源头资金总量——确定资金流转环节——审查流转环节资金的安全存在性——计算资金流转的时间性——审查资金流转末端的完整性——测试资金使用的合规合法性。

此外，在审计中，可以充分利用信息化手段进行辅助审计。利用计算机软件，将异常项目加以识别和甄选出来，与相关数据库进行核对，查找线索和怀疑点，并一一加以求证。一般而言，数字化的审计方法和路径不会单独使用，通常是要与上述几种方法和路径结合起来运用。同时，在具体审计工作中，各种方法和路径应该根据具体条件进行综合运用，以提高审计质量和效率。

另外，常用的审计方法还有以下几种：

第一，调查法。调查法既可用来调查事实，收集资料，也可用来获得对特定问题的看法。根据调查对象不同，分为内部调查和外部调查。具体实施中又可采用不同的调查形式：实地调查、电话调查、问卷调查、抽样调查等。审计时，可按需选择不同的调查方法，如在审前可按需设计出一系列具有针对性、模式化问题的问卷表，发给被调查者，来收集信息和证据。而在审计中可到被审计单位或项目实施现场进行实地观察，了解项目实施和运转状况，并将其与通过其他方法获取的资料进行对比，以获取必要的审计信息等。需要注意的是，这些调查方法虽然简单易操作，但其准确性相对较差，需要审计人员进行专业判断，如运用抽样调查确定审计重点和范围时，应科学合理确定被调查人群并根据调查结果合理推断出总体结果。

第二，访谈法。访谈与调查不同，调查可以采取多种形式，访谈必须到有关现场实地进行。一般用于获取一些背景资料和审计线索，常用于揭示有关问题，为审计结论提供支持，是绩效审计使用较广的一种审计方法，可以运用于审计过程的每个阶段。审计人员可以根据工作需要，事先准备一系列的问题，通过直接面谈或电话进行交流，面谈可以是单独面谈或多人讨论式的访谈。与调查法比较，访谈由于受被采访者等主观因素影响较大，因此采访的资料有时准确性和代表性较弱，使用时可与其他方法结合运用。

第三，分析法。分析是将被审计事项放在一个相应空间和时间范围内，运用指标对比、趋势估计和比率计算等方法来确定事项的性质与状态。分析法是绩效审计中最常用的重要方法，包括对比分析、盈亏平衡分析、可行性分析、环境分析等。因为审计人员在绩效审计中不仅要去发现问题，而且要通过对各项经济指标的比较，评价财政专项资金的经济性、效率性、效果性，提出解决问题的方法和改进建议。所以，除常用审计方法外，分析法是审查项目存在问题与否的一个很有效的方法。通过采用现代经济技术分析方法，分析其中各因素的影响，确定其中因果关系，找出专项资金使用和管理中存在问题及原因，可以更好地规范财政专项资金的运用和管理，保证投资项目的质量，提高财政专项资金的效益。使用分析方法，要求审计人员应具备一定的经济管理方面的知识与能力，特别是综合分析和专业判断能力。

第四，专家咨询法。专项资金绩效审计由于资金性质多样复杂，具有一定的工作难度，在审计人员具备相应专业胜任能力的前提下，审计过程中依然会出现一些不可预见的，超出审计人员专业判断的事项，单纯依靠审计组自身力量往往难以较好地完成审计任务，实现审计目标。在这种情况下，考虑利用外部专家工作，获取充分、适当的证据，以实现特定审计目标就成为一种理性选择和必然要求。

四、财政专项资金绩效审计的结果运用分析

审计的最终目的是结果的运用，只有结果的运用才是对审计的肯定，才是对审计人员工作的认可，才是审计工作价值的最终体现。财政专项资金绩效问题的实质是财政资金的损失浪费，从某种角度来看，其危害程度一点不亚于贪污腐败或其他违规违纪问题。因此，必须进一步理顺审计结果运用机制，有效发挥财政专项资金绩效审计的作用。

（一）当前财政专项资金绩效审计结果运用中存在的主要问题

1. 审计发现问题未能得到有效整改

审计整改是指被审计单位根据审计机关依法审计所做出的处理决定或提出的建议，对其自身存在的违法违规问题进行纠正和改进的过程。一般包括两个层面，一是被审计单位执行审计机关做出的审计决定；二是被审计单位根据审计报告提出的意见，采取措施改进工作，提高管理水平。目前来看，第一层面的整改由于具有法定约束性，执行得相对较好，而第二层面的整改，由于不具有法定约束性，执行较为不力。与传统审计不同，财政专项资金绩效审计发现问题一般较少有法律法规支撑，因而基本都属于第二层面的审计整改。温家宝同志曾经说过："审计工作最重要的目的，就是通过审计，发现问题，纠正错误，改进工作，特别是通过深化改革和制度建设，提高政府部门依法行政水平和企业的经营管理水平。"一份好的财政专项资金绩效审计报告，指出了资金使用中存在的问题，也提出了有针对性的改进意见，但是如果审计整改不了了之，审计成效就会大打折扣，还将产生不良效果，影响审计机关的权威和公信力。

2. 基本没有开展审计问责

审计的目的不仅仅是为了发现问题，更重要的是为了解决问题。审计之后的问责，才是解决问题的根本，如果仅仅停留在纠正问题，而没有对

相关人员追究责任，不仅会破坏审计监督的约束力和威慑力，而且会助长屡审屡犯的恶习。财政专项资金绩效审计问责的落实具体反映在各级政府是否根据审计结果对相关部门及责任人进行问责，是否参照审计结果对有关干部进行任免。当前，在操作过程中，审计机关将财政专项资金绩效审计报告报送给地方政府后，政府对审计结果的运用并没有信息的反馈，至于有没有参照绩效审计结果追究相关部门的责任，有没有参照审计结果对领导干部进行任免，有没有对责任人进行问责，审计机关就不得而知了。而从实际情况来看，因财政专项资金的设立、使用、管理绩效不佳而遭到追责的部门和干部，也确实是凤毛麟角。此外，缺乏健全有效的审计问责，导致被审计单位对审计后的落实整改压力不大，也是造成审计发现问题未能得到有效整改的一个重要原因。

3. 未形成统一的绩效审计评价标准

目前我国的绩效审计正在处于不断实践过程中，也就是说是在不断摸索过程中，没有成形的理论作为指导，也没有一套现成的标准可以套用。由于绩效审计的对象千差万别，所以甚至是同一项目，也会有多种不同的衡量标准，采用不同的衡量标准，得出的结论会有天壤之别。审计中所用标准的权威性就存在一定的问题，这样对审计标准的认可度和接受度带来一定程度的挑战。

（二）影响财政专项资金绩效审计结果运用的主要因素

1. 审计结果运用方面的法律法规不健全

这些年来，有关审计的法律、法规出台不少，但有关绩效审计的法律法规还不健全，无法迅速适应绩效审计不断深化的需要，尤其是在审计结果运用方面，更没有相应的法规。针对绩效审计发现的问题，要不要改，该怎么改，对相关部门、主要责任人如何实施处理、处罚等，还没有“有法可依”。由于立法滞后造成的无法可依现象，在很大程度上影响了财政专项资金绩效审计结果的发挥，并使得各地在审计结果运用方面存在较大差距。审计结果运用完全取决于政府及相关部门领导人员的主管态度。政府领导重视财政专项资金绩效审计工作的，其结果运用就比较好，政府领导缺乏这方面意识的，审计结果就无法发挥相应的作用。

2. 审计结果运用的配合机制不完善

目前，审计结果运用的体制尚有欠缺，特别是协调配合机制还不够完善，纪检、监察、组织、人事、财政、审计等与审计结果运用相关的部门之间的协调配合尚未实现经常化、制度化。相关单位条块管理还比较明显，在审计结果运用工作中没有形成合力，一定程度上影响了财政专项资金绩效审计结果运用的深化。例如：由于审计机关不具备充分的问责权，在对财政专项资金绩效审计发现的重大损失浪费问题进行问责时，就需要组织、人事等具备问责权的部门的及时跟进。但由于各部门间缺乏有效的沟通，往往造成相关部门未能及时跟进，导致许多责任人“安全”离岗，甚至在别的岗位上造成了更大的损失浪费。

3. 审计结果公告制度未全面推行

财政专项资金绩效审计是否能达到最佳效果，审计发现的各项问题是否能得到切实有效的整改，相关人员是否受到相应的问责，关键在于审计结果的公开透明与否。国际经验表明，审计结果公告是绩效审计成果的一种重要体现形式，是实现绩效审计目标的最有效方法。但在我国，财政专项资金绩效审计的结果，目前还是以上报上级部门为主，一般不向社会公布。不透明的审计过程和审计结果不仅影响到社会公众的知情权，也降低了绩效审计工作结果的影响力和权威性。

（三）优化财政专项资金绩效审计结果运用的对策建议

1. 健全审计结果运用制度规范

完善的绩效审计法规体系既是对绩效审计工作的规范，也是深化和拓宽绩效审计的保证。当前可以结合实际情况，借鉴国外的做法，针对财政专项资金绩效审计结果运用中的问题，研究审计结果运用的框架性模式并制定相应的规范，建立审计结果运用的运行机制，杜绝审计结果想用就用、不想用就不用的现象发生，保证财政专项资金绩效审计结果落到实处。健全审计结果运用制度规范的重点是建立完善审计整改和审计问责的制度规范。要对审计发现问题的整改要求做出统一规定。如在什么样的情况下，某项财政专项资金应该保留或增加额度，在什么样的情况下，某项财政专项资金应该减少甚至取消等，都要有明确的规定。要对审计问责进行规范。按照法律法规规定进行绩效审计问责，既可以为地方政府问责提供法律依据，又能规范地方政府问责行为。因此，需要建立健全相关法律法规，从法律上规定审计问责的对象、范围、时限和权限等。

2. 完善审计结果运用配合机制

完善审计结果运用配合机制，首先要加强财政部门与审计机关之间的配合，审计机关应将审计结果及时、准确、全面地向财政部门通报，财政部门在设立、分配和管理专项资金时，则应充分考虑审计结果；其次要加强组织部门与审计机关之间的配合，组织部门在选拔任用干部时，应结合绩效审计的结果，全面观察干部的工作能力、水平和执政理念；最后要加强纪检监察部门与审计机关之间的配合，纪检监察部门不仅要坚决查处在财政专项资金使用过程中存在的违法违纪问题，而且要积极利用审计结果，有针对性地对党员领导干部进行警示教育，防患于未然。加强上述各部门与审计机关之间配合的关键是要形成配合的制度化。对于审计机关应当以何种方式向有关部门通报审计结果，需通报哪些内容，有关部门应当如何对待审计结果，如何向审计机关反馈结果采用情况，都要从制度上加以规定。要使目前部门之间弹性的、有选择的配合变为刚性的、制度化的配合。

3. 全面推行审计结果公告制度

审计机关若一直沿用只将审计结果上报上级或主管部门的处理方式，势必因部门利益驱动使审计发现的问题被淡化、被搁置、甚至被否定。而将财政专项资金绩效审计的结果、整改情况定期进行通报，向社会公布，可以发挥公众和舆论的监督作用，从而迫使被审计单位不得不采取改进措施，提高管理水平和资金使用效益。审计结果公告，实际上是借助社会舆论的监督力量，对财政专项资金的使用从更广义的层面上进行监督。同时，审计公告制度的施行也会对审计工作提出更高的要求，从而促使审计人员为保证审计质量而不断提升业务素质。当前，可以遴选部分具有一定代表性和影响力的财政专项资金绩效审计项目，采用适当的途径和方式进行审计结果公告。也可以借鉴国外的经验，对重大审计项目或在发现重大审计问题时，举行新闻发布会，或定期召开专题会议邀请相关领域专家进行专题研讨等，借助媒体和社会舆论的影响，引导社会公众了解绩效审计工作，扩大绩效审计的社会影响，增强绩效审计的工作效果。

五、新形势下开展财政专项资金绩效审计的对策和建议

财政专项资金的审计涉及整个政府财政专项资金从设立、分配、使用、管理和后续评估的整个流程，职能部门囊括整个政府公共管理系统内外互动的过程，资金使用效果的高低、效益的好坏还涉及被审计部门的配合和公众对其效果的评价及认可，机理复杂，需要多种手段和机制的协调，既不能脱离宏观制度的安排，也必须有自身独立的运作模式。

（一）建立以问题为导向的专项资金绩效审计模式

政府形成的契约理论决定财政专项资金的各层次委托代理链条的逐级加长，涉及各级政府、社会公众等众多利害关系人，不同的财政专项资金涉及范围各异、使用周期不同、影响面不一样，审计模式也没有统一的规定。审计机关为实现财政专项资金审计目标，所采取的审计策略、审计技术应该属于整体性审计方式。包括：每项财政专项资金绩效审计的目标应该是什么，审计的对策应该怎么做，为了实现审计目标，审计工作的行为方式或方法、全过程如何设计，各阶段工作如何着手。

目前的财政财务专项资金还是从传统的财政财务收支审计入手，审查评价运用的真实性、合法合规性、绩效性，但在当前国家审计从国家财产的“看门狗”到“国家宏观调控的工具”重大理念的转变背景下，专项资金绩效审计功能定位的重大改变、专项资金绩效审计内容的深入发展以及审计评价标准的多样化，都对专项资金绩效审计模式的选择产生了重大影响。财政专项资金在执行管理和使用过程中，要正确和科学考量运用专项资金的政府行为的有效性、适当性。结合财政专项资金的具体运用情况，本课题给出了以问题为导向的专项资金绩效审计模式。

问题导向财政专项资金审计模式主要任务是关注被审计单位在运用财政专项资金中存在的问题，从不同角度分析问题产生的原因：如果是责任人主

观不力，故意或过失导致财政专项资金运用的效率、效益性不佳，追究其责任；如果是客观原因导致问题的产生，将完善相应体制、机制、制度，建立健全相应的体制、机制、制度等，推进问题的解决，达到发挥财政专项资金审计建设性作用的目的。问题导向专项资金审计模式提请专项资金使用的具体单位和责任人，不仅时刻注意管辖范围内财政专项资金运用的“3E”，还包括“5E”或更多目标指标，而且警惕宏观和微观领域可能对财政专项资金项目产生的风险，为了将责任履行到位，被审计单位要对财政专项资金可能会遭遇的风险进行预警，对已经面临的风险及时处理。这样在以问题为导向的审计模式中，财政专项资金产生提示风险、健全机制等功能可以得到充分发挥，使问题导向专项资金审计模式具有导向性与可参照性。

在问题导向财政专项资金审计模式下，风险和问题是审计的起始点，而不是审计的结束。在审计对象方面，问题导向型审计关注的是在资金绩效、管理效能、体制效率等方面存在突出问题的重要领域；在审计目标方面，问题导向型审计着力通过改进体制、机制和管理等解决问题，促进绩效水平的提高。将物的使用和责任人的审计结合在一起构成综合绩效审计，在审计内容方面，问题导向型审计重点关注问题的表现、对绩效的影响及成因分析；在审计成果运用方面，问题导向型审计则从揭露问题入手、以解决问题为目的。

（二）构建国家审计、社会审计和内部审计相结合的审计监督机制

财政专项资金覆盖面广、影响范围大、资金数额大，而目前国家审计人员队伍资源不足，有些领域国家审计人员可能并不熟悉，在这种情况下，国家审计难以亲历亲为每项财政专项资金绩效审计，即使在审计人员具备相应专业胜任能力的前提下，审计过程中依然会出现一些不可预见的、超出审计人员专业判断的事项，单纯依靠国家审计自身力量往往难以较好地完成审计任务、实现审计目标。在这种情况下，考虑利用外部专家工作，获取充分、适当的证据，以实现特定审计目标就成为一种理性选择和必然要求。

由于财政专项资金绩效审计对象特别广泛，而且有些领域并不熟悉，加上我国行政性质的特殊性，有时候审计部门与被审计部门属于同一行政体

系，发表审计意见和出具审计报告很难体现独立性。鉴于特别复杂的审计项目和关系很紧密的被审计部门，可以采用外包制，将审计任务委托给会计师事务所，并对会计师事务所的审计结果进行最终复核，对重大的审计事项进行把关，借助外脑，既可以节省了审计资源，又能发挥审计的独立性，正确处理好财政专项资金在拨付、使用、后续管理中出现的问题。同时被审计单位都设置内部审计部门，内部审计部门可以及时发现被审计部门在运用专项财政资金中出现的错误和舞弊等问题，形成内部审计结果。进而在外部审计的时候，内部审计和外部审计共享审计成果，构成三种审计紧密结合的联动审计监督机制，在审计过程中进行横向和纵向联合，确保审计资源的共享、提高财政专项资金绩效审计监督的效率和效果。

（三）建立健全财政专项资金绩效审计结果问责制，切实保障审计结果的落实

专项资金的财政属于“公共财政”，专项资金的支出用于社会“专项”方面属于公共财政下政府支出的基本方向，财政专项资金绩效审计是对财政专项资金运用是否经济有效进行审计监督。然而，审计监督的效果不仅仅在于揭示、发现问题和问题的整改落实，更重要的还取决于相应问题的责任人是否得到了相应的惩戒。即应当根据财政专项资金绩效审计结果，建立健全并大力推行审计问责制，对不正确履责、履责不到位以及违规履责的单位或个人，依法予以追究责任；同时对认真履责，规范使用财政专项资金，并对产生良好经济社会效益的单位或个人，则应当给予相应的物质或精神奖励。

从当前情况来看，建立财政专项资金绩效审计结果问责制，一方面要随着财政绩效预算管理的建立完善，制定和出台相应的法律法规和规章制度，使绩效问责有法可依，有据可循；另一方面还要建立健全公开透明的审计结果公告制度。将财政专项资金绩效审计结果公开，接受社会公众监督，可以促使财政专项资金在阳光下运行，保障财政专项资金充分发挥其积极效益。同时，审计机关还应当努力加强自身的问责能力建设，提高问责水平，依法问责，科学问责，确保问责正当、问责得当、问责适当，并能够从经济社会发展大局出发，发现和揭露财政专项资金运行过程中存在的问题和弊端，有针对性地提出对策和建议，真正有效发挥审计监督作用。

参考文献

［1］相和国．财政专项资金效益审计内容探讨［J］．审计月刊，2006（10）．

［2］尹淑萍，吴立权．论完善财政专项资金绩效审计评价［J］．财会月刊，2011（5）．

［3］覃易寒．财政专项资金绩效审计现状与改进［J］．时代金融，2010（8）．

［4］肖正兰，张云龙．提高财政专项资金效益的审计思考［J］．审计月刊，2010（4）．

［5］蔡建新，郁志良．浅谈财政专项资金效益审计的重点及方法［J］．审计与经济研究，2006（81）．

［6］白文杰．财政支出绩效评价的内涵解析［J］．湖北经济学院学报，2011（8）．

［7］吴铁君．财政专项资金管理中存在的问题及对策［J］．现代商业，2011（21）．

［8］李琴．政府绩效评估文献综述［J］．领导科学，2010（11）．

［9］缪长建．浅谈地方政府专项资金管理现状及改进措施［J］．科技信息，2010（26）．

［10］孙晖．加强财政专项资金管理的探讨［J］．经济研究参考，2010（17）．

［11］朱蓉．我国地方政府财政专项绩效评价体系研究［D］．上海：华东师范大学，2013.

［12］欧阳程，陈莉．国家审计机关绩效的模糊综合评估［J］．中国管理信息化，2010（12）．

［13］汪同良，曹东．英美澳三国审计机关绩效管理实践探析［J］．财会研究，2011（18）．

［14］宁波市审计局．倾情民生　努力实现审计转型——2005 年度宁波市本级财政专项转移支付资金审计调查项目简介．中国审计，2008（7）．

［15］闫北方．中国特色的地方经济责任审计问题研究［D］．武汉：华中农业大学，2008.

［16］肇庆霞．“审计八法”提升审计工作质量［J］．黑龙江科技信息，2010（4）．

［17］魏新华．对审计整改的认识［J］．审计与理财，2008（7）．

［18］张晓艳．中国环境审计规范准则化研究［D］．哈尔滨：哈尔滨工业大学，2008.

财政专项资金绩效审计研究

青岛市审计学会课题组

课题组组长：郑卫星
副 组 长：商建波　王　健
主要承担者：姜　毅　张爱琴
成　　员：张钰亭　杨　杞　李广磊　李　媛　朱立鹏
高连云　杜锡飞　周小波　褚秋亭　刘　燕
王洪琦　刘　芬

【摘要】　财政专项资金具有特定用途，本文将扣除经常性经费以外的，由财政安排或追加以及上级单位拨付的资金，都看作财政专项资金。结合财政部门管理原则和审计机关的业务职责，将财政专项资金分为社会管理类、公共事业发展类、社会保障类、经济建设类及资源环境类五大类。在把握财政专项资金基本特性的基础上，分析了当前财政专项资金绩效审计所取得的成效与不足，提出应确立综合目标，全面审计资金的经济性、效率性、效果性、公平性、环境性，广泛审查资金的经济效益、社会效益和生态效益等。有关审计内容的选择方面，对照“5E”，在设立、筹集、管理、使用四个环节综述的基础上，结合五类专项资金的特点，详细阐述了各类资金的绩效审计重点。然后结合审计实践，阐述了财政专项资金绩效审计的组织方式、审计程序和方法。财政专项资金绩效审计评价，应当围绕专项资金的绩效目标，以审计认定的事实为基础，按照“5E”要求，针对资金流程的四个环节，选择合理的评价指标和评价标准。着眼于财政预算绩效管理的发展，按照是否纳入预算绩效管理，分两部分阐述了财政专项资金的绩效评价指标的选择，同时提出了评价标准的选择原则。最后分析了财政专项资金绩效审计结果运用方式和途径，并提出了展望和建议。

【关键词】　财政　资金　绩效审计

目　录

随着我国经济社会发展水平的提高，财政收支规模也在快速增长。财政专项资金作为财政资金的组成部分，在财政支出中占比较大，随着我国财政体制改革的不断深入和政府公共财政框架的建立和完善，专项资金的筹建、管理、使用越来越受到政府和社会的关注。同时，自进入新世纪以来，我国各级审计机关对绩效审计也越来越重视，在各个领域内积极开展探索和实践，初步形成了适合当地审计环境的一些有益的做法和经验。财政专项资金由于其“专项”的特点，用途特殊，目标明确，便于评价，为绩效审计打开了一片开阔天地。近十年来，各地审计机关重点对老百姓关心和社会关注的“三农”、城市住房、教育、公用事业、医疗、社会保障及环保等财政专项资金的绩效情况进行审计，关注资金流向和使用绩效，评价其经济效益和社会效益，提出完善有关政策措施的建议，促进惠民政策的落实，切实维护群众利益，更好地发挥了绩效审计职能。与尝试性的审计实践相呼应，部分国内学者已对财政专项资金审计做了理论研究，就审计内容、审计重点以及当前存在的问题等阐述各自的观点。本课题在总结以往绩效审计经验的基础上，专注于财政专项资金的特点，结合有关理论研究，重点阐述财政专项资金的主要内容、目标、组织方式、程序、方法及其结果运用。

一、财政专项资金绩效审计概念

（一）财政专项资金的范围

财政专项资金属于公共财政的范畴，具有专门用途，要求单独核算，专款专用。但目前对财政专项资金的构成尚没有统一的界定。从政府财政支出核算科目看，按支出经济类别划分 12 类，按支出功能划分 17 类，各预算单位均应该按照预算类别对财政收支资金进行核算。以上两种分类均包括转移性支出，转移性支出包括一般性转移支付和专项转移支付，其中专项转移支付是指上级财政为事项特定的宏观政策及事业发展战略目标，以及对委托下级政府代理的一些事务或与下级共同承担事务进行补偿而设立的补助资金，需按规定用途使用。《行政单位财务规则》规定，行政单位支出包括经常性支出、专项支出和自筹基本建设支出。其中，经常性支出是指行政单位为维持正常运转和完成日常工作任务发生的支出，专项支出是指行政单位为完成专项或者特定工作任务发生的支出。《青岛市市级预算管理暂行办法》规定，市级预算支出由单位预算支出、专项资金支出和转移支付支出组成。其中，单位预算支出包括基本支出和专项支出，基本支出指预算单位为保障其机构运转、完成日常工作任务安排的支出，专项支出指预算单位为完成其特定行政工作任务和事业发展目标安排的支出；专项资金支出指为支持经济和社会各项事业发展安排的支出。按照上述口径统计，2010 至 2012 年青岛市级财政专项资金支出规模分别为 106.6 亿元、134.4 亿元和 166.8 亿元，占当年财政预算资金总支出的比例在 50% 至 65% 之间。《青岛市人民政府关于进一步加强市级财政重点专项资金管理的通知》（青政发〔2008〕17 号）中列出的青岛市市级财政重点专项资金有 21 项，包括旅游专项资金、信息产业专项资金、农业专项资金、促进就业专项资金、污水处理费、教育费附加、科技三项费用、“菜篮子”专项资金、排污费、海域使用金、河道维护费、市交通委交通规费、体彩公益金、福彩公益金等。

所有的财政资金都属于审计机关监督范围。从课题的适应范围角度考虑，本课题采用的是“扣除界定法”，即扣除经常性经费以外的，由财政安排或追加以及上级单位拨付的资金，都可以看作财政专项资金，除前文所列举的部分专项资金外，还包括政府性基金和社保基金等。财政专项资金种类繁多，对其分类也有多个角度和多种方法：按提供公共物品的内容划分，包括基础设施类、公共卫生类、教育类、文化体育类等专项资金；按是否最终形成资产划分，可分为资助实施后不形成资产的消耗性专项资金和实施后形成固定资产的非消耗类专项资金；按专项资金的功能划分，可分为经营性与非经营性专项资金；按资金分配机制的特点划分，包括竞争性专项资金、基础性专项资金和公益性专项资金；按所支持的产业类别分为农业类、工业类和技改类专项资金。《河北省省级财政专项资金预算分类分口切块管理办法》中提出，按照公共财政理论，考虑政府部门职能、财政支出分类，将省级发展性专项资金划分为社会管理类、公共事业发展类、社会保障类、经济建设类和政策补贴类。本课题参考河北省对财政专项资金分类切块管理的方法，为细化审计内容、便于实践操作，根据以往财政专项资金绩效审计经验，结合财政部门管理原则和审计机关的业务职责，将财政专项资金分为社会管理类、公共事业发展类、社会保障类、经济建设类及资源环境类五大类。

（1）社会管理类，主要指为实现部门职能、加强社会管理，开展专项政务活动或设备购置的专项支出。

（2）公共事业发展类，主要指用于促进各项社会公共和公益事业发展的补助支出，如教育、科学、卫生、食品药品、文体等专项支出。

（3）社会保障类，主要指用于社会保障类基金和对生活困难的社会成员提供物质帮助和社会服务等方面的专项补助支出。

（4）经济建设类，主要指用于基础设施建设等政府投资建设项目的专项支出以及投入第一、二、三产业方面的补助支出。

（5）资源环境类，主要指用于生态建设、资源管理和环境保护方面的专项支出。

（二）财政专项资金的基本特性

财政专项资金具有特定用途，各级政府各部门出台的一系列有关法律法规，形成了以实现特定政策目标为核心的政策法规体系，对财政专项资金的筹集、管理、使用有特别约束规定。

财政专项资金经常与项目相配套，一般有明确的政策目标，有相应的牵头部门或主管部门负责资金的管理和分配，很多地方设有财政资金项目库，要求对财政专项资金进行可行性论证，确立绩效目标。

当前我国财政专项资金种类比较繁多，涉及“三农”、城市住房、教育、公用事业、医疗、社会保障及环保等诸多领域，资金规模也具有很大差异。

（三）财政专项资金绩效审计的含义

最高审计机关国际组织（INTOSAI）认为，“绩效审计是对经济性、效率性和效果性审计的审计”，其内容包括：根据健全的管理原则与实施以及管理政策，审计管理活动的经济性；对被审计单位审计其人力、财力和其他资源的利用效率，包括审计信息系统、业绩测定、监控安排以及工作程序；对被审计单位根据其目标完成情况，审计其业绩效益，并根据原来预期的影响，审计其活动的真实影响。

自2002年全国审计工作会议提出“积极探索开展绩效审计”的要求以来，各级审计机关进行了积极探索和实践绩效审计。目前，对绩效审计比较认同的观念也是“3E”审计，即在真实性、合法性审计的基础上，着重审查审计事项的经济性、效率性和效果性。近年来，随着全球气候的变暖，资源的渐趋耗竭以及人们对社会公平的重视，环境问题和社会公平问题不仅被其各自的学科所研究，同时也受到越来越多的审计学者的关注。国内外部分学者将“3E”已扩展到“5E”，新增加的“2E”为环境性（Environment）和公平性（Equity）。加拿大出现了一种名为“综合审计”的现代审计方法。根据丹尼斯·普瑞斯波尔的阐述，“综合审计”是在原来的基础上增加了“环境审计”和“公平性审计”，实质是“5E”审计。“5E”审计同样以审计对象为起点，只是放宽了考查范围，将环境性和公平性涵盖进来，是“3E”审计观在环境和社会问题方面的延伸和发展。“5E”审计体现出了人们对环境安全和社会公平的关注和重视。

党的十八大提出了社会主义经济建设、政治建设、文化建设、社会建设、生态文明建设五位一体的总布局的重大部署，把促进社会公平正义、加强资源节约和环境保护提到了前所未有的高度。财政专项资金在国家经济社会建设中，具有特殊功能，特别是对地方政府而言，财政专项资金在整个地方财政支出资金比重很大，在体现政府职能、加强国家治理过程中具有重大作用。审计工作要以党的十八大精神为指导，充分发挥“免疫系统”功能，以推进法治、维护民生、推动改革、促进发展作为出发点和落脚点，加大绩效审计力度，切实发挥国家审计保障国家经济社会健康运行、推动完善国家治理的作用。

财政专项资金绩效审计应确立综合目标，在真实性、合法性审计的基础上，全面审计经济性、效率性、效果性、公平性、环境性，广泛审查资金（项目）寻求的经济效益、社会效益和生态效益等绩效管理目标，并提出改进建议，以促进经济社会又好又快发展。

二、财政专项资金绩效审计目标

刘家义审计长认为，国家审计是国家治理的重要方面，其本质是国家治理这个大系统中的一个内生的具有预防、揭示和抵御功能的“免疫系统”，国家审计的目标和任务的核心是推动实现国家的良好治理，促进经济社会健康运行和科学发展，从而更好地保障人民的利益。当前，我国正处于深化行政体制改革，加快政府职能转变，全面建成小康社会的关键时期。党的十八大报告提出，要加快健全以税收、社会保障、转移支付为主要手段的再分配调节机制，初次分配和再分配都要兼顾效率和公平，再分配更加注重公平。财政专项资金作为财政资金的重要组成部分，在加强宏观调控、调节资源配置、促进经济社会发展方面发挥着重要作用。财政专项资金绩效审计必须立足于本质属性，充分发挥预防、揭示和抵御功能，在推进法治、维护民生、推动改革、促进发展，推进完善国家治理方面发挥积极作用。

财政专项资金绩效审计的总体工作目标应是：全面反映和评价财政专项资金的绩效管理状况和绩效目标实现情况，揭露资金（项目）管理中存在的效益性问题，揭示落实有关政策不到位、政策目标未实现的突出问题，提出加强和完善专项资金管理的意见和建议，促进专项资金的规范管理，提高专项资金使用的经济效益、社会效益和生态效益。

（一）宏观审计目标

从宏观角度，就审计职能来讲，财政专项资金绩效审计目标要着力发挥建设性作用，服务于经济社会又好又快发展，主要包括以下四个方面：

其一，揭示违规问题，规范资金管理。我国尚处于社会主义初级阶段，法制体系尚不完善，个别人员法律意识淡薄，甚至利欲熏心、目无法纪。在财政专项资金管理使用等方面，在一定范围内还存在截留挪用、虚列项目骗取资金、违背公开公平程序等违法违规问题。对此，审计机关责无旁贷，必须加大查处力度，同时，应深入分析资金管理中存在的漏洞，提出健全和完善相关法律法规的建议，规范资金管理，促进公平正义，为推进民主法治建设做出贡献。

其二，维护民生利益，促进政策落实。实现好、维护好、发展好最广大人民根本利益是我们党和国家一切工作的出发点和落脚点。近年来，为加强社会主义和谐社会建设，各级政府更加重视保障和改善民生，不断加大对“三农”、教育、医疗、卫生、社会保障等领域的财政专项资金投入。这些资金体现了党的经济社会政策，事关人民利益，影响社会稳定。对审计机关而言，必须在绩效审计方面下功夫，注重揭示损害和侵占群众利益的问题，注重从宏观层面反映政策目标未实现、资金配置不公平、使用效益不高等绩效问题，通过审计监督，提出对策建议，有效促进各项惠民政策落实。

其三，推动制度改革，提高资金效益。中国特色社会主义事业总体布局是“五位一体”，要求全面协调可持续发展。当前，我国面临城乡区域发展差距和居民收入分配差距依然较大，资源环境约束加剧，基本公共服务不均衡等诸多问题，正在深化行政体制改革，加快经济发展方式转变。大量的财政专项资金与改革转型密切相关，其政策目标不尽相同，如有些贴息专项资金具有带动社会资本参与经济事项的目的，有些社保专项资金更注重社会民众的满意程度，环保专项资金理所当然应该在改善环境方面发挥作用。绩效审计在评价时不能仅局限于其经济效益，还应该关注其社会效益和生态效益。审计机关应充分发挥建设性作用，着眼于改革发展，从宏观和全局的角度，分析财政资金与市场机制的关系，为推动改革、完善制度提出建议。

其四，改进财政体制，促进科学发展。财政专项资金的筹集、管理、使用受制于现有的财政管理体制，很多问题的发生有其必然性。现阶段，我国实行的是分税制财政管理体制，地方和中央财力发展不均衡、事权和财权不一致问题日益突出，个别地方财政支出压力很大，审计时常会发现部分地方财政配套资金不到位问题。在财政专项资金种类设置方面，有些资金功能用途相近，但由于多部门多头管理，导致资金分散，大大影响了资金使用效益。绩效审计工作不能光就问题说问题，必须以更高的眼界，透过现象看本质，以改革创新的精神来看待发现的问题，从完善财政管理体制、机制等方面提出建议，促进经济社会事业健康稳定发展。

（二）微观审计目标

从微观角度，就业务技术来讲，财政专项资金绩效审计目标应对审计事项的真实性、合法性、经济性、效率性、效果性、公平性和环境性进行全面审计评价。

真实性是指反映财政收支、财务收支以及有关经济活动的信息与实际情况相符合的程度。

合法性是指财政收支、财务收支以及有关经济活动遵守法律、法规或者规章的情况。

经济性指在保证质量的前提下，以最低的投入达到目标，即投入是否节约。

效率性是指产出与投入之间的关系。

效果性是指目标的实现程度，以及一项活动的实际效果与预期效果的关系。

公平性指审查财政财务收支活动是否符合社会公平的要求。社会公平主要是指合理地分配社会资源，贯彻社会保障措施，减少不平等和绝对贫困，维护社会公正。

环境性指对生态环境的保护，主要是指生产经营活动是否形成了对生态环境的破坏，是否符合环保的要求，环保资金的使用是否合规有效等。

三、财政专项资金绩效审计主要内容

（一）财政专项资金绩效审计主要内容综述

财政专项资金绩效审计应围绕目标，突出绩效，统筹兼顾，匹配对比，以资金为主线，以项目为整体，围绕财政专项资金的工作流程，把握好设立、筹集、管理、使用四个环节，既要审查财务数据，更要审查业务资料。在审计内容的选择上，要善于从宏观着眼、从微观入手，以使用环节为落脚点，与设立、筹集、管理环节问题相匹配，关注政策、决策、内控和管理等方面的突出问题，着力发挥建设性作用。

1. 设立方面

重点审查资金的合法性，关注政策落实情况和决策程序，主要是两方面内容：

一是资金性质的合法性。财政专项资金的设立是否符合国家相关法律法规、经济社会发展政策和党委政府决策，是否为促进事业发展所必需；专项资金设置是否违背市场经济原则，是否对社会民间资金存在挤出效应，是否符合当地自然条件（资源、地理和环境）、经济结构、技术经济支持能力、社会发展实际、市场前景和可持续发展的要求；资金涉及的财政部门、事权部门、用款单位或个人是否合乎各自职责权限等管理规定。

二是设立程序的合法性。事前是否已经过必要的可行性研究、专家论证、风险评估，背景是否真实，建设条件是否落实，可行性研究内容是否完整，技术经济论证是否切实可行。资金是否按照规定纳入有关部门项目库管理；项目预期产出效益和效果是否符合正常的业绩水平；项目申报立项是否经过决策审批。立项时是否有小项目套大项目、假立项或相同项目重复立项问题，有无随意、盲目申报立项。

2. 筹集方面

按照《政府收支分类科目（2007）》，我国现有政府收入来源主要分为税收收入、社会保险基金收入、非税收入、贷款转贷回收本金收入、债务收入、转移性收入等六类。在征收阶段资金用途就基本确定的财政收入，主要是非税收入（其中包括专项收入、政府性基金以及其他纳入财政专户管理的资金）、社会保险基金，这些资金的筹集情况需要财政专项资金绩效审计中重点予以关注。除了审查财政专项资金本身外，还应结合项目立项内容，关注其他相应资金的到位情况，如财政贴息资金的本金到位情况、上级补贴专项的配套资金到位情况。

（1）合法性

资金筹集依据是否合规合法，征收主体、客体是否合规合法；资金征收单位是否按筹集目的、目标要求做到及时足额筹集，是否做到了应收尽收，有无欠收、多收的问题。

（2）经济性

检查预算编制是否体现科学、可行和节约的原则，审查专项资金筹集到位率，分析项目概预算的经济合理性，重点关注有无地方应配套的资金没有及时配套到位，是否存在虚假概算、套取上级资金情况。资金筹集是否遵循成本效益原则，法定征收主体有无委托其他社会组织负责征收，额外增加成本现象；是否适应信息化发展要求，加强征收管理、降低征收成本。

（3）公平性

专项资金的筹集是否符合可持续发展要求；是否合乎权利义务相当原则；是否考虑各地各部门的经济能力水平；资金筹集数量是否纳入地方或者部门的业绩考核范围，资金收入与财政返还是否存在挂钩现象。

3. 资金管理分配方面

财政专项资金的管理分配是影响资金绩效的关键环节，审计人员需要全面掌握有关的特殊规定，深入了解各级各部门的管理职责和工作流程，着力从完善制度、加强管理层面去发现问题。

（1）合法性

地方各部门制定的有关财政专项资金的规范性文件有无与上位法相违背的内容，有无潜在的排他性条款为个别组织或个人谋取私利的情况；财政预算单位在批复预算和拨付资金时是否及时足额，项目资金有无实际到位，拨付到位率是多少，应配套的资金是否及时配套到位，有无影响项目执行的进度。在分配拨付环节有无截留、挪用、占压资金甚至贪污私分等问题，有无擅自计提或擅自提高标准收取项目前期费、咨询费和管理费等各项费用问题。

（2）效率性

审查专项资金管理工作机制是否健全，内部机构设置是否科学合理，是否系统化、规范化，各部门之间的分工是否合理，信息传递是否及时，工作运转是否畅通、高效，管理人员岗位职责、职权界定是否科学明确。专项资金是否建立健全各项内控制度，是否有效实施，资金管理是否规范，监督是否及时有效，有无因制度不完善、管理不规范导致项目资金使用效益低下问题，有无违背科学规律、忽视和谐发展和长期发展导致项目半途而废、损失浪费的问题。

（3）公平性

结合专项资金设立的政策目标，分析资金的分配是否有利于缓解区域不平衡、群体不平衡，缩小差距，是否有利于促进和谐社会建设，维护社会稳定。应该实行招投标的项目是否按规定履行招投标程序，有无暗箱操作将项目化整为零或者以其他方式规避招标以及串标、围标等违规问题。审查资金的分配原则和方法，通过对专项资金绩效分析，查看是否存在随意分配或平均分配专项资金问题，有没有向重点项目倾斜，发挥最大效益，从而评价专项资金分配的合理性。

4. 资金使用方面

全面审查专项资金实际使用情况，对照资金的政策目的和项目的绩效目标，分析财政专项资金经济效益、社会效益和环境效益。

（1）真实性

财政专项资金投入项目是否真实存在；对资金发放情况、所购实物资产情况进行核实，核查支出内容是否真实；从账证及票据等原始凭证入手，核查票据是否合法，对税务等部门“代开”的运输、劳务等票据要重点检查是否以合法形式掩盖虚假事项和不实内容，要强化对白条支出的审计。

（2）合法性

检查使用程序是否合规，各项支出有无严格的审批手续；资金是否专款专用，资金投放是否符合政策，用途是否符合要求，有无违反规定擅自将无偿资金转为有偿使用，扩大有偿资金范围；有无违反规定收取或提高标准收取资金占用费等问题；有无截留、克扣、挪用、虚报冒领、擅自改变用途的情况，如违规用于补充办公经费，发放奖金、津贴和福利，项目之外购车、搞基建，擅自出借资金等问题。

（3）经济性

重点审查专项资金在使用中的节约程度，判断专项资金的使用是否遵循了最经济的原则。检查各项支出是否按期编计划和办理申请报告，有无大手大脚，随意扩大项目规模，提高建设标准，搞花架子，以致贻误整个项目建设的现象；所购物资是否必需，质量、价格是否合理，有无办理必要的验收、保管、领用手续，有无盲目采购、浪费资金的现象；各种非生产性支出是否严格加以控制，有无因占比过大影响到整体建设或生产。

（4）效率性

审查项目是否按计划要求时间完成，比较实际完成工作量占计划工作量的比重，看是否达到了设计规模，有无因工程进度迟缓、工程质量差等造成项目未完工、未投产运行就成为废弃项目的问题。审查项目支出总额和构成是否符合管理机构的投资计划，专项资金使用是否有损失浪费、跑冒滴漏、截留挪用或体外循环的行为；检查真正用于项目资金比率，比例和结构是否合理，项目支出是否有节余等。

（5）效果性

重点审计实际投入和预期效果两个目标，是否达到了预期的经济和社会效果，实际效果与预期效果差异多大。从项目立项、运行的各个环节审查，有无决策失误、项目质量隐患，是否存在进度缓慢、项目闲置、难以运营等不合理问题。审查项目是否经过了验收，项目的实际投资与预算之间的差额，有无擅自扩大项目规模或缩小项目规模，造成项目投产后经济效益低下等问题。

（6）环境性

检查专项资金投入项目的建设和运营情况，是否有效解决资源环境问题，是否实现了预期治理目标。实地查看有关项目现场，对比、检查矿产、森林、水源等自然资源开发利用是否加以规范管理，乱采滥伐、无序开发及侵占河湖导致资源损失和生态环境破坏现象是否得到遏制；可以借助专家或专业机构的力量，对水、大气、土壤等资源环境指标变化情况进行测算，专项资金投入是否有效改善生态环境情况；可以通过问卷调查，调查人民群众对城乡面貌治理改良情况的满意程度。

财政专项资金种类繁多、作用不同，审计机关工作任务也比较繁重，绩效审计应重点关注政策性强，对经济、社会发展影响大，易受政府关心和社会关注，关系群众生产生活，且易于操作、效益性易于评价的专项资金。在确定审计范围和审计重点时，应区别不同的专项资金的性质、特点、用途、运作方式等，根据审计项目的具体情况、审计目标、审计预期效果而确定。下面结合五类专项资金的特点分别阐述其审计重点。

（二）各类财政专项资金主要审计内容

1. 社会管理类财政专项资金

社会管理类财政专项资金主要指机关事业等组织机构用于特定专项业务和非经常性事项的支出，一般作为各部门专项资金预算与基本支出预算并列纳入部门预算，其管理使用充分体现各部门职责履行情况。该类资金使用对象主要为公权部门，其绩效审计可以结合部门预算或经济责任审计项目进行，重点关注资金的合规性和经济性，以着重加强对权力的监督和制约，减少职能部门在社会管理中缺位、越位、不称职造成的错误和弊端，提高公共资金的使用效益。

（1）合法性审计内容

重点审查资金设立依据是否充分，是否符合部门“三定”方案确定的职责，是否符合部门制定的中长期实施规划；预算编制是否科学、合理，是否与部门年度的任务数或计划数相对应，是否存在可以整合的资金种类，是否存在虚报立项套取专项资金或相同项目重复立项；相关管理制度是否合法、合规、完整，是否得到有效执行，是否按照政府信息公开有关规定公开相关预决算信息；资金的拨付是否有完整的审批程序和手续，项目的重大开支是否经过评估论证，资产是否保存完整、使用合规、配置合理、处置规范。

（2）经济性审计内容

重点审查专项资金管理过程是否遵循了最经济的原则，有无耗费大量人力、物力才达到相应的管理目标，或机构臃肿、人浮于事、隐性成本居高不下、人为设置复杂审批环节，管理成本高、管理不经济的问题。专项资金项目绩效目标是否有明确内容和定量标准，是否符合市场现状和业务实际需求，执行过程中有无未经审批随意改变资金用途、截留私分、弄虚作假、挤占挪用、损失浪费等问题；人员配备与业务是否配比，有无不合理支出；设备购置有无论证，是否与业务相匹配；是否按规定实行集中采购，重大支出事项是否选择了最佳方式（如采购还是租赁）等。

（3）效果性审计内容

重点审查专项资金投入是否达到了既定的目标。因社会管理类专项资金运用结果主要表现为公共管理及服务质量水平，审计时需关注其对单位自身以及经济社会发展产生的影响等，衡量是否达到了预期的经济和社会效果，实际效果与预期效果差异多大。具体包括审查专项资金使用范围是否严格按规定执行；项目是否按计划要求时间完成，是否达到了设计规模效果；项目是否经过了验收，情况是否属实；项目的实际投资与预算之间的差额，已完工项目利用率情况等。

以交警部门城市交通管理专项资金绩效审计为例，重点关注专项资金使用的合规性、经济性、效果性。一方面，从立项开始，查看立项批复、政府招标等有关文件，抽样查看部分标书，对计划总投资、实际财政投入、是否实行政府招标、已支付项目款、结余款项等内容进行分类统计比较，掌握项目立项、资金投入、工程进度、是否招标、支出的合理有效性等基本情况。另一方面，采用实地观察、访谈、抽样调查、指标测算的方法，按照专项资金使用的目的，对资金拨付、使用情况进行审计，对相关指标进行测算，从交通设施的利用情况和交通秩序的效果两方面关注专项资金绩效情况。设施方面可会同建设管理单位重点对重要路段的交通设施进行现场抽样测试，分析掌握正常使用率、人为破坏率、设备老化率等，对事故频发路段的交通设施配置情况进行实地观察，随机选取居民及司机做访问调查笔录；交通秩序方面，可对万车死亡人数、月交通违法行为处罚量、重特大事故发生率等指标变动情况进行分析，对市区交通标线施划率，主次干道交通标志设置率、人行横道及行人过街设施设置率、高峰时段执勤岗设置和警力安排情况、学校医院等周边地区交通管理状况、道路畅通群众满意度等进行分析调查和实地抽样勘察等。通过现状和数字，分析原因，并与全国水平和社会公共指标进行对照，加以定位和评价，最后针对存在的问题提出改进建议。

2. 公共事业发展类财政专项资金

公共事业发展类财政专项资金，就是用于促进各项社会公共和公益事业发展的补助支出，如教育、科学、卫生、食品药品、文体等专项支出。

这类资金重点用于保障和改善民生，维护公共安全，发展公益事业，提升社会管理能力和公共服务水平。由此，在对公共事业发展类财政专项资金绩效审计时，在对照 5E 确定审计内容、实施审计评价的过程中，应该更加关注其投入产生的社会效益，重点关注财政专项资金的效果性和公平性。

在效果性审查方面，除关注资金使用的经济效果外，重点更应关注使用专项资金所取得的社会效益，这是由公共事业发展类专项资金的性质、支出范围决定的。这也是公共事业发展类专项资金绩效审计的重点和区别于其他类别专项资金绩效审计的重要方面，所以在此加以详细论述。评价公共事业发展类专项资金的社会效益，可以从开展项目可持续性、群众受益率和社会满意度等方面来评价资金使用的社会效益。对于评价专项资金取得的社会效益的标准，应根据不同的资金、不同的项目，设定不同的评价指标。结合评价指标，在选择审计内容时可以参考以下因素。

一是牢固把握该类专项资金设定的总体目标。如教育类专项资金的总体目标是改善办学条件、提高教育质量；卫生类专项资金的总体目标是改善人民群众医疗卫生条件。二是每项具体目标是否实现。每个公共事业发展类专项资金项目在实施之前都有一个具体目标，在衡量社会效益时必须认真研究、剖析使用该专项资金的具体目标。可以对照专项资金投入支出前后效果的变化，审查专项资金设置的具体目标是否完成来评价其实现的效益。三是总体目标的框架下综合考量各具体目标的整合、协调性，即衡量各类具体的支出是否实现了总体的社会效益。在审计实践中，可能各个具体目标已经实现，但具体目标之间缺乏协调统一，难以实现总体目标，因此也可作为效果性审计应关注的内容。青岛市审计局在 2009 年审计市旅游发展专项资金时发现，旅游部门使用旅游发展专项资金建立了旅游网、旅游电子营销客户关系管理系统等项目，但上述各系统互不联系，各自为政，难以发挥整体的旅游公共服务功能。于是提出了“整合原有旅游网海外网站、旅游电子营销客户关系管理等系统，建设旅游公共服务系统，优化旅游环境”等审计建议，市领导予以批示，被审计单位也积极采纳。四是关注该项目的效益受众对该项资金使用效果的满意程度。是否最大限度地实现公众的愿望、满足公众的需要、维护公众的利益就是评价公共事业发展类专项资金使用效果的主要内容。为了更好地获得受益公众的评价，可以采用调查问卷的方式。根据某专项资金使用的范围、资金使用的方式及群众对资金使用的满意程度等内容设置调查问卷并进行广泛发放，了解该项资金的使用效果。例如，青岛市审计局在2013年审计市体育专项资金时，对特色体育运动（包括帆船、足球等运动）进校园活动，就采用了调查问卷的方式。围绕着特色体育运动开展的普及率、参与学生的数量及参与的形式、校本课程的设置、以及特色体育运动对校园文化建设的影响等方面设置了调查问卷，对相关学校和学生进行了网络调查。通过学生和学校的评价来考量该资金使用的社会效益。

由于公共事业发展类专项资金主要服务于社会公益事业，公平性审查是公共事业发展类专项资金绩效审计的重点内容。在审查公平性时，既要把握资金分配环节是否遵循了公平原则，又要把握好资金管理使用环节是否公平，重点关注以下两点。一是关注是否实现了结果公平。审查公共事业发展类专项资金的管理、分配等环节，是否考虑了地区差距、弱势地区、弱势群体等因素，是否进行了适度的倾斜，同等条件的单位是否获得资金使用平等机会，最大程度发挥社会效益。审查专项资金管理使用过程中是否存在随意性大、透明度差、转移资金流向、“暗箱操作”等影响公平性的现象。二是关注资金分配、管理和使用各个环节的程序是否实现了程序公平。要实现结果公平，必须首先实现程序上的公平。要达到程序公平，首先应关注资金分配、管理、使用各个环节是否有完善的制度，内部控制完善的制度程序并在实际工作中贯彻执行，所以对资金分配、管理、使用单位的工作流程进行观察、研究和分析，审查是否存在影响程序公平的漏洞，加以指出和改进。

3. 社会保障类财政专项资金

广义上讲，我国社会保障资金包括养老、医疗、失业、工伤、生育等社会保险基金，住房保障以及各项社会救济、社会福利、优抚安置和社会捐赠资金等具有指定用途的资金。该类资金基本上按照国家有关政策安排使用，其制度建立的目的在于保障人民群众基本生活的权益，维护社会的稳定，促进社会和谐。

社会保障资金绩效审计应以真实合法性为基础，围绕资金的安全完整和保值增值，关注资金筹集管理使用的经济性、效率性、效果性和公平性，把工作重点放在揭露社会保障制度的缺陷、检查社会保障政策的效应上，从体制、机制、管理上揭示问题，促进审计监督向社会保障体系的深度和广度发展，为健全社会保障制度、完善社会保障体系服务。

（1）政策运行情况

①审查社会保障体系框架建立的合理性。一是审查社会保障在宏观层面即体系设计上的公平性，具体是全体公民享受社会保障机会的均等以及不同社会保障制度间受益群体享受社会成果的公平性。主要关注不同社会保障项目之间、不同保障人群之间、不同保障层次之间、不同地区之间、城乡之间的制度差异，促进社会保障制度架构方面的公平。二是审查社会保障制度制定的公平性，审计的侧重点主要针对具体的社会保障制度，重点关注各项社会保障制度在规则和过程的不公平，即制度中确定的相关标准和规则是否造成社会不公。

②审查社会保障制度建设和政策执行情况。审计的侧重点主要针对社会保障制度建立及政策执行中存在的问题，切实维护人民群众利益。主要关注政策的制定、执行是否到位，是否按照规定建立相关社会保障制度，覆盖人群、保障人数、保障标准等是否达到规定要求；是否存在地方自行制定的社会保障政策与国家相关规定不符的情况；是否建立和切实执行了社会保障资金的相关转移支付制度，特别是社会保障资金的异地转移接续制度和不同养老制度之间的转移接续制度；了解各项社会保障制度运行过程中是否存在由于统筹级次不高、管理分散、信息不共享等原因导致出现重复参保、重复享受待遇，导致社会保障资金未充分发挥政策效益的情况。

③审查社会保障事务运行管理模式的效率性。目前我国的各项社会保障事务分属人力资源社会保障、民政、卫生、住房公积金中心等部门单位管理，审计应关注其运行效率如何，管理成本是否最低，社会保障事务管理部门之间或社会保障事务管理部门与其他相关部门之间是否建立了协调配合和信息共享机制。

④审查社会保障基金收支模式的可持续性。从发展趋势看，社会保障资金的支付压力在逐步增加，审计应通过运用相关数据模型，对社会保障

基金的支付能力和持续能力予以关注，针对支付能力的变化，及时进行预警，促进相关部门采取必要的措施弥补收支漏洞，尽快建立社会保障资金风险预测、风险抵御和紧急处理预案制度。

（2）内部控制情况

社会保障资金的内部控制制度涉及两个层面，一个是各部门内部对社会保障资金的控制制度，一个是多部门之间协调的控制制度。主要审计内容包括：一是检查资金筹集、管理、使用环节是否建立了相应的内控制度，内控制度的设计是否科学、健全；二是要了解各项控制措施是否真实运作于业务活动当中、是否发挥了应有的作用；三是测评各项内控制度是否存在风险以及风险有多大、重要性水平有多高；四是审查管理工作机制是否健全，机构设置是否科学合理，是否系统化、规范化，各部门之间的分工是否合理，信息传递是否及时，工作运转是否畅通、高效；五是审查是否建立了内部稽核机制。

（3）资金筹集情况

根据社会保障资金的特点，重点关注地方滞留上级财政补助资金，地方财政补贴资金或配套资金不到位以及虚假配套等问题；征收机构和单位未执行规定的缴费基数与缴费比例征收社会保障资金的问题；社会保障资金是否及时足额入库，有无征收机构隐瞒和截留收入或为完成预算指标故意延压当期收入的情况；社会保障资金业务征收数据和财务记账数据是否一致；社会保障覆盖面如何，单位和个人是否做到应保尽保；有无重复参保情况；参保单位申报的缴费基数和人数是否属实。

（4）资金管理情况

重点关注是否按规定编制社会保障资金预算，预算执行情况如何；财政部门和社会保障经办机构管理的社会保障专项资金是否单独设账核算，有关会计账簿、凭证是否完整健全；社会保险基金“收支两条线”政策执行情况如何；社会保险基金是否按险种建账、分账核算，有无基金之间相互超支挤占的情况；财政部门、经办机构之间及其与开户银行之间是否定期对账核对收支结余情况；资金管理部门保值增值意识如何，在现行政策下，是否在留足备付金后及时将结余资金购买国债或存放为定期存款；有无违规投资运营和出借等问题；经办机构是否按规定为参保人建立个人账户，个人账户记录是否及时、准确，是否按规定对个人账户进行计息；有无超范围超数量开设银行账户存放社会保障资金；相关社会保障资金是否按规定享受到优惠存款利率；是否存在某些“以收定支”性质的社会保险基金如医疗保险基金因基金累计结余过大而影响资金使用效益的问题；是否对享受社会保障待遇人员的资格定期进行审核。

（5）资金分配使用情况

根据社会保障资金的特点，重点关注社会保障资金业务支付数据和财务记账数据是否一致；是否按规定用途使用资金，有无擅自扩大或缩小开支范围；待遇计发办法和发放标准是否符合有关规定，待遇发放是否足额及时；待遇发放对象是否符合规定，有无虚报冒领和重复享受待遇等问题。

4. 经济建设类财政专项资金

经济建设类财政专项资金来源包括财政预算安排的建设资金，纳入财政预算管理的专项建设资金，政府融资以及利用的国债资金，国际金融组织和外国政府的贷款、赠款，转让、出售、拍卖国有资产所得的国有资产权益收入，土地出让金，法律、法规规定的其他政府性资金。

经济建设类财政专项资金投入项目往往规模较大，需要重点关注项目建设过程中的立项决策、投资控制、建设效果等方面，并分析项目建设的经济性、效率性和效果性，揭露项目资金管理使用中存在的问题，促进项目和资金的规范管理，提高专项资金的使用效益。

（1）经济性审计内容

资金决策阶段，主要审查项目的立项报告、可行性研究报告、环境影响报告的申请审批程序，审查有无违反决策程序、擅自立项的行为，各个环节有无省略或遗漏；建设规模、发展速度、投资方向、投资结构是否有利于国民经济社会的协调和可持续发展。工程建设实施阶段，主要审查概算执行、招投标管理，合同管理、施工管理、质量管理、资金管理、造价管理、工期管理等几方面，揭露因管理混乱等造成的损失和浪费问题。竣工验收阶段，主要审查竣工财务决算报表的编制依据和方法是否符合国家有关基本建设财务管理的规定，项目验收是否按国家规定的时间和程序进行，环境保护设施是否同时验收。

（2）效率性审计内容

重点关注项目管理是否适当、是否讲究效率、项目目标是否实现，是否存在管理不善造成损失浪费等效率性方面的问题。具体包括建设单位的组织管理、招投标管理、合同管理、财务管理、工程现场管理等内控制度的建立和执行情况，是否建立健全有效，建设单位是否建立起有效的项目法人责任制，尤其是应审查项目的施工、设计、监理、采购等是否实行招投标制，是否按“公开、公正、公平”等原则进行，有无通过虚假招标、指定分包方式搞违法分包、层层转包，是否存在中标单位资质不够造成工程重大损失和质量隐患等问题；审查项目基本建设程序执行是否规范，概算执行是否严格，是否按概算规定内容建设，有无随意改变建设内容、扩大建设规模、提高建设标准、概算外投资等问题，有无弄虚作假、虚列建设成本问题；工程设计变更、施工现场签证是否合规、及时、完整、真实，隐蔽工程计量是否真实、准确，工程造价控制是否有效，设计费、监理费、技术服务费等费用是否存在超标准计取问题；检查建设单位是否及时办理工程决算检查，核实工程价款结算与实际完成投资的真实性、合法性及工程造价控制的有效性。

（3）效果性审计内容

主要包括分析项目建成后实际运营成本，建立项目全寿命周期的现金流量表，评价项目的还款能力，对项目开展财务效益评价、国民经济效益评价、社会效益评价和环境效益评价，并分析影响项目成本、收益的主要因素。重点审计实际投入和预期效果两个目标，是否达到了预期的经济和社会效果，实际效果与预期效果差异多大。从项目立项、运行的各个环节审查，有无决策失误、项目质量隐患，是否存在进度缓慢、项目闲置、难以运营等不合理问题。审查项目是否达到了设计规模，有无因工程进度迟缓、工程质量差等造成项目未完工、未投产运行就成为废弃项目的问题。审查项目是否经过了验收，项目的实际投资与预算之间的差额，有无擅自扩大项目规模或缩小项目规模，造成项目投产后经济效益低下等问题。

比如，青岛市审计局在2012年市属污水处理厂升级改造建设及运营绩效情况审计中，除了对项目建设管理、工程造价和资金使用情况进行审计外，重点关注了项目建成后存在的资产管理不清、污水达标排放率低和再生水利用效果差等方面绩效问题，形成专报上报市政府后受到市长的长篇重要批示，市政府整合市属水务资源成立了青岛水务集团有限公司，并在采取相应整改措施后，进一步提高了污水达标排放率和再生水的利用率，促进了项目经济、社会和环境效益目标的实现。

（4）公平性审计内容

公平性审计是指审查项目财政财务收支活动是否符合社会公平的要求。主要审查是否合理地分配社会资源，贯彻社会保障措施，减少不平等和绝对贫困，维护社会公正。通过社会调查和对当地国民经济综合指标的分析，评价项目建成后对当地社会经济、政治、技术和环境等方面所产生的影响，以及对提高城市品位、改善投资环境和人民生活的作用。

（5）环境性审计内容

环境性审计主要内容是项目建设活动是否形成了对生态环境的破坏，是否符合环保的要求，环保资金的使用是否合规有效等。主要审计项目建设阶段是否执行了“三同时”制度，环境质量控制、废弃物再利用等法律法规规定和相应的内控制度，以及是否对自然环境、自然资源、生态环境和生活环境等产生破坏，项目竣工验收投入使用后评价项目引发的动植物资源迁移或灭绝情况，改变绿地调控环境质量情况，移民带来的生态环境改变情况，自然资料破坏和自然污染情况，项目施工和建成对区域土地利用格局和地表土壤的影响情况等。

5. 资源环境类财政专项资金

资源环境类专项资金一般包括排污费、育林基金、防沙治沙专项资金、生态林建设资金、天然林保护资金、海域使用金等，主要用于环境污染防治、生态恢复等资源环境领域。资源环境专项资金绩效审计涉及财政、发展和改革、环保、水利、国土等主管部门以及其他项目管理单位和项目实施单位，应关注资金和项目管理活动、机制运行情况、损失浪费问题，在坚持资源环境可持续发展和综合目标绩效审计的同时，着重突出生态效益，更加重视环境性分析。

（1）贯彻落实环境保护政策情况

审查专项资金的设置是否符合国家产业政策和资源环境保护政策，包括相关的大气、水、土壤、固体废物等污染防治政策，国家节能降耗、水资源节约、矿产资源开发等资源监管政策，节能减排措施和资源节约环保型产品政策等。对环保资金投入项目，重点审查资金和项目规划的科学性、审批的合法性、建设的合规性，是否符合经济社会发展规划，是否有利于可持续发展，是否破坏环境、浪费资源，是否损害人民群众的直接或间接利益，结合政府和部门履责情况，促进相关政策、制度的制定和实施，规范资源开发利用，加强环境保护管理。

（2）职能部门履责情况

通过分析资源环境相关主管部门职责履行情况，揭露监管中存在的缺位、不到位和漏洞等问题，促进监管水平的提高。重点从资源环境保护政策制度建立健全情况、重大资源开发利用情况、环境保护措施落实情况和环境保护监管能力建设情况等方面对资源环境保护部门履职情况进行审计，主要包括是否制定了明确的资源环境规划和目标，制定的政策措施是否与国家宏观政策要求相一致，是否建立了有效的资源环境主管部门间统筹协作机制，资源环境保护职能部门机构、人员和监管手段建设情况是否达标等。采取措施核实相关资源环境质量指标并检查业务流程，着力揭露涉及城乡居民饮用水源不达标、城乡土壤严重污染、规划环评不到位、工业企业废气、废水、固废违法排污等影响人民群众身体健康的环境污染问题，并对有关主管部门不当的、无效的、违规违法的行为进行纠正和问责，促进问责机制的完善。

（3）项目建设和运营效果情况

关注资源开发利用的可持续情况，是否存在过度开采、资源浪费，促进提高资源利用效率和建立严格的资源保护制度，为国家经济社会的科学发展提高可持续的长期资源保障。关注污染物来源、分布、规模及其增减趋势，污染物的收集、运输和处理是否合规，环保部门如何监管，利益有关方持何意见。结合现场实地调查，审查项目单位是否按规定组织实施项目，是否按时完成项目并通过验收，有无擅自改变建设内容、降低建设标准、压缩投资规模等问题。已建成项目是否及时投入运行，是否达到设计运行能力和环境治理标准，分析影响项目效益的各种因素，揭示效益低下、资金严重浪费、国有资产闲置、流失等问题。关注环境污染防治的协调性和综合性，是否存在顾此失彼的问题，是否派生增加出对其他环境造成负面影响和污染的问题，尽量将环境污染降低到最低限度。强化资源与环境的统筹联系，把资源与环境看成一个整体，统筹考量内在联系，既注重提高资源管理利用水平又避免污染物排放，促进实现资源“利用——废弃”模式向资源“利用——再利用”模式的转变。

四、财政专项资金绩效审计组织方式

（一）实施“独立型”绩效审计为主，“结合型”绩效审计为补充的组织方式

独立型绩效审计项目是指以审查评价被审计对象的绩效情况为主要目标，单独立项并单独出具审计报告的绩效审计项目。结合型绩效审计项目是指审计目标兼顾真实、合法与效益，与传统财政财务收支、经济责任、工程竣工决算等审计项目结合的绩效审计项目。

对于管理风险高、存在绩效问题比较严重、真实性和合法性问题并不突出的财政专项资金，可以采用独立性绩效审计的方式；其他财政专项资金绩效审计原则上都应该采用结合型绩效审计的方式，在对资金的真实性、合法性进行审计的基础上，审查其经济性、效益性、效果性、环境性、公平性。

（二）分专题、分行业、跨地区组织实施

以往开展财政专项资金绩效审计时，往往是选择某一项专项资金或者结合预算执行审计、经济责任审计等项目来开展，很难通过项目审计成果来揭露和反映经济、社会运行中的普遍性、倾向性问题，宏观性不强。因此，在安排审计计划时，可以考虑将同一行业、同一大类、同一专题、不同地区的财政专项资金集中列入同一时期或者某一年度内，各级审计机关、各业务处室同时联动开展审计，制订审计工作方案，统一审计实施方案，统一审计实施，统一审计报告，统一审计处理，之后汇总分析审计结

果，发现同一类、行业内、地区间专项资金普遍性、倾向性、苗头性的问题，深入分析原因，从体制机制上提出解决和预防问题建议，为政府宏观决策服务。财政专项资金绩效审计由此进入更宏观、更有深度与高度的一个层面，从而提升财政专项资金绩效审计的影响力，达到加强政府宏观管理的目的。

行业、类别比较容易理解和划分，例如农业、制造业、金融业、社保类、环保类、计算机类等。专题，是将绩效审计内容拓展到政策（制度）、决策、运营、管理、风险等各个方面，聚焦到各类各层次的管理，解决各类绩效管理性问题。例如政策专题绩效审计，着重政策层面的评估，就是着重对某一项或若干专项资金的相关政策开展绩效审计，审查其制定是否合理、落实是否到位、执行效果如何，揭露由于政策或者制度不完善而造成的专项资金在管理过程中重大损失浪费问题，从而推动专项资金相关政策和制度的完善，为加强专项资金管理、提高使用效益提供制度保障。

（三）坚持审计与专项审计调查相结合

审计和审计调查是审计机关开展审计工作的两种方式。审计是各级审计机关依法对国务院各部门和地方人民政府及其各部门的财政财务收支，国有的金融机构和企业事业组织的财务收支，以及其他依法应当接受审计的财政财务收支的真实、合法、效益情况进行的审计监督，除必要时须向其他单位和个人调查取证外，很少涉及被审计单位以外的单位或个人，工作内容比较单一，涉及的对象范围比较窄，具有明显的微观性。而专项审计调查是指为了及时向各级人民政府提供经济信息，促进宏观调控，依法对与各级人民政府财政收支有关的特定事项或者本级人民政府交办的特定事项进行专项的审计调查，因而它具有特定性。开展专项审计调查，往往要贴紧政府的中心工作、当地的热点问题、群众关心的问题，要讲究时效，同时要求达到一定的数量和覆盖面，以保证调查报告的可信度和说服力，在一定时间内完成任务，出具相当分量的调查报告，否则事过境迁，可能事倍功半，甚至会毫无意义，因而具有较强的时效性。

相对而言，审计主要是针对各个具体的项目和单位，侧重于发现问题，纠正和处理问题；专项审计调查主要是政府关注、社会关心事项和企业改革发展中存在的普遍性、苗头性问题，侧重于分析研究，提出加强宏观管理，完善法规制度的建议。专项审计调查的灵活性更强，更有利于发挥审计监督的作用。

对于财政专项资金，如果资金额度小、涉及单位单一或者较少，可以选择审计方式；如果资金额度大、涉及单位面广、政策性和行业性强，侧重选择专项审计调查方式。

（四）事后审计与跟踪审计相结合

一般开展的财政专项资金绩效审计都属于事后审计，但有些专项资金项目跨期较长，影响资金效益的因素存在于各个环节，而且不断变化，如果停留在事后监督，审计发现的问题大多无法补救，造成的损失往往无法挽回，因此应该将事后审计与跟踪审计结合起来。对资金量小、周期短、社会影响小的专项资金可以事后进行审计，而针对资金量大、有重大社会影响、项目跨度时间长、环节多的专项资金要开展跟踪审计。

专项资金跟踪审计，就是对专项资金的预算、拨款、分配、管理、使用的全过程开展绩效审计，审查事前审立项申报、事中审资金管理和项目执行、事后审项目质量效益能力等每个环节的专项资金情况，对上一环节审计中发现的问题进行督促整改，形成全过程的监督，确保资金发挥最大效益。其特点是过程性、时效性、全面性，强调全程参与和跟踪，是一种动态审计和过程审计，做到“财政资金运用到哪里，审计就跟进到哪里”，必要时还要在专项资金全部落实到位后，对其产生的社会效益、环境效益等综合绩效进行跟踪分析检查。

根据专项资金的周期长度和审计力量情况，可以将专项资金跟踪审计分为阶段性审计和连续性审计。对于住房公积金、社保基金等长期续存的专项资金，具有资金量大、适用范围广、运营比较平稳等特点，对此可以采用阶段性的跟踪审计，定期或者不定期对资金的筹集、管理、使用情况进行审查监督；对于一定时期内续存的专项资金，在审计力量允许的情况下，可以派出审计人员到现场，跟随资金的流向，对其进行全过程连续的跟踪审计，例如震后救灾资金跟踪审计和灾后重建资金跟踪审计，采取的这种方式。

（五）全面审计与重点审计相结合

财政专项资金涉及的种类多、范围广，包含立项、审批、拨入、管理、使用等各个环节，在全面查清资金总量、摸清资金流向的同时，加强对重点部门、重点领域的专项资金以及资金使用等重点环节和资金闲置、损失浪费等重点问题的审查，把“薄弱环节”和“突出问题”查深查透，以确保专项资金绩效审计的工作质量和效率。

五、财政专项资金绩效审计方法与评价标准

（一）财政专项资金绩效审计方法

1. 财政专项资金绩效审计方法概述

由于专项资金绩效审计工作自身的复杂性和多样性，加之审计对象涉及与政府有关的各个方面，而且目的各异，所以除一般性审计方法外，比较常用的专项资金绩效审计具体操作方法包括审阅、访谈、调查、现场走访、观察、比较、统计分析、管理分析、环境分析、运营模式分析、咨询、计算机审计、生命周期法等。

在实际工作中，上述方法运用不局限于财务数据，还可对与绩效相关的政策制定及执行效果、重大决策、内部管理、风险控制、资源配置、环境因素等进行分析。

2. 财政专项资金绩效审计方法运用

（1）审阅法是绩效审计中收集证据的最基本、最直接的方法，是指审计人员通过审查和翻阅被审计单位及其他单位的相关书面文件，获取相关的证据资料。这些书面文件既包括财务资料、统计数据，也包括合同、报告、会议纪要、备忘录、决议等；既有历史和现实的资料，也可能涉及对未来进行预测的资料。

（2）观察法是指审计人员通过实地察看被审计项目的进度、资金的使

用情况、使用效果以及相关环境等，以增进对被审计项目运行情况的了解，获得第一手资料的过程。

(3) 调查法是指审计人员通过采取诸如问卷调查、电话调查等多种方式，系统地收集调查对象的观点、态度和行为等方面信息，并进行分析的方法。按照调查的方式不同，分为问卷调查、电话调查、面对面调查等。按照调查对象范围不同，分为全面调查、抽样调查、典型调查和个案调查。按照组织实施方式不同，分为自行调查和委托调查。

(4) 访谈法又称访问法，是通过访谈者和访谈对象之间的交谈来了解事实情况、收集审计证据的方法，分为提问式和讨论式两种。访谈法与调查法有一定联系，访谈法是从同一个来源收集有关不同问题的信息，而调查法则是从不同的来源收集有关同一个问题的信息，实践中往往结合进行。

(5) 文献研究法。文献是指包含有审计人员拟研究对象信息的各种载体。文献资料是间接的、第二手的资料，它在绩效审计中是不可缺少的。文献研究的途径包括历史文献资料、统计资料、网络文献。审计人员无论采取哪种方式进行文献研究、收集二手审计证据，都应对资料内容的可靠性进行评价。

(6) 研讨会法，指审计人员召集一些拥有不同知识、经验和观点的人员，通过与他们进行沟通和讨论，来获得特定的知识、听取不同的意见和建议、寻求解决问题的办法。

(7) 利用外部专家的工作。这里的外部专家是指审计机关之外的，在某个领域中具有专门知识、技能和经验的个人或者单位。首先确定利用外部专家的目标；其次确定专家，评价专家的专业胜任能力和独立性；最后评价专家的工作结果，对结果加以利用。

(8) 证据分析法，指对审计证据进行分析的过程，常用的分析方法有定量分析和定性分析两类。

①定量分析法，也可以称作数据分析，是绩效审计中最常用的分析方法。它是指对从单位或其他来源获取的资料进行计算、比率分析、趋势和模型分析。常用的定量分析方法有：

比率分析法。它是通过计算比率来分解、剖析和评价被审计单位效益的一种分析方法。在对运营绩效进行评价时，审计组常采用比率分析的方法，对净资产收益率、总资产周转率、资产负债率、销售增长率等指标进行分析，以评价被审计单位的盈利能力、资产质量、债务风险、经营增长等情况。

比较分析法。它是将被审计单位若干个有关的可比数据进行比较，找出不同时期同一性质的若干数量差异，从而总结实绩，发现问题，评价被审计单位的活动运行状况。

以青岛市公交行业财政补贴运营绩效审计调查为例，审计组在两个方面运用了比较分析法：其一是现行政策分析，即对并行的财政局《补贴办法》与物价局《评价办法》进行对比，发现两个“办法”均对政策性亏损核定做出规定，但在人员工资及司乘人员数量核定标准等方面做出不同的规定，使得实际执行中运营成本的核定结果产生差异。而补贴数额是依据《补贴办法》核定的运营成本和政策性亏损数确定的，因此，《评价办法》在实际执行中未得到有效实施。其二是政策执行效果分析，发现财政补贴拨付滞后，公交企业当年收到的是上年度部分亏损补贴，2009 至 2011 年公交企业实际收到 2008 至 2010 年本级财政专项补贴仅为政策性亏损的 84. 60%，时间差异导致资金缺口两亿元，企业只有依靠银行贷款筹集，三年产生借款利息近三千万元，该项费用进一步加大了财政负担。

时间序列分析法。是指把观察或记录下来的一组按时间先后顺序排列起来的数据进行分析，找出趋势，并进行比较的方法。常用的时间序列分析法包括趋势平均法、指数平滑法、直线趋势法、非直线趋势法等。

量本利分析法。就是找出盈亏平衡点，然后将实际或预期的业务量水平与盈亏平衡点相比较，以此来确定盈亏的可能性或投入的经济性。量本利关系是指数量、成本和利润之间的关系。

成本效益分析法。是在分析计算成本与效益的基础上，比较成本与效益之间的货币金额关系，目的是确定被审计单位或项目的效益是否超过了成本。

回归分析法。是对有因果关系的两类或多类经济数据之间的关系进行分析，推导出相应的因果模型或回归方程，并以此模型或回归方程来推算一类或多类变量发生变化时，其他变量的变化规律。

成本效果法。是通过分析成本和效果之间的关系，以每单位效果所消耗的成本来评价项目效益。成本效果法分析的成果是用实物数量来计量的。

价值分析法。是用成果的功能与成本的比值来衡量所得到的价值（价值=功能/成本），目的在于用最低的成本实现或获取所要具备的必要功能。

净现值与净现值率方法。净现值是项目各期现金流量按设定的折现率折成现值之和，即项目各期现金流入量现值与现金流出量现值之和的差额。净现值是考虑了货币时间价值以后的收益和成本的差额。净现值率是净现值与全部投资现值的比值，它反映了单位投资所能带来的现值净收益，是考察项目单位投资盈利能力的指标。其值越大，效率越高。

现值指数与盈利指数法。现值指数是项目各期现金流入量现值之和与现金流出量现值之和的比值，是折现后的收益与成本的比值。盈利指数，项目寿命期内各期现金收益（或损失）现值之和与投资成本的比值。可以看作是1元投入成本获得的折现净收益。它作为相对指标，可以反映投资的效率。

内含报酬率法。内含报酬率，是指能够使项目各期现金流入量折现之和等于现金流出量现值之和的折现率，即净现值为零的折现率。内含报酬率反映的是项目全部投资所能获得的实际最大的收益率。应用时，可以直接和基准的内含报酬率比较，也可以与资金成本或要求的最低收益率相比较。

投资回收期法。投资回收期也叫静态投资回收期，是指以投资项目的现金流量收回全部投资成本所需要的年数，即累计现金净流量为零的年数。投资回收期法简单、明确、直观，不足之处是没有考虑折现。

目标评价法。审计人员要先对单位或项目目标的科学性、合理性、可计量性进行评价。如果被审计单位或项目的目标不明确或不具体，就会导致损失浪费和效益低下的问题发生。如对财政资金使用的目标不明确，就会产生资金使用的随意性和盲目性，资金使用的效益性就会无人关心。如果被审计单位和项目没有目标，审计人员就应自行制定其应达到的目标，或与其主管部门、单位协同确定，以利审计活动的顺利开展。

目标成果法。是根据实际产出成果评价被审计单位或项目的目标是否实现。将产出成果与事先确定的目标或需求进行对比，确定目标的实现程度，看产出与目标的差距或偏离程度，查找工作过程中的缺点、失误和问题，分析原因，挖掘提高效益的潜力。

事前事后法。是将项目或措施实施前后的状况进行对照，以考察项目或措施实施后的结果和影响，进而评价其效果性。事前事后法经常与因果分析法结合使用，以评价项目或措施的实施与效益之间的因果关系，还可以进一步确定各项影响效果的因素或原因。

标杆法。是将被审计单位的产品、服务、管理等方面与同类事项中一直领先或做得最好的同类单位或部门相对照，并借鉴其实践经验的一种评价方法。其核心是确定最佳的实践标准。

评分法。是预先确定若干评价项目（内容），然后按评价标准评分，最后按评分多少进行评价。它是一种综合效益评价方法，它将定性评价和定量评价结合起来。评分法有加减评分法、连乘评分法、加乘评分法、加权评分法。运用评分法，关键是要建立评价体系或模型。

②定性分析法是一种直观的文字分析方法，广泛用于绩效审计中。下面的几种分析方法是常见的定性分析法。

内容分析法。即对来源于多个渠道、源于多种目的、甚至是不连贯或者有交叉和重叠的信息进行梳理，归纳总结出一个客观、明确的观点或者陈述，这种方法，被称作内容分析法，常用于确定审计的具体目标和了解被审计单位或事项，以及对被审计事项形成初步的结论。

程序分析法。通常，在绩效审计过程中，审计人员应该按照既定标准和合理的控制模式对管理程序进行检查，并对其进行分析。运用程序分析法，常常要结合运用其他收集审计证据的方法，例如，审计人员通过运用审阅、观察、访谈等方法了解管理程序的状况，然后进行深入分析其中存在的问题和原因。有的时候，为使程序分析法得到的结果获得佐证，审计人员还可以选择某项业务进行“重做”，测试相关的控制环节是否存在，是否发挥作用，审计人员所了解的程序是否准确。

案例分析法。案例分析是审计人员选择一些或某一个特定案例进行研究，说明被审计事项的一般性问题，或者对审计事项中的复杂问题进行深入的理解和说明。案例分析的结果可以用来证实已存在的问题，还可验证通过其他方法得出的结论，也可帮助审计人员深入地进行因果分析。

问题解析法。问题解析法是一种通过确定一个总括性问题，相关子问题以及用来解答这些问题的具体审计任务来规划绩效审计工作的方法。首先，拟定审计要回答的总括性问题，只能用“是”或“否”来回答。其次，针对总括性问题设计一系列简单子问题。子问题应当互相排斥（即不能互相交叉重复），融合为一体（即覆盖了整个审计内容），能够通过实施一项或几项具体的审计工作来回答。在实践中，要保证这些规则的遵循须花费很多精力，但通过这种努力最终能够产生一个构思巧妙和操作性强的审计方案。

（9）计算机审计方法。计算机审计是随着审计发展起来的崭新审计方式。数据采集与分析的范围需要涉及业务数据、财务数据及被审计单位以外的第三方数据。常用数据分析工具包括 AO、通用审计软件、联网审计系统等专业审计软件；Excel、SQL Server、Oracle 等通用数据分析工具；审计人员根据需要开发的小软件。数据分析需要借助专业审计软件，运用一系列的定量方法，主要有指标分析、关联分析、时间序列、模型分析、财务分析等。数据分析结果的反映主要有表格、曲线图、图表等，表达方式的选择取决数据的类型和想要传达的信息。需要重点关注组织层面信息技术控制、信息技术一般性控制、业务流程层面应用控制。

（10）生命周期法。该方法是 20 世纪 90 年代由美国环境毒理学会和环境化学学会举行的研讨会上发展而来的一种资源环境状况分析方法，是指对一个组织活动、产品或服务系统的生命周期中输入、输出及其潜在环境影响进行汇编、量化和评价的一种环境评价方法。适用于任何对环境可能产生影响的组织活动、产品或服务系统，特别在项目建设的计划期，采用生命周期评价法进行环境审计有利于预防组织活动、产品或服务系统对环境产生的负面影响。生命周期评价法可以用于某一项目实施之前，也可用于项目实施过程中。应用程序主要包括：确定目标、界定系统边界、明确所需数据类型，划分细目，环境影响评价分析，提出改善措施。

（二）财政专项资金绩效审计评价指标选择

绩效评价指标是指衡量绩效目标实现程度的考核工具，绩效评价标准是指衡量财政支出绩效目标完成程度的尺度，两者的科学选择是做好绩效审计评价的基础。近年来，为推进财政科学化精细化管理，强化预算支出的责任和效率，提高财政资金使用效益，党中央、国务院高度重视、积极推动政府绩效管理改革。财政部《财政支出绩效评价管理暂行办法》（财预〔2011〕285 号）提出，绩效评价应当以项目支出为重点，绩效评价指标的确定应当遵循相关性原则、重要性原则、可比性原则、系统性原则、经济性原则，绩效评价标准具体包括计划标准、行业标准、历史标准、其他经财政部门确认的标准。上述原则和标准同样适用于审计机关开展财政专项资金绩效审计评价。后来财政部又出台了《关于推进预算绩效管理的指导意见》（财预〔2011〕416 号）、《预算绩效评价共性指标体系框架》（财预〔2013〕53 号）等文件，从总体上就财政部门加强政府预算绩效管理进一步做出部署。各级财政部门积极开展预算支出绩效评价试点，结合各地实情提出了一些更具体的管理措施。财政专项资金作为财政资金的一部分，因为其“专项”的特殊性，绩效目标相对明确，管理制度也有特别之处，成为各地预算绩效管理试点的突破点。预算绩效管理工作的逐步推进，为审计机关开展绩效审计提供了便利条件。按照是否纳入预算绩效管理，对财政专项资金的绩效评价分两部分阐述：

1. 未纳入预算绩效管理的财政专项资金绩效评价

目前，多数财政专项资金并未纳入预算绩效管理范围，对其开展绩效评价，审计人员应当以审计认定的事实为基础，根据具体项目特点，从经济性、效率性、效果性、公平性和环境性等方面提出审计评价意见。

《中华人民共和国国家审计准则》就重要问题如何获取审计证据提出“标准、事实、影响、原因”四要素的指导意见，实际上，这种范式也是开展绩效审计的指导思路。罗尼尔·B. 劳奥姆指出，发现范式四要素是对政府机构、私营部门和非营利性组织的各种经营方式和项目、从社会计划到垃圾收集的绩效进行分析的强有力的工具。选择评价指标和评价标准对确认范式中的标准和事实具有指引性，是在确定绩效审计项目方案阶段就需要考虑的问题，是确定审计内容的重要参考。审计认定的事实与标准之间的差异是绩效审计评价的着力点，审计人员需要从影响后果方面来分析导致结果因素的重要性，做出原因分析，为提出建设性建议获取支持材料。一般而言，当项目取得正向的绩效时，其立项、实施过程和内部控制存在严重问题的风险是很低的，审计发挥建设性作用的空间比较小；当项目显示出反向的绩效时，上游立项、管理、分配等环节存在重要问题的风险就比较大，审计人员需要从更高的层面分析为什么没有防止这种不利情况的发生。

财政专项资金绩效评价针对的是资金流程的全过程，应该从设立、筹集、管理、使用各环节统筹考虑，按照定量指标与定性指标相结合的原则，对每个环节有侧重地从“5E”方面设置评价指标，以全面反映财政支出所产生的社会效益、经济效益、环境效益和可持续影响等。参照国内外绩效审计文献，结合各地财政专项资金绩效审计经验，有关部门和部分学者就财政专项资金绩效评价指标体系建设提出了一些见解。《青岛市审计机关专项资金（基金）绩效审计操作指南（试行）》按照经济性、效率性、效果性列出了十项参考指标；财政部《预算绩效评价共性指标体系框架》（财预〔2013〕53 号）就项目支出绩效评价共性指标体系提出了具有参考性的框架模式，见表 1。

表 1　项目支出绩效评价共性指标

一级指标	二级指标	三级指标
投入	项目立项	项目立项规范性
		绩效目标合理性
		绩效指标明确性
	资金落实	资金到位率
		到位及时率
过程	业务管理	管理制度健全性
		制度执行有效性
		项目质量可控性

续表

一级指标	二级指标	三级指标
过程	财务管理	管理制度健全性
		资金使用合规性
		财务监控有效性
产出	项目产出	实际完成率
		完成及时率
		质量达标率
		成本节约率
效果	项目效益	经济效益
		社会效益
		生态效益
		可持续影响
		社会公众或服务对象满意度

其中主要包含了经济性、效率性、效果性评价指标，除了上述文件列示的指标，针对不同的审计项目，可以采用的绩效评价指标还有：

（1）财政投入乘数

反映财政专项资金投入后带动其他资金投入的比重。

财政投入乘数 = 财政投入后带动其他资金投入总额/财政投入金额

（2）项目招投标率

为了降低专项资金项目的成本，一般都要求对大宗材料、机器设备招投标。

项目招投标率 = 实际项目招投标的资金额/制度要求项目招投标的资金额

（3）项目资金利税率

反映项目资金对政府税收带来的影响与政府对该项目的投资总额的比率。直观地反映了项目的投入产出之间的关系。

项目资金利税率 = 项目新增利税/财政对项目投资总额

（4）投资回收期

用于衡量项目完工后能否尽快实现经济收益。一般认为，投资回收期越短越好。当然，投资回收期不应超过项目或固定资产综合寿命。

投资回收期 = 投资总额/年平均利润

（5）固定资产闲置率

用于反映因预算安排不合理、项目安排不合理、管理不善等原因形成的闲置固定资产占项目形成总资产的比例，反映资产使用的效率性。

固定资产闲置率 = 已达到使用条件但超过 1 年未用的固定资产/项目形成的资产总额

按照综合目标绩效审计的要求，在前述指标的基础上，应进一步考虑补充完善公平性和环境性评价指标。

公平性评价指标主要反映专项资金支出对人们在收入、教育、社会保障及就业、医疗卫生、文化体育发展水平等方面带来的影响，需根据专项资金具体性质，从横向、纵向等不同角度对相关指标进行分析比较，通过结构分析、趋势分析、平均数、受益率或覆盖率、社会满意度等来衡量财政专项资金支出公平性。以教育为例，教育经费投入情况直接影响提供平等的教育机会的能力；教育资源的配置状况，如高等教育与基础教育、城市教育和农村教育等资源配置情况也影响公平性；政府部门、单位是否存在通过学校向学生变相收取各种费用、进行各种摊派等，从另一层面增加了教育成本和经济负担等。

环境性评价指标主要反映专项资金支出对相关地区的污染控制与治理、地区生态与环境质量的改善、自然资源利用与保护等方面的影响程度，关注项目是否对环境造成了破坏，是否保护了自然资源，是否开发利用了新能源等。比如：

（1）环保投资增长率

反映对环保方面的专项资金投入较上年的增长比率。

（2）群众性环境诉求事件发生数量

反映政府部门收到的对环境保护方面的群众性投诉事件发生的数量，能相对直观地反映群众满意度。

（3）环境质量变化指标

如城市空气污染指数变化率、饮用水资源水质达标率、城市区域环境噪音变化率、生活垃圾无害化处理率、城市绿化覆盖率等。

评价指标的设置要遵循共性和个性相结合的原则。由于专项资金种类众多，每个项目都有其独特性和重点关注的效益，所以具体项目选择的评价指标应该有较强的针对性，不同类别的专项资金绩效评价过程需要不同的指标，审计评价的侧重点、评价标准就会有所差别。

2. 纳入预算绩效管理的财政专项资金绩效评价

按照前述财政部的文件要求，纳入预算绩效管理的财政专项资金，预算单位在编制年度预算时，就需要报送绩效目标，其中应当包括以下主要内容：一是预期产出，包括提供的公共产品和服务的数量；二是预期效果，包括经济效益、社会效益、环境效益和可持续影响等；三是服务对象或项目受益人满意程度；四是达到预期产出所需要的成本资源；五是衡量预期产出、预期效果和服务对象满意程度的绩效指标。财政部门应当在单位预算批复中同时批复绩效目标。可以说，该类专项资金的绩效目标指向比较明确，是具体的、可衡量的，为审计机关开展绩效审计提供了重要的参考依据。审计人员对照既定的专项资金绩效目标，首先要分析绩效目标是否恰当，在此前提下，另外要关注资金设立、管理方面影响绩效的问题，选择适当的指标和标准对资金实施绩效评价。

在财政部的统一推动和部署下，有些地方财政部门和预算部门已对专项资金评价指标体系建设做出了有效的探索试点。根据具体绩效评价对象的特点，以共性指标和个性指标相结合，赋予各类评价指标合理的权重分值，形成本地财政专项资金的绩效评价指标体系。如2012年青岛市财政局分别完成对环境保护、科技专项、十绿工程、教育附加费等10项专项资金（细分为23类项目）的评价指标体系，主要从项目决策、管理和绩效等环节，分三级设置具体指标和权重，作为财政部门和各预算单位的绩效评价依据。

但是，财政部门的绩效评价和审计绩效评价不尽相同，需要把握以下两点：

（1）审计机关对财政专项资金实施绩效审计需要遵守《中华人民共和国审计法》和《中华人民共和国国家审计准则》等法律规章，履行必要的审计程序。其中，征求被审计对象意见是审计人员必须要面对的一个环节，评价指标和评价标准的选择直接决定了审计事项的绩效好坏，所以审计人员既要保持应有的审计独立性，又要与被审计单位人员及时沟通，客观公正选取科学合理的指标和标准，尽量减少不必要的争议，以审计认定的事实为基础，对所审计的事项发表审计评价意见。对审计过程中未涉及、审计证据不适当或者不充分、评价依据或者标准不明确以及超越审计职责范围的事项，不得发表审计评价意见。

（2）审计机关对财政专项资金实施绩效评价必须考虑审计报告的形式要求，既要严谨科学，又要突出重点。绩效审计报告不同于学术研究，其主要使用人是被审计单位和政府的负责人，审计评价必须合乎逻辑、意见明晰，不适宜过多使用专业术语或者学术分析。即使某类专项资金建立了评价指标体系，报告中也不可能对评价指标的分值进行一一列示、统计核算。从实用性来讲，评价指标体系只能是参考性的，可以根据总体得分情况从设立、筹集、管理、使用等方面做出定性评价。但是，对具体某一环节或某一方面的审计事项，审计人员必须把握重要性原则，根据专项资金或审计项目的特点，灵活选取最能体现其效益性的部分指标做出评价分析。

（三）财政专项资金绩效评价标准的选择

绩效评价标准是用来评价财政专项资金收支管理的经济性、效率性、效果性、公平性和环境性等内容的合理的、可实现的绩效标准，代表了最佳或良好的实务。《青岛市审计机关绩效审计通用操作指南（试行）》要求绩效评价标准应具有可靠性、客观性、相关性、代表性、明确性、可比性、可接受性、可获得性、可持续性等特征。

财政专项资金绩效审计常用评价标准包括：

（1）国家相关法律、法规和规章制度以及有关方针政策，例如法律、法规规定；政府、部门（单位）的职责；人大、政府批准或出台的各种政策、方针等；尤其是各专项资金管理规定或办法。

（2）国家、省、市有关经济、科技、教育、环保事业发展方面的政策规定。

（3）经过批准的专项资金预算标准。

（4）公认的或良好的实务标准，如行业或地区平均水平和先进水平。

（5）被评价组织或单位自行制定的控制制度及标准，如可行性报告、预算、目标、计划、定额、技术标准、产出能力等。

（6）有关利益关系方的评价标准。

评价指标和评价标准的选择决定了评价结果，一个财政专项资金绩效审计项目需要设置多个评价指标，即使在评价指标一定的情况下，不同的评价标准也会导致不同的评价结果。审计人员应充分考虑被审计对象所在地区的经济环境、经济发展状况等客观因素以及国家政策调整带来的影响，注重纵向和横向比较相结合，既要评价项目自身纵向比较发展情况，也要看到其他同类项目的发展效益。对于初步的评价结果，应进一步综合考虑其他因素，对评价指标和评价标准进行调整取舍，以确定评价结果是否纳入审计报告予以反映，这个过程需要把握以下原则：

（1）外部标准优于内部标准

被审计单位自己确定的标准或目标是否体现科学管理水平、是否需要经过一定努力才能达到，需要审计人员进一步确认，但如果该标准或目标等经过上级或有关部门批复，则可靠性相对较高。

（2）高标准优于低标准

财政专项资金绩效定性判断标准不一致时，审计人员应当采用权威的和公认程度高的标准，专项资金管理使用必须首先符合国家相关法律、法规和规章制度以及上级制定的方针政策要求，各地方各部门的管理制度不能违背上位法，绩效目标不能低于上级要求。

（3）特殊性标准优于一般性标准

对某类专项资金的特殊要求，要优于一般财政资金的管理要求。

参考文献

［1］郑方辉，李文彬，卢杨帆．财政专项资金绩效评价：体系与报告［M］．北京：新华出版社，2012：5.

［2］刘家义．中国特色社会主义审计理论研究［M］．北京：中国时代经济出版社，2013：6.

［3］李红燕．义务教育财政专项资金的绩效评价指标体系构建及其实施［J］．西北民族大学学报，2011（5）：148.

［4］尹淑平，吴立权．财政专项资金绩效审计评价指标体系构建探讨［J］．财会通讯，2011（11）上：108.

［5］罗尼尔·B. 劳奥姆．Applying he Finding Paradigm to Audits of Output and Outcome Performance：A Research Perspective. 政府财务管理杂志［J］．2007 年夏季刊：44～50.

［6］韩明升．结合型绩效审计实务［M］．青岛：青岛出版社，2009：48.

财政专项资金绩效审计研究

审计署太原特派办理论研究会课题组

课题负责人：朱登云

课题组成员：王爱梅　贺建荣　薛亚军　杨志军　王晓明

汪智刚　杨彩萍　孟　伟　姬飞鹏

【摘要】 本课题报告将财政专项资金从四个维度进行梳理分类。从财政专项资金性态上，我们沿着流向将专项资金分为规模确定、分配、拨付、使用、产生结果五个阶段；从审计目标上，我们以“经济性、效率性及效果性”作为本课题的审计目标；从审计对象上，我们将其分为“政策”“项目”“组织”和“管理”；从审计内容上，我们将其概括为资金节约性审计内容、组织和管理效率性、经济性审计内容、项目和政策效果性审计内容。课题研究按照财政专项资金各性态环节，围绕绩效审计目标，将审计对象和内容进行归纳和分类。专项资金绩效审计各维度之间的基本关系是：财政专项资金数额确定主要与经济性审计目标相关，财政专项资金的组织和管理主要与效率性、经济性审计目标相关，财政专项资金项目和政策主要与效果性审计目标相关，围绕各阶段审计目标又对应着不同的重点审计内容。在以上研究基础上，本课题以项目类财政专项资金绩效审计评价指标为例，初步探讨了财政专项绩效审计标准与指标体系，并针对不同审计对象、审计目标讨论了相对应的审计方法。

【关键词】 财政　专项资金　绩效审计

目　录

引　　言

财政资金在国家经济建设和社会事业发展中发挥着重要的作用。我国财政专项资金数额巨大，已经占到整个财政预算资金的50%以上。加强财政专项资金绩效审计，对于提高我国财政专项资金绩效管理水平，督促政府部门履行绩效职责，实现财政政策目标，具有重要意义。开展财政专项资金绩效审计研究，其目的在于探索适合我国国情的财政专项资金绩效审计的理论与实务框架，以指导我国财政专项资金绩效审计实践。

一、财政专项资金绩效审计特征

绩效审计是现代政府审计发展的必然趋势。政府绩效审计是对政府部门及其活动绩效、责任进行监督和评价的重要工具。新公共管理理论关注结果、注重产出，政府活动的经济性、效率性和效果性成为民众关注的焦点。

财政专项资金是指各级政府为了扶持、发展某项事业或实现特定政策目标而专门设立的，具有专门来源和专门用途的资金。财政专项资金是政府履行公共管理职能和公共服务职能的物质保障，财政专项资金是国家意志和国家财政专项政策的核心体现。

（一）绩效审计的几个特征

1. 绩效审计目标具有结果性的特征

新公共管理理论及实践使政府责任的内容与标准得以深化，财务审计向绩效审计发展，政府审计目标经历了六个演变阶段：（1）笼统的合法性或合规性的审计；（2）合法性或合规性、真实性或公允性的审计；（3）合法性或合规性、真实性或公允性和经济性的审计；（4）合法性或合规性、真实性或公允性、经济性和效率性的审计；（5）合法性或合规性、真实性或公允性、经济性、效率性和效果性的审计；（6）合法性或合规性、真实性或公允性、经济性、效率性、效果性、公平性和环保性的审计。上述合法性（或合规性）、真实性（或公允性）属于程序性责任的要求，是财务审计的具体要求。经济性、效率性、效果性、环保性和公平性属于结果性责任的要求，是绩效审计的具体要求。绩效审计目标的结果性反映了新公共管理理论关注结果的特征。

2. 预防职能是绩效审计的首要职能

审计的预防性，是指通过监督、检查和评价，对各种潜在风险、问题的及时防范、化解，从而对各种体制、制度、机制进行适当完善和优化，进而防止和避免各种严重后果的出现和重大损失的形成。预防是基础，只有注重预防，才能防患于未然。预防胜于救治。绩效审计要在经济社会中发挥更重要的作用，就必须突出地发挥好预防性作用。现代审计工作的实践表明，要达到标本兼治的效果，必须重视审计的预防作用，关注经济社会系统运行中存在的不利因素，以及可能对系统总体产生危害的苗头性、倾向性问题，及时消除风险，清除隐患。作为国家的“免疫系统”，绩效审计有责任更早地感受风险，有责任更准确地发现问题，有责任提出调动国家资源和能力去解决问题、切断产生问题的“火源”、抵御“病害”的建议，促进健全机能，改善机制。按照审计责任理论，绩效审计的根本目的是降低风险，并促进绩效责任得以履行。

3. 绩效审计是建设性和“增值性”审计

绩效审计的建设性和“增值性”体现着新公共管理理论“顾客至上”的理念，这里的“顾客”是指被审计者。建设性是绩效审计的终极特性，是根本目标。惩前毖后的最终目的不是惩前毖后本身，而是为了治病救人，为了推动风险和问题的解决、制度体制机制的完善，促进公平、责任和价值观的维持。绩效审计的建设性作用表现在：督促被审计单位（被审计人）对问题进行整改，对审计意见、建议进行落实，以提高管理水平和效益。建设性决定着绩效审计的生命力，决定着绩效审计能够在多大程度上维护国家安全、保障国家利益，决定着绩效审计能够在多大范围内促进经济社会全面协调可持续发展，也决定着绩效审计能够在多宽的领域推进民主法治建设和依法治国。

由于强调未来效益，因而绩效审计着眼于政府的政策、目标、控制及决策的最优性，通过全面评价被审计单位经济和业务活动的“经济”和“有效”程度，揭示影响绩效高低的问题所在，向被审计单位提出改进建议，指出进一步提高绩效的具体途径。政府绩效审计具有“增值性”。第一，尽管以真实性和合法性为目标的财务审计维护了市场经济秩序，也维护了财经法规的严肃性。但是由于它是一种事后审计，因而它不能事前防止损失浪费和增加价值。第二，被审计单位既要“循规蹈矩”地遵守财经法纪，又要不断创新并获益，实现速度、质量和效益的统一。绩效审计为决策服务，为提高效益服务。如果把财务审计看作是“保值性”审计的话，那么在某种意义上说绩效审计就是“增值性”审计。

（二）绩效审计的对象

2004 年 7 月由最高审计机关国际组织编撰的《绩效审计实施指南》研究认为，绩效审计对象被描述为“政策”“项目”“组织”和“管理”。“政策”通常被定义为，在一定时间内利用一定的资源实现一定目标的举措。“项目”可以被描述成，为了执行某项特定的政府或机构政策而应用一系列相互联系的手段（法律、财务等)。“组织”有多种定义，但在大多数情况下，组织是指具有特定目标的人、结构和过程的集合体。“管理”一般是指为了对人力、财务和物质资源进行掌控、核算和运用而采取的所有决策、行动和规则。管理通常与组织内部的运作有关。

（三）财政专项资金绩效审计的几个特征

1. 以专项资金流动为主线的绩效审计

财政专项资金绩效审计是对财政专项资金管理使用所带来的效益进行检查和评价，揭示其中存在的决策失误、损失浪费以及效益低下等问题，以提高专项资金使用效益。以资金为主线，以资金涉及部门和单位为基点，以资金涉及重大项目为重点，关注专项设立、项目及资金申报、专项资金的分配、资金拨付和管理、使用情况、项目完成情况、政策措施的贯彻落实情况、资金使用效果及项目产生的经济和社会效果等各个环节，按照专项资金绩效评价原则和指标体系，审查政府部门制定政策及设立专项的科学性，对财政专项资金经济性、效率性和效果性进行综合评价，提示财政专项资金管理中存在的问题和薄弱环节，并深入分析其原因，提出改进意见和建议，促使提高财政专项资金使用绩效。

2. 以专项财政政策执行效果为核心的审计目标

财政专项资金的绩效是专项财政政策实现的核心体现。财政专项资金绩效审计关注效果，从关注专项财政政策效果入手，防止和纠正政策制定、执行的“偏差”。审计机关通过财政专项资金绩效审计，对专项财政政策运行中的弊端、政策制定的不当等提出意见和建议，为财政政策的修改和完善提供依据，为宏观决策提供服务。绩效审计从政策“源头”入手，避免“组织”“项目”和“管理”产生方向性的失误，是绩效审计的“灵魂”。财政专项资金绩效审计注重效果、关注宏观、倚重预防。

3. 涉及管理、组织、项目、政策四个方面的综合性审计

财政专项资金从“出笼”到消耗，涉及了管理、组织、项目与政策等四个方面。财政专项资金是由复杂的组织系统，实施管理，达成一定的项目，最终实现专项财政政策目标。上述四个方面能够全方位地揭示和评价财政专项资金的绩效情况，从而实现绩效审计目标。财政专项资金规模（数额）的确定也是审计对象之一，但本课题一般是基于有能够满足实现预期效果的相应数额资金，再对管理、组织、项目与政策进行讨论研究，故在审计对象中不将其单独列示。

二、财政专项资金绩效审计目标

审计目标是审计活动的既定方向和要达到的预定结果，审计活动都是为了实现一定的审计目标并围绕审计目标来进行的。它直接反映社会环境的需求，影响和制约审计活动的进行。同时，外部环境的变化，也会对审计目标提出调整要求，进而引起审计实践的变革。可以说，审计目标是审计工作的“纲”，它贯穿审计活动的一切方面和审计过程的始终。为此，清楚地认识和理解所要达到的审计目标，是有效开展审计工作的首要条件。

最高审计机关国际组织（International Organization of Supreme Audit Institutes）将绩效审计对象分为管理、组织、项目和政策，本研究将上述四个对象与财政专项资金结合起来，探讨财政专项资金绩效审计目标，认为财政专项资金数额与经济性审计目标相关，财政专项资金的组织和管理与效率性、经济性审计目标相关，财政专项资金项目和政策与效果性审计目标相关。

（一）国内外关于绩效审计目标的讨论与借鉴

美国审计总署认为绩效审计包括经济性、效率性和规划审计，并将绩效审计（Performance Audit）作为政府审计领域的专用术语表达。最高审计机关国际组织（International Organization of Supreme Audit Institutes）对绩效审计的定义是指用来评估政府的各种施政活动，特别是公共计划的经济性、效率性及效果性（economy，efficiency，effectiveness，简称 3E）。

在我国，审计署刘家义审计长将绩效审计定义为“对政府履行公共责任，配置、管理、利用经济与社会资源的合理性、有效性、科学性进行的审查、分析、考量和评价”。蔡春（2006）认为绩效审计是绩效审计师按照授权通过收集、分析、评价审计证据，对组织行为及其各项活动的经济性、效率性和效果性进行审计，找出薄弱环节，提出改进建议，将审计结果提交给各相关部门，并作为对建议的执行情况进行审核、控制的技术工具，旨在促进和提高受托经济责任中的绩效责任得到全面有效履行。

在目前介绍国外绩效审计目标的文献中并未特别强调财政专项资金绩效审计的目标，但是更大范围的绩效审计目标对于财政专项资金绩效审计的目标有足够的借鉴意义。西方国家的绩效审计总体上都是围绕着经济性、效率性和效果性开展的。但在不同的国家，由于经济发展水平、政治体制、社会意识形态等的不同，导致绩效审计的具体理解上存在差异，因此在实际审计中重点不尽相同。即便是在同一国家，在具体的审计实践中又会根据不同的项目情况有所侧重地进行绩效审计。

部分研究表明有些国家侧重于关注政府部门在财政资金的分配、使用和监督过程中是否充分发挥了作用，是否存在尽职不到位的情况，这种对行为本身的绩效审计更贴近于效率性审计。Michael Barzelay（1997）以经济合作和发展组织（OECD）十三个成员国绩效审计的数据为样本进行了分析，发现效率性审计是最普遍的。Christopher Pollitt（2003）对法国等欧洲五国的绩效审计进行了分析研究，认为在五个国家的绩效审计中效果性的审计非常少。澳大利亚的绩效审计不仅要考虑经济效益，而且还要对相关部门是否有能力保证效率性等目标的实现做出评估（杨秋林）。

此外，一些研究则表明有些国家更关注最终结果的实现。比如，美国的绩效审计由经济性和效率性审计、项目效果审计两部分组成，同时在观念上强调顾客导向审计模式，要求绩效审计将重点放在公务服务所最终实现的结果上来，并在2003年最新修订的《政府审计准则》中将效果性审计提到了经济性和效率性之前（戚振东，吴清华）。巴基斯坦审计长公署绩效审计局和日本会计检查院都认为绩效审计的重点应该是效果性审计，因为它比经济性和效率性更符合绩效审计的本质内容，更能体现出绩效审计与财务合规性审计的区别，巴基斯坦审计长公署绩效审计局甚至认为经济性和效率性审计已经包含在传统的合规性审计中（余玉苗）。

还有一些研究表明有些国家并不会明显地侧重于经济性、效率性或效果性中某一方面的审计，而是根据项目的实际情况有针对性地进行选择。新西兰在某些专项资金的审计方案中会明确提出评估项目资金的经济性、效益性和效果性。英国的绩效审计部门会根据社会关注的焦点来选择项目绩效审计的重点，不同的项目各有侧重，甚至同一个项目在不同的阶段也会进行不同类型的绩效审计。

有些国家的绩效审计在原有的“3E”基础上发展变化引入了更多的内容。如英国的绩效审计近年来在经济性等的基础上引入了可持续性，用以考察政策对经济、社会和环境的长期影响，同时发布了《可持续性和绩效审计指南》，指导审计人员在绩效审计过程中判断可持续性。此外还引入了公平性，公平性侧重于在利用财政资金提供公共服务时是否对符合条件的单位和个人都是公平的。

在我国国内的研究中，许多研究同样将3E审计作为了绩效审计的主要目标。李小丹、曹广明（2006）从财政支出的角度分析了绩效审计，强调要围绕公共支出和财政资源配置检查经济性、效率性和效果性。余玉苗、何晓东（2005）认为把握绩效审计真正目的的方法就是要理解核心效用，要考虑核心效用究竟是偏重于效果，还是偏重于经济与效率。政府绩效审计的具体内容和目标是不具备通用性的，当绩效审计侧重于结果时，审计就突出了效果性，而当绩效审计侧重于行为时，审计突出的则是经济性和效益性。而朱江（2011）在对财政科技资金绩效审计的研究中提出除3E外，还应包含公平性审计，公平性审计主要针对财政科技资金的主管部门。同时强调要关注科研结果和长期绩效的体现，因为科技资金所发挥的作用大小与科研结果的优劣有着直接的联系，而许多基础研究需要较长的时间才能获得研究结果，因此需要关注科技资金的长期绩效。

在财政专项资金绩效审计方面，李宪忠（2011）认为专项资金绩效审计首先应审查整个项目，其次是专项资金在管理和使用过程中的情况，最后是对专项资金项目的成本进行审计，审查是否存在成本过高等问题。陈建平则提出通过专项资金的绩效审计来关注政府各种民生政策的贯彻落实情况，促进改革，完善制度，同时提高资金使用效率。陈思维（2004）指出3E只是财政资金绩效审计的直接目的，最终目的应该是检查财政资金决策和使用等方面的责任，通过绩效审计帮助主管部门和机构进行下一步的政策制定。同时他还指出，绩效审计也是应该含有监督职能的，但是因为决策制定机构的地位较高，同时绩效审计进行评价时所依据的标准并不像合规性审计所依据的法律那样带有强制性，导致绩效审计的监督职能低于合规性审计，监督职能被弱化了。

上述审计目的研究有助于我们在进行财政专项资金审计时有重点地确定审计的具体方向。在我国的各级财政资金中存在着种类繁多的专项资金，对所有的专项资金都进行经济性、效率性、效果性（包括公平性和环保性）的审计会耗费大量的人力物力，因此应结合专项资金的特点确定绩效审计的目标。

结合实际的审计经验，在针对财政专项资金主管部门的绩效审计中，应重点关注效率性和公平性。我国每年有大量的专项资金由中央下达至省级，随后再下拨至地市级和县级，这些专项资金的下拨大部分是通过指标文件的方式下达的。在审计实践中发现，基层财政部门很多时候并不能及时收到这些指标文件，往往需要在年底上下级财政对账时才能明确许多资金的用途，待拨付时已经是下一年，这样就导致大量的专项资金结转下年，不能及时发挥作用。如审计署在2011年进行的54个县财政性资金审计调查结果中明确提出，由于专项转移支付资金下达晚等原因，导致当年底有43个县专项转移支付106.27亿元结转下年，占其当年收到专项转移支付总额的35.92%，影响了政策的落实。同时，要从政策对不同群体的影响效果来审查专项资金分配的公平性。在我国目前财政专项资金的分配过程中，资金主管部门对于财政专项资金的分配有很大的决定权，这样就容易产生“权力寻租”的问题，导致资金分配的公平性受到很大影响，进而影响政策的执行效果。在审计署等部门每年公布的违法违纪案件的处理中可以看到许多利用专项资金的审批权违法获利的情况，造成了财政专项资金分配的不公平，这对于落实国家民生政策、维护政府部门形象都造成了恶劣的影响。

在针对具体项目的审计中，则应该重点关注财政专项资金的效果性。有很多专项资金的目标是为了鼓励和引导各种社会主体投入到国家支持的方向上去，如淘汰落后产能、扶贫和农业开发、扶持高新技术企业、支持中小微企业的发展等。在实际的审计中发现，某些专项资金的扶持效果其实并不突出，并未产生明显的效益。如在某些专项审计中就发现，投入专项资金建设的部分惠民工程，建成后却一直闲置，不能给周围的群众带来切实的方便，效果性大打折扣。

西方发达国家对财政专项资金绩效审计的研究着重于公共资金的节约情况，经济政策的执行情况，财政资金使用的效率和效益。其财政专项资金绩效审计的目标有双重性：一方面面向立法机构提供政府部门绩效保证，另一方面提出建议促进政府部门优化管理。

从我国的财政支出结构来看，专项资金涉及资金量较大，且涉及固定资产投资、农业、社保、科技、教育等多个行业和领域，是财政预算专门安排的具有特定用途的财政性资金。其资金使用情况直接关系到财政资金的使用效益和效果，直接影响国家有关政策的贯彻落实。因此，对财政专项资金的绩效审计来说，具有明确的目的性，保证专款专用是最基本的要求，在此基础上，还要重点关注资金使用效果是否达到了预期目标，使用效益是否有所提高，相关经济决策是否已经落实。

（二）财政专项资金绩效审计的经济性目标

经济性是指获得一定数量和质量的产品和服务及其他成果时所耗费的资源最少。经济性主要关注的是资源投入和使用过程中成本节约的水平和程度及资源使用的合理性。经济性审计的目标是通过审查与评价资源的取得、使用及管理是否节约及合理，以改善管理，节约资源。

我国财政专项资金经济性审计目标是指财政专项资金数额确定及使用过程中，以最少的资金消耗额度来实现财政专项政策的目的。

（三）财政专项资金绩效审计的效率性目标

效率性，指产品、服务或其他形式的产出与其消耗资源的关系，一项有效益的活动应该是在适当关注质量的前提下，以一定的投入实现最大的产出或实现一定的产出使用最少的投入；是指投入资源与产出成果之间的对比关系。效率性审计目标是通过审查和评价组织或管理的投入、产出关系，进而优化业务流程。

我国财政专项资金效率性审计目标主要是对财政专项资金组织和管理中的投入与产出之间关系所做的审查，以优化组织系统和管理实施，达到高效率配置财政专项资金的目的。

（四）财政专项资金绩效审计的效果性目标

效果性，指既定目标的实现程度，以及一项活动的实际效果与预期效果的关系，即实际取得成果与预期（政策）取得成果之间的对比关系。效果性主要关注的是既定目标的实现程度及产生的影响。效果性审计是指对效果性进行审查与评价的活动。效果性审计的主要目的是通过审查与评价既定目标实现的程度，以促进决策、组织和管理，提高相关活动的效果。国内外一些研究成果将公平性、环保性和可持续性等目标也列为绩效审计目标，但从效果性目标的内涵来讲，公平性与环保性等审计是效果性审计的分支（或方面）。

财政专项资金的效果性审计就是对项目和政策完成情况所做的审查。就是看某个项目或政策是否满足国家宏观调控的经济要求，是否满足社会的需要，是否给整个社会带来积极的影响，是否完全落实了相关政策，是否充分发挥了财政专项资金的作用。

三、财政专项资金绩效审计内容

（一）财政专项资金经济性审计内容

经济性，也称节约性。经济性审计主要是针对财政专项资金额度及其形成的各种资源而进行的。经济性（或节约性）审计分为三层含义：（1）在不影响既定效率和效果的前提下，财政专项资金的获取和使用是否体现了节俭办事的原则；（2）在既定效率和效果的要求下，财政专项资金和由其形成的资源是否不足；（3）可否通过市场或其他手段达到预定目标而无须设立专项财政政策及专项财政资金。

1. 审查财政专项资金的获取是否体现了节约原则

在财政专项资金获取阶段，对专项财政政策预期目标所需的资金数额及性质进行测算和判断。主要审查：（1）为实现财政专项政策预期目标而获取的专项财政资金数额，是否过度“宽裕”；（2）所获取的财政专项资金数额是否不足以实现财政专项政策预期目标；（3）有无利用市场或其他行政的手段，无须专项财政资金，就可实现既定政策目标的情形。

2. 审查组织与管理中人力资源的取得及配置是否恰当

组织和管理中的人力资源是实现财政专项资金绩效的根本因素。主要审查人力资源取得成本是否适当，人力资源是否为实际所需，人力资源是否真正用于财政专项资金的相关组织、管理、项目；审查人力资源配置是否恰当，是否存在人浮于事或人员短缺的情况；人力资源是否可以通过临时借调或其他途径获取。

3. 审查各项物资财产的取得及消耗是否节约

审查用以支持财政专项资金绩效实现的各项财产物资是否以最经济的

形式或手段取得；审查各项物资消耗是否经济合理；审查各项财产物资是否短缺、是否到位。

4. 审查各级组织是否建立健全了管理控制系统，以评价、报告和监督各个项目和管理的经济性

审查涉及财政专项资金的各级组织内部是否建立健全了执行、报告、监督、评价经济性原则的控制手段和系统；审查组织之间是否有对经济性原则履行的检查与报告制度。

（二）财政专项资金效率性审计内容

财政专项资金效率性审计，主要是针对涉及财政专项资金的组织和管理而进行的。包括以下方面：

1. 审查财政专项资金拨付的效率

审查各级组织和管理者，从财政专项政策出台，到财政专项资金拨付到位，是否做到权责明确、内控严密、流程科学、专款专用、拨付及时、监管到位。

审查专项资金到位情况及到位时间，有无影响到政策实施和项目工程进度；在资金下拨过程中，组织和管理者是否按照年度预算、用款计划和项目进度将资金及时拨付到用款单位。

2. 审查财政专项资金使用的效率

审查专项资金管理制度是否建立健全，有无因制度不完善、管理不规范造成专项资金的使用效益低下；审查资金分配和安排是否科学、合理，是否建立了完善的项目库，并从中按照轻重缓急来安排专项资金项目，是否向重点项目倾斜。

3. 审查各级组织和管理部门之间的运作效率

审查专项资金管理工作机制是否健全，是否建立严格的内控制度，内部机构设置是否科学合理，操作流程是否系统化、规范化，各部门之间的分工是否合理，信息传递是否及时，工作运转是否畅通、高效。

4. 审查财政专项资金所涉及的各个组织的结构和权责分配

审查涉及财政专项资金的组织结构的设置，是否有利于财政专项资金的获取、分配、拨付和使用；审查各个组织责任的分配与授权，是否有利于发挥个人或部门的主动性、积极性；是否确保了所承担的责任、所获得的信息与其职权相适应；从内部控制要求出发，审查组织结构的关键点（包括部门权责分工、组织结构变化、汇报机制等）是否健全有效。

（三）财政专项资金效果性审计内容

财政专项资金效果性审计，主要是针对涉及财政专项资金的项目和政策而进行的。包括以下方面：

1. 审查财政专项资金涉及的政策或项目目标是否适当、可行

审查专项政策是否与国家宏观调控政策相适应，是否体现了国民经济和社会发展中长期规划，是否考虑了可持续发展原则和生态环境因素；财政专项资金的投入方向，是否符合公共财政要求，是否满足政府提供公共产品和公共服务的需求。

了解相关项目的数量、类别、立项情况和实施进度，进一步审查项目建议书、可行性研究报告、初步设计、批复文件、项目预决算等前期申报立项的有关资料，核实立项是否可行。

2. 审查财政专项资金政策或项目是否达到既定目标或实现预期经济、社会及生态效果

效果性审计着眼于使用财政专项资金完成的事项是否实现了特定政策或项目目标，在社会效益、经济效益和环境生态效益等其他方面产生了什么效果或影响。一是预定政策或项目目标的实现程度，按预设的具体目标逐一考察实现程度；二是社会公众的满意程度；三是对资源、环境等的影响。

3. 分析政策或项目未能达到既定目标的原因

从宏观的国际国内环境、政策决策、政策执行、项目管理等方面的资料，审查财政专项资金政策或项目未能达到既定目标的深层次原因，分析和总结政策经验、教训和管理原则、规律等，为财政专项资金绩效责任履行情况评价提供依据，为政策制定、资金管理、项目实施提供系统性、前瞻性的意见和建议。

四、财政专项资金绩效审计评价标准与指标体系

由于我国财政专项资金绩效审计尚处于探索阶段，而且财政专项资金受政策影响较大，一些专项政策的设立、调整、整合或取消，相关的评价标准和指标体系也将随之发生变化，所以专项资金绩效审计评价的标准和指标体系的建立将是一个较为漫长而复杂的过程。本课题未将审计评价标准与指标体系作为研究重点，仅以项目类财政专项资金绩效审计为例，初步探讨财政专项资金绩效审计标准与指标体系。

（一）财政专项资金绩效审计评价标准的基本类型（以项目类财政专项资金绩效审计评价指标为例）

财政专项资金绩效审计评价标准按照可计量性分为定量标准和定性标准，而定量标准和定性标准根据标准的取值基础不同，又可分为行业标准、计划标准、经验标准和历史标准四种类型。

行业标准是以一定行业许多群体的相关指标数据为样本，运用数理统计方法计算和制定出的该行业评价标准。采用行业标准便于财政管理部门对各类支出项目的绩效水平进行历史的、横向的比较分析，通过评价结果总结出一定时期内同类支出项目应达到的经济效率或有效水平，并为加强支出管理提供科学标准。行业标准的充分应用需要以强大的数据资料库做支撑。

计划标准是指以事先制定的目标、计划、预算、定额等预定数据作为评价财政支出绩效的标准。计划标准通过将实际完成值与预定数据进行对比，发现差异并达到评价目的。计划标准比较适用于部门和项目评价。但由于计划标准往往受主观因素的影响，其制定要求相应较高。

历史标准是以本地区、本部门、本单位或同类部门、单位、项目的绩效评价指标的历史数据作为样本，运用一定的数理统计方法计算出的各类

指标的平均历史水平。历史标准也可以是该地区、部门、单位或项目过去形成的某个数据，如上年实际数据、上年同期数据、历史最好水平等。由于历史标准具有较强的客观性和权威性，在实际操作中得到了广泛的应用。但实际运用时要注意对历史标准进行及时地修订和完善，尤其要注意剔除价格变动、数据口径不一致和核算方法改变所导致的不可比因素，以保证历史标准符合客观实际情况。

经验标准是根据长期的财政经济活动发展规律和管理实践，由在财政管理领域有丰富经验的专家学者，经过严密分析研究后得出的有关指标标准或惯例。经验标准具有较强的公允性和权威性，但在财政支出绩效评价体系中，不是所有的指标都有经验标准可供使用，其适用范围比较局限。经验标准适用于缺乏同业比较资料，尤其是缺乏行业标准时的绩效评价。

在专项财政资金绩效审计评价实践中具体选用哪种评价标准，要根据审计评价目标、审计评价对象和具体的审计评价指标而定。一般而言，对审计评价对象较少、计划与管理工作任务比较明确、针对性强的被审计评价对象进行评价时，选定计划标准更加有利于管理控制。对无行业特殊性、评价指标少的评价对象，一般利用有关经验数据标准则更容易完成评价任务。在完整规范的评价体系下，如主要考察评价对象的发展情况，可以用历史标准对其进行评价。而对于评价范围广、评价指标多，需要进行审计评价结果横向比较时采用行业标准往往会收到好的效果。

（二）财政专项资金绩效审计评价指标（以项目类财政专项资金绩效审计评价指标为例）

财政专项资金审计评价指标应当因审计评价的时间、地点、目的、对象不同而有差别。但从总体上看，应基本具备以下指标：

1. 项目决策类指标

用于评价项目的目标、决策和资金分配效益性。主要指标有：（1）项目目标内容。（2）决策依据。项目是否符合经济社会发展规划和部门年度工作计划；是否根据需要制定中长期实施规划。（3）决策程序。项目是否符合申报条件；申报、批复程序是否符合相关管理办法；项目调整是否履行相应手续。

2. 项目管理类指标

主要指标有：（1）资金使用。是否存在支出依据不合规、虚列项目支出的情况；是否存在截留、挤占、挪用项目资金情况；是否存在超标准开支情况。（2）财务管理。资金管理、费用支出等制度是否健全，是否严格执行；会计核算是否规范。（3）组织机构。机构是否健全、分工是否明确。（4）管理制度。是否建立健全项目管理制度；是否严格执行相关项目管理制度。

3. 项目绩效指标

用于评价项目完成所产生的生产、技术和经济效益、社会效益、生态效益。主要指标有：（1）产出数量。项目产出数量是否达到绩效目标。（2）产出质量。项目产出质量是否达到绩效目标。（3）产出时效。项目产出时效是否达到绩效目标。（4）产出成本。项目产出成本是否按绩效目标控制。（5）经济效益。项目实施是否产生直接或间接经济效益。（6）社会效益。项目实施是否产生社会综合效益。（7）环境效益。项目实施是否对环境产生积极或消极影响。（8）可持续影响。项目实施对人、自然、资源是否带来可持续影响。（9）服务对象满意度。项目预期服务对象对项目实施的满意程度。

（三）财政专项资金绩效审计评价指标体系（以项目类财政专项资金绩效审计为例）

现阶段，财政专项资金绩效审计评价指标体系的研究，仍处于艰难的探索阶段。本研究仅仅根据财政部《财政支出绩效评价管理暂行办法》（财预〔2011〕285 号），对项目类的财政专项资金绩效审计评价指标体系进行了探讨，而未对政策类、组织类、管理类的财政专项资金绩效审计评价指标体系进行研究。项目类的财政专项资金绩效审计评价指标体系参见表1。

表 1　财政专项资金绩效审计评价指标体系（项目类）

一级指标	二级指标	三级指标	指标解释
项目决策	项目目标	目标内容	目标是否明确、细化、量化。
	决策过程	决策依据	项目是否符合经济社会发展规划和部门年度工作计划；是否根据需要制定中长期实施规划。
		决策程序	项目是否符合申报条件；申报、批复程序是否符合相关管理办法；项目调整是否履行相应手续。
	资金分配	分配办法	是否根据需要制定相关资金管理办法，并在管理办法中明确资金分配办法；资金分配因素是否全面、合理。
		分配结果	资金分配是否符合相关管理办法；分配结果是否合理。
项目管理	资金到位	到位率	实际到位/计划到位 × 100%
		到位时效	资金是否及时到位；若未及时到位，是否影响项目进度。
	资金管理	资金使用	是否存在支出依据不合规、虚列项目支出的情况；是否存在截留、挤占、挪用项目资金情况；是否存在超标准开支情况。
		财务管理	资金管理、费用支出等制度是否健全，是否严格执行；会计核算是否规范。
	组织实施	组织机构	机构是否健全、分工是否明确。
		管理制度	是否建立健全项目管理制度；是否严格执行相关项目管理制度。
项目绩效	项目产出	产出数量	项目产出数量是否达到绩效目标。
		产出质量	项目产出质量是否达到绩效目标。
		产出时效	项目产出时效是否达到绩效目标。
		产出成本	项目产出成本是否按绩效目标控制。
	项目效益	经济效益	项目实施是否产生直接或间接经济效益。
		社会效益	项目实施是否产生社会综合效益。
		环境效益	项目实施是否对环境产生积极或消极影响。
		可持续影响	项目实施对人、自然、资源是否带来可持续影响。
		服务对象满意度	项目预期服务对象对项目实施的满意程度。

五、财政专项资金绩效审计方法

（一）财政专项资金经济性审计方法

在选择经济性审计方法时应当与审计对象、审计目标及经济性审计评价标准相适应。除了运用常规的审计方法以外，还可以运用数量分析法、比较分析法、标杆法等。

1. 数量分析法

数量分析法是对经营活动相关数据进行计算分析，并运用抽样技术，对抽样结果进行评价以获得充分、相关、可靠的审计证据的方法。数量分析法包括线性规划法、网络分析法、回归分析法、经济批量分析法等。

2. 比较分析法

比较分析法是通过分析、比较数据间的关系、趋势或比率来取得审计证据、完成审计目标的方法。

3. 标杆法

标杆法是审计人员实际观察和检查，通过与组织内外部相同或相似经营活动的最佳实务进行比较而取得审计证据的方法。

（二）财政专项资金效率性审计方法

效率性审计要考虑资源投入与成果产出之比。投入的资源主要包括人力、财力、物力、信息、技术、时间等方面的资源；产出则是投入资源后取得的实际效果。效率性审计的基本方法是在计算效率的基础上，与先进的、可比的效率评价标准进行对比，分析影响效率的主要因素，提出有针对性的、切实可行的改进建议。

审计机构和人员在进行效率性审计时，除了运用常规的审计方法外，还可以运用比较分析法、因素分析法、成本－效益分析法等方法，在对影响的各种因素进行综合分析后，提出进一步提高效率的建议。

1. 比较分析法

比较分析法是通过分析、比较数据间的关系、趋势或比率来取得审计证据、完成审计目标的方法。

2. 因素分析法

因素分析法是查找产生影响的因素，并分析各个因素的影响方向和影响程度的方法。

3. 成本－效益分析法

在财政专项资金绩效审计中，成本－效益分析法从实践情况看，它一般要经过如下几个步骤：第一步，确定某一评价对象所希望的目标，也就是要把政策所希望达到的经济效益、社会效益等，量化为可以用货币计量的指标。第二步，按照政策确定的路线，对成本－效益的过程进行细化分析，在此基础上，获得相关的信息资料。第三步，针对定量财务指标分析，对非财务指标进行定量分析，并结合定性指标分析，得出评价的结果。

成本－效益分析法主要是贴现的分析评价方法，是指考虑货币时间价值的分析评价方法，亦被称为贴现现金流量分析技术。因此，在项目的分析与评价中，必须把预计的分期收益与成本折算为现值。所谓现值，是指未来某一金额的现在价值。折算现值的公式是：

$$P = A/(1+i)^n$$

其中 A 为终值，P 为现值，i 是年利率，n 为年数。

主要包括以下三种方法：

净现值法。净现值法是指指定方案未来现金流入的现值与未来现金流出的现值之间的差额。

净现值＝收益现值总额－成本现值总额

收益成本比率（净现值率法）。收益成本比率＝收益现值总额÷成本现值总额。在只考虑一个项目时，这一指标与净现值实质是相同的，仅表达式不同而已。收益成本率大于或等于 1，投资项目可取，收益成本率越高，投资越有利；收益成本率小于 1，投资项目不可取。

内在报酬率。内在报酬率是使收益现值与成本现值相等的贴现率，求内在报酬率一般使用试差法和内推法。内在报酬率越高，表示投资经济效益越高。

（三）财政专项资金效果性审计方法

审计机构及人员在选择效果性审计方法时应当与审计对象、审计目标及效果性审计评价标准相适应。借鉴公共政策效果评价理论，可以参照使用以下方法。

1. 简单“前－后”对比分析

图 1 中 A_1 代表政策执行前的情况，A_2 代表政策执行后的情况，（A_2-A_1）就是政策的绩效，问题是 A_2 有时还包括非政策因素影响在内，评价结论就不完全是政策绩效。

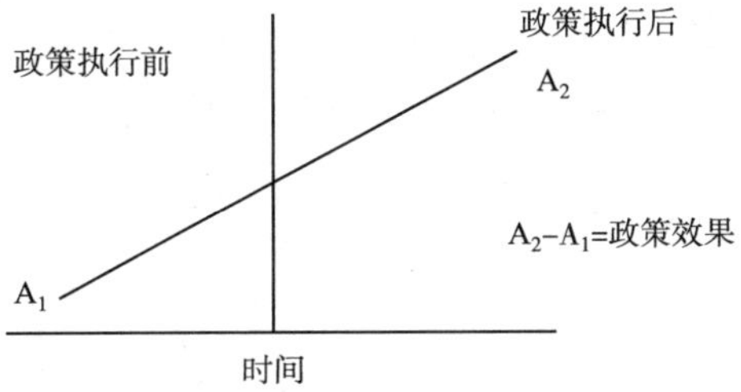

图 1　“前－后”对比分析法

2. “有－无”政策对比分析

“有－无”政策对比，是在政策执行前和政策执行后这两个时间点上，分别就政策对象和非政策对象前后变化的情况进行对比，然后再比较两次对比的结果以确定政策的实际绩效。也就是说，政策绩效等于政策对象接受政策前后可以衡量出的变化值之差，减去未接受政策处置的非政策对象前后两段时间的变化值之差。图 2 中 A_1 和 B_1 分别代表政策执行前政策对象和非政策对象的情况，A_2 和 B_2 分别代表政策执行后政策对象和非政策对象的情况，（A_2-A_1）是政策执行前后政策对象的变化值之差，（B_2-B_1）是政策执行前后非政策对象的变化值之差，［（A_2-A_1）－（B_2-B_1）］便是政策的实际绩效。这种设计方式拓宽了政策评价的思路，得出的结论也比较令人信服。

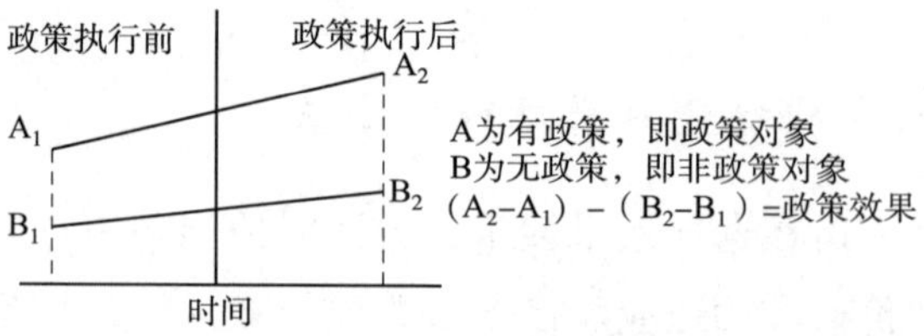

图 2　“有－无”政策对比分析

3. “控制对象－实验对象”对比分析

在运用这种设计进行评价时，要将政策实施前处于同一水平的评价对象分为两组：一组为实验组，即对其施加政策影响的政策对象；一组为控制组，即不对其施加政策影响的非政策对象。然后比较这两组对象在政策执行后的情况，以确定政策的实际绩效。图 3 中的 A_1 和 B_1 分别是政策执行前实验组和控制组的情况，A_2 和 B_2 分别是政策执行后实验组和控制组的情况，由于 A_1 和 B_1 在实验前是处于同一状态的，（A_2-B_2）便是政策的绩效。

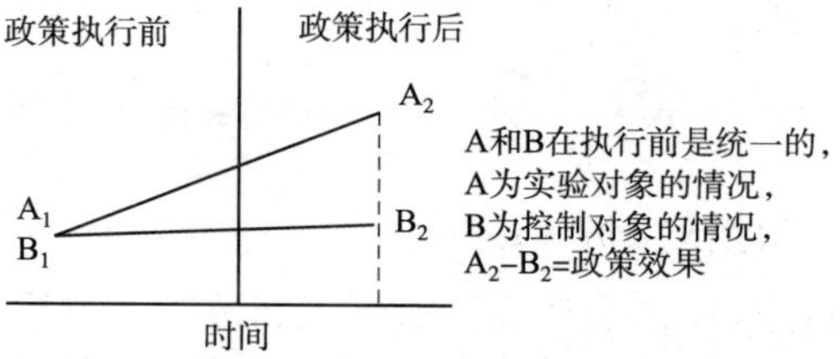

图 3　“控制对象－实验对象”对比分析

我国财政专项资金种类众多、涉及范围十分广泛，本课题组对财政专项资金绩效审计的目标、内容、方法等共性问题进行了必要的积极的探索，但这些研究还远不能满足实践的需要。不同种类的专项资金在具体项目的资金拨付、支出管理、绩效评价等方面存在明显差异，其绩效审计也有必要按照不同的资金类别加以细化研究。今后我们将更加务实地把理论研究与审计实践紧密结合起来，促进财政专项资金绩效审计工作全面开展。

参考文献

［1］刘家义．公共支出绩效审计研究［M］．北京：中国时代经济出版社，2007.

［2］最高审计机关国际组织绩效审计执行指南（INTOSAI Implementation Guidelines for Performance Auditing）. 2004.

［3］〔美〕威廉·N. 邓恩．公共政策分析导论［M］．北京：中国人民大学出版社，2002.

［4］陈振明．公共政策学［M］．北京：中国人民大学出版社，2004.

［5］牟杰，杨诚虎．公共政策评估：理论与方法［M］．北京：中国社会科学出版社，2006.

［6］United States General Accounting Office. Government Auditing Standards［S］. Washington, D. C: GAO, 2007.

［7］邹晓朋．浅谈财政专项资金绩效审计［J］．潍坊学院学报，2011.

［8］审计署审计科研所课题组．我国效益审计指南基本架构研究［R］．审计署科研所审计研究报告，2007（12）.

［9］财政部．财政支出绩效评价管理暂行办法．财预〔2011〕285号.

［10］中国内部审计协会．《内部审计具体准则》第25、26、27号.

［11］李保伟．我国政策绩效审计研究［M］．北京：中国财政经济出版社，2010.

［12］刘家义．关于绩效审计的初步思考［J］．审计研究，2004（5）.

［13］蔡春．绩效审计论［M］．北京：中国时代经济出版社，2006.

［14］刘秋明．国际政府绩效审计研究：一个文献综述［J］．审计研究，2007（1）.

［15］杨秋林，陈全民，李建新．美、瑞、澳绩效审计的比较研究［J］．财经理论与实践，2005（3）．

［16］戚振东，吴清华．政府绩效审计：国际演进及启示［J］．会计研究，2008（2）．

［17］余玉苗，何晓东．核心效用观下政府绩效审计的实施框架［J］．审计研究，2005（3）．

［18］审计署审计科研所．国外审计动态［R］．2013（22）．

［19］赵悦．中英绩效审计异同［J］．中国审计，2010（9）：20.

［20］审计署审计科研所．国外审计观察［R］．2012（3）．

［21］李小丹，曹广明．财政支出效益审计若干问题研究［J］．审计研究，2006（4）．

［22］朱江．财政科技资金绩效审计研究［D］．北京：财政部财政科学研究所，2011.

［23］李宪忠．浅谈如何进行财政支出绩效审计［J］．统计与咨询，2012（5）．

［24］陈思维．试论我国财政资金效益审计的理论结构［J］．审计与经济研究，2004（5）．

财政专项资金绩效审计研究

审计署长沙特派办理论研究会课题组

课题主持人：谢岳山

课题负责人：杨修荣　彭君舟

主要参与人员：李　明　沈　明　申博文　黄　波（农业处）

刘郁春　苏　李　全　鹏　万　星　刘　琪

尹　欣　陈律研　黄　凯　王　勇

【摘要】　财政专项资金作为用于社会管理、公共事业发展、社会保障、经济建设以及政策补贴等方面的专项资金，在促进社会经济发展，提高人均收入等方面发挥了重要作用。财政专项资金在发挥巨大作用的同时也存在诸多问题，如资金的挤占、挪用等使得财政专项资金的政策目标难以达到预期效果。那么，对财政专项资金效益的审计就显得尤为重要。

本文分析了财政专项资金的特点和管理使用中存在的问题以及产生的原因，同时，阐述了财政专项资金绩效审计中的目标和内容，并对财政专项资金绩效审计的方法进行了探讨。

运用层次分析法和沃尔评分法，文章先探讨了财政专项资金效益审计评价指标体系构建的依据、构建的原则、构建的步骤和内容，并从政策评价指标、经济效益评价指标、社会效益评价指标以及环境评价指标四个方面建立财政专项资金效益评价指标体系。

为进一步推进财政专项资金效益审计工作，文章从完善资金分配、优化资金使用、促进项目规范化管理、探索建立第三方监管的政策建议四个方面提出了政策建议。

【关键词】　财政专项资金　效益审计

目　　录

绪　论

财政专项资金（以下简称专项资金），是指上级人民政府拨付本行政区域和本级人民政府安排的用于社会管理、公共事业发展、社会保障、经济建设以及政策补贴等方面具有指定用途的资金。随着财政管理体制的不断深化，各级财政安排的专项资金也越来越多，对促进和加强地方建设起到了积极的作用。但在财政专项资金管理上，目前一些地区、部门、单位或多或少地存在思想松懈、制度不健全、管理粗放和监管不严等问题，违规违纪现象时有发生，如挤占、挪用财政专项资金等。这些问题导致了财政专项资金流失，制约着财政专项资金使用效益的提高，使财政投入的资金没有达到应有的效果。为了确保财政专项资金使用安全有效，提高财政专项资金的使用效益，国家应重点对财政专项资金支出的安排进行认真研究和评估论证，加强资金监管，针对财政专项资金管理的薄弱环节切实加强制度建设和工作力度，对财政专项资金支出效益评价、监督管理各环节以制度化形式确定下来。

为了更好地发挥审计的“免疫系统”功能，从源头上完善财政专项资金管理体制机制，提高财政专项资金的使用效益，使财政专项这项惠民举措更好地惠及广大民众，当前开展财政专项资金效益审计研究尤为迫切。

一、我国财政专项资金的特点及存在的问题

财政专项资金具有针对专门事项、单独核算等特点，但因为诸多因素导致专项资金存在管理使用上的问题，影响资金的效益。

（一）财政专项资金的主要特点

一是来源于财政拨款，属于专项管理的预算资金，建立、提取和使用都必须符合国家统一规定。

二是用于特定专门事项，在资金的使用上，要坚持专款专用，量入为出的原则，使各项专用资金按规定的用途使用并达到预期目的。

三是需要单独核算，划清与其他生产经营性开支的界限，不能互相占用。

四是财政专项资金涉及范围广和种类多，主要包括：一类是各项补贴和奖励专项资金，如粮食、良种、综合直补、退耕还林补助、燃油补贴等专项资金。二类是专项转移支付和上级安排有规定用途的专项资金，如社保、医保、农村合作医疗、公路等专项资金。三类是上级下达的基建、国债专项资金。四类是上级补助本级各项事业发展的专项资金，如教育、农业、林业、交通、卫生、民政、劳动就业等专项资金；本级财政安排的重点工程项目资金、生产发展资金，排污费、教育费附加、水资源费等专项支出，以及由土地收入、城市公用附加、残疾人就业保障金等安排的政府性基金支出等。

五是专项资金支出占全部财政支出比例较大，对财政支出质量与效率具有直接影响。特别是农业、教育、科技、文化、社会保障、医疗卫生、节能环保等国家重点财政专项资金，对于促进经济结构调整、加快科技成果转化、增强自主创新能力、推动经济发展方式转变等都起到了积极作用。随着我国经济体制改革的深入和公共财政管理体制的建立与完善，国家和地方在某些国民经济发展领域以各种形式投入的专项资金规模逐渐加大，在财政支出中的比重也越来越大，涵盖的范围涉及社会发展的方方面面。近几年来，地方各级政府用于农业、教育、科技、文化、社会保障、医疗卫生、节能环保等财政专项资金支出，也是大幅度增长。因此，如何加强对财政专项资金使用与管理的审计监督具有重要意义。

（二）财政专项资金存在的主要问题

一是项目申报和资金使用混乱。有的单位为争资引项，采取一个项目多种渠道甚至编造假项目进行申报；有的将专项资金全部或部分转移到账外设“账外账”“小金库”，用于小集体开支；有的虚列户头、假列支出，虚报、冒领专项资金；有的串项移位，改变项目建设内容和地点，将甲项目的资金用于乙项目；有的将各种非生产性开支列入项目支出；有的利用收管理费、服务费等名目克扣下级单位的专项资金；有的则直接用往来、陈欠等抵扣下级单位的专项资金；有的低招高结，造成资金损失浪费。

二是资金拨付不及时、不规范。有的对基层单位立项报批、申请拨付的专项资金不及时查核，造成资金滞留账面；有的在资金拨付时要收受好处，从中作梗，以种种借口拖延拨付；有的资金拨付厚此薄彼，与主管部门关系密切的单位资金到位快，关系不好的则迟迟难到位。

三是专项资金财务管理松散。有的单位没有按规定实行专账核算，而是与其他资金混在一起管理；有的专项资金形成的固定资产没有及时入账；有的资金拨入不做收入核算，而是记入往来科目（如暂存款、应付款项等）进行核算，想方设法逃避监督；有的财务结算无经手人、无证明人甚至使用假发票、违规票据结算，财务管理混乱；有的为逃避监督以拨代支，将实际开支做到下级单位财务账上；有的不严格按财务管理制度和操作程序办事，而是按“一把手”意志办事，导致专项资金“专人管理”变成了主要领导“个人管理”。

四是专项资金社会效益低。有的单位编造假项目，专项资金被挪作他用；有的地方配套资金难以落实，造成项目建设进展缓慢或半途而废；有的项目实施单位为了顺利通过上级主管部门的检查验收，从专项资金中捞得好处，没有将专项资金用在最需要的地方，而是选择基础条件好、建设成本低的项目进行重复建设，项目验收时弄虚作假，蒙混过关，没有发挥专项资金应有的社会效益。

（三）财政专项资金存在问题的原因分析

一是领导干部思想认识不到位。一些领导干部没有树立正确的政绩观，主政一方不是着眼于抓基础、抓长远，而是热衷于争资金、上项目、搞建设、出“政绩”，没有从本地建设需要的实际出发，不注重项目资金的使用效益。一些领导干部对专项资金专款专用的严肃性认识不够，认为项目资金只要是用到了项目上就没有大问题，使得一些项目资金被串位移位，甚至为了局部利益和个人私利，虚报冒领、挤占挪用专项资金，设置“账外账”“小金库”等。一些领导干部制度意识不强，在专项资金日常管理上不是专账专户专管，而是搞“大杂烩”“一锅煮”；在资金拨付上不按程序办事，而是凭关系、凭感情办事，甚至故意设卡刁难、“索、拿、卡、要”。

二是财政专项资金管理体制不健全。（1）项目设置不科学。主要表现为主体多元、线多面广、资金分散。如农田改造方面，发改、农开、国土、水利等多家部门都设立了类似的专项资金项目，事出多门导致了资金监管难到位。（2）资金管理不协调。专项资金主体的多元化导致管理的多头化，各部门对自己所管辖的资金在选项、审批、划拨和监督等方面虽然都制定了相应的制度规定，但大都是各自为政，难以实现统筹协调、系统管理。一些项目主管部门还存在重分配、轻监管的问题，最后造成了专项资金“你不管、我不管，无人监管”的局面。（3）配套制度不合理。目前上级安排的专项资金一般都要求县级财政按一定比例进行资金配套，而大部分地方特别是边远贫困地区县级财政仍旧入不敷出，无法将项目建设配套资金落实到位，导致一些项目建设半途而废或迟迟不能启动。

三是财政专项资金监督制约不得力。（1）资金运行公开不力。目前，财政专项资金的项目信息、申报程序、拨付过程、财务管理等方面，没有相应的公开平台，仍处于半封闭状态，难以实现全面公开，社会监督无法施行，为一些部门和相关人员兜售信息、关门审批、权力寻租、吃拿卡要报提供了可乘之机。（2）监督检查措施不力。一方面，项目主管部门对专项资金的管理使用情况监管不力。在项目申报上，大都没有进行考察证实，对报送的资料审查把关不严；在资金拨付上，没有形成相互制约的流程化模式；在资金使用上，项目主管部门对资金是否真正落实到项目上也很少过问，没有对项目的实施进度和质量等情况进行严格监督；在项目验收上，存在搞形式、走过场的现象。另一方面，纪检监察、财政、审计、检察等机关部门本身业务工作繁重、力量相对紧张，在专项资金的监督上难以全面、深入、有效监督到位。（3）对违规行为惩处不力。一些地方从本地“形象”和不让上级主管部门有看法的目的出发，对专项资金管理使用中存在的问题，没有严格依法依纪进行处理。对单位的处理有的以整改代替惩处，有的以罚代法；对责任人员则是组织处理的多、纪律处分的少，处理处罚失之于宽、失之于软，威慑力不大。

二、财政专项资金绩效审计的目标与内容

效益审计是以行为责任中的节约责任、效率责任、效果责任和控制责任以及报告责任中的效益状况报告的公允性为目标，涉及专项资金项目申报、立项、资金筹集拨付、管理、使用、效果等。

（一）财政专项资金绩效审计目标

最高审计机关第十二届大会认为效益审计的目标包括“为公营部门改善一切资源的管理打好基础；使决策者、立法者和公众所利用的公营部门管理成果方面的信息质量得到提高，促使公营部门管理人员采用一定的程序对效益做出报告，确定更适当的经济责任”。把效益审计的目标分为总目标和具体目标两种，效益审计的总目标是衡量资金的经济性、效率性和效果性。刘哗、窦国栋（2007）认为农业与资源环保资金效益审计的目标可以定位在：审查和评价相关部门或单位财政财务收支的真实性和合法性的基础上，就其实现经济性、效率性和效果性的程度进行独立的评价，提出合理意见和建议。王新奇（2007）认为，农业类专项资金效益审计的目标为合规性、合理性、经济性、效率性、效果性。

当前，世界经济发展已步入低碳时代，各国在经济发展过程中更加注重经济和自然、社会的协调持续发展，更加注重经济发展的公平性。审计是经济的产物，效益审计的发展应与经济发展同步。效益审计的目标也不能仅停留在传统的经济性、效率性和效果性审计，而要融入对经济发展及运行过程中的资源代价、环境效益审计，经济政策及经济资源分配的公平性审计、经济成果衡量和评价的科学性审计，以及对经济发展规划的预测分析和审计的理念，把公平性、环境性、预测性和科学性纳入效益审计目

标系统范畴，使绩效审计既能对经济发展的效益做出科学准确的评价，又能在预测分析的基础上提出审计建议，促使经济发展沿着正确的轨道和方式运行。

效益审计的具体目标是针对不同的审计行为制定的，以体现经济性、效率性和效果性为主，同时要兼顾社会公平性、环境性等目标。财政专项资金效益审计的具体目标如下：

一是资金来源与结构的合理性。财政专项资金的来源主要有：中央资金、地方配套资金、自筹资金等。主要用于加强农业基础设施和生态建设，提高农业生产能力，保证国家粮食安全；推进农业和农村经济结构的战略性调整，推进农业产业化经营，提高资金效益，促进农民增收。对财政专项资金的审计，重点审查财政资金的结构是否合理，资金规模是否合理，同时结合成本－效益分析法对工程资金结构做出评价。

二是资金配置与使用的经济性。审计人员应围绕财政资金的分配、使用，审查其分配原则、运用领域、使用情况等，着重检查财政资金配置与使用的经济性。

三是资金管理的效率性。主要审查财政专项资金预算的真实性、合法性、合规性、合理性及预算执行情况，审查资金风险预警系统的建立及运行状况，审查资金制度的有效性等等，着重检查重点农业开发项目资金管理的效率性。

四是资金管理使用的效果性。主要审查财政专项资金是否实现了预期的政策目标，通过实施农业开发，加强农业基础设施建设，改善农业生产基本条件，提高农业生产能力，促进农民就业增收和社会和谐，以及改善生态环境的结果情况。

（二）财政专项资金绩效审计范围

财政专项资金绩效审计的范围，从宏观来看，主要是围绕着财政专项资金的流向：财政专项资金到哪，财政专项资金绩效审计就应该跟到哪。而在《中华人民共和国审计法实施条例》中，就明确指出了包括对财政专项资金的审计监督和评价。这从法律的角度规定了审计人员的职责和任务，为审计人员实施财政专项资金绩效审计提供了法律依据，界定了审计的范围。

纵向来看，财政专项资金效益审计主要根据专项资金流向。财政专项资金是上级财政对下级财政在核定预算时针对特定专项用途所拨付的款项。实行专款专用、专人管理。加强对财政专项资金的申报、立项、审批、发放、使用等过程的审计监督，进一步加快财政专项资金的流动性，深化财政专项资金的管理，使真正需要的项目资金落实到位。加强对财政专项资金的绩效审计是实施有效的财政监管方式之一，同时也是加强财政专项资金管理的要求。

横向来看，专项资金使用范围也是对其进行绩效审计的范围。财政专项资金的绩效审计涉及财政专项资金的来源、审批、下拨、管理和使用等过程，涉及执行国家经济政策的各级政府部门。由于专项资金自身的特性，就要求针对财政专项资金在使用过程中的合法、合规、效益开展绩效审计，防止财政专项资金的截留、挪用、私存、挤占等不合规的行为。加强对财政专项资金的竣工结算审计，对其使用过程中的效益性、经济性做出评价，对于不合理的支出要求给予更正，对于不合规的项目重新进行审计或者停工整顿。

（三）财政专项资金绩效审计的主要内容

目前，国内部分学者对财政专项资金效益审计开展了一些研究和探讨。王新奇认为财政专项资金效益审计内容应包括专项资金项目申报和立项审计、专项资金执行审计、专项资金筹集和拨付审计、专项资金管理和使用审计、专项资金回收和效果审计等五个方面。刘晔、窦国栋则认为农业与资源环保效益审计内容为规费、基金征收环节的审计，部门预算编制批复环节的审计，资金拨付、使用环节的审计，项目管理环节的审计，内部控制程度的审计以及其他重要事项的审计等方面。根据上述研究成果并结合近年来中央支农资金审计掌握的情况，以及审计署长沙办对湖南省财政专项资金和项目的分配管理使用情况的审计，本文认为财政专项资金审计的内容主要包括如下几个方面：

1. 财政专项资金总体情况以及政府贯彻落实财政专项资金政策采取的措施及成效

一是财政专项资金总体投入和项目建设情况。摸清中央投入、地方配套、银行贷款、企业和集体自筹，以及农民筹资投劳的规模、结构及其增长变化情况。

二是政府在规范资金拨付使用、加强项目建设管理中采取的各项措施，以及财政专项资金在改造中低产田，保护和改善农业生态环境，推进农业产业化经营，带动农民增收等方面工作取得的成效。

2. 资金筹集情况

一是资金配套情况。审计财政是否按规定筹措配套资金，有无配套资金不到位和虚假配套的问题。

二是农民筹资投劳情况。审计地方政府是否按国家规定的原则和程序组织农民筹资投劳，有无因农民筹资投劳不足而影响项目建设进度、降低建设标准等问题。并结合当前农村劳动力现状与“一事一议”政策，了解分析是否存在筹资投劳事项过多、标准过高而加重农民经济负担的问题。

3. 资金分配和投向情况

一是资金分配情况。审计分配依据是否科学、合理，分配办法是否公开、透明，是否存在平均分配、人为因素过多而导致分配重点不突出的问题，用于土地治理项目和产业化项目的资金比例是否符合国家政策要求。

二是投向情况。在建设内容上，审计是否以改造产业结构、建设高标准生产条件，提高产出率为重点；在区域布局上，检查是否以生产地区为重点；在具体项目选择上，检查产业化经营项目是否选择规模大、带动作用强的龙头企业，并围绕生产安排产业化经营项目。

4. 资金与项目管理情况

一是资金管理。审计是否实行资金“三专”管理（专人管理、专账核算、专款专用）；是否建立以县级财政报账制为核心的资金监管机制。资金拨付是否及时，有无财政资金长时间滞留、结余闲置等问题，以及由此影响资金使用效率和政策目标实现的问题；资金使用范围是否符合国家规定，有无虚报冒领、骗取以及挤占挪用等违法违规问题；有无违规核销呆账问题。

二是项目管理。审计是否按照本地区产业总体规划及阶段性开发方案建立项目库；项目立项是否符合集中连片等国家政策要求；项目申报是否存在弄虚作假、以旧顶新、重复申报等套取财政资金问题；项目建设是否实行项目法人制、资金与项目公示制、招投标制、工程监理制，有无越权擅自调整项目计划、变更建设标准与内容的问题；项目是否按期完成，是否达到国家规定的建设标准等。

5. 项目效益情况

一是项目预期目标实现情况。根据项目计划确定的绩效指标，检查是否达到设计要求，有无因立项不准、设计不科学、责任不清、管理不善或工程质量差等原因，造成损失浪费问题。有无不符合当地实际，扶持优势不明显、与农民利益连接不紧密以及破坏自然资源的项目等问题。

二是项目后续监管情况。审计有无因后续管护工作不到位导致项目损坏、闲置、废弃等影响项目效益的问题。

三、财政专项资金项目资金绩效审计方法创新研究

财政专项资金绩效审计存在审计方式单一，审计力量与审计对象匹配度等问题，影响了财政专项资金绩效审计的发展。

（一）常规审计方法在财政专项资金绩效审计应用中的不足

财政专项资金绩效审计是从立项、批复、管理、使用和效益等方面入手，具体对各单位的职能、项目申报文件、项目可行性研究报告、项目评估报告、预算批复、各单位和项目拨付资金的管理和使用、项目验收报告和项目决算报告等资料和文件进行审阅、调查、核对和分析，还可以采用投入产出法进行定量、定性分析比较，与项目要求标准相比较考察效益情况并进行适当的评价。在财政专项资金绩效审计中也出现了一些问题。

1. 审计方式单一，审计技术结构有待进一步优化

从近10年国内地方审计实践的资料可以看出，对于财政专项资金的审计主要集中在合法性合规性上的制度审查和财务账目基础审计，对于经济

效益和风险导向的审计涉足不多，有待进一步地丰富财政专项资金的绩效审计方式，拓宽审计人员的审计思路。采用计算机辅助进行财政专项资金的绩效审计方面，成功的案例很多，但是基层审计单位对于计算机辅助审计的功能和作用估计不足，在审计中对于计算机辅助审计的应用不够，主要是用计算机辅助审计底稿工作。对于运用计算机 AO 系统参与审计方案的制订、审计抽样、审计分析、数据比对等方面的运用较少，就地搜集、整理、分析审计证据是现在审计人员采用最多的审计方式，基于传统的账项式审计，对风险和效益等因素关注度不够。

2. 审计力量与审计对象匹配度有待提高

财政专项资金种类繁多，使用范围广泛，加强财政专项资金的绩效审计，对财政专项资金在管理和使用过程中的经济性、效率性和效果性做出评价，需要审计人员充分了解绩效审计的相关指标体系，熟练运用计算机辅助审计软件，充分理解财政专项资金管理的相关法律法规。这就对审计人员提出了巨大的挑战，对于国家审计人员结构，特别是基层审计人员结构，60 后、70 后是主要的业务骨干，而对于计算机掌握相对较好的 80 后、90 后，由于审计经验缺乏，审计资格有待考评，造成财政专项资金绩效审计的审计力量不足。因为 60 后、70 后一般都一人兼顾几个审计项目，而财政专项资金绩效审计要求的覆盖面宽、审计时间长、需要做出审计判断的地方多、对于绩效指标的综合分析能力要求高，这些造成现阶段在财政专项资金绩效审计上的审计力量不足。

3. 审计内容广泛，造成审计深度不够、审计建议的效用下降

财政专项资金的绩效审计涉及财政专项资金的来源、审批、下拨、管理和使用等过程，涉及执行国家经济政策的各级政府部门。在审计过程中，在制订审计实施方案时，对审计对象的选择需要审计人员做出大量的审计职业判断，审计内容的广泛性造成难以实施全面的详细审计，这就要求审计人员在做出职业判断时，考虑审计对象的重要性和风险。对于选定的审计项目实施审计，审计人员的职业判断对于审计质量至关重要，这关系到审计深度和审计建议的效用。有限的审计时间，广泛的审计内容，使得审计只能重点关注审计师认为重要的那些事项，这就造成审计的深度不够，审计建议效用下降。

4. 对审计事项的宏观评价不够

财政专项资金的绩效审计要求基于传统的账项式审计，运用绩效指标宏观评价财政专项资金的经济性、效率性和效果性。在财政专项资金的绩效审计中，主要集中在申请、审批、下拨、管理和使用上的合规性、合法性进行评价，而对于财政专项资金在使用过程中经济性、效率性和效果性的关注度不够，宏观上对于财政专项资金的投入产出的绩效评价不足，做出的审计建议基本上是基于合规性合法性的，审计建议的宏观性不够，对于被审计单位加强财政专项资金使用的监管和评价的效用不足，审计质量有待提高。

5. 跟踪审计开展力度不够，审计建议执行度不高

财政专项资金实行专款专用、专人管理。在做出审计决定、拟定审计意见、出具审计报告之后，特别是基层审计机关对于财政专项资金的后续审计不足，对于审计建议的整改落实情况缺乏足够的关注和及时的评估披露。由于缺乏必要的后续审计，造成审计质量大打折扣，重复审计，浪费了审计资源，同时也造成了财政专项资金的浪费。缺乏必要的审计监督，造成了审计建议执行度不够，关键的审计风险点没能得到很好的控制，审计建议的效用下降。

（二）财政专项资金项目资金的绩效审计方法创新性分析

财政专项资金效益审计还在探索之中，审计方法还没有固定的模式，因而必须根据审计对象和审计项目的具体特点，灵活运用适合财政专项资金效益审计的方式方法。在审计中，既要善于总结具体的审计方法，又要打开思路，研究能够更加有效地提高财政专项资金效益审计效果的方法，以更好地促进财政专项资金效益审计的发展。在当前的审计中，要做到：

1. 针对财政专项资金使用的薄弱环节加强审计力度

一是加强针对资金的跟踪审计。在审计中，对项目从申报立项、资金拨付及使用到项目完成整个过程进行全程审计，对照项目审批文件中规定的资金额度、用途、到位、管理、使用每个环节进行核对，调查下级财政是否将上级专项资金纳入预决算管理并如实反映，有无改变资金性质挪作他用，是否及时拨付，是否按规定安排了配套资金等情况，从而摸清项目资金在整个经济活动过程中存在的问题。二是加强针对支出的审计。专项资金支出审计是体现资金使用效果的重要环节，审计时以资金支出为主线，顺藤摸瓜。首先要审查支出凭证，辨别真伪，在被审计单位对所提供会计资料的真实性、完整性做出承诺的基础上，对专项资金支出的合规性、真实性、合法性进行审计。同时可以采用抽查的方法，对使用专项资金的单位通过查询、函证、外调等方法进行查证。三是加强针对账外资金的审计。从使用专项资金的单位的存款账户入手，核查是否存在违纪违规行为。一方面通过查账和询问，弄清单位专项资金开户情况，专项资金总量情况；另一方面通过审查专项资金的银行对账单与专项资金银行存款账期末余额是否一致，着重对“未达账款”进行调查，掌握专项资金的到位和使用情况，以追本溯源，确保专项资金得到安全、完整、合理的使用。

2. 有效整合审计资源

财政专项资金效益审计不同于传统的财政财务收支审计，审计内容远远超出传统审计范围，涉及多种行业范围和经济的多个方面。财政资源运用效益在许多情况下不能予以量化，不能精确计算投入产出比例，但效益审计又必须通过一定技术和建立一定数量模式等手段将非量化转化为可量化的效益。因此效益审计需要有复合型的人才，除财会专业人员外，还需要有懂工程技术、计算机、管理工程、统计分析等方面的专业人才。整合审计资源，第一是审计内部的力量整合，打破传统的专业界限，一个专业和另一个专业或多个专业审计人才的结合实行优势互补。第二是借助外力，运用部门单位内部审计力量，发挥内审人员熟悉情况懂管理的优势，同时还必须聘请专业技术人才。如深圳市审计机关开展对医院大型设备采购效益审计，就请相关专家参加评估，收到了良好的效果。第三是充分利用计算机审计技术。效益审计中涉及数学模型、统计抽样、大量简单重复计算，都必须运用计算机进行辅助审计，在效益审计中充分运用现代化审计手段资源，可以提高审计工作效率和质量。只有有效地整合各种审计资源，才能满足财政专项资金效益审计的需要。

3. 实行审计结果披露制度

财政专项资金效益审计后必须向社会披露审计结果。一方面满足社会公众的知情权需要，发挥新闻舆论的监督作用，提升财政专项资金效益审计效果；另一方面可以宣传审计事业，扩大审计影响，加大审计执行力度，使财政专项资金效益审计环境向更好的方向发展。近几年，全国各级审计机关中相继出现了很多向社会披露效益审计结果，包括财政专项资金效益审计结果的例子，基本上都收到了良好的审计效果和社会效果，增强了审计的知名度，大大增加了审计的威力。在财政专项资金效益审计中，可以针对不同情况采用不同形式进行披露。比如目前常见的披露方式就是将审计结果列入年度审计工作报告中，向人大常委会报告，并通过人大简报来向社会披露，或者由政府在全市经济工作或财政工作会议上予以通报。通过对审计结果的披露，能够促进各单位增强责任意识，同时借人大政府和社会舆论之力，督促各部门落实审计建议，不断强化内部控制，规范管理，科学决策，提高资金使用效益。

4. 建立和推广绩效审计相关指标体系，提高审计人员绩效审计意识

一是把财务管理中相关绩效指标体系进行改进或调整使之满足绩效审计评估的要求，建立相关绩效审计推广和落实的制度约束机制，强调财政专项资金的管理和使用必须满足经济性、效率性、效果性的要求，对于违反财政专项资金使用规定的审批、下拨、使用等行为坚决予以制止，对相关责任人员给予处罚。二是进一步建立财政专项资金管理和使用的绩效评价长效机制，明确相关人员的责任，对相关一线管理人员进行绩效指标使用培训和指导，增强其管理能力，提高其绩效意识。三是上级及基层审计机关，建立健全相关绩效审计评估的长效机制，组织相关人员进行绩效指标体系的培训，提高业务技能和熟练度；加强绩效思想的灌输，使绩效审计的思想深入每一个审计人员的意识中，进一步强化审计人员的使命感、效益观；加强绩效审计的评价机制，为辛苦努力在一线的审计人员建立相应的奖励机制，提高其绩效意识。

5. 建立绩效审计实施方案审前评估制度，提高审计工作的效率

审计机关在加强对审计人员绩效指标培训，建立健全相关绩效审计质量控制制度的同时，应整合单位审计资源，对拟定的审计实施方案进行审前评估，对样本的选取、样本量的范围、审计对象的确定、审计目标的确立、审计流程的安排、审计组人员结构、审计时间、拟采用审计方法和技术等提前进行审查和评估，提高绩效审计工作的科学性和有效性，进一步节约有限的审计资源，对于审计实施方案中存在的问题，坚决进行整改和后续评价工作，对于新发现的审计关注点保持持续的审计职业关注和谨慎。

6. 建立绩效审计质量评估机制，完善审计发现披露制度建设，实施有效的跟踪审计

由于财政专项资金绩效审计涉及大量的非量化指标在量化过程中的职业判断，所以加快建立绩效审计质量评估机制，可以有效防止审计人员在审计过程中的主观过失或客观局限，提高审计的公信力和审计效果。完善审计发现的披露制度是纳税人的主观需要和宣传审计事业的客观要求，加强对审计发现的披露，可以充分发挥社会舆论的监督力量、提高审计效果；要积极探索有效的审计披露方式，如将审计结果列入年度审计工作报告中，向人大常委会报告，并通过人大简报来向社会披露，或者由政府在全市经济工作或财政工作会议上予以通报。

四、财政专项资金项目资金绩效审计评价标准体系研究

财政专项资金绩效审计实施状况直接影响了审计的效果，因而建立一套客观、有效可行的评价标准是确保审计实施的重要保障。

（一）效益审计指标体系构建的原则、标准和方法

1. 指标体系构建的基本原则

一是相关性原则。选取的效益审计衡量指标要与财政专项资金政策目标有直接的联系。

二是全面性与重点性相结合原则。财政专项资金包括土地治理、产业化经营等项目，涉及范围十分广泛，不同的财政项目有不同的绩效管理目标和程序，要使审计结果不失偏颇，就需要在高度概括不同财政项

目共性特征的基础上，全面确立一套能够应用于不同财政项目的总体审计指标体系，以保证对被审计对象的绩效做出全面完整的衡量和评价。全面性原则是建立在具体审计实践中的重点审计之上的全面，不是不计成本和可操作性的全面审计，必须要突出重点和成本效益原则，确保指标体系对被审计对象的适用性和针对性，选择那些与具体财政项目资金价值关联度较大、与职位职责结合更紧密、体现项目绩效特点的效益评价指标。

三是定量与定性统一原则。财政专项资金效益审计指标体系应以量化指标为主要方向，但考虑到财政专项资金审计的特殊性以及效益审计的内在特性，某些指标难以量化表述，如财政专项资金程序合规性审计、社会和环境效益的部分指标，此时，就需要设置一些定性指标来衡量，并辅之以相应的权重系数。

四是经济性原则。鉴于审计人力、物力资源的相对有限性，效益审计指标体系的设计需要综合考虑指标对审计目标和审计质量的有用性和指标获取的难易程度及成本，指标的设计和衡量不能超出审计资源的范围限度，不能因为部分指标影响到整个审计工作进展和结果。

五是实用性也即实践优先原则。当前，制约效益审计全面推行的最大障碍就是效益审计的实用性，或者是可操作性。要解决这个问题，就必须在指标设计层面体现实用性和实践优先原则，要从指标的获取难易程度和指标的被认可和接受程度去综合考虑指标的设计。

六是纵向和横向相结合原则。财政专项资金指标体系的设计既要有利于和其他相关财政专项资金进行比较，也要有利于和以往年度同类财政项目的效益进行纵向比较，以更全面、科学、准确地分析和评价资金的效益。

2. 财政专项资金效益审计评价标准

财政专项资金效益审计的评价标准从内容上可以分为政策法规标准、行业专业技术标准、经济效益标准、社会效益标准、生态效益标准。从应用范围可以分为通用标准、专用标准和补充标准。这些标准是确立效益审计指标及其权重或系数的直接依据，构建效益审计指标体系首先要建立健全效益审计评价标准体系。

3. 指标体系构建的主要方法

相对独立、零散的且缺乏直接关联性的财政专项资金效益审计评价指标，无法对财政专项资金绩效情况做出准确的、科学的评价，必须借助一定的评价原则和方法。目前采用较多的评价方法有：成本效益分析法、因素分析法、系统分析法、层次分析法、回归分析法、模糊数学法、目标评价法、公众评判法等。本文结合财政专项资金的特点，依据财政专项资金效益审计实践优先原则和定量与定性相结合的原则，综合采用层次分析法（Analytic Hierarchy Process 简称 AHP）和沃尔评分法，并适当考虑定性评价因素。

层次分析法是将与决策有关的元素分解成目标、准则、方案等层次，在此基础之上进行定性和定量分析的决策方法。该方法是美国运筹学家匹茨堡大学教授萨蒂于20世纪70年代初，在为美国国防部研究“根据各个工业部门对国家福利的贡献大小而进行电力分配”课题时，应用网络系统理论和多目标综合评价方法，提出的一种层次权重决策分析方法。沃尔评分法起源于1928年，基本原理就是把若干个财务比率用线性关系结合起来，对选中的财务比率给定其在总评价中的比重（比重总和为100），然后确定标准比率，并与实际比率相比较，评出每项指标的得分，最后得出总评分。

（二）效益审计指标体系构建的步骤和主要内容

1. 指标体系的构建步骤

一是确定效益审计评价的目标，设置评价指标。二是运用层次分析法和沃尔评分法确定指标及权重。三是确定各项比率指标的标准值。四是计算并评分，并经专家进行论证。五是进行综合分析评价。

2. 指标体系的主要内容及具体指标

依据上述指标构建原则和财政专项资金效益审计标准，本文探索构建以下财政专项资金指标体系，其中设置了部分逆向指标和定性指标（具体指标构成见图1）。逆向指标（政策评价指标）是财政专项资金效益的抵减项，如果出现重大违规违纪问题，则该财政专项资金效益审计综合得分会很低。

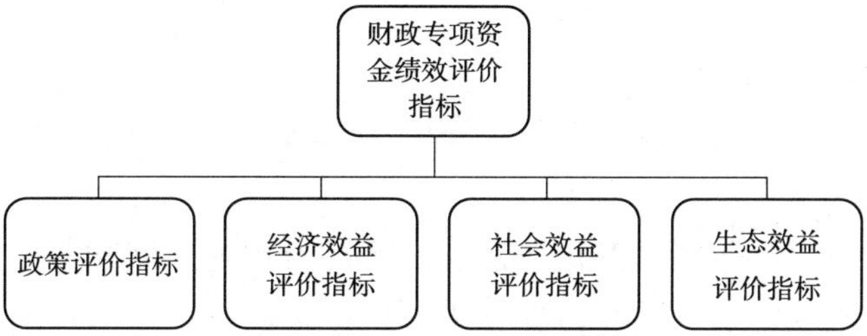

图1　财政专项资金效益评价指标

（1）政策评价指标

以定性分析为主，包括财政专项资金分配的科学性、合理性，财政专项资金使用的合规性、合法性。这部分指标作为整个指标体系中的逆向指标，根据不合规程度来进行倒扣分，具体包括：

程序完备性：主要审查财政项目的立项、规划、设计等管理程序是否规范；是否公开、公平、公正地组织招投标，竣工验收程序是否齐备等。

资金使用合规性：审查是否按照规定用途使用，有否偏离政策目标，是否存在挤占挪用、骗取套取、损失浪费等违法违规问题。

（2）经济效益评价指标

一是资金筹集和拨付。包括资金到位率（包含配套资金到位率、自筹资金到位率等），资金拨付是否及时等。

二是资金分配、管理和使用。包括资金利用率、资金有效率、资金节约（超支）率、资金损失浪费率、资金闲置率等。

三是资金回收及报酬。包括资金回收率、财政有偿资金累计回收率、投资效果回收系数、资金占用产值率等。

四是项目执行的经济性和效率性。包括资金投资增值率、劳动生产率、土地生产率、成本利润率、总资产报酬率、资本保值增值率等。

五是项目运转和使用的效果性。包括项目竣工验收率、项目损失或浪费率等。

（3）社会公平性评价指标

一是经济增长及生产发展的指标。包括项目区 GDP 增长率、产值增长率、产量增长情况。

二是促进就业和增加收入方面。包括新增就业人数、人均收入增长率、单位投资就业人数、户均投资（补贴）额等。

三是促进社会公平和改善社会环境。包括基尼系数、治安及违法案件数量等。

定性分析主要包括以下几个方面：项目为实现国家和地方各项社会目标所做的贡献与影响；社会公益事业项目是否满足当地居民的需求，对当地人民风俗习惯宗教信仰的影响、服务满意度、推动干部的廉正建设、推动社会良好风气的形成、促进物质文明丰富和精神文明的繁荣等。

（4）生态效益评价指标

生态效益评价标准应注意两个方面：一是项目设计或可行性研究报告中有无关于环境保护的措施及可行性；二是已完工项目对环境造成的影响，即是形成了良性的生态平衡、改善了生产条件、促使农业高产和稳产，还是破坏了生态平衡。

方案可行性指标包括：环境保护措施是否达标，环境投入力度占总投资的比例等。

环境治理状况指标包括：废水废气治理率、水土流失治理率、环境污染经济损失增减变化情况、自然灾害发生率以及全员发病率、水土流失面积等环境治理改善状况。

可持续发展能力指标包括：人口比重、水资源利用率、土壤肥力提高土壤有机质含量增加数、土地利用率等项目区域经济社会可持续发展的指标。

（三）效益审计指标权重及分值的确定

根据层次分析法和沃尔评分法，并经专家咨询论证，评价指标体系由三级指标组成，第一层次是审计标准层次指标（目标准则），第二层次为第一层次的分指标（子准则），第三层次为量化指标；指标分值由沃尔评分法计算得出，为充分体现实践优先原则，每个量化指标都设计了三个评分尺度（见图2，逆向指标的评分尺度与其他指标相反）。

在此基础上，选取较好、一般、相对较差的三个项目区进行效益审计试点，在对指标体系进行测试的同时，科学确定效益审计评价最终总评值的衡量标准区间。具体审计应用中，审计组根据审计事实认定、被审计单位反馈情况以及审计准则等依据，讨论决定每个指标的评分尺度和具体得分情况。待指标体系得到广泛应用和积累到足够多的审计案例之后，运用层次分析法来确定指标数量及权重，以形成规范的财政专项资金效益审计指标体系（表1是参考有关现有研究成果，综合运用层次分析法和沃尔评分法得出的财政专项资金效益审计评价指标体系，具体到财政项目，可以根据上述指标体系进行调整）。

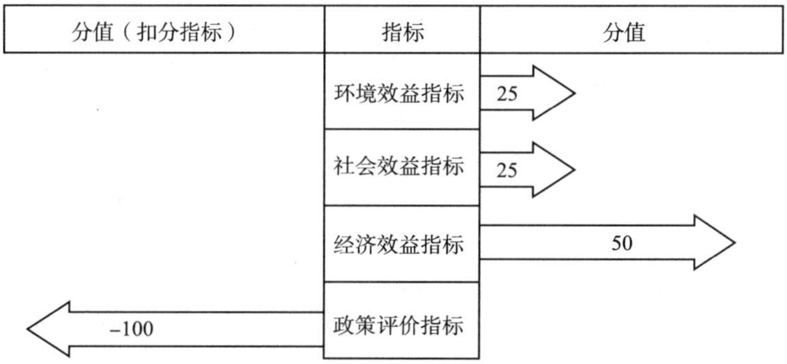

图2　评价指标分值的分布

五、财政专项资金绩效审计的具体思路

财政专项资金名目繁多，每一类专项资金都具有点多面广的特点，针对这种政策性强、专业性强、目的性强、覆盖面广的财政资金，仅从财政财务收支的角度查几个常规问题或者查处个别重大违规问题都难以达到规范专项资金管理和使用、真正促进专项资金效益发挥的目标。开展财政专项资金效益审计就成了发展的必然选择，效益审计依托于财政财务收支真实合法性的审计，侧重于反映专项资金使用的经济性，以及效率、效果性，从制度机制的层面提出问题，给出评价和建议。财政专项资金虽然各不相同，但开展效益审计的总体思路为抓住两个面、三条线、两个部门，点面结合。

表 1　财政专项资金效益审计评价指标体系

评价目标	评价分指标	参考分值	评价指标	评价内容	评分尺度			评价得分
					好(系数 0.8～1)	中(系数 0.6～0.8)	差(系数 0～0.6)	
政策审计指标	政策评价定性指标(逆向指标)	-30	财政项目程序定性指标	财政项目程序是否齐全:审查财政项目各项程序是否合规、齐备。				
		-70	财政专项资金合规性指标	资金使用是否存在违纪:是否按照规定用途使用,有否偏离政策目标,是否存在挤占挪用、骗取套取、损失浪费等违纪问题。				
经济效益审计指标	资金筹集和拨付	5	资金到位率(配套资金到位率、自筹资金到位率)	资金到位率 = 实际拨付资金额/按项目批复应到位金额 ×100%				
		5	资金拨付是否及时	资金拨付是否及时:按期拨付,超过期限 1 个月内到位,3 个月内到位,一年及以后到位。				
	资金分配、管理和使用	5	资金利用率	资金利用率 = 实际用于项目的金额/实际拨付资金额 ×100%				
		5	资金节约(超支)率	资金节约(超支)率 = 实际用于项目的支出金额减批复应到位金额/按项目批复应到位金额 ×100%				
		-10	资金损失浪费率	资金损失浪费率 = 审计发现的损失浪费资金额/实际拨付资金额 ×100%				
		-5	资金闲置率	资金闲置率 = 闲置金额/实际拨付资金额 ×100%				

续表

评价目标	评价分指标	参考分值	评价指标	评价内容	评分尺度			评价得分
					好（系数0.8～1）	中（系数0.6～0.8）	差（系数0～0.6）	
经济效益审计指标	项目执行的经济性和效率性	5	资金投资增值率（或投资利润率）	投资增值率＝某部门（产业）接受投资后新增加值/对该项目支出的投资额×100%				
		5	有偿资金回收率	有偿资金回收率＝回收的有偿资金/总共投入的有偿资金×100%				
	项目运转和使用的效果性	10	项目竣工验收率或投资完成率	项目竣工验收率＝实际竣工验收的项目数/当年应竣工验收的项目数×100%或投资完成率＝实际完成投资/当年计划完成投资×100%				
		10	项目产出效益	项目产出效益＝项目实际产出（或预期产出）/项目计划产出×100%				
社会效益审计指标	经济增长及生产发展的指标	3	项目区GDP增长率	项目区GDP增长率				
		3	产值（产量）增长率	项目区产值（产量）增长率				
		3	生产条件改善	新增和改善灌溉面积（林网防护面积、机耕面积等）				
	促进就业和增加收入	3	单位投资就业人数	单位投资就业人数＝新增总就业人数/项目总投资				
		3	收入增长率	受益受惠居民平均收入增长率				
		3	户均投资额	户均投资额＝项目投资总额/人口总数×100%				

续表

评价目标	评价分指标	参考分值	评价指标	评价内容	评分尺度			评价得分
					好（系数0.8～1）	中（系数0.6～0.8）	差（系数0～0.6）	
社会效益审计指标	促进社会公平和改善社会环境	2	基尼系数	基尼系数比上年降低比例				
	促进社会和谐和公平程度	5	社会效益定性指标	项目为实现国家和地方各项社会目标所做的贡献与影响，包括促进当地社会和谐进步、基础设施改善、人民文明素质提高的程度。				
环境效益审计指标	方案可行性指标	3	环境保护措施是否达标	包括环保投入、环保指标的达标程度。				
	环境治理状况	5	水土流失治理率	水土流失治理率＝水土流失治理面积/原水土流失面积×100%				
		3	环境污染经济损失下降比例	环境污染经济损失下降比例				
	可持续发展能力	3	水资源利用率	水资源利用率＝流域或区域用水量/水资源总量×100%				
		3	土壤肥力提高土壤有机质含量增加数	土壤肥力提高土壤有机质含量增加数				
		3	土地生产率	土地生产率＝农产品产量或产值/土地面积×100%				
	环境效益定性指标	5	环境效益定性指标	包括财政项目是否进行环评，项目环评政策执行情况，公众对财政项目环境保护的满意程度等。				

（一）抓好政策制定、实施两个层面

针对多而散的专项资金，审计需要站在资金发挥效益的角度，结合政策出台的背景，以及地区的实际情况，分析专项资金政策出台的科学合理性，是否存在重复设置补助专项；或者同类专项过于分散，不贴合当地实际情况，难以实施；多头管理，资金分配不科学等造成专项资金浪费、难以发挥预期效益的问题。审计署在2010年财政大格局审计中选取部分专项资金进行审计后即发现存在重复安排某省污水垃圾处理专项资金四项，且各项资金由不同的部门进行管理和分配，资金被大量滞留，效益低下。如“重点流域资金”和“三河三湖资金”两类中央资金总额中有31.91%属重复安排，抽查项目中发现资金滞留率达71.82%。

（二）管好资金线、项目线和管理线三条线

一是紧跟资金线。“财政资金运用到哪里，审计就要跟进到哪里”，资金是审计不变的主题。财政专项资金的下达、拨付和使用都是审计需要关注的环节。如各级财政是否及时下达专项指标，资金拨付是否及时，是否存在层层滞留甚至截留财政专项资金问题；地方配套资金是否到位，有无虚假配套等问题；资金使用方面是否存在浪费、挪用、套现后违规使用等问题。财政专项资金的到位情况和使用情况直接影响到专项资金的经济性和效果性发挥。

二是依托项目线。这里的项目泛指财政专项资金投入的对象，既包括具体的实施项目，也包括接受补助的人。对于项目类的补助资金，从项目的立项、审批、建设到后期管护，都应当予以关注。重点审查是否存在虚假立项、重复立项，项目可研是否充分，有无夸大项目效益，有无虚增总投资，虚增工程量；项目审批环节是否公开公正透明，有无充分发挥专家评审团队的作用，有无显失公平、输送利益的行为；项目建设实施过程中，有无其他违规行为，如招投标政策执行不到位，材料采购以次充好，项目质量不过关，项目变更未经过严格的报批，存在随意调整的问题等；项目的后期管护是一个相当重要却又往往容易被忽视的环节。地方政府在争取各类财政专项时，普遍存在重申报、轻实施、更轻后期维护的不良现

象。审计应当重点关注财政专项资金投入项目的后期管护情况，审查所建项目是一个实实在在的长远利民工程，还是一个“一次性工程”，甚至是纯属达不到使用效果的“浪费工程”，判断专项资金实施效果。对于补助到人的财政专项资金，则更为面广点散，审计应从补助对象资格审查入手，通过比对从外部门获取的人员信息数据，重点检查是否存在虚报冒领、不合条件人员领取补助资金的问题。

三是呼应管理线。对于项目实施和资金使用环节的问题，都要追究管理过程中的薄弱点。例如专项资金的管理是否设立专账核算，保障专款专用；资金使用的审批有无设立制度进行规范；项目的建设效果有无设立相应的考核指标进行监管约束；项目的后期管护有无建章立制进行明确，责任到位。

（三）统筹财政部门、主管部门两个部门

财政专项资金的分配既涉及财政部门又涉及主管部门，两部门工作人员的职责履行情况也是专项资金审计中关注的一个重点。审计过程中应当关注专项资金各审批环节，财政部门、主管部门职责是否明确，问责追责机制是否完善；财政部门是否履行好专项资金拨付、监管等职责；主管部门审核把关项目、监管资金使用、督察项目实施的职责是否履行到位，有无渎职、行贿受贿等重大违规问题。

参考文献

［1］彭华彰．政府绩效审计论［M］．北京：中国时代经济出版社，2006：12～27.

［2］Mots. The Committee on Basic Auditing Concepts. A Statement of Basic Auditing Concepts. American Accounting Association. 1972.

［3］Ashton R. H. All Experimental Study of Internal Control Judgment［J］. Journal of Accounting Research，1974，12（1）：27～36.

［4］Libby R. Accounting Ratios and the Prediction of Failure：Some Behavioral Evidence［J］．Journal of Accounting Research，1975，13（1）：15～24.

［5］Tversky and Kahneman. Judgment under Uncertainty：Heuristics and Biases［J］. Science ，1974.

［6］余玉苗，何晓东．核心效用观下政府绩效审计的实施框架［J］．审计研究，2004（4）：23～27.

［7］刘力云．关于绩效审计的几点思考［EB/OL］. 审计署网站，2001.

［8］程新生，陶能虹．中美法政府绩效审计环境比较研究［J］．审计与经济研究，2000（6）：16～18.

［9］彭华彰，周铁锐，贺明明．我国开展效益审计的外部环境探讨［J］．审计研究，2005（4）：14～19.

［10］雷达．新公共管理对绩效审计的影响及对我国绩效审计发展的启示［J］．审计研究，2004（2）：36～42.

［11］贝洪俊．基于战略的企业绩效审计模式［J］．审计与经济研究，2004（5）：13～16.

［12］施青军．效益审计的一种可行框架：成本－效益分析［J］．审计研究，2005（2）：48～52.

［13］刘晔，窦国栋．农业与资源环保效益审计研究［J］．审计研究，

2007（4）.

［14］王新奇．农业专项资金效益审计研究［J］．财会通讯（综合版），2007（11）.

［15］周丰．“沃尔评分法”在财政资金绩效审计中的应用研究［J］．审计月刊，2008（11）.

［16］尹淑平，吴立权．财政专项资金绩效审计评价指标体系构建探讨［J］．财会通讯，2011（31）.

［17］〔英〕约翰·格林．绩效审计［M］．北京：中国商业出版社，1990.

［18］鲍国明．国外绩效审计方法与案例［M］．北京：中国时代经济出版社，2004.

财政专项资金绩效审计研究

审计署昆明特派办理论研究会课题组

课题组负责人：孙成余

课题组成员：周应良　吴旭东　何　勇　李建伟　陈　波　靳志高　刘迎祥　张华松　郭太平　王　丹　王远洲

执　笔　人：李建伟　刘迎祥　张华松　王　丹

【摘要】　财政专项资金在财政支出中所占比重较大，组织开展财政专项资金绩效审计对于加强和改进财政宏观管理，提高财政专项资金经济效益、社会效益及生态环境效益，推动实现政策目标具有重要意义。本课题研究以中国特色社会主义理论为指导，以提高财政专项资金绩效审计工作水平为目标，以促进财政专项资金绩效审计结果运用为重点，紧密结合审计工作实际，总结以往财政专项资金绩效审计的经验教训，进一步厘清绩效审计工作思路，明确审计目标、内容和重点，探索绩效审计方法和建立评价体系，并用具体案例实务推演审计工作过程。

本课题组认为，与西方发达国家相比，我国开展绩效审计研究和实践具有自身特殊性：一方面是财政体制和预算管理体制还不健全完善，部门规章制度和资金管理制度以及遵章守纪的法治意识还不规范到位，存在着各种各样的违法违规问题，甚至是严重的违法乱纪问题；另一方面部门利益固态化、常态化，利益寻租问题日趋严重，改革发展困难重重，受到各种干扰。在开展绩效审计研究过程中，要始终重视中国绩效审计发展特殊性的研究，注意把握好中国绩效审计发展道路与国外绩效审计实践的相通性和区别点。

本课题组认为，关于财政专项资金绩效审计目标定位，一是要突出整体性。通过审计，要对被审计单位管理使用财政专项资金情况、财政专项资金实现政策目标情况、财政部门及主管单位对财政专项资金分配和监管情况等做出整体评价。二是要突出建设性。审计要在查处重大违法违规问题及经济犯罪案件线索的基础上，着重揭示制约和影响专项资金效益提高和效果发挥的体制性缺陷、机制性障碍和重大管理漏洞，堵塞漏洞，规范管理，完善体制，促进深化改革。三是要突出层次性。不仅要增强审计结果的可信度和可重复性，而且要开辟新的审计结果利用渠道，增强审计机关的公信力，确保审计结果可用能用。关于财政专项资金绩效审计内容，一是要审查专项总体情况，包括审查专项设立管理情况、审查项目立项管理情况；二是要审查管理实施情况，包括审查资金管理情况、审查项目实施情况；三是要审查效益效果情况，包括资金政策效果实现情况、项目实施效益实现情况。财政专项资金绩效审计项目选择主要考虑的因素有国家方针政策和宏观经济政策、重要性程度、项目存在绩效低下的可能性、审计环境、审计资源等因素。财政专项资金绩效审计组织方式按照是否与其他类型审计结合分为独立型和结合型两类，按时间发生顺序分为事前审计、跟踪审计与事后审计。

【关键词】 财政专项资金　绩效审计　审计评价

目　录

一、财政专项资金绩效审计的内涵与目标

（一）财政专项资金绩效审计内涵

1. 财政专项资金

（1）定义

财政专项资金是指为实现某一事业发展和政策目标或者完成特定工作任务，财政安排的用于社会管理、公共事业发展、社会保障、经济建设以及政策补贴等方面具有指定用途的资金。从资金来源看，既包括上级转移支付资金，也包括本级财政安排资金。从支出来看，既包括本级支出，也包括对下级转移支付。

（2）特点

与其他资金相比较，财政专项资金具有如下特点：

第一，财政专项资金通常是全额或者部分由财政预算拨款的，属于财政资金的一个组成部分。

第二，财政专项资金在管理使用时通常要有明确的绩效目标。

第三，财政专项资金通常有明确的管理制度，资金的下达、拨付的时间和程序都有明确的规定，资金的使用范围和用途也有明确的规定，强调专款专用。

第四，财政专项资金具有很强的政策性，它的设立通常是为实现某一事业发展和政策目标或者完成特定工作任务，政策目标明确。

第五，为了实现各种各样的社会经济目标，财政专项资金种类众多。

（3）作用

在市场经济条件下，财政专项资金属于公共财政的范畴，其对社会投资的基础性、带动性、引导性、调节性作用至关重要，能发挥“四两拨千斤”的乘数效应。而财政专项资金安排的科学性、合理性以及管理使用的好与坏将直接影响财政资金对于地方经济发展的功能作用的发挥，如何集

中政府财力办大事，提高政府对整个国民经济和社会发展的引导、推动和调控能力，是提升经济社会发展水平至关重要的内容。

2. 财政专项资金绩效审计

（1）专项资金审计

政府审计中除了对单位的预算执行情况和财政财务收支情况进行审计外，还常常根据需要对某一项经费或资金的管理使用情况立项进行专门审计。专项资金审计的对象既包括财政安排的经费、纳入预算管理的财政性资金，也包括未纳入预算管理的财政性资金。这种审计方式具有很强的针对性，集中反映某一专项经费来源、管理、使用的基本情况，便于发挥国家审计的宏观经济监督作用。专项资金审计是审计机关对专项资金收支的真实性、合法性和绩效性进行的监督活动，只对某项资金的收支活动进行审查，一般不需要涉及被审计单位的其他财政财务收支活动。专项资金审计是一种专业性很强的审计，其具体内容依照被审计资金的性质和管理要求而各不相同。

（2）财政专项资金绩效审计

①开展专项资金绩效审计的必然性

为了国民经济持续快速协调健康发展和社会全面进步，中央提出切实把工作重点转到调整经济结构、转变增长方式、提高增长质量和效益上来。国家审计机关从单一的财务审计逐步向财务合规合法审计和效益审计并重转变，有利于资金更有效地发挥作用，加强对权力的制约和监督，促进加强宏观调控，提高经济运行质量和效益。从这个角度来说，以合规性为基础的专项资金审计也必然要向绩效审计方向发展：

一是从政府管理的方式来说，经济发展到一定阶段后，管理方式由粗放型转变为集约型，管理者关注的焦点从资金的多少变为管理的好坏，绩效审计就成为审计发展的必然。绩效审计的目的是通过绩效审计找出效果差、效率低的原因，向社会公众披露相应的信息或向资金使用部门提出整改的建议，达到提高绩效的目的。

二是从专项资金审计的目标来看，绩效审计与以合规性为主要目标的专项资金审计的最终目的都是为了提高绩效，合规性审计是通过对违规违纪问题的查处和纠正，促进对现行国家政策制度的维护，达到提高绩效的目的。绩效审计则是通过比较预期目标与实际结果之间存在的差距，找出制度上或管理上的缺陷，通过完善制度和管理，达到提高绩效的目的。

三是从绩效审计的关注点来看，绩效审计用正确的管理办法和管理政策与实际执行的结果相对比，查找管理上的漏洞，防止决策失误、执行不力和监督失效等方面的问题。绩效审计考虑制度和管理方面的问题应该具有整体性，由整个系统绩效的优劣来决定。从我们国家的发展趋势来看，审计机关要强调绩效审计。

四是从资金的特点来看，财政专项资金也比较适合开展绩效审计。财政专项资金有明确的绩效目标、有明确的管理制度、有很强的政策目标。这些因素为审计人员确定审计内容、选择评价标准、判断对象结果提供了相对清晰的依据，具备良好的绩效审计开展条件。

②定义

财政资金绩效审计是国家审计机关对政府部门履行其职责时财政资金配置与使用的经济性、财政资金管理活动的效率性、财政资金目标完成的效果性进行的独立性经济监督并提出改进措施的活动。财政专项资金绩效审计是对财政专项资金管理使用所带来的效益进行检查和评价，揭示其中存在的决策失误、损失浪费以及效益低下等问题，以提高专项资金使用效益的经济监督活动。

从历年审计结果看，财政专项资金预算比重较大，且涉及教育、农业、科技、环保等各个领域，资金使用效果直接影响地方预算执行的效益和效果。专项资金使用具有明确的目的性，能否达到预期目标、取得良好的经济和社会效益，既是地方政府及财政部门、主管单位关心的焦点，也是绩效审计的工作重点。

③“免疫系统”理论下的财政专项资金绩效审计

在“免疫系统”理论体系下，审计“免疫”功能具体通过发挥“预防、揭露、抵御”三大功能来实现，提高经济社会运行质量和绩效，增强“免疫力”，推动经济社会全面协调可持续发展。“免疫系统”理论的提出，标志着政府审计的功能定位发生了实质性的改变，同时审计理念、审计内容、审计评价标准等方面也形成了新的体系，这些都对财政专项资金绩效审计产生了重要影响。主要体现在：

一是决定财政专项资金绩效审计的总体目标，需求促生供给，从某种意义而言，社会需求是开展政府绩效审计的第一个因素，西方国家政府绩效审计的发展历程也证明了这一点：西方发达国家的立法机构及社会公众持续企盼政府绩效审计对政府管理产生影响的社会张力，正是政府绩效审计产生和发展的原动力，并且这种原动力的客观性较强，有一种不可遏制的势头。我国政府绩效审计，从根源上来说，是审计机关自身为适应我国的社会政治经济及世界范围内政府审计发展的潮流而做出的内部调整。在"免疫系统"理论视角下，政府绩效审计应当适应政府审计功能定位发展的需要，将充分发挥"免疫"功能、保障国家经济社会健康运行作为其最终的审计目标，也可称为总体审计目标。

二是确定财政专项资金绩效审计内容向深层次拓展，审计"预防、揭露、抵御"三大功能的实现，恰恰反映了审计内容从传统路径向深层次的拓展。一方面，在"免疫系统"体系下，审计仍然需要继续重视各种违法违规、经济犯罪等传统财政财务收支审计内容；另一方面，更加强调从揭露问题到提示风险、抵御消极因素的转变。为了实现这三大功能，财政专项资金绩效审计需要在完成合规性审计的基础上，将审计的重点放在风险的识别与规避方面，这样既可以抓住审计的主要内容，又可以充分利用有限的审计资源，取得良好的审计效果。

三是使确定财政专项资金绩效审计评价标准综合化、多样化，在"免疫系统"理论体系下，"免疫"的范围牵涉社会生活的众多方面，因而，审计评价标准也呈现出多样化。在这种情况下，国外政府绩效审计主要参考的"3E"标准已不能满足审计工作发展的需要。国内学者在综合国内外研究的基础上，提出了"5E"或"6E"标准，在"3E"基础上增加了"公平性""透明性"以及"环境性"等，试图从规则是否公平、信息是否公开、环境资源保护和使用效率等方面做出评价。这些标准无疑增加了绩效审计评价的全面性和准确性。

综上所述，在"免疫系统"理论视角下，财政专项资金绩效审计应具备以下条件：适应政府审计功能定位的发展，具有有利于发挥"免疫系统"功能的宏观性和前瞻性；在审计内容上，将识别风险、充分发挥预警作用与强化风险的规避、充分发挥抵御作用作为重点；在审计评价标准上从单纯“3E”或“多E”转向以风险权重判断为基础的“多E”审计。

（二）财政专项资金绩效审计目标

1. 目标定位

一是突出整体性。要对被审计单位管理使用财政专项资金情况、财政专项资金实现政策目标情况、财政部门及主管单位对财政专项资金分配和监管情况等做出整体评价，在这一基础上进而对专项资金设立的科学性和合理性做出审计部门自己的专业评判，为中央政府提出改革完善专项资金管理制度提供有力的决策依据和参考。

二是突出建设性。在真实合法基础上开展绩效审计，不仅需要查处重大违法违规问题及经济犯罪案件线索、决策不当造成的重大损失浪费和资产闲置流失、重大资源环境毁损等问题，更重要的是要揭露和反映中央宏观政策措施落实过程中出现的新情况新问题、影响中央惠民政策落实和严重损害人民群众利益的重大问题，特别是要揭示制约和影响专项资金效益提高和效果发挥的体制性缺陷、机制性障碍和重大管理漏洞，增强审计建议的层次和质量，堵塞漏洞，规范管理，完善体制，促进深化改革。

三是突出层次性。随着全面预算体系的建立完善和财政管理水平的逐步提高，财政专项资金绩效评价运用日益广泛深入。这就要求审计部门作为专业经济监督部门，在开展绩效审计过程中不仅要遵循规范的程序、运用先进技术方法和较为科学合理、客观公正的评价标准，增强审计结果的可信度和可重复性，而且要开辟新的审计结果利用渠道，增强审计机关的公信力，确保审计结果可用能用。

2. 财政专项资金绩效审计的三层目标

关于财政专项资金绩效审计的目标，按照不同的范围和层次，一般可以分为两个层次：基本目标和具体目标。基本目标规定着审计的性质和方向，寓于具体目标之中，反映财政专项资金审计目标的一般性的、共性的特征和要求；具体目标则表明审计的具体职责和任务，反映不同类别财政专项资金绩效审计特点，是审计目标的实际体现。如果从审计的本质出发，在基本目标之上还有第三个层次的终极目标，也可以称为“根本目标”。

（1）终极目标

在一般的概念意义上，政府绩效审计的目标就是审计人员通过对政府绩效进行审计所要达到的理想境地或要实现的状态。概括起来，人们一方面力图通过绩效审计确保政府官员与机构更好地履行其受托责任，增强其责任性；另一方面，还希望能够通过帮助政府机构查找绩效表现不佳的原因以及提供绩效改进的建议，促使或帮助政府管理者改善绩效。

最高审计机关亚洲组织在1985年发表的《东京宣言》对绩效审计目标的设定更为明确：一是通过向政府决策者、议会及公众提供信息加强政府部门的责任性；二是通过鼓励更完善的计划工作和使用更有效的管理方法、建立适当的信息系统、有效地使用资源，以及鼓励对绩效测量方法与机制进行评估以改正缺点，提高政府部门的工作质量、绩效。同时，在政府绩效审计的领先国家中，各国的法律文件或会计与审计准则中也都明确要求绩效审计要实现这两大目标。如2007年美国审计署新颁布的《政府审计标准》（黄皮书）要求增强绩效审计在“维持受托责任和为改善政府运作提供信息方面的关键性角色”，它对绩效审计报告的内容进行了详细规定，这些内容中有许多都与加强政府部门的责任性相关；同时，它明确要求审计师在审计报告中提出建议，这又重在改善政府绩效。再如，瑞典国家审计局声明，它实施绩效审计的总目标是加强政府的责任性，即“检查政府以及由政府资助的经营活动的成果……关注这些成果是否是议会和政府所期待的”。同时，它也关注政府的绩效改善问题，指出绩效审计的“最终目的是增进政府管理的效果”。

财政专项资金绩效审计作为政府绩效审计重要组成部分，其最终审计目标同样也离不开增强责任性和改善绩效两个方面。

（2）基本目标

政府绩效审计的目标是伴随对审计的功能定位变迁、审计范围、内容的扩展而逐步丰富起来的。

政府绩效审计的基本目标是对公共资源运用的经济性、效果性和效率性考察。目前得到世界各国认可的绩效审计目标大体有如下四个：一是为立法机构提供对被审计单位是否经济、高效或有效执行有关政策进行独立检查服务；二是确定并分析政府项目在经济性、效率性和效果性方面存在的问题，以便帮助被审计单位或者政府部门整体改善经济性、效率性和效果性；三是对项目有意的、无意的、直接的、间接的影响进行报告，并对既定目标的实现程度、没有实现的原因进行报告；四是绩效审计也为立法机构提供对行政部门所公布的业绩指数或自我评价的有效性和可靠性进行独立分析的服务。

归纳起来，财政专项资金绩效审计的基本目标是通过评价政府和有关单位使用财政专项资金经济性、效率性和效果性，强化财政和有关单位的经济责任和防止损失浪费；通过评价财政专项资金和资源的利用情况，向政府及有关部门提供独立的信息和建议；找出影响财政专项资金使用效益的原因，帮助被审计单位采取措施，改进管理，提高效益和效率；揭露损失浪费和管理不善现象。

（3）具体目标

政府绩效审计的具体目标是对公共资金的经济性、效率性、效果性进行评价。经济性主要关注资源投入和使用过程中成本节约的水平和程度及资源使用的合理性。效率性与管理机制有关。效果性主要是评价其实现的经济效益、社会效益和环境效益。

财政专项资金的“3E”审计目标：

一是财政专项资金的经济性审计，是指对资金如何使用方面的审计。即审查投资项目是否真实、预算是否科学、是否有重复立项、项目的审批以及资金的拨付是否符合要求，资金是否真正全部投入到投资项目中去，对财政拨付的资金有无铺张浪费和挪用公款现象存在，以及造成这些问题的原因等，找出投资项目在资金运用中存在的各种问题。

二是财政专项资金的效率性审计，是指对资金和项目的管理情况所做的审查。也就是看项目管理是否科学、合理，被审计单位的预算管理制度是否有效。对被审计单位的预算管理制度，主要包括审查预算的审批、复核、资金的拨款等是否有相应的制度管理，管理是否有效，是否按照规定执行，资金拨付是否恰当。管理制度是否更新，是否与实际情况相适应且可以很好地指导实践活动，有无健全的考核评估制度等。以审查出被审计单位因管理制度不健全或者不先进而造成的资金使用效率低下的行为。

三是财政专项资金的效果性审计，是对项目的进展或者完成情况所做的审查。就是看被审计单位的项目是否满足国家宏观调控的经济要求，是否满足社会的需要，是否给整个社会带来积极的影响。这就要对项目的完工情况以及质量进行审查，是否在规定的时间内完成任务，项目质量是否符合要求，能否对人们收入、就业、生活水平、技术进步等带来积极的影响，该项目是否对环境造成了破坏，有没有保护自然资源，或者开发利用了新能源等，从多个角度去分析该项目对经济、社会带来的综合影响。

财政专项资金绩效审计在财政财务收支及相关的经济活动过程中的目标的具体体现：

一是在财政专项资金配置与使用环节，以经济性为主要审计目标。审计人员应围绕财政资金的分配、使用，审查其分配原则、运用领域、使用情况等，着重检查财政资金配置与使用的经济性。从宏观角度讲，就是看被审计单位对财政专项资金的使用是否符合国家政策及相关规定的要求。从微观角度来看，主要是看被审计单位是否正确使用财政专项资金。

二是在财政专项资金管理环节，以效率性为主要审计目标。主要审查财政资金预算的真实性、合法性、合规性、合理性及预算执行情况，审查财政资金风险预警系统的建立及运行状况，审查财政资金制度的有效性，等等，着重检查财政资金管理的效率性。首先要看财政专项资金的设立、分配、使用及监督检查等有无制度保障。这是要看专项资金在这些环节是否符合规定，是否符合分配标准。其次要看上述制度是否得到有效执行。通过审计，促使被审计单位建立完整、健全的专项资金管理制度，对专项资金进行全程的控制并将这些制度有效地执行下去，保证专项资金的合理、有效运用。

三是在财政专项资金目标实现环节，以效果性为主要审计目标。财政专项资金目标包括近期目标与远期目标、经济目标与社会目标、显性目标与隐性目标，在这一环节着重检查财政资金目标完成的效果性。财政专项资金要实现经济效益和社会效益的统一，对被审计单位的投资项目要评价其经济效益、社会效益和资源生态效益等。利用宏观经济与社会指标评价社会效益情况，此外，还要处理好宏观经济利益和微观经济利益的关系，坚持宏观经济利益高于微观经济利益，当二者出现矛盾时，微观利益要服从于宏观利益。还要将财政专项资金审计与经济责任审计、企业审计等相结合，这样才能在合法的基础上，正确地评价经济效益和社会效益，有效地推进效益审计的顺利进行。围绕基本目标，在对具体财政专项资金开展绩效审计时，也应该制定更具有针对性的绩效审计具体目标。

在对财政专项资金的绩效审计的具体目标选择时，我们认为应该考虑以下因素：

一是将财政专项资金的绩效审计与人大、政协等部门以及社会舆论监督相结合，综合运用各种手段，进一步加强对财政专项资金的规范管理，使财政专项资金绩效审计工作社会化、全民化，为财政专项资金的使用提供全方位的监督机制。

二是将财政专项资金的绩效审计与经济责任审计相结合，切实落实"问责制"。绩效审计是实现社会公允、效率及经济有效目标的手段，将财政专项资金绩效审计与经济责任审计相结合，进一步完善经济责任审计制度，把财政专项资金绩效审计工作与干部选拔任用结合起来，为正确评价和使用干部提供重要依据。

二、财政专项资金绩效审计的内容

按照财政专项资金绩效审计的内涵，为实现确定的绩效审计目标，专项资金绩效审计应立足资金的分配、管理和使用，在真实性、合法性审查的基础上，依据政府宏观目标、社会效益目标、环境效益目标、被审计部门管理目标和被审计项目计划目标等，综合评估专项资金的经济性、效率性，尤其要评估资金运用后对政策目标的影响程度，以此来整体检查和衡量专项资金的使用效果、作用和影响，总体评价资金的绩效情况。

（一）审查专项总体情况

主要包括专项资金设立、专项资金管理制度、具体项目立项等方面。重点评价专项资金设立是否科学，立项管理是否规范，管理制度是否有效，专项资金在总体上是否具有明确的政策目标，是否建立了有效的落实机制、采取了适当的管理手段，制度上能否保证产生良好的效果。

1. 审查专项设立管理情况

专项资金是为实现特定目的或履行特定工作而设立，具有明确用途和政策目的的财政资金。因此，对该专项资金本身的科学性、合理性进行评价，是专项资金绩效审计的基础。包括以下具体内容：一是专项资金设立的规范性。审查专项资金的设立是否合规合法，是否符合国家法律法规的总体要求，是否符合国家发展的总体战略，是否符合国民经济发展的总体规划，政策目标确立是否科学合理，是否符合地区经济和行业发展规划，是否符合国家产业调控政策，是否符合国家环境保护政策等。二是专项资金管理制度建设的完善性。审查专项资金是否建立了规范有效的管理制度，是否能从制度上对专项资金的筹集、分配、管理、使用进行规范和约束，专项资金内控措施、监督机制是否配套健全、运行有效，资金筹集制度是否合法合规，预算安排制度是否科学合理等。三是专项资金管理机制的有效性。审查专项资金工作机制是否健全有效，内部机构设置是否科学合理，资金分配管理能否实现互为制衡及专业化要求，信息传递是否及时完整，工作运转是否畅通有效。

2. 审查项目立项管理情况

就专项资金涉及的具体项目而言，从项目本身审查其是否应该或有必要设立，项目是否有明确的绩效目标，是否现实可行，是专项资金绩效审计的重要内容。包括以下具体内容：一是立项决策结论的科学性。通过审查项目决策文件、可行性研究报告、项目初步设计、投资概算等资料，重点评价项目立项决策是否规范科学，项目立项依据是否充分合理，项目立项的可行性研究是否经过充分调研、科学论证、严格审查。二是立项程序履行的规范性。审查项目立项程序是否严格规范，是否符合现行法律法规的要求，立项申报是否履行了既定程序，项目评审是否公平规范，可行性研究是否符合基本程序要求，立项审批是否履行了法定程序，项目是否履行了环评等手续。三是项目选取的科学性。审查项目立项选取是否遵循规范的制度，项目是否符合部门发展规划，项目建设目标是否明确，是否确定了有效的年度绩效目标和长远绩效目标，项目设计是否恰当，项目建设标准是否符合规定，项目建设规模是否切合实际，资金筹措是否得到落实，项目建设是否制订具体计划。四是立项管理的有效性。审查项目申报资料是否真实完整，是否存在虚假立项、重复立项的问题，是否存在因随意盲目申报、选项不当等导致损失浪费等问题，项目储备是否建立了项目库制度，项目库管理是否规范有效，入库项目是否经过审核论证，是否对年度项目进行了综合平衡。

（二）审查管理实施情况

专项资金管理实施主要包括资金管理和项目实施两个方面，专项资金管理实施的规范性和有效性直接关系到资金使用的经济性和效率性，该部分应以专项资金管理和项目建设管理为基础，具体评价项目建设管理和资金使用是否符合国家规定，项目实施是否实现预定目标、达到设计要求，工程质量是否符合国家标准等。

1. 审查资金管理情况

该部分主要涉及预算的编制和调整，资金的拨付和管理，资金的使用和结存等环节。重点评价专项资金分配是否科学，管理是否规范，使用是否经济，结果是否有效，资金的整体运作是否产生了良好的效果。

（1）收支预算编列情况

一是审查预算编制的规范性，是否存在预算编制不细化、大量打捆代编预算、预算随意调整等情况；二是审查预算编列的科学性，是否存在预算编列与部门职能、工作计划和政策规划不衔接，是否因预算与实际脱节等原因导致的预算执行率低、执行进度缓慢等情况，是否结合项目库按轻重缓急安排预算，是否建立科学、合理、公平的预算定额标准；三是审查资金筹集的合理合规性，特别是部分专项收入的项目设立，征收主、客体是否合法合规，征管行为是否合法合规等。

（2）资金分配拨付情况

一是审查资金分配是否科学规范，是否按照管理办法、履行既定程序、参照规范标准公平分配资金，是否向重点项目、民生项目倾斜；二是审查资金拨付是否及时规范，财政部门是否按照年度预算、用款计划和项目进度将资金及时拨付到用款单位，主管部门在分配拨付环节是否存在截留、占压资金以及擅自高标准收取项目前期费、咨询费和管理费等，是否存在项目资金因未及时足额到位，错过最佳工期，影响到项目工程进度和质量等问题，专项转移支付地方配套资金是否存在未配套、虚假配套等，导致项目实施缓慢、规模压缩等问题。

（3）资金使用情况

一是审查专项资金是否专款专用，有关部门和项目实施单位是否按批准的项目和规定用途使用专项资金，有无虚列支出、违规转移资金挤占挪用以及贪污私分等问题；二是审查资金使用是否体现节约原则，有无随意扩大项目规模，提高建设标准的现象，资金使用与项目进度是否一致。

2. 审查项目实施情况

该部分主要包括项目建设、项目管理和竣工验收等方面。主要评价项目建设是否严格规范，项目管理是否有效规范，竣工验收是否及时规范。

（1）项目建设情况

一是检查工程建设是否按计划进行，工程施工是否严格履行合同，工程质量是否达到设计标准和规范等，项目支出有无按照规定进行政府采购和招投标程序，项目支出总额和构成是否符合计划，是否全部真实地用于项目，有无挤占挪用等问题；二是检查项目实施的规范性，是否按照项目管理规定进行实施，是否对目标、技术路线、预算、进度等进行规范管理。

（2）项目管理情况

一是投资管理方面，主要检查项目投资管理制度是否健全，投资概算编制及其变更是否合理，预算执行情况是否良好，建设资金是否及时到位，资金结构是否合理，是否存在因投资管理不善导致损失浪费问题等；二是工程管理方面，主要检查项目建设管理是否符合国家相关制度，建设管理机构是否建立且有效履行职责，招投标、监理制度等管理制度是否完善并落实等；三是监督管理方面，是否对项目开展跟踪监测、科学评估，是否建立检查监督、绩效评估和总结验收制度。

（3）竣工验收情况

主要审查项目的质量和完工情况，比较项目实际完成工作量与计划工作量是否相符，竣工决算、资金管理等是否规范完整，审查项目完成后的效果是否达到预期目标，分析项目综合成果的实现情况。

（三）审查效益效果情况

财政专项资金基本上都承载了一定的政策功能，主要包括资金使用政策效果和项目实施效益两个方面：资金使用政策效果评价主要包括政策制定、政策执行、运行效果等内容，主要评价政策制定的科学性，执行的有效性和运行结果的效果性；项目实施效益评价包括项目产生效益、新增资产或形成成果状况，项目实施对单位和社会事业发展带来的影响等，主要评价专项资金社会经济效益实现情况。

1. 资金政策效果实现情况

主要关注专项资金政策目标的确立、政策执行的推进和监督、政策运行的结果和反馈等环节，综合评价专项资金政策能否体现政策目标明确、执行规范有序、运行效率效果等要求。一是分析政策制定的科学性，调查政策制定是否体现了国民经济和社会发展中长期规划，是否考虑了可持续发展原则和生态环境等因素，制定过程是否有充分可靠性的信息支撑，决策程序是否科学合规，政策目标的价值取向是否体现了科学发展观的要求，公共政策是否存在目标不明确、目标间冲突、目标变更等问题，政策资金的投入方向是否符合公共财政要求，能否满足政府提供公共产品和公共服务的需求。二是分析政策执行的有效性，调查政策工具和政策保障制度等配套政策执行措施是否完善，是否建立了政策执行的检查、监督和评价机制，执行过程是否有总结经验、教训、规律等制度安排，有效为决策部门提供系统性、前瞻性的意见反馈。三是运行结果的效果性，调查相关政策效应的发挥情况，客观评估专项资金在教育、卫生、社保、三农等领域的既定政策目标实现情况，及时、准确揭示影响政策执行效果的障碍性因素，提出提高专项资金绩效的政策建议。

2. 项目实施效益实现情况

主要关注专项管理机构的设立和运行情况，评估统筹、协调和指导作用的发挥情况。一要审查项目效益评价体系运行情况，是否建立了科学的效益量化指标体系和考核制度，决策失误、管理不善等造成的效益不佳、损失浪费和资产流失等问题是否能有效揭示和预防，资金使用产生的经济效益、社会效益能否得到客观反映。二要审查项目实施效率情况，反映项目是否按计划时间完成，有无因进度迟缓、质量差等造成项目未完工、未投产运行等问题。三要审查项目实施经济情况，反映擅自扩大项目规模或缩小项目规模，造成项目运行的经济效益低下的问题。四要审查项目预期效益实现情况，揭示资金闲置、工程停工、质量低劣、效益低下，以及损失浪费等问题，客观评价项目实施所能取得的经济、社会效益。

三、财政专项资金绩效审计项目计划和组织方式

（一）财政专项资金绩效审计项目计划

1. 财政专项资金绩效审计项目选择方式

目前，审计署组织实施的财政专项资金绩效审计项目分为两种：一是"自上而下"的项目，主要是人大、政府要求审计机关开展的绩效审计项目，即由审计署统一组织的财政专项资金绩效审计项目；二是"自下而上"的项目，主要是由审计机关的内部各专业机构提出的绩效审计的备选项目，即由各项目实施单位在财政专项资金审计项目实施中，根据项目特点和审计对象将审计项目作为绩效审计项目实施。

（1）统一组织的财政专项资金绩效审计项目

对于人大、政府要求审计机关开展的绩效审计项目，审计机关除非因人力、专业、时间等原因不能完成，一般都应予以立项。按照目前审计署审计项目组织管理方式及《审计机关审计项目计划管理办法》，审计署每年依据国家社会经济发展的方针政策和审计工作发展纲要，围绕政府工作中心，由审计署各专业审计司于每年 11 月提出审计项目计划安排意见，并填制统一印发的审计项目工作量测算报表，办公厅汇总提出计划草案，经审计长会议审定后下达编制统一的审计项目计划。在项目计划编制过程中，对一些财政专项资金项目就直接定为绩效审计项目，如 2008 年审计署统一组织的"三河三湖"水污染防治绩效审计调查项目，在年度项目计划时就确定为绩效审计项目。

（2）项目实施单位确定的财政专项资金绩效审计

在审计署统一安排的审计项目计划中，因为财政专项资金覆盖范围广、资金量大、涉及单位多、项目分散等，无法在审计计划中将所有项目都作为绩效审计项目，但项目实施单位在实施过程中，可以依据财政专项资金的规模、审计对象的代表性、审计标准选取的难易程度等，决定是否将实施的财政专项资金审计项目确定为绩效审计项目。如2008年，审计署统一组织对昆明等18个城市的基础教育经费管理使用情况进行专项审计调查，昆明办在实施项目过程中，根据审计项目特点并结合昆明实际，将项目作为绩效审计项目实施，取得了良好的审计效果。

2. 财政专项资金绩效审计项目选择的原则

（1）重要性

在确定财政专项资金绩效审计项目时，首先选择经济社会影响较大、资金规模相对较大的资金，主要包括财政专项资金所涉及的重点部门、重点行业、重点领域，关注社会的热点、重点领域或项目。

（2）增值性

在确定财政专项资金绩效审计项目时，要考虑所选择的项目通过审计能达到经济效益和社会效益的增值，通过绩效审计使该项目在以后实施过程中提升经济和社会价值，最大限度地提高财政资金的经济性、效率性和效果性。

（3）代表性

在确定财政专项资金绩效审计项目时，要考虑选择的审计项目必须具有代表性，即该项目在整个财政专项资金中占一定的比例，审计对象所在地区恰当，审计对象本身具有代表性等。

（4）可行性

在确定财政专项资金绩效审计项目时，要考虑审计项目是否可行，主要包括审计项目是否能够达到绩效审计的预期目标，审计项目是否具备实施绩效审计的社会、经济、法律、技术等条件，审计组成员是否具备相关胜任能力所需要的专业知识，审计项目的复杂性是否适合作为绩效审计项目等。

3. 财政专项资金绩效审计项目选择主要考虑的因素

（1）国家政策方针和宏观经济政策

财政专项资金绩效审计作为国家审计中最重要的部分，主要目的是促进经济资源效率配置和为政府宏观经济决策提供政策依据。因此，在项目选择时，必须考虑宏观政策制度和经济活动总体运行状况，主要是指被审计单位经济活动领域宏观政策制度是否存在不完善、经济活动运行是否存在整体绩效不高的情况。宏观政策制度因素分析主要包括调查评估政策制度是否存在真空、交叉、自相矛盾和不合理的地方，是否从根本上制约相关经济活动领域的可持续发展、安全运行和总体绩效。经济活动总体运行状况因素分析是指调查评估被审计单位所在业务领域的总体运行绩效，包括经济性、效率性和效果性。了解宏观政策制度情况和经济活动运行状况的主要渠道包括相关政策制度文件和法律法规、相关主管部门发布的统计数据、相关专业机构研究报告、相关专业网站信息等。

（2）重要性程度

确定财政专项资金绩效审计项目时，应重点考虑审计项目的重要性程度，一般从被审计事项的性质和金额两方面去考虑。性质是指被审计单位或项目在经济社会安全有效运行中的地位和价值，主要评估因素包括是否属于国民经济命脉部门或行业，是否属于国民经济基础性部门或行业，是否是社会广泛关注的热点部门或行业等；同时还要关注项目本身的影响力水平，只有选择那些受到社会普遍关注的热点、焦点项目和领域，或者直接关系到人民群众切身利益和社会稳定的事项开展绩效审计，才能得到政府和社会的支持，审计结果才能发挥作用。资金规模主要是指被审计单位或项目的资金的规模，比如资产数额、总收入或总支出、财政投资额等。一般来说，资金规模越大，财务的重要性越大，被选择作为绩效审计项目的机会越大。了解重要性程度的主要渠道包括调查分析相关网站等媒体信息、人大提案、政协议案、经济社会领域相关专业分析材料、被审计单位或项目财务会计报表等。

（3）项目存在绩效低下的可能性

由于管理体制存在缺陷、运行机制不健全、控制制度不完善等原因，导致财政专项资金绩效可能低下，才有开展绩效审计的必要性。具体而言，对那些政策目标不够明确、审计监督较少、可能发生严重损失浪费、效率低下、制度不完善、控制薄弱的项目要优先确定为绩效审计项目。了解绩效项目存在绩效低下的主要渠道包括调查分析相关媒体信息、人大提案、经济社会领域相关专业分析材料、被审计单位或项目的会计报表、审计人员的经验判断等。

（4）审计环境

审计环境包括审计的政治、经济、社会、法律、技术等环境，绩效审计的评价标准主要来源于国家的相关政策、法律法规、规章制度、行业标准（或同业标杆）、ISO 标准体系和国际公约等，还没有形成一套适用于各种情况的审计指标或标准。这就要求审计人员在实施绩效审计过程中，要充分和被审计单位沟通，取得被审计单位的理解和支持，尽可能与被审计单位就评价标准达成一致意见。同时在审计选择时，还应充分考虑当前的审计环境，考虑对该事项所涉及的领域进行审计的复杂程度，考虑现有技术方法是否能够发现和揭露存在的问题并进行客观、恰当的评价，不宜选择那些过于复杂、政治敏感度较高或存在较大审计风险的事项或领域开展绩效审计。

（5）审计资源

审计资源主要指为完成审计项目任务必须具备的审计人员、时间和设备等条件的可行性。审计人员主要包括人员数量和专业结构两个方面，就绩效审计而言，应当在保障财政财务收支审计人员的基础上，着力于调查评估被审计单位或活动专业机构和专业审计人员的可行性，以及专业机构和专业审计人员审计行为的规范性、审计取证的有效性，从而对能否完成审计任务和避免审计风险做出综合判断。审计时间主要是指完成审计项目所需的总时间和审计机关在时间安排上的可行性。设备主要是指完成专业审计内容所需的测量、分析等设备的可行性。

4. 财政专项资金绩效审计项目选择标准

（1）开展财政专项资金绩效审计项目的政策目标明确且具体

选择财政专项资金绩效审计项目时，首先应考虑财政专项资金的政策目标是否明确，主要关注以下方面：一是专项资金政策目标必须适应当前政治、经济和社会发展需要，我国财政专项资金覆盖面广，涉及内容众多，如支农专项资金、扶贫专项资金、节能减排专项资金等，这些专项资金设立时间有长有短，各专项资金的政策目标又各不相同，如果某项资金设立了几十年，当前的社会经济状况和专项资金设立时发生了很大变化，相关政策目标也不复存在，该项目确定为绩效审计项目就毫无意义；二是专项资金的政策目标必须具体并可以量化，这样的政策目标有利于评价指标体系的选择，有利于对项目的绩效进行评价，有利于客观反映项目实施情况，有利于结合政策目标发现项目实施过程中的问题并有针对性地提出审计建议。虽然财政专项资金是专项，但在实际实施过程中，包含项目类别众多，涉及内容丰富。单以减排资金来说，就可以简单分为三大类即工程减排、结构减排、管理减排。工程减排是上工程治理设施，处理污染物，减少污染物排放总量；结构减排是企业或部分生产装置的关闭或关停，减少污染物排放；管理减排就是通过加强管理措施，如企业内部加强管理让治理设施更好地运行，环保监管部门加强监管，保证企业达标排放，通过加强管理措施让污染物排放总量减少。每类减排都包括多种项目，如工程减排中包括企业内部上一些治理工程，这些工程涉及治理水（如污水治理设施）、气（脱硫设施、降低粉尘设施），同时还有一些公益性的治理设施，如污水处理厂等项目，这些项目都可能获得财政专项资金的补助，如果政策目标不能量化，每个项目实施后的减排量就无法和政策目标进行比较，也就无法判断项目的绩效，绩效审计实施的效果就无法体现。

（2）选择的财政专项资金项目要有代表性

财政专项资金种类较多，在确定财政专项资金绩效审计项目时，要考虑选择的审计项目必须具有代表性：一是项目本身具有代表性，如选择受社会普遍关注的热点、焦点项目和领域，或者直接关系到人民群众切身利益和社会稳定的项目，这些项目在人们日常理解中感觉未发挥应有效益，需要对其发挥效益情况进行评价。如“三河三湖”水污染防治项目，一方面社会普遍关注国家每年投入大量资金对水污染进行治理，资金都用在哪些方面；另一方面社会更关注国家财政专项资金投入是否带来相关效益，因为短期内无法直接发现环境变化，这类项目就可以优先安排作为绩效审计。二是审计对象及资金要有代表性，即该项目在整个财政专项资金中占一定的比例，审计对象所在地区恰当，审计资金规模大小合适，审计对象本身具有代表性等，如在减排专项资金中安排一个绩效审计项目，在选择项目时，要考虑项目资金规模占整个专项资金的比例是否合适，项目所在地区是否恰当，资金在工程减排、结构减排和管理减排等方面的分配是否合理等，这样选择出的绩效审计项目才具有代表性。

（3）能够建立起科学的评价标准体系

财政专项资金绩效审计的目的是选择特定的指标，对照选定的评价标准，通过运用一定的分析统计方法，用这个指标体系从不同角度评价被审计单位的经济效益，从而做出全面的评价。评价审计对象绩效水平的标准，一般应包括以下内容：一是政策性标准，主要包括国家法律、法规、相关政策与原则；二是技术性标准，主要包括国际标准、国家标准、行业标准、地方标准和企业标准；三是经济性标准，主要包括项目实现预计目标情况，如是否达到可行性报告有关要求，是否完成了项目目标或各年度任务指标，是否实现历史最好水平或本地区或其他地区最好水平；四是专家意见、群众评议等，特别是有的特殊行业，专家的意见有时就非常关键。这些标准涉及内容广，部分项目专业性强，需要一定的专业知识背景和实践经验，因此，在选择财政专项资金绩效审计项目时，要考虑项目所覆盖的领域、行业。对于一些新兴领域和行业，相关政策标准体系尚未完善，在这种情况下实施绩效审计难度较大，无法对项目进行客观、公正和准确的综合评价，且很可能达不到预期的审计效果。

（4）财政专项资金绩效审计结果有推广利用价值

审计结果是审计人员根据审计收集的取证材料，经过专业判断所得出的审计结论、审计意见和审计建议。对财政专项资金开展绩效审计的目的，一方面是为了评价专项资金的绩效，另一方面是为加强财政专项资金管理提出建议，更好地发挥资金使用效益。审计最终目的是审计结果的利用，结果的利用才是对审计的肯定，是对审计人员工作的认可，是审计工作的社会责任感的最终体现。因此，在选择财政专项资金绩效审计项目时，必须考虑该绩效审计项目完成后，审计结果是否能够推广应用，一方面是审计结果的推广应用，即通过对某项财政专项资金实施绩效审计，审计结果促进了资金的规范管理和提高了资金的使用效率等；另一方面是相关技术方法的推广应用，即将某项财政资金绩效审计的方法推广到其他专项资金审计中，提高了审计工作效率。

（5）审计人员具备专业胜任能力

目前国家审计人员的知识结构、专业素质、工作能力等方面与开展绩效审计的要求还有很大差距，同时，财政专项资金绩效审计涉及范围广，资金规模大，项目专业性强，对审计人员的专业胜任能力提出了更高的要求，审计人员的责任也越来越大，因此，在开展财政专项资金绩效审计时，要依据项目情况，充分考虑审计组成员的专业胜任能力。

（二）财政专项资金绩效审计组织方式

财政专项资金审计种类繁多，涉及范围广，不是所有项目都适合实施绩效审计，财政专项资金绩效审计作为财政资金审计的一个组成部分，和其他类型审计无法分割开来，财政专项资金绩效审计组织方式可以进行以下分类。

1. 按是否与其他类型审计结合可分为独立型（单独立项）的审计组织方式、结合型（如与财政财务收支审计、经济责任审计、部门预算执行审计等相结合）的审计组织方式

（1）独立型组织方式

独立型审计方式在“自上而下”财政专项资金绩效审计项目中较为常见，项目在立项时就确定为绩效审计项目，这类审计项目一般未安排与其他类型审计结合而单独实施，独立型组织方式可以使项目从开始就按照绩效审计的思路和方法进行实施，使项目目标更加明确、重点突出、更容易突出审计成果。

（2）结合型组织方式

结合型审计方式以“自下而上”的审计项目较为常见，即项目实施单位在审计项目过程中，依据项目性质和特点，自行将项目作为绩效审计项目实施，绩效审计项目一般与财政财务收支审计、经济责任审计、部门预算执行审计等相结合进行实施。这类绩效审计项目在实际实施过程中较多，绩效审计作为整个项目的一个组成部分，既作为一个单独的审计项目，又与审计中的其他项目衔接，在组织方式上需要与项目中的其他部分或其他项目进行联动。这样既可以为其他项目审计提供问题，也可以从其他审计中获取相关数据和素材，这需要审计现场组织更加协调，审计各组之间的联系更加紧密，各审计组充分沟通协调，增加了审计现场组织实施的难度。

2. 按时间发生顺序分为事前审计、跟踪审计与事后审计

（1）事前审计

事前审计是指相关经济行为发生之前实施的审计行为，这种审计主要是侧重于对被审计单位或对象的计划、方案等进行审查。事前审计可以及早发现问题，预先提出修正或改变原方案的建议，保证经济活动的合理性、有效性等，有助于形成最佳决策方案，有助于实现决策的科学化。事前审计可能涉及被审计单位的决策环节甚至会影响到决策过程，在我国现行财政体制下，财政专项资金绩效审计中实施的相对较少。

（2）跟踪审计

跟踪审计主要是在相关经济行为发生规程中实施的审计，这种审计主要侧重于在项目实施过程中，对项目实施过程进行全过程跟踪审计，以前跟踪审计主要侧重于建设工程项目的跟踪审计，目前也逐步扩展到财政资金分配、管理和使用环节。如近年来审计署组织的对汶川地震救灾资金审计等，跟踪审计通过对被审计对象进行适时评价、持续监督和及时反馈，可以提高建设项目的质量和效益，防治损失浪费和国家有关政策的贯彻落实，提高资金使用效益，但因目前审计体制等原因，在财政专项资金方面实施跟踪绩效审计的较少。

（3）事后审计

事后审计是指经济行为完成后实施的审计，主要是通过对相关资料的审查，发现被审计单位或项目实施单位在资金管理使用过程中存在的问题，起到查错防弊的作用。通过对已发生的经济活动的审查，对各项经济业务的工作效率和取得的经济效益进行考核和评价，为以后改善经营管理、提高经济效益提出建议。在审计实践过程中，事后审计较为普遍，在财政专项资金方面开展绩效审计采用事后审计的较多，也取得了一些丰硕的成果。

（三）财政专项资金绩效审计结果运用研究

1. 财政专项资金绩效审计结果形式

财政专项资金绩效审计结果，主要是指在项目实施过程中和项目实施完成后，审计人员根据审计收集的取证材料，经过专业判断所得出的审计结论、审计意见和审计建议。审计成果应通过一定载体予以表现，目前绩效审计成果的形式主要有作为审计报告的一个反映绩效审计内容的组成部分、绩效审计报告、专题报告等。目前我国绩效审计的开展多与财政财务收支真实合法性审计、经济责任审计相结合，绩效审计成果可以反映为审计报告的一部分，如从政策制度、体制机制以及管理层面对审计对象进行分析研究所得出的审计结论，及针对问题所提出的审计建议和意见。在实施审计后，审计组可以向派出审计组的审计机关提交绩效审计报告，经审计机关审定后，出具审计机关的绩效审计报告。对于绩效审计中的某一事项或某几个事项，若审计组认为有必要，可以在绩效审计报告之外，向派出审计组的审计机关提交专题报告，在审计过程中发现的反映国家政策及其执行中存在的重大问题、关系经济安全的重大问题、关系国家信息安全的重大问题、影响人民群众利益的重大问题等均可使用专题报告，突出重大事项，引起相关部门的重视和注意。

2. 财政专项资金绩效审计结果运用过程中存在的主要问题

目前，财政专项资金绩效审计结果运用基本上处于探索阶段，影响财政专项资金绩效审计结果运用的因素包括内部和外部两个方面。

（1）内部制约因素

一是审计机关重视程度不够。以发现大要案线索作为业绩导向的考核制度下，大家都重视查出了多少问题，报送了多少要情要目。而对于财政专项资金绩效审计项目实施重视程度本身就不够，对于财政专项资金绩效审计结果运用更是没有重视，一定程度上影响到审计结果的运用。二是缺乏制度规定。财政专项资金绩效审计实施目前处于实践探索阶段，审计结果运用更是个新生事物，审计机关没有作出明确规定，没有统一规定，这也导致审计结果无法充分应用。

（2）外部制约因素

一是公众不了解。目前公众对于财政资金绩效审计了解缺乏相关渠道，了解甚少，关心更多的是政府提供的服务，对财政专项资金绩效审计结果运用更无法了解。二是制度因素。对于政府信息公开的内容，目前的规定并不具体，因而是否公开在于审计机关自身，对于财政专项资金绩效审计结果运用更是无相关制度规定。

3. 加强财政专项资金绩效审计结果运用的建议

一般情况下，含有绩效审计内容的审计报告和绩效审计报告，向派出审计组的审计机关报送。为充分利用审计成果，审计机关可与人大、政府等相关部门建立协调机制，扩展审计成果利用渠道，将报告以抄送等形式分发至上述部门；专题报告和审计信息简报应由派出审计组的审计机关向同级政府报送；绩效审计公告由派出审计组的审计机关向社会公布，但需经同级政府批准；绩效审计小册子，由派出审计组的审计机关在向社会公众公开审计结果或向同级政府报送审计报告时，作为附件报送。绩效审计结束后审计机关应保持对审计成果利用的持续跟踪，建立完善的审计成果跟踪管理办法，跟踪审计移送问题处理情况、审计建议采纳情况和审计发现问题整改情况。

四、财政专项资金绩效审计方法与评价标准

目前，我国在财政专项资金和政府投资较多的部门项目方面，对绩效审计进行了有益的探索和尝试。审计署《2008 年至 2012 年审计工作发展规划》指出，全面推进绩效审计，到 2012 年，每年所有的审计项目都开展绩效审计。但是，限于绩效审计开展的时间和范围，我国对于财政专项资金绩效审计的审计方法和评价指标体系缺乏系统的理论支撑，本部分意在对财政专项资金绩效的审计方法和评价指标体系进行初步探讨。

（一）财政专项资金绩效审计方法

1. 绩效审计方法的特征

（1）方法的多样性

在审计目的方面，财务审计主要关注审计客体的合规性责任，绩效审计主要关注审计客体的绩效责任。根据我国审计法的规定，在审计客体方面，接受财务审计和接受绩效审计的实体范围两者并无差别，凡是依法属

于财务审计范围内的实体单位，同时也被包含在绩效审计的范围之内，所有接受审计监督的实体，都要接受真实、合法和效益方面的审计监督。然而，在审计客体方面，由于审计目标的不同，接受财务审计和接受绩效审计的内容却明显不同。财务审计关注的主要是被审计实体履行职责的合规性情况，而绩效审计关注的主要是被审计实体履行职责的效果。由于接受财务审计的实体应遵守的法律法规和相关行为规范比较固定和统一，财务审计的内容也比较固定和统一。相比之下，绩效审计的内容则具有多变性或多样性，将会因被审计实体履行职责的具体内容不同而不同。在审计客体方面，接受绩效审计的内容的多样性，必然导致作为联系审计主体和审计客体中介的审计手段的多样性，即审计工具和审计方法的多样性。随着绩效审计的不断发展，近年来，审计人员不仅广泛应用了计算机技术设备，而且运用了大量的新型技术设备，例如 GPS 测量坐标、图像分析技术、环境数据自动监测仪器设备等。不仅运用了大量的物质工具来获取、处理和分析审计资料，而且还运用了多种理论思维工具把审计内容指标化并对绩效进行测量和评价，以及分析问题的深层原因。审计工具的多样化，产生了各种各样的审计方法。

（2）重视理论思维方法

对绩效情况进行检查和评价，并提出相应的改进建议，往往需要回答各种各样的问题。要找出问题的答案，必须对相关事项进行深入的研究，因而，绩效审计通常具有研究活动的性质。与财务审计相比，绩效审计对审计人员的理论研究能力也提出了更高的要求。开展绩效审计不仅需要人本身的感官工具、物质工具，而且更加需要理论思维工具。不仅需要运用理论思维工具来测量绩效和评价绩效，而且需要运用理论思维工具来揭示影响绩效的深层次原因。无论财务审计还是绩效审计，都需要经验认知方法、物质工具类方法和理论思维方法，相比之下，在这三大类审计方法中，绩效审计更加需要运用理论思维方法来揭示现象背后的本质和把握事物发展的规律。就理论思维方法来说，首先，哲学方法是最高层次的理论思维方法。哲学是关于世界观的学问，有什么样的世界观，就有什么样的方法论。哲学方法对人们认识世界和改造世界具有普遍的指导作用。马克思主义的辩证唯物主义和历史唯物主义哲学，为开展绩效审计提供了最为科学的世界观和方法论。其次，一些在自然科学和社会科学中普遍适用的理论思维方法，例如，比较方法、分类方法、归纳方法、演绎方法、分析方法、综合方法、系统方法、信息方法、控制方法等，也可以运用到绩效审计之中。最后，有什么样的审计理论就有什么样的审计方法，特别是理论思维方法。审计理论的发展直接推动着审计理论思维方法的发展。例如，审计“免疫系统”理论，推动了审计理论思维方法的创新。为了熟练运用理论思维方法，必须提高审计人员的思想理论水平。

（3）大量借鉴相关学科领域的研究方法

在绩效审计中，绩效审计内容的多样性及其研究性活动的特点，决定了绩效审计可以大量借鉴其他学科领域的研究方法。每个学科领域都有自己专门的研究方法，包括经验认知方法、运用物质工具的方法和理论思维方法。例如，会计学有会计学的研究方法、管理学有管理学的方法、财政学有财政学的研究方法、经济学有经济学的研究方法、工程学有工程学的研究方法、环境学有环境学的研究方法，等等。当绩效审计涉及某个学科领域时，绩效审计的内容往往也就是该学科领域本身的研究内容。鉴于绩效审计具有研究活动的性质，相同的研究内容当然可以使用相同的研究工具和研究方法。因而，绩效审计可以大量借鉴、吸收或引进相关学科领域的研究方法，包括经验认知方法、运用物质工具的方法和理论思维方法。在开展绩效审计时，要想借鉴、引进其他学科领域的研究方法，首先要熟悉这些学科领域的研究方法，虽然有时可以咨询外部专家，最有效的办法还是拥有大量的复合型审计人才。事实上，目前相关学科领域的研究方法已经被大量引入到绩效审计之中。随着绩效审计的不断发展，以绩效审计为桥梁，审计学与其他学科之间的相互渗透、相互交叉、相互融合的现象也越来越显著，审计学已经成为一门多种学科相互交叉的综合性社会科学。

2. 财政专项资金绩效审计方法

（1）成本－效益比较法

针对财政支出确定的目标，在目标效益额相同的情况下，对支出项目中发生的各种正常开支、额外开支和特殊费用等进行比较，以最小成本取得最大效益为优。

（2）目标预定与实施效果比较法

通过比较财政支出所产生的实际结果与预定的目标，分析完成（或未完成）目标的因素，从而评价财政专项资金使用绩效。

（3）摊提计算法

研究某项支出通过年度盈余得以回收的时限，即计算投资回收期或投资风险，主要用于重大建设项目资金的绩效审计。摊提时间越短，风险越小。

（4）最低成本法

在某项公共支出不易观测或计算其效益大小的情况下，可采取比较多个功能和目的相近的方案，评价和选择成本最低的方案。

（5）因素分析法

通过列举分析所有影响收益及成本的内外因素，综合分析评价的方法。

（6）历史动态比较法

将历史上各时期的公共支出按一定原则和类别分类排列，分析比较，确定公共支出效率变化的情况，主要用于部门经费预算执行的绩效审计。

（7）横向比较法

将相同或近似的支出项目通过比较其在不同地区间的实施执行情况来分析判断支出的绩效。

（8）专家评议与问卷调查法（公众评判法）

通过若干相关领域的专家对财政专项资金使用绩效进行分析，同时，设计不同的调查问卷，发给一定数量人员填写，最后汇总分析各方意见进行评价判断。

在实施财政专项资金绩效审计时，可选择的审计方法往往很多，每种审计方法又有各自的特点，而且各种方法必须相互协调配合，才能产生最佳的应用效果。

（二）财政专项资金绩效审计评价指标体系构建

国家审计的重要任务之一是评价公共机构公共受托责任的履行情况。财政专项资金绩效审计是评价公共机构是否以最经济、最有效的办法管理和使用财政专项资金，财政专项资金的使用是否最大限度地达到经济性（Economy）、效率性（Efficiency）和效果性（Effectiveness）目标。财政专项资金绩效审计的核心是评价指标体系的建立。

1. 评价指标体系构建的基本原则

绩效审计评价指标体系对于开展绩效审计工作是必不可少的，制定有效的绩效评价指标是绩效审计取得成功的保证，而建立一个具有高度适用性、科学合理的绩效评价指标体系是当前审计工作的重点和难点，因此，在构建评价指标体系时必须遵循以下几个原则：

（1）客观性

评价指标不应受审计人员、被审计单位相关人员的影响，应客观真实地反映并评价被审计单位财政专项资金使用的经济性、效率性、效果性。

（2）相关性

评价指标应与被审计单位或被审计项目的实际情况相关，评价结论应与专项资金审计目标、专项资金使用单位或被审计项目需求相关。在绩效审计实施过程中，应充分收集和审计评价内容相关的信息资料。

（3）定量与定性相结合

财政专项资金项目的结果往往包含着多重的社会、政治及经济目标的要求，有的可以用量化指标来评价，有的难以用量化指标来评价。单凭定量指标会显得过于程式化，而且不够全面；单凭定性指标会缺乏一定的证明力和说服力。因此只有定量与定性评价的有机结合，评价结果才更直观，更具科学性，才能有效降低审计风险，确保评价质量。

（4）可操作性

评价指标应符合每个财政专项资金绩效审计项目的目标和要求，既不超前也不落后，易于操作，审计人员可以通过相应标准，得出客观、合理、被审计单位认可的审计结论，提出切实可行、有针对性的审计建议。

2. 评价指标体系构建的基本步骤

不管以何种基础指标构建评价体系，其构建的基本步骤都是相同的，主要分为以下几步：

（1）确定评价的目标，设置评价指标

根据不同财政专项资金的特征和评价要求，确定分别采用哪些一级、二级、三级指标。

（2）科学划分业务指标和财务指标的比例

对财政专项资金的各环节各类指标赋予一定的比重。

（3）确定各项比率指标的权重

指标体系中各评价指标的权重，可采取排序法、层次分析法、专家直观判断法等予以确定。

（4）构建评价指标体系

按照上述三个步骤确定的各级指标以及相应的权重构建财政专项资金绩效审计的评价指标体系。

（5）计算并评分

审计人员按照各评价指标相应的计算方式对各级指标进行计算，并按确定的权重对结果进行评分。如一级指标 X 占整个指标体系的 70%，一级指标 Y 占 30%。一级指标 X 中的权重又可以细分为：二级指标 A 占 20%，二级指标 B 占 50%，二级指标 C 占 30%。每类指标总分都为 100 分，根据其明细指标的得分（Pi）和设定的权重（Ii）计算出得分，再将每类指标的得分与权重的乘积加总，得出评价分数（S）。

（6）评价结论

评价结果分为优、良、中、低、差五等，根据计算结果的分值，确定评价对象最后达到的档次。具体见下图：

项目 / 分值	优	良	中	低	差
分值	≥90	(90，80]	(80，70]	(70，60]	<60

3. 以绩效审计“3E”为基础的评价指标体系构建

站在绩效审计的角度，财政专项资金绩效审计评价指标体系应根据“专项资金须专款专用”的原则及支出的经济性、效率性及效果性进行构建。专项资金项目虽然点多面广，项目繁多，但专项资金的使用政策性强，资金的安排一般围绕国家或地方政策要求的目标，有明确的用途和使用范围，资金的筹措都由中央、地方、部门和单位多方出资，且具有专门的管理制度与办法。专项资金项目效益审计指标不可能有一个完全统一的指标体系，但可以制定一个基本的、指导性的评价指标体系。基本的评价体系可以由国家统一制定，对特定用途的具体专项资金的评价指标，需要与专项资金的管理单位和使用单位，必要时还应聘请专家共同研究确定。因此，根据我国现阶段审计工作水平，一套完整的、可操作的专项资金效益审计评价体系应包括指导性的评价指标和针对不同类型审计对象的具体评价指标体系。

（1）指导性评价指标体系

①经济性指标

经济性指对一些活动，在保证质量的前提下，将其资源消耗量降低到最低水平。

经济性指标主要指标可以设置如下：

一是定量指标。经济性定量指标可由资金使用率、财政投入乘数、内部收益率、投资回收期构成。其中，资金使用率反映项目实际使用金额占项目资金总金额的比例，反映科技资金是否真正用于科技投入；财政投入乘数反映财政投入后带动其他资金投入总额占财政投入金额的比例，反映财政科技投入后起到的杠杆效应；内部收益率反映项目收益情况，可以参照项目可行性研究报告和验收报告，根据行业基准内部收益率考核评定；投资回收期反映财政科技资金投入后产生的经济效益在多大程度上可以弥补项目的投入，期限越短越好。具体公式表示如下：

资金使用率 = 项目实际使用金额/项目资金总额（注：项目资金总额 = 项目财政投入金额 + 项目配套资金额）

财政投入乘数 = 财政投入后带动其他资金投入总额/财政投入金额（财政投入后带动其他资金投入总额指项目配套资金、项目后续自主追加资金等总额）

内部收益率 = 项目内部报酬率/行业基准内部报酬率

投资回收期 = 财政科技资金的投入总额/项目年平均收益

二是定性指标。从定性的角度主要关注资金分配的合理性，立项规范性和合理性。审查投放的项目是否论证、是否编制可行性报告，对申请的项目是否组织评审、评估；审查立项的目标和内容，看其是否适合地方科技经济建设和社会发展的需求，是否具有先进、可行和合理性；审计评价科技资金投放的项目目标内容是否紧密结合区域经济、社会可持续发展中重大的共性、关键性、公益性技术研究与开发的实际需要，是否符合相关产业发展的政策规定。

②效率性指标

效率性是指产品、服务或其他形式的活动与其消耗资源的关系。

效率性指标主要指标可以设置如下：

一是定量指标。效率性定量指标包括资金拨付到位率、资金使用到位率和配套资金到位率三个指标。资金拨付到位率反映实际拨付资金占应拨付资金的比例，反映财政部门是否根据项目进度及时下拨资金；资金使用到位率反映实际使用专项资金的单位是否真正将财政扶持的资金按规定用于相应项目，即查看是否存在被挤占挪用的资金；配套资金到位率反映实际到位配套资金占应配套资金的比重，反映相关配套单位和部门是否及时将配套资金拨付项目，使之发挥效果。具体的公式表示如下：

资金拨付到位率 = 实际拨付资金/应拨付资金

资金使用到位率 = 实际使用资金/应使用资金

配套资金到位率 = 实际到位配套资金/应配套资金

二是定性指标。效率性审查时主要审查预算的安排和科技资金使用情况，可以从资金使用是否专款专用，是否存在挤占挪用，是否认真执行财务制度等方面进行评价。此外，还要审查项目的完成状态，主要包括目标完成率，可以根据项目合同书要求，对合同目标和考核指标的实现情况做出评价；目标完成质量，该指标通过比较项目绩效目标与项目执行结果，来考核项目实际执行的效果。当效益是可以量化的数额时，则采用相应的数额，当效益不可量化时，则采用评价组综合评议得出结论；项目进度完成情况，该指标考核项目的预定目标是否如期完成。可细化为按期完成、基本按期完成（是指完成工作量的80%以上，未完成部分是因不可抗力等自然原因造成）、没有按期完成三类。

③效果性指标

效果性指项目、计划或其他活动的预期结果和实际效果之间的关系，即产品、服务和其他形式的活动在多大程度上达到既定的政策目标、经营目标及其他预期效果。

效果性指标主要指标可以设置如下：

一是定量指标。a. 宏观经济效益增长率。专项资金项目的宏观经济效益对于不同的专项资金项目是不同的，实践中需要与各种专项资金项目的管理单位和使用单位共同研究确定，必要时还应聘请专家共同研究，也是可以确定的。宏观经济效益增长率在使用时需根据具体的专项资金项目的宏观经济效益指标来确定。b. 社会效益增长率。对于不同的专项资金项目，其社会效益是不同的，实践中也需要与各种专项资金项目的管理单位和使用单位共同研究确定，必要时还应聘请专家共同研究，也是可以确定的。例如，对于扶贫资金的利用，可以用资助前和资助后的脱贫人数增加率来评价其社会效益。社会效益增长率在使用时同样需根据具体的专项资金项目的社会效益指标来确定。c. 宏观环境变化率。专项资金项目资金的使用，对于宏观环境变化的改善，不同的专项资金项目也是不同的，实践中也需要与各种专项资金项目的管理单位和使用单位共同研究确定，可能在更多的情况下需要聘请专家共同研究确定。宏观环境变化率在使用时同样需根据具体的专项资金项目的宏观环境指标来确定。具体的公式表示如下：

宏观经济效益增长率 = 实施后的增加额或增加比率/实施前的实际额或实际比率

社会效益增长率 = 实施后的增加值/实施前的实际值

宏观环境变化率 = 建成后的变化值/建成前的实际值

二是定性指标。效果性检查的指标主要是看对地区的推动作用，对区域社会经济可持续发展促进作用，以及产生、带来直接和间接经济效益情况，主要看项目对产业产品直接引起的产值和经济效益的增加，以及相关产业产品产值和经济效益的增加（包括现存的和潜在的影响）。

（2）具体评价指标体系

在构建了指导性评价指标体系后，本文以重大建设项目资金审计为例，构建具体评价指标体系。

①定量指标

a. 经济性指标。例如：

投资核减率 = （投资预算数 - 投资审定数）/投资预算数

该比率为正数且数值越大，说明资金节约程度越高；反之，则应当分析原因，看是否存在未合理安排资金导致损失浪费。

工程管理费率 = 工程管理费支出/审定的工程造价

工程管理费有一定的比例，超过该比例则需要分析是否存在损失浪费现象。

b. 效率性指标。例如：

投资利润率 = 运营期正常年份产生的利润总额/审定的工程总投资

投资利税率 = 运营期正常年份产生的税收总额/审定的工程总投资

上述两个指标可与同行业平均指标进行比较，分析投资的效率。

c. 效果性指标。例如：

投资回收期 = 实际投入的专项资金/年投资收益

投资回收期越短，说明该项目投资效益越好。

目标完成率 = 实际完成的工作量/计划完成的工作量

该比率越高，说明该项目实现目标的程度越高，效果也就越好。

项目设计能力利用率 = 实际生产能力/计划生产能力

该指标主要反映该项目实际生产能力是否达到了设计的要求，可以与立项或可行性计划书中的要求进行比对。

工程验收合格（优秀）率 = 合格（优秀）工程数/验收工程总数

该指标主要通过合格（优秀）率反映工程投资效果，值越高，效果越好。

资金到位率 = 实际拨付的专项资金数/应拨付的专项资金数

该指标值越高，说明资金拨付越及时，项目的保障程度越高。

②定性指标：包括项目是否进行可行性论证，预期目标是否科学，资金预算是否合理；是否严格履行招投标程序；资金是否序时、及时拨付；是否加强资金管理，规范财务核算，做到专款专用；项目投产或运行后是否达到预期的效果；项目质量等级；公众是否满意，等等。

参考文献

[1] 彭华彰．政府绩效审计论［M］．北京：中国时代经济出版社，2005.

[2] 彭华彰，周铁锐，贺明明．国外效益审计的启示与开展中国特色效益审计的探索［J］．审计研究，2005（1）．

[3] 孙文基．开展政府绩效审计必要性和对策的新思维［J］．审计与经济研究，2005（3）．

[4] 邢俊芳．效益审计中国模式探讨［M］．北京：中国财政经济出版社，2005.

[5] 审计署审计科研所．关于我国绩效审计发展问题的思考［R］．国外审计动态，2005（12）．

[6] 宫军．我国效益审计指南基本架构研究［J］．中国行政管理，2008（2）．

[7] 吴铁军．财政专项资金管理中存在的问题及对策［J］．现代商业，2011（21）．

[8] 汪照全．关于财政审计的几个基本理论问题［J］．审计研究，2001.

[9] 邢俊芳，陈华，邹传华．最新国外绩效审计［M］．北京：中国审计出版社，2001.

[10] 刘力云．对我国国家审计发展趋势的展望［J］．审计理论与实践，2001.

[11] 陈思维．试论我国财政资金效益审计的理论结构［J］．审计与经济研究，2004.

[12] 孟华．增强责任心与改善绩效——政府绩效审计的目标剖析［J］．审计研究，2008（5）．

[13] 杨桂花，郝晓健，刘翠英．“免疫系统论”下的政府绩效审计

方略［J］．会计之友，2010（4）．

［14］范柏乃．政府绩效评估与管理［M］．上海：复旦大学出版社，2007.

［15］杨妍．风险导向审计模式下的政府绩效审计理论研究［J］．审计研究，2006（4）．

［16］崔孟修．审计免疫系统论：审计理论创新的重大成果［R］．审计研究简报，2008.

［17］戚振东，吴清华．政府绩效审计：国际演进及启示［J］．会计研究，2008（2）．

财政专项资金绩效审计研究

审计署长春特派办理论研究会课题组

课题负责人：马文辉

课题组成员：邓海仪　曲铁胜　郭振林　董　红　谭　丹

孙国庆　李晓东　崔海滨　郭晓燕　周　彤

毕名远　闫绍唐　丁　杰　康　菲　宋泊微

【摘要】 财政专项资金作为财政部门落实党和国家有关政策、完成特定工作任务和工作事项而设立的具有特定用途的专门资金，具有明确的指定用途。而绩效审计作为现代审计的发展方向，如何有效监督、评价财政专项资金的经济性、效率性和效果性等，成为备受关注的问题。

本文在总结财政专项资金的含义、分类和管理状况基础上，研究界定财政专项资金绩效审计的目标；并基于财政专项资金绩效审计的目标，从政策贯彻、资金立项、批复、管理、使用和效益等方面入手，从九个方面有针对性地设计了财政专项资金绩效审计的内容；在统筹考虑审计目标和审计内容后，力争科学规范地总结财政专项资金绩效审计的组织方式和审计方法；最后，本着坚持财政专项资金绩效审计评价应整体与局部相统一、宏观与微观相统一、共性与个性相统一的原则，按照财政专项资金“投入（安排预算资金）——活动（投资或购买）——产出（形成公共产品或满足公共需要）——结果（解决社会公共需要的效果）”的循环模型，从经济性、效益性、效果性、合规性、管理类角度探索了财政专项资金绩效审计指标。

综上所述，本文从我国经济体制转轨、政府职能转型、公共财政构建的特定背景时期出发，分析财政专项资金用途、现状基础，结合审计实践，对财政专项资金绩效审计的目标、内容、组织方式、方法和评价标准等尝试做出清晰的界定，以便为审计机关开展财政专项资金绩效审计提供一个相对明确的抓手。

【关键词】 财政　专项资金　绩效审计

目　录

一、财政专项资金绩效审计目标

（一）财政专项资金的含义、分类和管理状况

财政专项资金，是指财政部门为落实党和国家有关方针政策，完成特定工作任务和工作事项，促进经济社会和各项事业发展而设立的具有特定用途的专门资金，具有明确的指定用途，对促进地方经济发展和社会和谐具有十分重要的意义。可以说，财政专项资金的高效使用是推进经济快速健康发展的“催化剂”，是加强农村基础设施建设以及社会事业发展的有力保障，也是解决“三农”问题、民生问题的重要物质基础。

财政专项资金种类繁多，从资金的使用目的和性质看，目前财政管理的专项资金主要分为专项借款、“三农”专项资金、社会保障金、救济和救灾资金、教育专项资金、“科技三项”资金、粮食风险资金、其他财政专项资金等。专项资金主要来源于财政部门安排的预算内和预算外资金、上级转移支付或专项拨入资金、本级政府性基金和社会筹资等。

财政专项资金必须严格执行“据实申报、专家评审、择优推荐、专款专用、绩效评价”的工作程序，认真落实专家评审制、工程招投标制、大宗物资政府采购制、资金管理“三专（专户存储、专账核算、专人管理）”制及资金使用公示制等管理制度，以确保资金运行安全并发挥最大效益。其中，国家涉农补贴专项资金，还必须严格遵循“调查核实、张榜公示、专款专用、据实补贴、集中发放”的程序。要求财政专项资金必须专款专用，并符合其使用规定和用途，严格按照规定程序办理，任何单位或个人不得超越权限，违反程序擅自分配、拨付、使用专项资金。

为推动改善民生，促进社会和谐，落实节约资源能源和保护环境的基本国策，财政专项资金作为政府财政性资金，应当“取之于民、用之于民”，并切实发挥资金设置时确定的政策效益，维护社会的公平公正，但在目前财政专项资金管理中还存在一些问题。一是对财政专项资金缺乏科

学界定，目前理论界对公共支出分类主要有理论和统计两种分类，无论哪一种分类方式，均未对财政专项支出做出明确界定。二是财政专项资金预算编制不够规范，分配不够合理。三是年初预算安排和上年结转使用的专项资金不能及时拨付。四是地方配套资金不能到位，投资计划难以实现。五是财务管理不严，核算不规范，具体表现在：不按规定实行专账核算，与单位业务经费户混收混支；工程或项目结算手续不完善；资金拨入不作收入，而是作为负债类如“暂存款”核算来逃避监督；挤占、挪用专项资金；“专人管理”变为“个人管理”等。

产生上述问题的主要原因有以下四个方面。一是部分领导干部在思想认识上存在误区，缺乏统筹观念，依法理财意识淡薄。二是管理体制机制上有漏洞。如资金配套制度不够合理，目前上级安排的专项资金一般都要求县级财政按一定比例进行资金配套，面对上级越来越多的资金配套要求，县级财政尤其是贫困县财力捉襟见肘，出现了一些“半拉子工程”“钓鱼项目”；专项资金管理制度不健全，尚未做到针对一个专项资金或一类专项资金出台一个管理办法，不利于管理和控制；财政部门业务科室分口管理专项资金，各专项资金单独设立银行账户，造成资金分散，实际利用效率不高。三是从实际操作上分析，有些单位在项目申报上很不规范，甚至弄虚作假，专项资金不单独核算，不设置专门账户，与其他资金混合管理，专项资金被挪用、抽逃或挤占；有些单位专项资金的支出费用基本上实报实销，经办人员没有控制意识，存在资金严重浪费现象。四是监管不到位。财政监督缺乏有效手段，方式落后，突击性、专项性检查多，事后检查多，对某一事项和环节检查多，全方位跟踪监督少。目前，绝大部分项目由业务主管部门负责技术指导，项目实施单位负责施工，财政部门只负责拨款，在项目实施的各个环节几乎说不上话，对资金如何使用，工程设计、概算、施工、验收、决算是否合理合规合法，无从过问，专项资金基本处于失管、脱管状态。同样，审计监督亦是“鞭长莫及”。按规定工程项目竣工后要接受审计，以审计意见作为工程结算和验收的依据，但在实际工作中，由于工程项目点多面广，审计部门难以应对，这种对工程决算真实性、合法性、效益性缺乏有效监管的状况，使资金违规使用、虚列工程量套取资金等行为有了可乘之机。

（二）财政专项资金绩效审计目标

财政专项资金绩效审计是现代审计的核心内容之一，是对财政专项资金管理使用所带来的效益进行检查和评价，揭示其中存在的决策失误、损失浪费以及效益低下等问题，以提高专项资金使用效益的经济监督活动。财政专项资金绩效审计对于规范财政专项资金使用、扩大公众监督和促进依法行政具有重要作用。当前，随着我国政府公共管理与公共财政专项资金大幅增加，社会公众对其使用效率与效果的知情意识也日趋增强，审计工作也随之产生变化，以查处违纪金额和完成审计项目多少作为主要考核指标的时代已经过去，以结果为导向、讲求审计成果和审计效率的绩效审计模式日益显示出巨大的发展潜力。在财政专项资金审计中，审计机关的职能在对政府各部门财务收支及其经济活动的真实性、合法性进行审计的基础上，着重审查使用财政专项资金所达到的经济、效率和效果程度，并对其进行分析、评价和提出改进意见及建议。

在综合分析财政专项资金管理现状的基础上，本文认为，财政专项资金效益审计的基本目标是：通过评价政府和有关单位使用财政专项资金的经济性、效率性和效果性，来强化财政和有关单位的经济责任和防止损失浪费；通过评价财政专项资金和资源的利用情况，向政府及有关部门提供独立的信息和建议；通过找出影响财政专项资金使用效益的原因，帮助被审计单位采取措施，改进管理，提高效益和效率等。绩效审计模式正是弥补财政财务收支审计在审计目标和审计成果运用方面存在缺陷的有效途径，它将有效地突破财政财务收支真实性、合法性审计在审计技术方面存在的局限性。

当前，一些单位和个人在真实性、合法性的边缘打“擦边球”，钻法律和政策的空子，频繁使用各类“公允性技巧”，利用关联交易、转移定价及不恰当评估等手段，转移、侵吞国有财产，损害国家和其他利益相关者的利益。如果审计工作仅仅局限于既有的会计政策和财务制度范围展开，由此得出的真实、合法性审计结论也往往是有局限性的。财政专项资金审计如果只检查政府机构及项目的财政财务收支和预算执行情况的真实性和合法性，只关注预算安排的资金是否被“真实”“合法”地使用了，而不检查政府机构的工作目标，评价其工作的效果、效率和效益，那么，这样的审计活动就偏离了审计的根本目的，违背了审计的基本性质，也就没有实际意义可言。因此，财政专项资金效益审计只有坚持以上基本目标，才能适应经济社会发展需求，才有利于审计工作的健康发展。

二、财政专项资金绩效审计内容

根据国际经验和国内通行做法，绩效审计主要是对各项经济活动的经济性、效率性、效果性进行评价和鉴证。实际工作中，国家审计和内部审计均要实施绩效审计。当然，由于二者审计目标不同，绩效审计的内容也有所区别。政府绩效审计是国家审计机关和审计人员根据我国相关法律、法规的授权，通过收集、分析、评价审计证据，客观、系统地对政府及其各隶属部门及其他使用公共资金单位活动的经济性、效率性、效果性进行审计，分析评价其公共资源的使用效率以及所取得的效果与预期目标的一致性，找出薄弱环节，提出改进建议，以提高政府工作绩效的一种审计监督活动。

进而，基于财政专项资金绩效审计的基本目标，财政专项资金绩效审计是指按照经济性、效率性和效果性的要求，从立项、批复、管理、使用和效益等方面入手，对财政专项资金涉及的项目申报、批复、执行、决算以及资金管理和使用等文件资料进行审阅、调查、核对和分析，比照一定标准对财政专项资金绩效予以评价。财政专项资金绩效审计是财政支出绩效审计的重要组成部分，是审查并鉴证、评价政府为满足社会公共需要而运用财政资金进行资源配置活动的经济性、效率性、效果性及其公平性，其目的是通过审查政府财政资源配置的合理性和财政资源运用的有效性，也就是审查财政资源配置效率与财政资源运用效率，促进政府各有关部门合理、节约使用财政资金，提高财政资金使用绩效。

（一）评价财政专项资金相关公共政策制定的科学性

正确评价财政专项资金相关公共政策制定是否科学需要从效果性入

手，充分考虑以下三方面内容。一是政策相关性，是指财政专项资金政策目标与国家、部门、行业和区域的发展战略、政策重点以及实际需求的相关程度。要分析政策系统、政策过程、政策影响和政策效果等方面的资料，调查了解财政专项资金政策所要解决的社会问题、政策利益相关者、政策目标、政策工具和政策保障制度，评价政策制定过程和政策执行环境，揭示公共政策目标不明确、目标间冲突、目标变更等问题。二是可持续性，主要是指政策的可持续性，以及财政专项资金投入后产生效益的可持续性。要分析政策制定主体的相关决策是否体现了国民经济和社会发展中长期规划，是否考虑了可持续发展原则和生态环境因素，评估财政专项资金投向对企业经济活动的引导作用。三是影响性，是指财政专项资金对社会、经济、环境等方面产生的长期作用。要检查、监督和评价财政专项相关政策制定的影响，决策过程是否有充分可靠性的信息支撑，决策程序的合法性、科学性，评判政策目标的价值取向是否体现了科学发展的要求，是否与“十二五”规划总体布局相协调。此外，要及时总结政策经验、教训和原则、规律等，为政府相关决策部门提供系统、前瞻性的意见和建议。

（二）评价财政专项资金项目的组织管理情况

主要调查中央和省级财政部门安排专项资金涉及项目的组织管理情况，是否坚持了创新机制、统筹资源、定期评估、注重成效等原则，是否体现了目标明确、重点突出、权责明确、管理规范等要求，重点关注专项管理机构的设立和运行情况，评估统筹、协调和指导作用的发挥情况。一要审查专项管理机构组织专项实施方案的审核、论证过程情况，是否研究制定了专项管理规定和规范，是否对各专项实施计划进行了综合平衡，是否对任务分配与经费合理性提出了恰当意见。二要审查专项管理机构组织专项的监测评估、检查监督和总结验收情况，是否对涉及专项目标、技术路线、预算、进度等重大问题提出了意见。三要了解项目数量、类别、立项情况和实施进度，检查项目申报资料是否真实，重点关注是否存在虚假立项、重复立项的问题，有无随意盲目申报立项、选项不当的问题，关注是否按照项目管理规定实施，项目是否有明确的规划和计划等。

（三）评价财政专项资金的来源情况

一要审查资金筹集是否合规合法，检查征收主体、客体是否合法合规；资金征收单位有无欠收、多收问题，要求做到及时足额筹集。二要审查专项资金筹集到位率，重点关注地方应配套的资金未及时配套到位和虚假配套问题。三要审查项目概预算的经济合理性，关注预算编制是否体现科学、可行和节约的原则，是否有利于可持续发展，重点反映是否存在预算编制不细化、部门预算与部门职能和工作计划不衔接、项目论证不充分、预算下达时间晚等原因导致的预算执行率低、执行进度缓慢、影响预算绩效的问题。

（四）评价财政专项资金的分配情况

全面掌握资金项目整体规划、实施计划和上级部门的批复，并以此为依据，审查资金分配是否与上级部门批复的项目名称、投资额度相符。有无不按计划分配资金等问题；检查各环节应到位、已到位资金数额是否真实及其到位时间，揭示各级主管部门是否按指标、计划、进度或规定程序，及时、足额地拨付资金，有无滞留、截留、挤占、挪用现象；审查资金主管部门是否按国家规定管理资金，财务审批制度是否执行，内控制度是否健全有效等。

第一，分析某地区、某部门在一个周期内分配使用专项资金取得的直接或间接经济效益、社会效益、生态效益，关注资金的分配和安排是否合理，是否向重点项目倾斜。第二，审查上级安排的专项资金是否按规定及时拨付到用款单位或项目，项目资金有无实际到位，有无影响到项目工程进度；在资金下拨过程中，财政部门是否按照年度预算、用款计划和项目进度将资金及时拨付到用款单位；主管部门在分配拨付环节有无截留、占压资金以及擅自计提或擅自提高标准收取项目前期费、咨询费和管理费等各项问题。第三，审查有关部门和项目实施单位是否按批准的项目和规定用途使用专项资金，有无擅自改变投向、将生产性资金用于非生产性项目的问题；有无虚列支出、违规转移资金挤占挪用以及贪污私分等问题，评价专项资金使用的有效性。第四，检查专项资金是否专款专用；从原始凭证入手，检查使用程序是否合规，有无严密的审批手续，票据是否合法，资金投放是否符合政策，支出内容是否真实，用途是否符合要求，有无截留、克扣、挪用、虚报冒领、擅自改变用途的情况；关注使用资金过程是否体现合理、节约原则。第五，审查各项支出是否按期编制计划和办理申请报告，有无随意扩大项目规模，提高建设标准的现象；所购物资是否必需，质量、价格是否合理，有无办理必要的验收、保管、领用手续，有无盲目采购、浪费资金的现象；资金是否按照项目进度使用，有无因付款不及时而影响项目实施、错过最佳工期的情况，工程资金结算是否履行了必要的审计或审核手续。第六，审查资金使用是否按政策规定执行，有无违反规定擅自将无偿资金转为有偿使用，扩大有偿资金范围；有无违反规定收取或提高标准收取资金占用费等问题，评价专项资金政策执行的合规性。

（五）评价财政专项资金的管理情况

组织管理和制度保障情况包含国家法律法规执行情况、部门或单位内部制度制定和执行情况、项目计划组织实施情况和合同管理情况。一要审查是否为加强资金及项目管理制定了相关制度并积极采取有关措施保障政策执行，专项资金各项内控制度是否建立健全，对资金的管理是否规范，监督是否及时有效，有无因制度不完善、管理不规范造成专项资金损失浪费，或因管理办法或规章制度落后导致项目资金使用效益低下。二要审查专项资金管理工作机制是否健全，内部机构设置是否科学合理，是否系统化、规范化，各部门之间的分工是否合理，信息传递是否及时，工作运转是否畅通、高效。

（六）评价财政专项资金的使用结果

即对项目质量和效果进行审查，主要看完工项目是否经过验收，所报验收情况是否属实，有无因项目质量不符合要求而造成损失浪费。同时，了解项目的实际效益能力，看是否与设计的效益能力相符。

一要审查项目效益指标评价体系建立情况，是否有一套科学的效益量化指标和考核制度，揭示因决策失误、管理不善造成效益不佳、损失浪费和国有资产流失等问题，分析评价财政资金的使用效果，确保项目发挥长远的经济效益、社会效益。二要审查项目建设是否达到预期经济、社会效益，揭示有无项目闲置、工程停工下马、工程质量低劣、项目失败、效益低下，以及损失浪费问题。三要审查项目是否按计划要求时间完成，比较实际完成工作量占计划工作量的比重，有无因进度迟缓、质量差等造成项目未完工、未投产运行等问题。四要审查项目的实际投资与预算之间的差额，反映擅自扩大项目规模或缩小项目规模，造成项目运行经济效益低下的问题。

（七）评价财政专项资金促进相关政策贯彻落实的情况

关注财政专项资金的投入方向，是否符合公共财政要求，是否满足政府提供公共产品和公共服务的需求。检查相关政策效应的发挥情况，及时、准确揭示影响政策执行效果、阻碍政策落实或导致政策偏离预期目标的客观影响因素，评估专项资金在教育、卫生、社保、三农等领域的既定政策目标实现情况，着力提高重点民生资金和重点项目资金的绩效水平。重点审查预期产出，包括提供的公共产品和服务的数量，预期效果，包括经济效益、社会效益、环境效益和可持续影响等，服务对象或项目受益人满意程度，是否存在违规违纪行为等。在审查政策目标的实现情况时要考虑目标完成进度、目标完成质量和目标完成的及时性。

（八）评价财政专项资金相关责任人的职责履行情况

审查目标责任机制、信息公开机制、公众参与机制等是否健全，关注专项资金和项目有关指标是否纳入了政府行政领导政绩的考评，分析中央政府与地方政府责任的角色定位是否明确；关注有关责任人的责任追究情况，确保各项责任落实的可操作性和实效性，重点关注挤占、挪用、滞留、贪污财政专项资金等行为，是否对单位负责人、项目责任人及相关人员依法进行了处理，是否将资金归还原渠道或收回财政部门，是否严格追究了主要责任人的纪律责任和单位负责人的领导责任。

（九）评价建设工程项目的绩效

财政专项资金涉及建设工程项目的，应该对建设工程项目的前期准备、建设实施、竣工决算、资金管理等方面，进行事前、事中和事后的全过程审计监督。

第一，建设工程项目前期准备阶段的审计重点包括：一要审查项目建议书、可行性研究报告、环境影响评估、房屋拆迁许可、地震安全性评价等建设手续是否齐全；二要审查土地使用证、用地规划许可证、建设规划许可证、施工许可证等法定证件是否真实有效；三要审查概（预）算编制程序、决策过程是否合规；四要审查符合公开招投标要求的项目是否组织了公开招投标，招投标程序是否合规；五要审查合同签订情况，关注勘察、设计、监理、招投标代理等工作是否依法签订了合同；六要审查各参建单位工商登记证书、行业资质证书等资料是否真实、合规；七要审查建设项目基础设施配套费、建筑企业养老保障金等规费是否按规定及时缴纳，是否符合有关规定；八要审查征地拆迁情况，关注征地或拆迁补偿费是否符合有关规定和标准；九要审查预算控制价是否按照工程量清单计价规范等规定编制。

第二，建设工程项目建设实施阶段的审计重点包括：一要审查建设单位工程造价控制、质量控制、进度控制和财务管理等各项内控制度是否建立健全；二要审查与建设项目有关的单位是否认真履行合同条款；三要审查项目是否按照批复的概算内容组织建设；四要审查建设、设计、监理、施工等单位主要管理人员的到位及履行职责情况；五要审查建设单位是否按照相关规定对工程质量实行政府监督、社会监理和企业保证相结合的管理体系；六要审查工程进度是否与工程项目进度计划相一致；七要审查建设、施工、监理等单位职责履行是否符合相关的法律、法规和工程建设强制性标准的要求；八要审查工程量的计量，关注对工程造价有较大影响的原始施工测量、试验等技术数据是否真实；九要审查环境保护设施与主体工程建设的同步性以及实施的有效性；十要审查相关部门是否贯彻执行各级政府给予该项目的优惠政策，还要审查工程成本核算及账务处理，是否符合基建项目财务制度的要求，是否有利于建设项目的管理及竣工决算的需要。

第三，建设工程项目竣工决算阶段的审计重点包括：一要审查竣工图及相关资料的真实性、可靠性；二要审查建设单位关联企业所供设备、材料的价格是否公正、合理，反映从中加价，形成不合理经营利润等问题；三要审查建设单位管理费或代建费、勘察设计费、监理费及其他前期费用是否真实、合规，分摊是否合理；四要审查结余资金的真实性、合法性；五要审查建设单位预留建设项目未完工程投资的真实性和合法性；六要审查跟踪审计过程审定的单项或单位工程投资是否全面完整；七要审查交付使用资产总表、交付使用资产明细表，核实交付的固定资产是否真实、是否办理了验收手续等；八要依据项目可行性研究报告及概算，与工程竣工后的实际情况进行比对分析。

三、财政专项资金绩效审计组织方式

财政专项资金绩效审计至少应发挥两方面作用：一是对已完工项目进行绩效评估，从而进行绩效评价；二是通过对未完工项目的绩效评估，促进其加强绩效管理，提升绩效水平。要想成功地进行绩效审计，切实发挥以上两方面作用，组织方式就尤其重要，不但要通过科学合理的组织方式，发挥项目团队的协作精神，更要强调运用好项目组织形式应具有的灵活性和柔韧性。

财政专项资金绩效审计项目的组织方式是指为了完成某个财政专项资金的绩效审计项目而由不同部门、不同专业的人员所组成的一个从事和承担某项财政专项资金审计项目的具有相对独立性的组织团队。

在实际财政专项资金绩效审计工作中，具体目标一般不是单一的，而是一个目标体系，该体系包括一个（或几个）总目标和若干个分目标。总目标是绩效审计活动的既定方向和要达到的预定结果，它决定和制约着分目标；分目标是总目标的进一步具体化，是实现总目标的基本途径（步骤）和保障。为了保证总目标和分目标的实现，往往还需要将这些分目标进行层层分解，以便将绩效审计目标一步步落实到各个审计小组和审计人员。这个层层分解审计目标的过程，就是把一个个抽象的绩效审计问题分解为众多的审计小问题的过程。这样，绩效审计具体目标（包括总目标和分目标）就形成了一个目标网络（或“目标树”）。为了保证绩效审计目标的全面实现，还需要对这些目标进行协调，以使目标网络化为一个可“相互支援的矩阵”。所以在财政专项资金绩效审计组织工作中，我们要注重以下几个方面。

（一）重视项目安排的计划性，强调科学性

在项目计划上，注重财政专项资金安排的科学性、管理的规范性、使用的有效性，更好地贯彻科学的发展观，并通过科学整合审计资源、统筹安排审计力量、上下联动等措施，实行绩效审计与专项资金审计的紧密结合，实现审计组织方式由审计组单独审计向全体统一组织、上下联动转变。把百姓呼声较高的项目列入计划，其他则列入滚动计划，使项目紧贴民生、民意和经济转型升级主题，对项目的可行性、时效性进行审慎评估，实施源头掌控。坚持开展“推进绩效审计、创建精品项目”活动，更广泛地拓展绩效审计空间。同时，积极探索采取“二合一”“多合一”等模式，将绩效审计与财政财务审计、经济责任审计、国有企业审计等相结合，积极探索“结合型”绩效审计的新途径。

（二）重视搭建资源平台，强调有效性

对重点绩效审计项目，为清晰反映具体支出及其产出绩效间的对应关系，应打破单位、处室和专业界限，选配相关领域专家骨干，由“单兵作战”转变为“整体推进”，集中优势兵力打歼灭战。

一是合理调配本单位人力资源。针对不同的审计项目，根据审计业务需要，打破业务处室界限，以承担项目的处室为主，从其他业务处室调配业务骨干共同参与审计项目。与此同时，综合处室在保证工作正常运转的情况下，尽量充实到审计一线。既发挥各自业务所长，形成整体合力，又在一定程度上保证审计工作质量和审计成效。二是有效整合项目资源。针对目前各处室承担的不同项目有时存在部分审计对象或地域相同的情况，采取同一审计对象或同一地域的不同审计项目由一个处室承担的方法来开展审计工作，减少重复进点、重复审计的情况，节约现场审计时间，提高审计工作效率。三是充分利用兄弟单位和社会审计机构审计资源。针对项

目组可能出现的人员少、任务重等情况，从相关兄弟单位或社会审计机构借调和聘用人员参加审计项目，既保证审计项目人力资源需要，又达到相互学习、取长补短、共同提高审计人员业务能力的目的。四是不断充实外部专家库，搭建专家资源共享机制。外聘专家可参与研究项目计划，确定审计重点，修订实施方案，指导课题研究，“会诊”疑难杂症，把脉审计结论，为推进绩效审计工作提供权威的技术支撑。

此外，以绩效审计为依托，针对有些新开工项目管理经验不足的特点，为从源头上规范项目建设运营管理，在对新上项目进行调查摸底的基础上，大胆尝试开展绩效审计前移的方式方法，以期建立审计预警机制，充分发挥审计“免疫系统”功能。尝试开展绩效审计调查，变执行中的“一年一审”为“事前审计”和“事中审计”相结合，从项目建设初期就能够及时发现和督促解决项目运行中存在的突出问题，采取提早介入、提早参与的方法，及时与有关主管部门沟通，共同总结研究以前项目实施过程中的经验教训，从强化制度规范建设和项目前期培训入手，高标准、高起点搞好项目准备工作，并督促有关部门有针对性地制定项目管理手册。

（三）重视搭建交流平台，强调共享性

为提高财政专项资金审计的效率和效果，应使各审计小组之间信息资源实现交流共享，为此，要搭建审计信息共享平台，采用共享数据服务器，使各小组非涉密的数据传输到服务器，供审计人员共享有用信息。可定期汇编优秀绩效审计案例和研究评论文章，供审计人员学习借鉴，共同提高。可积极构建内部交流平台，定期组织绩效审计方案论证和绩效审计案例交流会，举办以绩效审计为主题的青年审计论坛，邀请专家现场点评，发现不足，改进提高，给审计人员创造学习交流和展示才干的机会。

四、财政专项资金绩效审计方法

（一）审阅法

审阅法是审计人员在财政绩效审计中最常用的一种方法，即审查阅读相关文件资料，从中找出有用的信息。在审计过程中，审计组可以结合本次审计的具体需要，从财政资金的批复、管理、使用和效益等方面入手，对各单位的职能、资金申请文件、预算批复、各单位和项目拨付资金的管理和使用、项目验收报告等资料和文件进行审阅和分析。审核财政资金从预算到完成财政支出的整个过程中资金组织的形式和支出方式的经济性、效率性及效果性，关注财政资金管理使用中是否存在问题。

所需资料：各级财政部门管理的专项资金指标文件、资金分解拨付依据文件、资金使用计划台账、财务账簿凭证及财务报表、银行对账单、财政预决算、资金申请文件、验收报告。

举例：通过查看财务账簿凭证及账务报表，审计人员发现了以下问题。一是某局挪用排污费收入 614 万元用于补充该市 B 局等部门经费支出，挪用教育费附加收入 460 万元用于教育所属单位项目支出。二是 2011 年，某局挪用教育费附加收入 499 万元用于县教育局经费及家属楼取暖费补贴支出，挪用中小学校舍安全工程资金 545 万元用于财政运转及经济发展专项等支出。三是 2011 至 2012 年，某局挪用副食品价格调节基金等 6 项资金用于相关部门经费支出或补贴企业，合计金额 1350. 84 万元。

（二）实地观察法

对整个被审计单位的工作布局情况加以观察，了解资金管理使用的全过程，并延伸调查资金使用具体单位，观察资金使用效果情况；对存货、设备状况进行实地观察，注意发现是否有多余积压、废弃等浪费现象；对项目、工作现场进行实地观察，了解项目的运作过程。

所需资料：资金管理使用台账、建设单位提供的项目建议书、可研报告、初步设计、国有土地使用权划拨申请书、项目规划选址意见书、建设用地规划许可证、建设工程规划许可证、建设用地批准书、施工许可证、招标投标文件、评标报告、中标通知书、工程施工合同等。

举例：在保障性住房审计中，审计组通过实地观察保障性住房开工情况后发现，某省未达开工标准即上报开工 3351 套，未达竣工标准（基本建成标准）却上报竣工 399 套。某乳业公司已于 2008 年全面停产，虽然已重组，但截至 2012 年末企业仍未重新运营；某鹅业公司也于 2011 年初全面停产，农发参股经营资金面临损失。

（三）座谈会法

一般在审计项目开展前，审计组从宏观管理角度了解财政资金总体管理情况，或在审计项目开展过程中，了解某类资金管理使用的具体问题时采取召开座谈会的方法。在召开座谈会之前，可以事先将有关调查事项提交给被审计单位，使其有适当准备时间，并选择相关人员参与座谈。通过座谈会，审计组可以了解一些机制体制方面的问题，能够发现部分地方自定政策与国家相关要求冲突的情况，丰富了审计思路。

所需资料：在座谈会召开之前，应了解座谈会内容和参加人员，熟悉相关问题，明确提问和回答的顺序，预测可能出现的情况，并做好预案。

举例：在 2011 年某市养老保险基金专项审计中，通过座谈了解到该市财政保障政策逐级逐年弱化，造成部分被征地农民缴费困难无法参保，审计组结合这一情况，到土地区片综合地价较低的某县和人均耕地面积较少的某某县进行延伸调查后发现，2006 年至 2011 年 6 月被征地的 16390 名农民均未参保。

（四）面谈法

即向有关人员分别提问并获得回答，采用口头询问同时做文字记录的方式。被询问者可以是被审计单位的高级主管、一般管理人员、当事人，也可以是有关外部人员包括某方面的专家等。面谈法主要适用于审计组在无法审阅书面资料的情况下，采取的一种主动出击的方法。

所需资料：在面谈之前，应了解面谈会内容和参加人员，熟悉相关问题，明确提问和回答的顺序，预测可能出现的情况，并做好预案。

举例：审计组在某地财政局审计时发现该局违反财政部清理专户的规定在某商业银行新设财政专户两个，通过与财政局局长、副局长、国库科科长谈话发现，新设专户事项由该局副局长提出，由国库科提出申请单，财政副局长、局长依次批准同意设立，后经延伸该商业银行审计发现，该银行客户经理为财政局副局长妻子。

（五）调查问卷法

如遇涉及人员或单位很多、以致无法进行必要询问的情形时，可以采用调查问卷方式。调查问卷法的关键环节是设计一整套科学合理的表格，针对所有内容采用问答方式，这些问题应非常明确，切忌模棱两可或带有某种诱导性。对于受益面比较广的资金支出，特别是具体到某一类公众个体的资金，比较适合这种方法，如扶贫资金、三峡移民资金等。

所需资料：在调查问卷开始之前，应了解调查问卷内容和参加人员，熟悉相关问题，预测可能出现的情况，并做好预案。

举例：在某省社会保障资金审计中，审计组采取调查问卷法，随机对40户困难群众调查了解城乡困难群众一次性生活补贴发放情况。经统计，除6农村五保对象补助资金直接补助到所供养福利院外，其余34户家庭中有28户家庭认为该项生活补助对元旦春节期间生活状况有较大改善，占82.35%，有32户家庭对政府在元旦春节期间发放生活补助的做法表示非常满意，占94.12%。调查结果表明该项资金的群众满意度较高，效果较好。

（六）计算机审计法

在财政绩效审计中，运用计算机开展工作能够提高审计效率，发现财政专项资金使用不规范、支出不合理等问题，尽快确定问题线索。

举例：在某省保障性住房审计中，审计组利用公安系统的家庭电子数据与财政工资统发数据、车辆信息、房产登记信息、财政工资统发数据等信息进行比对，发现信息系统建设不健全，导致部分不符合保障房分配条件的家庭获得保障性住房，部分享受低保人群，隐瞒财产收入领取低保金等问题。

五、财政专项资金绩效审计评价标准与评价指标

（一）构建财政专项资金绩效审计评价标准的总体思路

财政支出的特点决定了构建财政专项资金绩效审计评价指标体系的总体思路。伴随着政府组织的结构，政府预算存在相应的纵向结构与横向结构。在我国，从政府预算的纵向结构看，一级政府一级预算；从横向结构看，各级政府预算由本级各部门的预算组成。政府是一个按照职能分工构成的组织系统。不同层级的政府和同级政府的不同部门，其所拥有的职权也各不相同，所能向社会提供的公共产品服务也不尽相同。政府部门、政府职能及政府提供的公共产品和服务具有整体性、层次性、多样性等特点，决定了财政专项资金绩效审计的对象和内容的整体性、层次性和多样性。

政府的职能是提供公共产品、满足社会公共需要，为完成职能，政府通过预算形式投入财政资金进行投资或购买，形成产出即公共产品和服务。基于政府提供公共产品的这种投入－产出关系，财政专项资金的绩效可以用“投入（安排预算资金）——活动（投资或购买）——产出（形成公共产品或满足公共需要）——结果（解决社会公共需要的效果）”这一模型来描述。因此要做出恰当评价，需要获取投入、活动、产出和结果等方面的指标（包括定性指标和定量指标），在这些指标的基础上计算出绩效指标，即经济性、效率性和效果性指标。投入类指标反映了经济性；活动类和产出类指标结合在一起反映了效率性；结果类指标反映预期目标的实现程度的效果性。

在绩效评价指标体系中，除了经济性、效率性和效果性这三类基本的绩效指标类型外，增加合规性和管理类指标作为基本指标。一是要实

现绩效目标，政府的投资或购买行为必须遵循一定的规定和要求，因此管理类指标是评价经济性、效率性和效果性的前提；二是在“投入——活动——产出——结果”模型中，投入类指标和活动类指标能够反映把投入转变成产出以实现预期目标的过程是否遵守了相关的规定，即行为的合规性。

由此，构建财政专项资金绩效审计评价指标体系的总体思路是，从我国财政体制和绩效审计的实际情况出发，坚持整体与局部相统一、宏观与微观相统一、共性与个性相统一等三个基本原则，根据绩效指标之间的内在逻辑关系，在经济性、效率性、效果性、合规性和管理五类基本指标类型的基础上，构建科学、规范、实用的财政专项资金绩效审计评价指标体系。

（二）绩效评价指标的国际借鉴——PART

当前，美国、英国、澳大利亚等国家均已建立了较为完善的绩效评价体系，应用绩效评价促进提高财政资金的使用效益提升公共管理水平。其中，美国已经建立的绩效评估指标体系，主要分为部门绩效评估体系、跨部门绩效评估体系和联邦项目绩效评估体系三类。在项目评估体系层次上，自 2003 年的政府预算起，美国总统管理与预算办公室（office of management and budget，简称 OMB）运用“项目评估分级工具”（program assessment rating tool，简称 PART），对每个联邦项目的绩效进行评估，查找联邦项目在决策和实施过程中的利弊，为联邦政府改善项目决策、增强项目实施效果提供依据并在此基础上促进项目绩效的改善，实现项目绩效与预算决策的有效整合。

PART 是由四个部分组成的一套标准化调查问卷，针对每个项目的绩效和管理情况，设计了若干重要问题（问题数量根据项目类型不同而有所区别），对每个问题，都要有简短的回答和有证据支撑的详细解释。PART 的四个组成部分是：（1）项目的设计和目标（program purpose & design），用于评估项目设计和目的是否清晰与合理；（2）战略规划（strategic planning），用于评估项目是否制定了长期/年度措施与目标；（3）项目管理（program management），用于评估项目的财务管理状况与改进措施；（4）

项目成果与责任（program results/accountability），根据战略规划和其他评估情况，评估项目绩效。其中，前三部分以是/否的形式回答和记分；对第四部分中的问题可将实际效果划分为四个层次回答，即“是”“很大程度上是”“很小程度上是”“否”，以反映目标的实现程度和相关证据的充分适当性。有时，对这四个部分问题而言，“不适用（not applicable)”也是适合的答案。

PART 中的各个问题之间并非完全孤立的，而是相互联系的。恰当的长期目标和措施是年度目标与措施的基础，也为评价与这些目标相关的结果提供了依据。第二部分与第三部分的问题主要围绕战略规划和绩效度量展开，这两部分的一些问题与第四部分的问题之间具有联系。如果在第二部分和第三部分中相关问题的回答显示，长期或年度目标和措施并不理想，那么在第四部分中就不能得出项目全部实现绩效目标的结论。因此，对 PART 中一些问题的结论之间存在着一些联系，它们限制或规定着另一些问题的结论。

一般情况下，PART 的四个组成部分中，每个部分的总分值均为 100 分，对每一部分而言，其中的各个问题均具有相同分值。特定情况下，使用者可对各个问题的分值进行调整。评估结束后，根据对 PART 中每个问题的回答情况，各个问题都会有一个得分。在此基础上，计算出 PART 每个组成部分的得分，按照各个部分在评估中所占比重，计算出项目绩效的总分，并以此为依据判断项目绩效情况。这四个部分的比重分别为：项目设计/目标占 20%；计划占 10%；管理占 20%；结果/责任占 50%。项目绩效的总得分与绩效评级的关系为：85 ~ 100 分为有效，70 ~ 84 分为中等有效，50 ~ 69 分为尚可，0 ~ 49 分为无效。

（三）财政专项资金绩效评价指标体系构建基础

在我国当前的财政制度下，专项资金作为财政性资金，是政府履行职能、实现特定政策目标的经济保障。审计作为国家经济社会运行的“免疫系统”，基本职责是通过独立行使审计监督权，保证国家各项政策能够有效实施，使国家机器健康、安全地运行。财政审计作为国家审计的永恒主题和重要职责，在当前和今后一段时期内，审计目标应以党的十八届三中全会精神为指引，紧紧围绕促进建立现代财政制度和加快转变政府职能，以优化财政支出结构、提高财政资金效益为重点，充分发挥财政审计推动完善国家治理的作用，当好国家利益“捍卫者”、公共资金“守护者”、反腐“利剑”、权力运行“紧箍咒”和深化改革的“催化剂”。而专项资金的绩效审计作为财政审计的重要组成部分，要在审计总体目标的指导下，根据财政专项资金审计的特点，建立专项资金绩效评价指标体系非常必要。从已经开展的绩效审计工作情况看，该评价指标体系的建立也较为可行。

当前，财政工作在一定程度上还存在着财政管理规范性不高、支出结构不够优化、财政资金使用效益比较低、潜在风险比较大等问题。因此，财政专项资金绩效审计应该坚持“揭露问题、促进改革、加强管理、提高绩效”的工作思路，结合我国财政经济秩序现状和政府职能转变趋势，立足问题导向的绩效审计模式，探索设计和实践体现专项财政资金特色的绩效评价指标体系。

在该体系的建立过程中，需要把握几个原则：一是层次性原则。为便于对指标的理解应用，要按照一定的标准将指标体系分为几个层次，以区分综合性指标和具体指标。对专项的财政资金而言，其本身已经是财政资金的一个分支，相关的评价指标体系如果分成过多的层次，既不便于实践应用，也不利于增强指标的针对性，因此本文中将指标体系分为三个层次。二是类别原则。作为评价指标体系，其评价指标可能很多，为全面评价专项资金的绩效状况，还需要对众多的评价指标进行分类，以便从不同的侧面全面进行绩效评价，基于财政专项资金的“投入——活动——产出——结果”模型，本文将评价指标分为四个类别。三是逻辑性原则。这是不同类别、不同层次的指标形成一个完整体系的不可或缺的要求，这样既能减少指标之间的重复，也可以避免遗漏关键指标。

按照上述原则，考虑到我国财政支出逐步向民生领域调整的趋势，借鉴每个在PART中设计的问题，我国在专项资金评价指标体系的设计中，要以促进财政政策目标的实现，推进财政体制改革，建立健全公共财政制度，推进财政绩效预算的建立为阶段性目标，针对专项财政资金政策性较强的特点，立足现有的绩效审计模式，将具体政策目标的实现情况作为核心指标，建立以财政预算管理制度为基础，以资金为主线，以具体项目为依托的绩效评价指标体系。

（四）财政专项资金绩效审计评价指标体系的设置

财政专项资金绩效审计评价指标体系的统领是总体目标层，反映财政专项资金绩效的总体情况，根据分项目标层和具体指标层的评价结果形成对专项资金总体绩效的评价结果；第二个层次是分项目考核层，由 4 个类别的指标构成，分别是管理类指标、资金来源类指标、资金支出类指标、结果类指标；第三个层次是考核元素层。在上述 4 个项目考核状态下，分别设置体现不同类别专项资金特点的具体指标。在本研究中，项目管理类指标、资金来源类指标、资金支出类指标、结果类指标等 4 类指标下，共设计了 22 个具体考核元素（见表 1）。这些具体考核元素都属于共性指标，在每个专项资金中均可使用这些指标。对某一项财政专项资金而言，审计人员要在审前调查的基础上，根据审计目标和所审资金与项目的特点设计一些个性指标，即专用指标。

上述三个层次的评价指标中，总体评价层、分项目标层、具体指标层之间是总体与部分的关系，分项目标层与具体指标层是总体评价层的基础，对各项具体指标进行计算或分析后，要对专项资金在促进经济发展、民生改善和环境保护等方面的长期绩效和年度绩效进行综合评价，形成总体评价意见。分项目标层和具体指标层的主要内容主要体现在以下方面：

表 1　专项资金绩效审计评价指标体系表

总体目标层	分项目考核层	考核元素层
项目总体绩效评价	项目管理类指标	合规性指标
		项目进度指标
		制度的健全性和有效性指标
		程序的遵循性指标
		项目与预算的关联性指标

续表

总体目标层	分项目考核层	考核元素层
项目总体绩效评价	资金筹集类指标	专项资金到位率
		配套资金到位率
		资金使用率
		财政投入乘数
		项目负债率
		资金到位的时间跨度
		预算主管部门的单一性指标
	资金支出类指标	资金闲置率
		支出预算的合理性指标
		预算的遵循性指标
	结果类指标	目标完成程度指标
		项目效果实现程度
		增量效果实现程度
		项目设计能力利用率
		单位资金效果率
		目标协同性指标
		项目建成后的运营情况指标

1. 项目管理类指标

主要反映组织结构、管理机制、财务管理等方面制度的健全性、有效性和制度执行状况，既包括资金管理，也包括项目管理。主要由以下五类定性指标构成。

（1）合规性指标

合规性是效益性的前提和保证。该指标主要反映专项资金在拨付、管理、使用等方面是否存在违法违规行为，是否遵循专款专用的原则，是否符合国家财经法规和财务管理制度及有关专项资金管理办法等情况。主要由以下指标组成：

$$违规使用资金比率 = \frac{审计查出的违规使用资金额}{实际拨付金额} \times 100\%$$

$$套取资金比率 = \frac{审计查出的套取资金额}{项目单位相应时期内到位资金额} \times 100\%$$

$$挤占挪用资金比率 = \frac{审计查出的挤占挪用的资金额}{实际拨付金额} \times 100\%$$

（2）项目进度指标

主要反映项目进展情况是否符合计划进度、是否在预定期限内完成。主要包括以下指标：

项目完成的及时性。主要反映项目是否按计划按期完成。

$$项目时间进度 = \frac{项目实际开展已用时间}{项目计划完成所需时间} \times 100\%$$

$$项目投资完成率 = \frac{投资完成额}{项目总投资额} \times 100\%$$

（3）制度的健全性和有效性指标

专项资金管理使用制度、财务管理制度、会计核算制度的存在性、完整性、有效性和合法性。主要包括以下指标：

内部控制的健全性和有效性。指与项目有关的内部控制是否健全有效。

会计信息质量。指与项目有关的会计信息是否真实、完整、可靠、及时、相关。

监督和评价的存在性。指是否对项目实施情况进行定期监督检查，以评价目标的实现情况。

前期论证的充分性和科学性。是指项目是否经过充分的论证，在经济、生态环境等方面是否可行，立项报告、可行性研究报告、初步设计、项目预算等申请审批资料是否真实、完整、可靠。

$$预算细化程度 = \frac{细化到具体单位和子项目的金额}{项目总预算} \times 100\%$$

$$预算调整率 = \frac{追加或调减预算金额}{项目总预算} \times 100\%$$

$$公开招投标率 = \frac{公开招投标的合同金额}{按规定应公开招投标的金额} \times 100\%$$

验收的有效性。是指项目完成后验收方式的合理性、验收机构的权威性和验收结果的公正性。

（4）程序的遵循性指标

是指与资金使用有关的决策程序，以及与项目建设有关的工作程序是否建立、健全、科学、有效；重大开支是否经过评估论证，资金拨付是否有完整的审批程序和手续；财务管理制度是否按规定有效执行。

（5）项目与预算的关联性指标

主要反映是否建立项目库、预算对项目的支持是否具有持续性。实践中，有的项目可能连续几年才能完成实施，而预算只安排了其中一年或两年；有的项目可能在两年才能完成，而预算一次将两年所需资金全部安排。这些都是影响资金效益的因素。

2. 资金筹集类指标

从专项资金投入的角度评价其绩效性，主要由以下具体指标构成：

（1）专项资金到位率 $=\dfrac{\text{实际拨付资金额}}{\text{预算安排资金额}}\times 100\%$

（2）资金使用率 $=\dfrac{\text{实际使用资金额}}{\text{实际拨付金额}}\times 100\%$

（3）财政投入乘数 $=\dfrac{\text{预算安排专项资金}+\text{其他资金}}{\text{预算安排专项资金额}}\times 100\%$

财政投入乘数反映财政资金的杠杆效应，是指财政资金所能带动的全部资金的倍数。

（4）配套资金到位率 $=\dfrac{\text{实际到位配套资金}}{\text{计划投入配套资金}}\times 100\%$

（5）项目负债率 $=\dfrac{\text{负债筹资金额}}{\text{项目资金来源总额}}\times 100\%$

（6）资金到位的时间跨度

是指资金是否及时到达实际使用资金的部门或单位，有无滞留、拖延拨付等影响资金效益发挥的情况。该指标考核专项资金到达项目的时间效率。指标值可以是安排专项资金的财政部门或发展改革委下达拨款文件之日起，至资金到达项目实施单位之间的时长。一般情况下，该时长应在两个月之内。

(7) 预算主管部门的单一性指标

主要反映财政专项资金的来源是否单一，是否有性质、用途相同的多部门管理的资金。由于我国预算制度改革尚未到位，除财政部门外，发展改革委、科技、教育等部门也有预算分配权，有的主管部委也设立专项资金，这些不同部门管理的资金有可能投向同一项目或主体，致使财政资金不能进行有效整合，在项目管理上容易发生职责交叉、责任不清问题，这是影响专项资金绩效的因素之一。

3. 资金支出类指标

从资金实际支出的角度反映专项资金的绩效情况，由以下三类指标构成：

(1) 资金闲置（沉淀）率 $=\frac{\text{资金闲置额}}{\text{实际拨付金额}}\times 100\%$

资金闲置（沉淀）率，主要反映资金的闲置情况。

(2) 支出预算的合理性指标

该指标主要反映支出预算与实际需求的符合性。一般用以下指标表示：

管理费用率 $=\frac{\text{项目管理费总额}}{\text{项目总支出}}\times 100\%$

资金损失浪费率 $=\frac{\text{损失浪费的资金}}{\text{项目实际总投资}}\times 100\%$

预算节约率或超支率 $=\frac{\text{项目完工实际完成总投资}}{\text{项目预算总投资}}\times 100\%$

(3) 预算的遵循性指标

是指实际支出与预算相比较，是否存在实际支出的用途与预算批复不一致的情况。

4. 结果类指标

指专项资金总体目标或阶段性目标的完成情况，主要由以下具体指标构成：

(1) 结果类指标

是指一定期间内，专项资金政策目标的完成情况，可用目标完成率表示。

$$目标完成率=\frac{已完工项目数}{计划项目总数}\times 100\%$$

目标完成率指标主要用于衡量存在多个子项目的综合性项目。

（2）项目效果实现程度 $=\frac{实际达到的效果}{目标效果}\times 100\%$

（3）增量效果实现程度 $=\frac{\begin{array}{c}项目完成后带来的经济或民生改善的\\相应指标绝对额的变化值\\（如收入增加、支出减少、就业增加等）\end{array}}{\begin{array}{c}项目实施前反映经济或民生情况的\\相应指标绝对额\end{array}}\times 100\%$

（4）项目设计能力利用率 $=\frac{项目实际运转水平}{设计运转能力}\times 100\%$

（5）单位资金效果率 $=\frac{以实物量表现的实际效果}{项目总投资}\times 100\%$

（6）目标的协同性指标

主要反映专项资金与绩效链上其他项目之间是否具有协同效应，能否发挥财政资金的“合力”，是否体现财政资金的“整合性”。这里绩效链是指该项资金所支持项目上下游的相关项目。

（7）完工项目的运营情况指标

主要针对能够形成资产的项目，反映运营是否达到预定目标、是否能够持续运营。需要说明的是，由于专项资金的目标各异，该类具体指标需要审计人员按照指标设计思路，因时因地、根据资金的特点制定专业性指标。

（五）财政专项资金绩效审计评价指标的选择与使用

前文中对财政专项资金绩效审计列举出一些指标，这些指标勾勒出一个框架来囊括尽可能全面的可用指标。然而，由于时间和资源的限制，我们不可能应用所有的指标进行比照评价，同时也存在部分数据难以收集的问题。这导致了在具体审计工作中我们要针对特定事项和目标、特定环境和时间选取部分具有代表性的指标来进行评价。

1. 指标选择程序

尽管在前文我们已经列举出众多的备选指标，选择出具体使用的指标仍然不是一件容易的工作，而这却直接关系到绩效审计评价的过程和结果，是在绩效审计实践中至关重要的一个环节。在参阅国内外众多理论和实践经验后，我们发现，指标选择程序大致可以分为四个步骤：

（1）根据指标框架总体要求，列出一套候选指标

由于构建一个包含多种要素的指标体系是相当复杂的程序，选择指标的第一步就应当建立一个框架，以此来把使命和战略落实到具体而明确的指标。然后，在此框架下列出可供选择使用的所有可能指标，从不同角度来浏览所有方面，并通过明确指标之间的相互关系来保证逻辑上的合理性与完整性，保证所有想法和重要方面都已经被考虑在指标体系之内。

（2）测试和评价候选指标

在评价选择之前，要根据选择指标的具体目标和要求制定出一套用于评价候选指标和适用性的原则或标准。此外，对指标的评价过程通常是在一个实际测试或多个试点的基础上进行的。这需要一个较长时间的过程，还要投入一定的人力物力。选择试点单位也要经过慎密考虑，针对不同目标的审计项目，选择不同地域和发展水平的审计机关。试点的结果也要及时进行汇总比较，随时调整被测试指标和试点方案。

（3）在众多候选指标中挑选出最合适的指标

经过对候选指标的测试和调整后，针对指标选择的评价原则，对候选指标进行评价并按照优先程度进行排序。由于不同指标的差异性和多样性，很难找到一个最好的方法来选出最合适的指标，所以“公共参与”将作为一个补充程序被引进到指标选择的过程中来，让评价结果所直接关系到的群体来主观评价候选指标的质量。

（4）在应用中持续地改进指标体系

最终选择出的指标被应用到绩效审计实践中，然而这并不代表指标选择程序的终结。从一个更长远的时间来看，这恰恰才是选用指标的一个开始。在应用过程中不断改进和提高指标体系的适用性和实用性是一个长期的持续的过程，将贯彻指标使用的整个过程。这个过程不同于测试调整过程，是在更大范围内实际应用的过程中进行的再提高，所面对的问题更加复杂多样。只有经过实际应用的调整，指标体系才有可能进一步完善提高，以实现绩效审计的最终目标。

2. 指标选择原则

为了选择和比较候选指标，应当确立一套评价指标的原则或标准以缩

减候选指标数量、聚焦于少量重要指标。这样不仅有利于进一步明确战略和政策目标，还可以方便与公众之间的沟通交流。目前，许多国家组织、国家和科研部门开发了各种选择标准用来筛选合适的指标。这些筛选标准被归纳为一种评价方法“SMART”。它强调指标的五个重要方面：精确性（Specific）、可衡量性（Measurable）、可获得性（Available）、相关性（Relevant）和时间性（Time - based）。其中，“精确性”是指在筛选指标时要选择那些可以清楚明确和容易理解，可以被量化为比例数字和百分比的指标，或者可以区分出明显的等级；“可衡量性”是指所选指标可以在同类单位或各时期做衡量比较并得出明确的结论，但这并不是说明所选指标仅限于量化指标，有些定量的指标也可以通过适当的方式在不同主体间进行分级衡量；“可获得性”是指这些指标所需要搜集的数据或事实是可以获得的，或者说获得的成本是合理的；“相关性”强调了指标与被审计事项密切相关、所选择指标的代表性，以及指标与政策战略之间的逻辑关系；“时间性”是指这些被选择的指标要具体列出完成目标的时间点，以此来检查和督促任务的完成。

除此之外，还有三个原则应当引起注意：不同指标之间的逻辑关系、平衡关系和公共参与。首先，不同指标之间要建立严密的逻辑关系。这不仅是逻辑上的合理性与完整性的要求，还是实现由操作控制发展为战略控制的要求。其次，在不同指标之间保持一种平衡关系。也就是说，在不同指标之间，如财务指标与非财务指标之间、内部指标与外部指标之间要建立一种平衡系统，不过分强调某一方面而忽视其他方面，从而实现长期、协调、可持续的发展。再次，在建立客观量化指标体系的同时，逐步通过公共参与程序将公众的主观意见融入。公众参与不仅包括社会和自然科学专家、政府决策者、非政府机构，还应当邀请一般的市民尤其是在所审计项目实施地周围住户参与到绩效评价中。

3. 绩效审计评价指标的使用

审计工作必不可少地由三部分要素组成：审计人员通过审计被审计事项，查明事实真相，取得审计证据，将取得的审计证据与审计标准对照，得出审计结论。在确定了审计指标和标准之后，下一步就是要对照审计证据做出审计结论。

在具体使用审计指标的过程中，有几个问题应当引起注意：

处理好审计指标标准与现行法规的关系。绩效审计的难题之一就是所选择指标和标准作为审计依据的合法性问题。由于绩效审计是一个新的审计领域，将审计重点从真实性和合法性扩展到效益，从经济效益扩展到社会和生态效益，而现行法规在此方面还存在很多空白。而且，由于审计目标的变化，还有可能出现审计标准与现行法规相抵触的情况。为此，我们应当具体事情具体分析，在制订审计方案时应结合具体审计项目选择适当的法规和指标作为审计标准，使审计结论更加合理合法，具有公众信服力。显然，审计标准灵活性的增加给审计工作带来了新的挑战，对审计人员的综合素质也提出了新的更高要求。

定量指标与定性评价的结合。由于指标的量化和固定化要求，使评价指标具有灵活性不足等局限性。甚至有些重要的衡量标准由于无法量化而被忽略，这直接危及评价结果的科学性。为避免这种风险，在定量指标的基础上适当引入定性指标和公众意见，将弥补指标化的局限性，以及避免过多追求达到预定指标而忽视实质性行政效果的风险。

绩效评价结果的应用问题。绩效审计与预算执行审计相结合，要及时分析总结其评价结果，并作为提高效益、改进管理的审计建议予以提出。同时，要在总结经验教训的基础上，逐步规范绩效审计行为，将其固化为专用的审计规范或准则。这不仅有利于绩效审计的深入推广，也是推进审计工作规范化、制度化的重要一步。

参考文献

[1] 审计署审计科研所．我国效益审计指南基本架构研究［R］．审计研究报告，2007（12）．

[2] 审计署审计科研所．预算执行绩效审计评价标准体系探讨［R］．审计研究报告，2011（8）．

[3] 审计署审计科研所．预算执行绩效审计内容及其实现路径［R］．审计研究报告，2011（12）．

[4] 武国，翟艳敏．美国项目分级评价工具（PART）及其对我国开展绩效审计的启示［EB/OL］．审计署网站，2010（7）．

[5] 周勇．中国政府绩效审计问题研究［D］．长春：东北师范大学，2008.

[6] 沈翠玲．西方国家政府绩效审计发展评述［J］．财会月刊，2008（12）：67.

[7] 刘家义．关于绩效审计的初步思考［J］．审计研究，2004（2）．

[8] 刘家义．中国特色社会主义审计理论研究［M］．北京：中国时代经济出版社，2013.

[9] 刘家义．公共支出绩效审计研究［M］．北京：中国时代经济出版社，2007.

图书在版编目（CIP）数据

中国审计学会2013年度合作课题研究报告选编／中国审计学会编.
—北京：中国时代经济出版社，2014.8
ISBN 978-7-5119-2135-2
Ⅰ.①中… Ⅱ.①中… Ⅲ.①审计－研究报告－汇编－中国－2013
Ⅳ.①F239.22
中国版本图书馆CIP数据核字（2014）第185420号

书　　名：中国审计学会2013年度合作课题研究报告选编
作　　者：中国审计学会

出版发行：中国时代经济出版社
社　　址：北京市丰台区玉林里25号楼
邮政编码：100069
发行热线：（010）68320825　88361317
传　　真：（010）68320634　68320697
网　　址：www.cmepub.com.cn
电子邮箱：zgsdjj@hotmail.com
经　　销：各地新华书店
印　　刷：北京嘉恒彩色印刷有限责任公司
开　　本：787×1092　1/16
字　　数：440千字
印　　张：29.25
版　　次：2014年8月第1版
印　　次：2014年8月第1次印刷
书　　号：ISBN 978-7-5119-2135-2
定　　价：66.00元

本书如有破损、缺页、装订错误，请与本社发行部联系更换
版权所有　侵权必究